D1664733

DAS POLITIK-BUCH

DAS POLITIK-BUCH

London, New York, Melbourne,
München und Delhi

DK LONDON

Programmleitung Jonathan Metcalf
Programmmanager Liz Wheeler
Cheflektorat Esther Ripley, Laura Buller
Lektorat Sam Atkinson
Bildredaktion Karen Self, Amy Orsborne
Art Director Phil Ormerod
Illustrationen James Graham
Herstellung Rachel Ng, Gemma Sharpe

Gestaltung STUDIO8 DESIGN

DK DELHI

Cheflektorat Pakshalika Jayaprakash
Lektorat Monica Saigal
Bildredaktion Arunesh Talapatra, Anjana Nair, Nidhi Mehra, Niyati Gosain, Vidit Vashisht, Namita, Gazal Roongta
DTP-Design Arvind Kumar, Rajesh Singh Adhikari, Syed Md Farhan, Dheeraj Arora, Bimlesh Tiwary
Bildrecherche Surya Sankash Sarangi
Herstellung Pankaj Sharma
Design-Beratung Shefali Upadhyay
Redaktionsassistenz Archana Ramachandran
DTP-Manager Balwant Singh

TALLTREE LTD
Cheflektorat Rob Colson
Lektorat Richard Gilbert, Camilla Hallinan, Scarlett O´Hara, Sarah Tomley
Art Director Ben Ruocco

FÜR DIE DEUTSCHE AUSGABE:

Programmleitung Monika Schlitzer
Projektbetreuung Andrea Göppner
Herstellungsleitung Dorothee Whittaker
Herstellungskoordination Claudia Rode
Herstellung Anna Ponton

Bibliografische Information der Deutschen Bibliothek
Die Deutsche Bibliothek verzeichnet diese Publikation in der Deutschen Nationalbibliografie; detaillierte bibliografische Daten sind im Internet über http://dnb.ddb.de abrufbar.

Titel der englischen Originalausgabe:
The Politics Book

© Dorling Kindersley Limited, London, 2013
Ein Unternehmen der Penguin Random House Group

© der deutschsprachigen Ausgabe by
Dorling Kindersley Verlag GmbH, München, 2014
Alle deutschsprachigen Rechte vorbehalten

Übersetzung Ute Mareik (Kapitel 1–4), Kirsten Lehmann (Kapitel 5–7)
Lektorat Cornelia Rüping
Satz Satz+Layout Fruth GmbH

ISBN 978-3-8310-2528-2

Printed and bound in Hong Kong

Besuchen Sie uns im Internet
www.dorlingkindersley.de

Hinweis
Die Informationen und Ratschläge in diesem Buch sind von den Autoren und vom Verlag sorgfältig erwogen und geprüft, dennoch kann eine Garantie nicht übernommen werden. Eine Haftung der Autoren bzw. des Verlags und seiner Beauftragten für Personen-, Sach- und Vermögensschäden ist ausgeschlossen.

DIE AUTOREN

PAUL KELLY (FACHBERATER)

ist Professor für Politische Theorie an der London School of Economics and Political Science. Er ist Autor und Herausgeber zahlreicher Bücher. Seine Forschungsschwerpunkte sind politische Ideengeschichte und politisches Denken der Neuzeit.

ROD DACOMBE

ist Dozent für Politik am King's College der Universität London. Seine Forschung beschäftigt sich vor allem mit demokratischer Theorie und Praxis sowie der Beziehung zwischen Freiwilligenorganisationen und Staat.

JOHN FARNDON

ist Autor mehrerer Bücher zur wissenschaftsgeschichtlichen und gesellschaftspolitischen Themen sowie zu Umweltfragen.

A.S. HODSON

ist Autor und Publizist.

JESPER JOHNSØN

ist Politikwissenschaftler und berät Entwicklungsländer bei Antikorruptionsreformen. Er arbeitet im U4 Anti-Corruption Resource Center des Chr. Michelsen Institute in Bergen, Norwegen.

NIALL KISHTAINY

lehrt Wirtschaftsgeschichte an der London School of Economics. Er arbeitete für die Weltbank und die Wirtschaftskommission für Afrika der Vereinten Nationen.

JAMES MEADWAY

arbeitet als Wirtschaftswissenschaftler für den Interessensverband New Economics Foundation. Er war Berater für das britische Finanzministerium in den Bereichen Regionale Entwicklung, Wissenschaft und Innovationspolitik.

ANCA PUSCA

ist Dozentin am Goldsmiths College der Universität London. Ihr Forschungsgebiet ist die internationale und vergleichende Politikwissenschaft.

MARCUS WEEKS

ist nach seinem Studium der Philosophie als Autor, Lehrer und Musiker tätig. Er publizierte viele Bücher zu kulturwissenschaftlichen Themen.

INHALT

REVOLUTIONÄRE GEDANKEN
1770–1848

DER AUFSTIEG DER MASSEN
1848–1910

DER KAMPF DER IDEOLOGIEN
1910–1945

POLITIK NACH DEN WELTKRIEGEN
1945 BIS HEUTE

EINLEIT

UNG

Wenn jeder stets haben könnte, was er (oder sie) will, gäbe es keine Politik. Was auch immer »Politik« genau bedeuten mag – und darunter kann man vieles verstehen, wie dieses Buch zeigt –, es ist klar, dass wir nie all das bekommen, was wir wollen. Stattdessen müssen wir miteinander wetteifern, Kompromisse eingehen und manchmal um Dinge kämpfen. Dabei entwickeln wir besondere Sprachen, um unsere Ansprüche zu verdeutlichen und zu rechtfertigen, um andere herauszufordern und ihnen zu widersprechen. Das kann eine Sprache der Interessen sein, ob von Einzelnen oder Gruppen, eine Sprache der Werte, in der es um Rechte und Freiheiten oder gerechte Anteile und Gerechtigkeit geht. Zentral für die Politik war auf jeden Fall von Anfang an die Entwicklung politischer Ideen, die uns helfen, Ansprüche zu äußern und Interessen zu verteidigen.

Politik lässt sich aber nicht darauf reduzieren, wer was wo wann und wie bekommt. Vielmehr ist sie teilweise Reaktion auf die Herausforderungen des täglichen Lebens und Ausdruck der Erkenntnis, dass kollektives Handeln häufig besser ist als individuelles Handeln. Eine andere Tradition des politischen Denkens geht auf den griechischen Philosophen Aristoteles zurück, der sagte, in der Politik gehe es nicht nur darum, materielle Bedürfnisse zu befriedigen. Denn mit dem Entstehen komplexer Gesellschaften stellten sich verschiedenste Fragen: Wer soll regieren? Welche Macht sollen politische Herrscher haben und wie stehen diese zu anderen Autoritäten, beispielsweise der Familie oder der Kirche?

Aristoteles sagt, der Mensch sei von Natur aus ein politisches Wesen, und meint damit nicht nur, dass es dem Menschen in einer komplexen Gesellschaft besser geht als in der Einsamkeit. Gemeint ist auch, dass es etwas ureigen Menschliches ist, eine Meinung zu öffentlichen Angelegenheiten zu haben. Politik ist etwas Nobles: Die Menschen legen die Regeln fest, nach denen sie leben, und zudem die Ziele, die sie gemeinsam verfolgen wollen.

> » Man muss also die politischen Gemeinschaften auf die edlen Handlungen hin einrichten und nicht bloß zum Beisammenleben. «
>
> **Aristoteles**

Politischer Moralismus

Aristoteles glaubte nicht, dass alle Menschen an der Politik beteiligt sein sollten: In seinem System stand Frauen, Sklaven und Ausländern nicht das Recht zu, über sich und andere zu herrschen. Doch seine Idee, dass die Politik eine unverwechselbare kollektive Aktivität ist, mit der bestimmte gemeinschaftliche Zwecke verfolgt werden, findet heute noch Widerhall. Worum geht es dabei? Viele Denker haben seit der Antike unterschiedliche Ideen entwickelt, welche Ziele die Politik verfolgen sollte. Einen derartigen Ansatz nennt man politischen Moralismus.

Für die Moralisten ist das politische Leben ein Zweig der Ethik oder Moralphilosophie. Sie sind der Auffassung, die Politik solle auf wesentliche Ziele ausgerichtet sein. Politische Vereinbarungen würden getroffen, um bestimmte Dinge zu schützen – beispielsweise Gerechtigkeit, Gleichheit, Freiheit, Glück, Brüderlichkeit oder nationale Selbstbestimmung. Der radikale

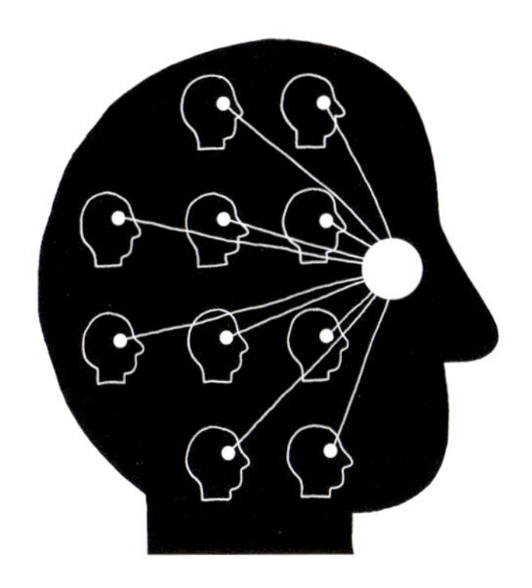

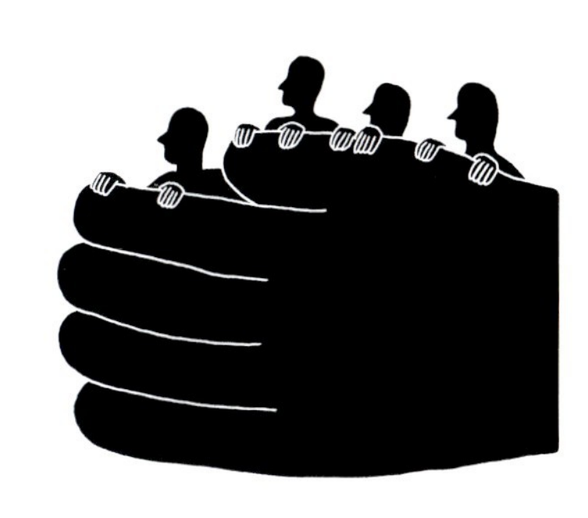

Moralismus liefert darüber hinaus Beschreibungen idealer politischer Gesellschaften, sogenannter Utopien, benannt nach dem Buch *Utopia* des englischen Staatsmannes und Philosophen Thomas Morus, das 1516 veröffentlicht wurde. Darin schildert er die ideale Nation. Die Tradition des utopischen politischen Denkens reicht zurück bis zum antiken griechischen Philosophen Platon mit seiner *Politeia*, und in ihr stehen moderne Denker wie Robert Nozick (*Anarchie, Staat, Utopia*). Manche Theoretiker finden das utopische politische Denken gefährlich, weil es in der Vergangenheit dazu gedient hat, totalitäre Gewalt zu rechtfertigen. Doch im besten Fall ist das utopische Denken Teil des Strebens nach einer besseren Gesellschaft und viele von den Denkern, die in diesem Buch erwähnt werden, rufen damit zur Einhaltung oder zum Schutz bestimmter Werte auf.

Politischer Realismus

Eine andere Tradition des politischen Denkens lehnt die Vorstellung ab, dass die Politik für moralische oder ethische Werte wie Glück oder Freiheit zuständig ist. Stattdessen, so wird argumentiert, gehe es in der Politik um Macht. Macht ist das Mittel, mit dem Ziele erreicht, Feinde geschlagen und Kompromisse aufrechterhalten werden. Ohne die Fähigkeit, Macht zu erwerben, sind Werte – wie nobel sie auch sein mögen – nutzlos.

Die Denker, die sich im Gegensatz zur Moral auf die Macht konzentrieren, werden Realisten genannt. Sie richten ihr Augenmerk auf die Machtausübung, auf Auseinandersetzungen und Kriege und sind häufig zynisch, was die menschliche Motivation angeht. Die beiden größten Theoretiker der Macht sind vielleicht der Italiener Niccolò Machiavelli und der Engländer Thomas Hobbes. Sie beide erlebten eine Zeit mit Bürgerkrieg und politischen Unruhen im 16. bzw. 17. Jahrhundert.

»Lass kluge Toren sich um Herrschaftsformen spalten, die besten sind, die wir am nützlichsten verwalten.«

Alexander Pope

Machiavelli etwa findet, dass Menschen »undankbare Lügner« sind, weder edel noch tugendhaft. Er hält politische Motive, die über die Beschäftigung mit der Macht hinausreichen, gar für gefährlich. Für Hobbes ist der gesetzlose »Naturzustand« ein Krieg aller gegen alle. Per »Sozialvertrag« mit seinen Untertanen übt der Herrscher absolute Macht aus, um die Gesellschaft vor diesem anarchischen Zustand zu bewahren. Aber die Beschäftigung mit der Macht fand nicht nur im frühen modernen Europa statt. Auch weite Teile des politischen Denkens im 20. Jahrhundert beschäftigten sich mit dem Thema Macht.

Kluge Berater

Realismus und Moralismus sind große politische Entwürfe, die dazu beitragen sollen, der Gesamtheit der politischen Erfahrungen im menschlichen Leben einen Sinn zu geben. Doch nicht alle politischen Denker bewegen sich in diesen Zusammenhängen. Neben den politischen Philosophen gibt es eine ebenso alte Tradition, die pragmatisch orientiert ist und in der immer versucht wird, das beste Ergebnis zu erzielen. Gut möglich, dass es stets Kriege geben wird und Diskussionen über die Beziehung »

zwischen politischen Werten wie Freiheit und Gleichheit. Aber vielleicht können wir Fortschritte beim Entwerfen von Verfassungen, bei der Umsetzung politischer Maßnahmen oder der Auswahl möglichst fähiger Beamter machen. Einige frühe politische Denker wie der chinesische Philosoph Konfuzius haben sich beispielsweise mit den Fähigkeiten und Tugenden beschäftigt, die kluge Berater ausmachen.

Das Aufkommen der Ideologie

Eine andere Art politischen Denkens wird häufig als ideologisch bezeichnet. Diese Richtung betont, dass gewisse Ideen typisch sind für bestimmte historische Epochen. Die Ursprünge des ideologischen Denkens finden sich bei den deutschen Philosophen Georg Wilhelm Friedrich Hegel und Karl Marx. Sie erläutern, inwiefern die Ideen verschiedener politischer Epochen voneinander abweichen, einfach weil die In-stitutionen und Gewohnheiten der Gesellschaften verschieden waren und die Gedanken hinter den Ideen sich veränderten.

Platon und Aristoteles sahen in der Demokratie beispielsweise ein gefährliches und korruptes System, während die meisten Menschen in der modernen Welt sie als bestmögliche Staatsform betrachten. Ebenso galt die Sklaverei einst als natürlich, obwohl sie unzählige Menschen ihrer Rechte beraubte, und bis ins 20. Jahrhundert hinein galten die meisten Frauen nicht als Staatsbürger.

Dies wirft die Frage auf, was dazu führt, dass manche Ideen an Bedeutung gewinnen (beispielsweise die Gleichberechtigung), während andere an Bedeutung verlieren (etwa die Sklaverei oder das Gottesgnadentum der Könige). Marx erklärt die historischen Veränderungen damit, dass Klasseninteressen die großen »Ismen« der Ideologien entstehen ließen, vom Kommunismus und Sozialismus (der Arbeiterschaft) bis zum Konservatismus und Faschismus (der Kapitalisten). Doch viele jüngere politische Ideen sind innerhalb des Liberalismus, des Konservatismus, des Sozialismus oder des Nationalismus entstanden.

> »Die Philosophen haben die Welt nur verschieden interpretiert, es kommt darauf an, sie zu verändern.«
>
> **Karl Marx**

Das ideologische politische Denken wurde durchaus kritisch betrachtet. Wenn Ideen lediglich der Reflex eines historischen Prozesses sind, so die Kritiker, haben die Individuen, die diesen Prozess durchlaufen, eine im Wesentlichen passive Rolle. Rationales Abwägen und Argumentieren sind dann von sehr begrenztem Wert und die ideologische Auseinandersetzung ähnelt dem Wettbewerb zwischen Fußballmannschaften. Leidenschaft, nicht Vernunft spielt bei der Unterstützung der eigenen Mannschaft eine wichtige Rolle, letztendlich geht es ums Gewinnen. Daraus ergibt sich die Sorge, dass ideologische Politik zu den schlimmsten Exzessen des Realismus führen kann, bei denen der Zweck brutale oder ungerechte Mittel heiligt. Ideologische Politik könnte unter diesen Voraussetzungen zu einem Grabenkrieg zwischen rivalisierenden und unvereinbaren Einstellungen führen.

Marx sah als Lösung für politische Konflikte den revolutionären Triumph der Arbeiterklasse und

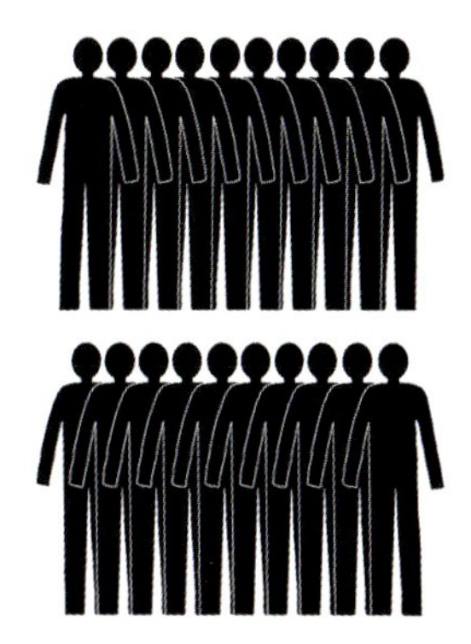

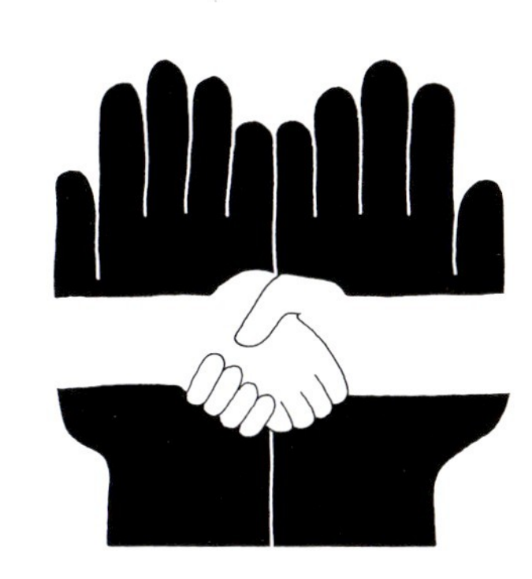

die technologische Überwindung von Mängeln. Dieser Ansatz war aus Sicht des 20. Jahrhunderts allzu optimistisch: Veränderungen durch Revolutionen haben häufig dazu geführt, dass eine Tyrannei durch eine andere ersetzt wurde. Aus diesem Blickwinkel sind der Marxismus und andere Ideologien lediglich die jüngsten Formen eines unrealistischen utopischen Moralismus.

Die umstrittene Zukunft

Hegel zufolge sind politische Ideen Abstraktionen aus dem politischen Leben einer Gesellschaft, eines Staates, einer Kultur oder einer politischen Bewegung. Um diese Ideen zu verstehen, muss man ihre Geschichte und Entwicklung untersuchen. Dabei geht es immer um die Frage, wie wir dahin gelangt sind, wo wir heute stehen. Schlechterdings unmöglich ist es, einen Blick in die Zukunft zu werfen, um zu erkennen, wohin die Entwicklung führt.

In der römischen Mythologie galt die Eule der Minerva als Symbol der Weisheit. Hegel erklärte, die Eule fliege erst in der Abenddämmerung. Damit meinte er, dass wir die Dinge nur im Nachhinein verstehen können. So warnte Hegel davor, zu optimistisch in die Zukunft zu blicken. Und er warnte davor zu glauben, der moderne Staat markiere das Ende der Geschichte – obwohl er dies selbst behauptet hatte. Es ist leicht, unser Zeitalter als das fortschrittlichste und rationalste überhaupt zu sehen; schließlich glauben wir an die Demokratie, die Menschenrechte, freie Märkte und konstitutionelle Regierungen. Dieses Buch zeigt, dass das keinesfalls einfache Vorstellungen sind und dass sie nicht von allen Gesellschaften und Völkern geteilt werden.

In den letzten 80 Jahren sind neue Nationalstaaten entstanden als Ergebnis des schwindenden Imperialismus und der Entkolonisierung. Bundesstaaten wie Jugoslawien und die Tschechoslowakei sind zerbrochen, genau wie die ehemalige UdSSR. Der Wunsch nach nationaler Unabhängigkeit ist stark, schaut man nach Quebec, Katalonien, Kurdistan oder Kaschmir. Völker ringen darum, während manche Staaten komplizierte Bündnisse eingegangen sind. In den letzten drei Jahrzehnten ist so die Europäische Union entstanden, deren politische Integration nach innen wie nach außen immer weiter vorangetrieben wird.

Um die Gegenwart zu begreifen, müssen wir die unterschiedlichen politischen Ideen und Theorien verstehen, die es in unserer Geschichte gegeben hat. Denn aus ihnen hat sich der aktuelle Zustand entwickelt. Gleichzeitig soll uns die Vergangenheit Warnung sein, allzu großes Vertrauen in unsere politischen Werte zu setzen. Immer wieder hat sich gezeigt, dass die Anforderungen, wie das kollektive Leben einer Gemeinschaft zu organisieren und zu regieren ist, sich in einer Weise verändern können, die sich nicht voraussagen lässt. Wenn neue Möglichkeiten der Machtausübung entstehen, entwickeln sich auch neue Vorstellungen in Bezug auf Kontrolle und Verantwortung, so entstehen neue politische Ideen und Theorien. Politik betrifft uns alle. Das heißt: Wir alle sollten uns an den Diskussionen beteiligen. ■

» Politik ist eine ernste Angelegenheit. Sie sollte nicht den Politikern überlassen bleiben. «

Charles de Gaulle

POLITISC
DENKEN I
ALTEN ZE
800 V. CHR.—30 N.

HES

N

ITEN

CHR.

UM 770 V. CHR.

In China beginnt die **Zeit der Frühlings- und Herbstannalen**; die »Hundert Schulen des Denkens« entstehen.

600 V. CHR.

Der **chinesische General Sunzi** schreibt seine Abhandlung *Die Kunst des Krieges* für König Helü von Wu.

600–500 V. CHR.

Konfuzius plädiert für ein Regierungssystem, das auf **traditionellen Werten** beruht und von einer Gelehrtenklasse verwaltet wird.

594 V. CHR.

Solon schafft eine **Verfassung für Athen** und ebnet damit den Weg für einen demokratischen Stadtstaat.

UM 510 V. CHR.

Die **Römische Republik** wird gegründet.

476–221 V. CHR.

Zur Zeit der **»streitenden Reiche«** kämpfen die sieben größten chinesischen Staaten um die Vorherrschaft.

UM 470–391 V. CHR.

Der chinesische Philosoph Mozi schlägt eine rein **meritokratische Klasse** von Ministern und Beratern vor, ausgewählt nach Tugend und Befähigung.

UM 460 V. CHR.

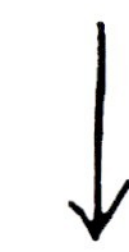

Die Sophisten in Griechenland, darunter Protagoras, meinen, politische Gerechtigkeit beruhe auf **menschlichen Werten** und sei nicht naturgegeben.

Die Anfänge des politischen Denkens lassen sich ins alte China und in die griechische Antike zurückverfolgen. In beiden Kulturen gab es Denker, die die Welt infrage stellten und sie auf eine Art analysierten, die wir heute Philosophie nennen. Ab rund 600 v. Chr. rückte die Frage in den Mittelpunkt, wie eine Gesellschaft zu organisieren ist. Zunächst wird sie als Teil der Moralphilosophie oder Ethik betrachtet. Die Philosophen untersuchten, wie eine Gesellschaft strukturiert sein sollte, um nicht nur das Glück und die Sicherheit der Menschen zu garantieren, sondern ihnen ein »gutes Leben« zu ermöglichen.

Politisches Denken in China

Ab rund 770 v. Chr. erlebte China eine Phase des Wohlergehens, die als »Zeit der Frühlings- und Herbstannalen« in die Geschichte einging. Verschiedene Dynastien regierten friedlich über getrennte Staaten. Gelehrsamkeit stand hoch im Kurs; die »Hundert Schulen« der klassischen chinesischen Philosophie entstanden. Der einflussreichste Vertreter war Konfuzius. Er plädierte für die Aufrechterhaltung traditioneller chinesischer Werte in einem Staat, der von einem tugendhaften Herrscher, unterstützt von Beratern, geführt werden sollte.

Diese Idee haben Mozi und Menzius weiterentwickelt, um Korruption und despotischer Herrschaft vorzubeugen. Doch als die zwischenstaatlichen Konflikte zunahmen und im 3. Jahrhundert v. Chr. die Zeit der »streitenden Reiche« anbrach, kämpften die Beteiligten um die Vorherrschaft in einem vereinten China. In dieser Atmosphäre plädierten Denker wie Han Feizi und die legalistische Schule für Disziplin als leitendes Staatsprinzip; der Militärführer Sunzi übertrug Kriegsstrategien auf die Außen- und Innenpolitik. Dieses autoritäre politische Denken brachte dem neuen Reich Stabilität, das später zu einer Form des Konfuzianismus zurückkehrte.

Griechische Demokratie

Etwa gleichzeitig erblühte die griechische Kultur. Wie China war Griechenland keine geeinte Nation, sondern eine Ansammlung von Stadtstaaten mit unterschiedlichen Regierungsformen – meist Monarchie oder Aristokratie. In Athen bestand jedoch eine Art Demokratie nach einer Verfassung des Staatsmannes Solon von 594 v. Chr. Die

Sokrates stellt wiederholt **die athenische Politik und Gesellschaft** infrage – und wird zum Tode verurteilt.

399 V. CHR.

Menzius verbreitet das **konfuzianische Gedankengut** in China.

372–289 V. CHR.

In seiner Schrift *Politik* beschreibt Aristoteles verschiedene Staatsformen; die **Politie** (eine Mischung aus Oligarchie und Demokratie) hält er für die zweckmäßigste.

335–323 V. CHR.

Die Han-Dynastie erklärt den Konfuzianismus zur **offiziellen chinesischen Philosophie.**

200 V. CHR.

UM 380–360 V. CHR.

In *Der Staat* plädiert Platon für die Herrschaft von **»Philosophenkönigen«**, die so weise sind, dass sie erkennen können, was ein gutes Leben ausmacht.

UM 370–283 V. CHR.

Chanakyas Rat an Chandragupta Maurya trägt zur Gründung des **Maurya-Reiches** in Indien bei.

300 V. CHR.

In dem Bestreben, China zu vereinigen, werden die autoritären Vorstellungen von Shang Yang und Han Feizi als **Lehre des Legalismus** übernommen.

54–51 V. CHR.

Cicero schreibt *De re publica* (*Über das Gemeinwesen*) in Anlehnung an Platons *Der Staat*. Dabei plädiert er für eine **demokratischere** Regierungsform.

Stadt wurde zum kulturellen Zentrum Griechenlands, hier entstand intellektueller Freiraum, in dem Philosophen über den idealen Staat spekulieren konnten. Platon zum Beispiel plädierte für die Herrschaft einer Elite von »Philosophenkönigen«, während sein Schüler Aristoteles die verschiedenen möglichen Regierungsformen miteinander verglich. Gemeinsam legten diese Denker den Grundstein für die westliche politische Philosophie.

Mit Aristoteles endete dann das »goldene Zeitalter« der klassischen griechischen Philosophie: Alexander der Große unternahm eine Reihe von Feldzügen, um sein Reich von Mazedonien nach Nordafrika und quer durch Asien bis zum Himalaja auszudehnen. Doch in Indien stieß er auf organisierten Widerstand. Der indische Subkontinent bestand aus verschiedenen unabhängigen Staaten, doch der innovative politische Theoretiker Chanakya trug dazu bei, dass ein einheitliches Reich unter der Herrschaft seines Protegés Chandragupta Maurya entstand. Chanakya war pragmatisch in seinem politischen Denken: Er trat für strenge Disziplin ein mit dem Ziel, die Existenz des Staates wirtschaftlich und materiell zu sichern, es ging weniger um Moral und Wohlergehen des Volkes. Sein Realismus half, das Maurya-Reich vor Angriffen zu schützen: Der Großteil Indiens wurde von einer Stelle aus regiert, dies hatte mehr als 100 Jahre Bestand.

Der Aufstieg Roms

In der Zwischenzeit begann in Europa der Aufstieg einer anderen Macht. Nach dem Sturz einer tyrannischen Monarchie wurde 510 v. Chr. die Römische Republik gegründet. Ähnlich wie in Athen handelte es sich um eine repräsentative Demokratie. Die Regierung unter der Führung von zwei Konsuln wurde jährlich von den Bürgern gewählt; ihr stand ein Gremium von Senatoren beratend zur Seite. Die Römische Republik wurde immer mächtiger und übernahm Provinzen fast überall auf dem europäischen Festland. Im 1. Jahrhundert v. Chr. kam es zum Bürgerkrieg, mehrere Parteien stritten um die Macht. 48 v. Chr. setzte sich Julius Cäsar durch und wurde zum Kaiser. Rom befand sich damit erneut unter monarchischer Herrschaft. In den folgenden 500 Jahren beherrschte das neue Römische Reich den Großteil Europas. ■

WENN IHR DAS GUTE WIRKLICH WOLLT, SO WIRD EUER VOLK GUT WERDEN

KONFUZIUS (551–479 V.CHR.)

IM KONTEXT

IDEENLEHRE
Konfuzianismus

SCHWERPUNKT
Paternalistisch

FRÜHER
1054 v. Chr. Während der chinesischen Zhou-Dynastie werden politische Entscheidungen durch das Mandat des Himmels gerechtfertigt.

8. Jh. v. Chr. Die Zeit der Frühlings- und Herbstannalen beginnt; die »Hundert Schulen des Denkens« entstehen.

SPÄTER
5. Jh. v. Chr. Mozi schlägt eine Alternative zur möglichen Vetternwirtschaft des Konfuzianismus vor.

4. Jh. v. Chr. Der Philosoph Mencius verbreitet die Ideen des Konfuzius.

3. Jh. v. Chr. Die autoritären Prinzipien des Legalismus prägen die Regierung.

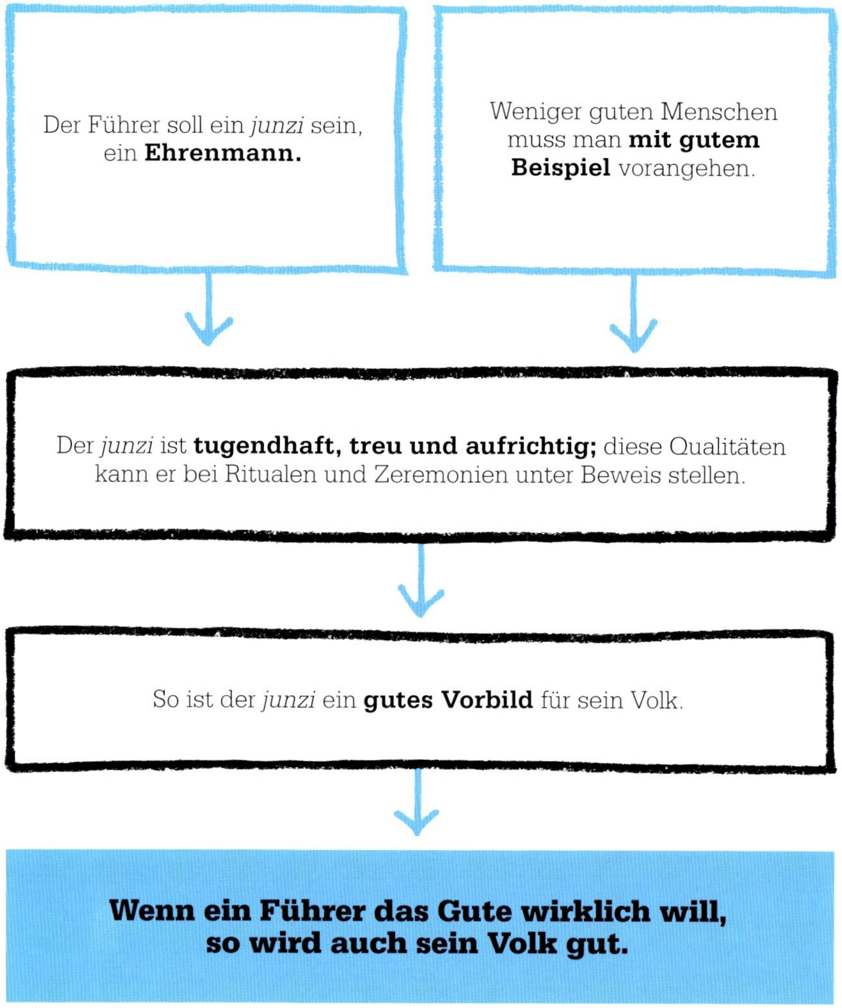

Der Führer soll ein *junzi* sein, ein **Ehrenmann.**

Weniger guten Menschen muss man **mit gutem Beispiel** vorangehen.

Der *junzi* ist **tugendhaft, treu und aufrichtig;** diese Qualitäten kann er bei Ritualen und Zeremonien unter Beweis stellen.

So ist der *junzi* ein **gutes Vorbild** für sein Volk.

Wenn ein Führer das Gute wirklich will, so wird auch sein Volk gut.

Kong Fu Zi (»Meister Kong«), der später im Westen als Konfuzius bekannt wurde, lebte an einem Wendepunkt in der politischen Geschichte Chinas, zur Zeit der Frühlings- und Herbstannalen: 300 Jahre lang hatten Wohlstand und Stabilität geherrscht, Kunst, Literatur und Philosophie geblüht. Damals entstanden die »Hundert Schulen des Denkens«, in denen zahlreiche Ideen frei diskutiert wurden. Eine neue Klasse von Gelehrten bildete sich heraus, die überwiegend als Berater an den Höfen adliger Familien lebten. Die neuen Ideen dieser Gelehrten erschütterten die chinesische Gesellschaft. Neu war auch, dass diese aufgrund ihrer Verdienste ernannt wurden, nicht wegen ihrer familiären Verbindungen. Damit wurden sie zu einer Herausforderung für die angestammten Herrscher, die zuvor nach einem »Mandat des Himmels« regiert hatten. Es kam zu Konflikten: Verschiedene Herrscher wetteiferten um die Macht in China. In dieser Zeit der »streitenden Reiche« wurde immer deutlicher, dass eine starke Regierung vonnöten war.

Der Ehrenmann

Wie die meisten gebildeten jungen Männer der Mittelklasse verfolgte Konfuzius eine Karriere als Verwaltungsbeamter. Dabei entwickelte er bestimmte Vorstellungen, wie ein Land regiert werden sollte. Die Beziehungen zwischen dem Herrscher und seinen Ministern sowie dem Herrscher und seinen Untertanen kannte er aus erster Hand. Er wusste genau, wie heikel die politische Situation war. Daher machte er sich daran, ein Rahmenwerk zu formulieren, das die Herrscher in die Lage versetzen würde, auf der

Siehe auch: Sunzi 28–31 ▪ Mozi 32–33 ▪ Han Feizi 48 ▪ Sun Yat-sen 212–213 ▪ Mao Zedong 260–265

Grundlage eines eigenen Systems der Moralphilosophie gerecht zu regieren.

Konfuzius' Standpunkt war fest in der chinesischen Tradition verankert; im Kern ging es ihm um Loyalität, Pflicht und Respekt. Diese Werte verkörperte der *junzi* oder Ehrenmann: Sein Verhalten sollte den anderen als Beispiel dienen. Konfuzius hielt die menschliche Natur nicht für perfekt, aber er glaubte, sie könne durch das Vorbild aufrichtiger Tugend verändert werden – genau wie die Gesellschaft insgesamt durch das Vorbild einer gerechten und wohlwollenden Regierung.

Die Vorstellung der Gegenseitigkeit – dass ein gerechter und großzügiger Umgang eine ebensolche Reaktion hervorruft – ist ein Grundpfeiler der konfuzianischen Moralphilosophie. Damit eine Gesellschaft gut ist, muss ihr Herrscher die Tugenden verkörpern, die er bei seinen Untertanen sehen möchte. Die Menschen ihrerseits werden durch Loyalität und Respekt inspiriert, diese Tugenden zu leben.

In der Sammlung seiner Lehren und Sprüche, bekannt als *Analekten*, rät Konfuzius: »Wenn Eure Hoheit das Gute wünscht, so wird das Volk gut. Das Wesen des Herrschers ist der Wind, das Wesen der Geringen ist das Gras. Das Gras, wenn der Wind darüber hinfährt, muss sich beugen.« Um diese Idee umzusetzen, musste jedoch eine neue Gesellschaftsstruktur etabliert werden: In ihr sollte die neue meritokratische Klasse der Verwaltungsbeamten ihren festen Platz bekommen, während die traditionelle Herrschaft der adligen Familien weiterhin respektiert werden würde. Bei seinem Vorschlag, wie dies zu erreichen sei, verließ sich Konfuzius erneut auf traditionelle »

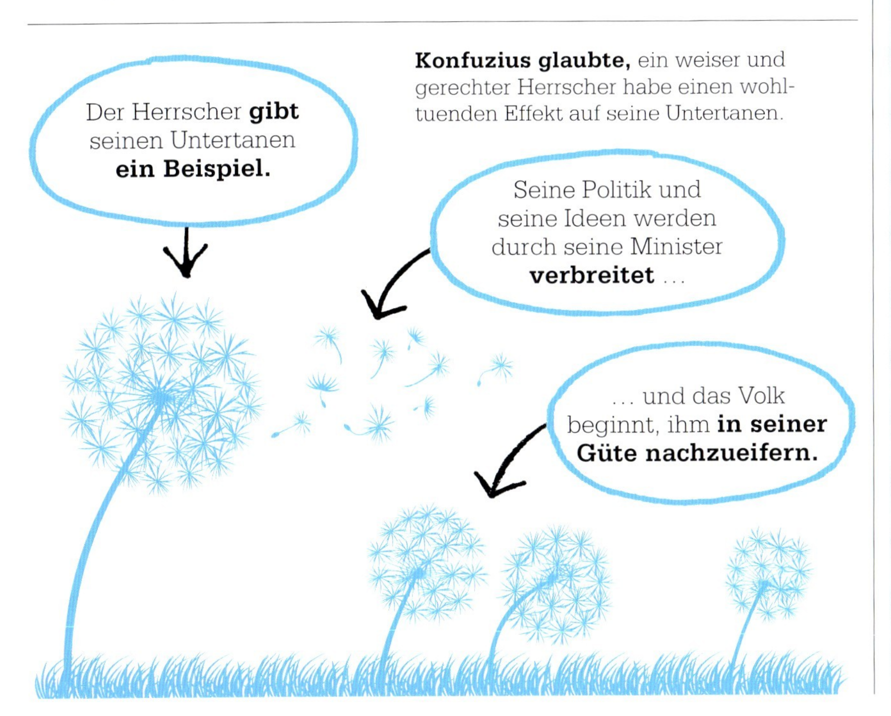

Konfuzius glaubte, ein weiser und gerechter Herrscher habe einen wohltuenden Effekt auf seine Untertanen.

Konfuzius

Obwohl er in der chinesischen Geschichte eine große Rolle spielt, ist über das Leben des Konfuzius wenig bekannt. Es heißt, er sei 551 v. Chr. in Qufu im Staat Lu (China) geboren worden. Ursprünglich hieß er Kong Qiu (den Ehrentitel Kong Fu Zi erhielt er erst später). Seine Familie war angesehen und wohlhabend. Trotzdem arbeitete er in jungen Jahren als Diener, um die Familie zu ernähren, nachdem sein Vater gestorben war. In seiner Freizeit studierte er und wurde schließlich Verwaltungsbeamter am Hof von Zhou, wo er seine Ideen zur Staatsführung entwickelte. Sein Rat wurde aber ignoriert und er gab seine Position auf.

Den Rest seines Lebens verbrachte Konfuzius mit Reisen durch das chinesische Reich. Dabei lehrte er Philosophie und Staatstheorie. Schließlich kehrte er nach Qufu zurück, wo er 497 v. Chr. starb.

Hauptwerke

Analekten
Mitte und Maß
Das große Lernen
(Diese drei Werke wurden im 12. Jh. von chinesischen Gelehrten zusammengestellt.)

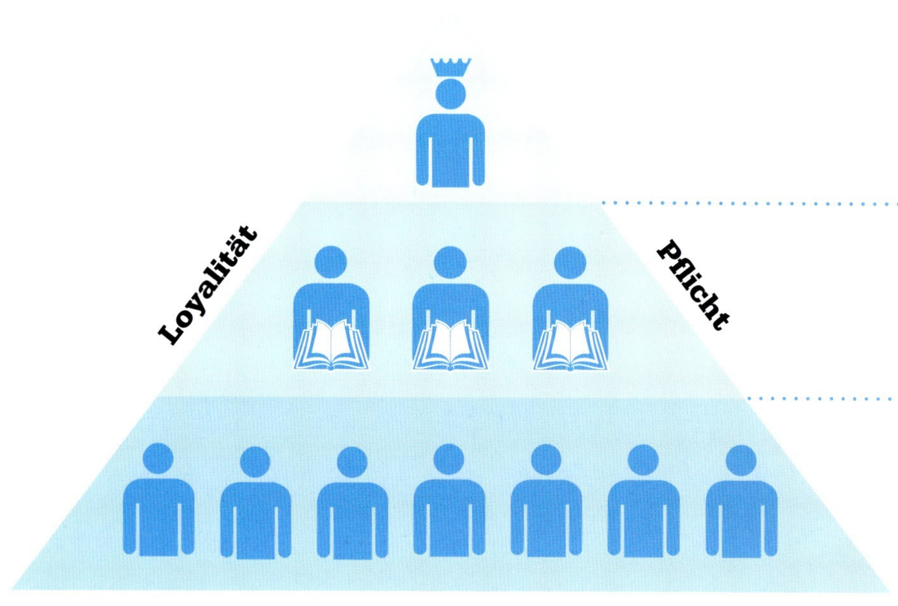

Den Herrscher sah Konfuzius als überlegen an. Seine Aufgabe bestand darin, sich perfekt zu verhalten, um seinen Untertanen ein gutes Vorbild zu sein.

Minister und Berater spielten eine wichtige Rolle: Sie waren »Mittelsmänner« zwischen Herrscher und Untertanen und beiden Seiten zur Loyalität verpflichtet.

Das Volk würde sich Konfuzius zufolge richtig verhalten: Denn es hatte ein gutes Beispiel vor Augen und eine klare Vorstellung davon, was von ihm erwartet wurde.

Werte. Er wollte die Gesellschaft umgestalten und sich dabei an den Beziehungen innerhalb der Familie orientieren. Für Konfuzius waren die Güte des Herrschers und die Loyalität seiner Untertanen wie ein Abbild des liebenden Vaters und seines gehorsamen Sohnes.

Konfuzius glaubte, dass es fünf solche »elementaren Beziehungen« gibt: Herrscher – Untertan, Vater – Sohn, Ehemann – Ehefrau, älterer Bruder – jüngerer Bruder und Freund – Freund. Innerhalb dieser Beziehungen geht es nicht nur um den Rang der jeweiligen Personen in Bezug auf Generation, Alter und Geschlecht, sondern auch darum, dass es auf beiden Seiten Pflichten gibt. Die Verantwortung des Überlegenen gegenüber dem Unterlegenen ist genauso wichtig wie die des Jüngeren gegenüber dem Älteren. Die familiären Beziehungen übertrug Konfuzius auf die Gesellschaft als Ganzes, die dadurch ihren Zusammenhalt erhält: Die wechselseitigen Rechte und Pflichten sorgen für eine Atmosphäre der Loyalität und des Respekts unter den verschiedenen gesellschaftlichen Schichten.

Die ererbte Herrschaft rechtfertigen

An der Spitze der konfuzianischen Hierarchie stand der Herrscher, der diesen Status ohne jeden Zweifel ererbt hatte. In dieser Hinsicht war das konfuzianische Denken konservativ. Die Familie galt als Modell für die Beziehungen innerhalb der Gesellschaft, der traditionelle Respekt gegenüber den Eltern wurde entsprechend dem Thronerben entgegengebracht. Die Position des Herrschers war allerdings nicht unanfechtbar, ein ungerechter oder unkluger Herrscher verdiente es, dass man ihm Widerstand entgegensetzte oder ihn sogar absetzte.

In Bezug auf die nächste Gesellschaftsschicht war Konfuzius besonders innovativ. Er wollte eine Klasse von Gelehrten etablieren, die als Minister, Berater oder Verwalter fungieren sollten. Aufgrund ihrer Mittlerposition zwischen Herrscher und Untertanen hatten sie die Pflicht, beiden Seiten gegenüber loyal zu sein; damit trugen sie viel Verantwortung. Für diese Aufgabe kamen also nur sehr fähige Kandidaten infrage. Wer ein öffentliches Amt bekleidete, musste höchsten moralischen Ansprüchen genügen; er musste ein *junzi* sein. Im konfuzianischen System wurden die Minister vom Herrscher ernannt. Daher hing viel davon ab, wie es um den

> »Die rechte Regierung besteht darin, dass die Herrscher Herrscher, die Minister Minister, die Väter Väter und die Söhne Söhne sind.«
>
> **Konfuzius**

Charakter des Staatsoberhaupts selbst bestellt war. Konfuzius sagte: »Die Kunst des Regierens besteht darin, die richtigen Menschen zu bekommen. Man erhält sie über den Charakter des Herrschers. Dieser Charakter muss kultiviert werden, indem er dem Weg der Pflicht folgt. Dass er dem Weg der Pflicht folgt, erreicht man, indem er die Güte zu schätzen lernt.«

Die Rolle der Beamten war vorrangig beratend. Minister mussten sich nicht nur in Bezug auf die Verwaltung und die Struktur der chinesischen Gesellschaft gut auskennen, sondern auch über Geschichte, Politik und Diplomatie Bescheid wissen. Das war nötig, um dem Herrscher bei Allianzen und Kriegen mit Nachbarstaaten zur Seite stehen zu können. Zudem hatte die neue Gesellschaftsklasse die Aufgabe, den Herrscher am Despotentum zu hindern. Zwar waren die Beamten ihrem Vorgesetzten gegenüber loyal, doch gleichzeitig verhielten sie sich wohlwollend gegenüber den Untertanen. Sie mussten wie der Herrscher durch ihr Beispiel führen und sowohl das Staatsoberhaupt als auch die Untertanen durch ihre Tugend beflügeln.

Die Bedeutung des Rituals

Viele Teile der Schriften des Konfuzius lesen sich wie ein Handbuch der Etikette oder des Protokolls. Sie gehen auf das angemessene Verhalten eines *junzi* in den verschiedensten Situationen ein. Betont wird, dass es sich bei den beschriebenen Ritualen nicht um Leerformeln handelt, vielmehr haben sie einen tieferen Sinn. So war es wichtig, dass die daran Beteiligten sich aufrichtig verhielten, um die Bedeutung der Rituale zu verdeutlichen. Staatsbeamte etwa mussten ihre Pflichten tugendhaft erfüllen und sollten dabei auch gesehen werden. Konfuzius legte großen Wert auf Zeremonien. Sie signalisierten, welche Positionen eine Person innerhalb einer Gesellschaft einnahm.

Zeremonien und Rituale erlaubten es den Staatsbeamten, Ergebenheit (nach oben) und Rücksichtnahme (nach unten) zum Ausdruck zu bringen. Doch Konfuzius zufolge sollte es in allen Gesellschaftsgruppen Rituale geben: vom formalen Zeremoniell bei Hofe bis zur täglichen sozialen Interaktion, bei der die Beteiligten sorgfältig ihre Rollen einhielten. Nur so konnte die Idee der Führung durch Vorbild Erfolg haben. Für Konfuzius zählten dabei Aufrichtigkeit und Ehrlichkeit zu den wichtigsten Tugenden, Treue war ebenfalls von Bedeutung.

Viele der Rituale und Zeremonien entstammten religiösen Riten, aber dieser Aspekt stand nicht im Vordergrund. Die Ethik des Konfuzius beruhte nicht auf religiösen Überzeugungen. Er ging einfach davon aus, dass die Religion einen festen Platz in der Gesellschaft hat.

» Der Edle regiert die Menschen nach ihrem Charakter, wie es zweckmäßig ist, und sobald sie sich vom Falschen abwenden, hört er damit auf. «

Konfuzius

Tatsächlich bezog er sich in seinen Schriften selten auf die Götter. Allenfalls äußerte er die Hoffnung, dass die Gesellschaft in Übereinstimmung mit dem Mandat des Himmels organisiert und regiert werden könne – was dazu beitragen würde, die Staaten, die um die Macht kämpften, zu vereinen. Obwohl Konfuzius an die Vererbung der Herrschaft glaubte, sah er keine Notwendigkeit, sie als göttliches Recht hinzunehmen.

Dieser Gedanke und das Klassensystem, das auf Verdiensten »

Schauspieler vollziehen in der Provinz Shandong (China) ein konfuzianisches Ritual. Ihre strenge Tradition vermittelt den Zuschauern heute den Eindruck respektvoller Zurückhaltung.

beruhte und nicht auf Vererbung, sind die radikalsten Ideen im konfuzianischen System. Generell sprach sich Konfuzius für eine Hierarchie aus, die durch strenge Benimmregeln und Protokollvorschriften geregelt wurde. Jeder sollte wissen, wo in der Gesellschaft er stand. Dies bedeutet nicht, dass es keine sozialen Auf- und Abstiegsmöglichkeiten gab. Wer die Fähigkeiten (und einen guten Charakter) besaß, konnte ohne Rücksicht auf den familiären Hintergrund über alle Ränge bis in die höchsten Ebenen der Regierung gelangen. Und wer eine Machtposition innehatte, konnte sie verlieren, wenn er nicht die entsprechenden Qualitäten bewies, egal wie angesehen seine Familie war. Dieses Prinzip bezog sich sogar auf den Herrscher selbst. Konfuzius betrachtete den Anschlag auf ein despotisches Staatsoberhaupt als das notwendige Entfernen eines Tyrannen und nicht als Mord an einem legitimen Herrscher. Er meinte, durch diese Flexibilität ergäbe sich echter Respekt und politischer Konsens – die notwendige Basis für eine starke und stabile Regierung.

Verbrechen und Strafe

Die Prinzipien der konfuzianischen Moralphilosophie erstreckten sich auch auf die Bereiche Recht und Strafen. Zuvor hatte das Rechtssystem auf religiösen Verhaltensvorschriften beruht, aber Konfuzius wollte die von Gott gegebenen Gesetze durch einen am Menschen orientierten Ansatz ersetzen. Wie bei seiner Sozialstruktur plädierte er für ein System, das auf Gegenseitigkeit beruhte: Wirst du mit Respekt behandelt, handelst du selbst auch mit Respekt. Seine Version der goldenen Regel war als Verneinung formuliert: »Was du nicht willst, dass man dir tu, das füg auch keinem andren zu.« Damit standen nicht mehr die begangenen Taten im Blickfeld, sondern es ging darum, schlechtes Verhalten zu vermeiden. Und dies ließe sich am besten durch das richtige Vorbild erreichen, was Konfuzius so ausdrückte: »Wenn du einen weisen Mann triffst, so versuche, ihm nachzueifern. Wenn du einen törichten Mann triffst, so prüfe dich selbst in deinem Innern.«

»Wer Kraft seines Wesens herrscht, gleicht dem Nordstern. Der verweilt an seinem Ort und alle Sterne umkreisen ihn.«

Konfuzius

Konfuzius wollte Verbrechen nicht mit strengen Gesetzen oder harten Strafen bekämpfen. Er hielt es für den besseren Weg, das Gefühl der Scham zu wecken. Mag sein, dass die Menschen nicht kriminell werden, wenn sie durch Gesetze geführt oder durch Strafen gehindert werden. Aber sie entwickeln kein Gefühl für Richtig und Falsch. Werden sie hingegen durch ein Vorbild geführt und durch Respekt gehindert, dann schämen sie sich für ihr Fehlverhalten und lernen, wirklich gut zu sein, so seine Idee.

Unpopuläre Ideen

In der Philosophie des Konfuzius verbinden sich Vorstellungen von

Das Gemälde aus der Song-Dynastie zeigt, wie der chinesische Kaiser bei den Prüfungen der Beamten den Vorsitz führt. Derartige Prüfungen wurden zu Konfuzius' Lebzeiten eingeführt und beruhten auf seinen Vorstellungen.

Als offizielle chinesische Staatsphilosophie erfüllte der Konfuzianismus auch religiöse Funktionen. Im ganzen Land entstanden konfuzianische Tempel wie dieser in Nanjing.

der angeborenen Güte und Geselligkeit des Menschen mit den starren Strukturen der traditionellen chinesischen Gesellschaft. Angesichts seiner Position als Berater bei Hofe überrascht es auch nicht, dass Konfuzius der neuen meritokratischen Klasse der Gelehrten einen wichtigen Platz einräumte. Doch die Angehörigen der herrschenden Familien fühlten sich durch die Macht, die Minister und Berater erhalten sollten, bedroht. Die Beamten hätten vielleicht gern mehr Kontrolle ausgeübt, glaubten aber nicht daran, dass das Volk sich durch ein Vorbild regieren lasse. Und sie wollten nicht ihr Recht aufgeben, Macht durch Gesetze und Strafen auszuüben. Die Ideen des Konfuzius wurden also mit Misstrauen betrachtet und zu seinen Lebzeiten nicht umgesetzt.

Auch spätere Denker hatten allerlei daran auszusetzen. Mozi, ein chinesischer Philosoph, der kurz nach Konfuzius' Tod geboren wurde, stimmte zwar mit dessen modernen Vorstellungen der Meritokratie und der Führung durch ein Vorbild überein, aber er glaubte, die Orientierung an Familienbeziehungen würde zu Vetternwirtschaft führen. Und militärisch geprägte Denker wie Sunzi hatten wenig Zeit für Moralphilosophie – sie näherten sich der Frage des Regierens von der praktischen Seite und zogen ein autoritäres System vor, um die Verteidigung des Staates sicherzustellen. Dennoch wurden in den beiden Jahrhunderten nach Konfuzius' Tod immer mehr Elemente seiner Lehre in die chinesische Gesellschaft aufgenommen. Unter Mengzi (372–289 v. Chr.) gewannen sie im 4. Jahrhundert v. Chr. sogar eine gewisse Popularität.

» Was man weiß, als Wissen gelten lassen, was man nicht weiß, als Nichtwissen gelten lassen: das ist Wissen. «

Konfuzius

Die Staatsphilosophie

Der Konfuzianismus mochte zum Regieren in Friedenszeiten geeignet sein. Aber in der Zeit der »streitenden Reiche«, als es darum ging, China zu vereinen, verdrängte ein autoritäres Regierungssystem, bekannt als Legalismus, die konfuzianischen Ideen. Auch der Kaiser, der seine Autorität über das neue Reich behaupten musste, setzte diesen Regierungsstil fort. Als im 2. Jahrhundert v. Chr. der Friede nach China zurückkehrte, wurde unter der Han-Dynastie der Konfuzianismus zur offiziellen Staatsphilosophie. Fortan prägte er die Strukturen in der chinesischen Gesellschaft, vor allem was die Rekrutierung der Beamten anging. Die Prüfungen für den Staatsdienst, die 605 n. Chr. eingeführt wurden, beruhten auf klassischen konfuzianischen Texten – daraus entwickelte sich eine Praxis, die bis ins 20. Jahrhundert hinein bestand.

Auch unter dem kommunistischen Regime verschwand der Konfuzianismus in China nie vollständig. Bis zur Kulturrevolution hatte er unterschwellig Einfluss auf die Strukturen in der Gesellschaft. Heute sind Elemente des konfuzianischen Denkens (etwa im Verhältnis Vater–Sohn) tief in der chinesischen Lebensart verwurzelt. Das Land entwickelt sich vom maoistischen Kommunismus zu einer chinesischen Version der gemischten Wirtschaftsform – und wendet sich dabei mit neuem Ernst konfuzianischen Ideen zu. ■

DIE KRIEGSKUNST IST VON ENTSCHEIDENDER BEDEUTUNG FÜR DEN STAAT

SUNZI (UM 544–UM 496 V. CHR.)

IM KONTEXT

IDEENLEHRE
Realismus

SCHWERPUNKT
Diplomatie und Krieg

FRÜHER
8. Jh. v. Chr. Das goldene Zeitalter der chinesischen Philosophie beginnt, die »Hundert Schulen des Denkens« entstehen.

6. Jh. v. Chr. Konfuzius entwickelt die Rahmenbedingungen für eine Zivilgesellschaft, die auf traditionellen Werten beruht.

SPÄTER
4. Jh. v. Chr. Chanakyas Rat an Chandragupta Maurya trägt zur Errichtung des Maurya-Reiches in Indien bei.

1532 Niccolò Machiavellis *Der Fürst* wird fünf Jahre nach seinem Tod veröffentlicht.

1937 Mao Zedong schreibt *Über den Guerillakrieg*.

Im späten 6. Jahrhundert v. Chr. war die »Zeit der Frühlings- und Herbstannalen« in China vorbei. Eine Ära friedlichen Wohlergehens und die Blütezeit der Philosophie gingen zu Ende. Man hatte sich auf die Moralphilosophie oder Ethik konzentriert. In der politischen Philosophie, die darauf aufbaute, ging es um den moralisch richtigen Weg, wie der Staat seine inneren Angelegenheiten organisieren sollte. Auf dem Höhepunkt dieser Entwicklung brachte Konfuzius die überlieferten Tugenden in eine Hierarchie ein, oben stand das Staatsoberhaupt, die Verwaltung übernahmen Gelehrte.

Siehe auch: Chanakya 44–47 ▪ Han Feizi 48 ▪ Niccolò Machiavelli 74–81 ▪ Mao Zedong 260–265 ▪ Che Guevara 312–313

Die Terrakotta-Armee aus dem Grab des Kaisers Qin Shihuangdi. Sie zeigt, wie wichtig Qin das Militär war. Er lebte 200 Jahren nach Sunzi und zählte zu den Kennern von dessen Werken.

Zum Ende der »Zeit der Frühlings- und Herbstannalen« hin ging die politische Stabilität verloren und die Spannungen zwischen den chinesischen Staaten wuchsen. Ihre Anführer mussten deshalb nicht nur innere Angelegenheiten regeln, sondern auch Angriffe der Nachbarn abwehren.

Militärstrategie

Militärberater waren auf einmal ebenso wichtig wie zivile Bürokraten, die Militärstrategie griff auf das politische Denken über. Das einflussreichste Werk zu diesem Thema ist *Die Kunst des Krieges*, geschrieben vermutlich von Sunzi, einem General in der Armee des Königs von Wu. Dort heißt es: »Die Kunst des Krieges ist für den Staat von entscheidender Bedeutung. Sie ist eine Angelegenheit von Leben und Tod, eine Straße, die zur Sicherheit oder in den Untergang führt. Deshalb darf sie unter keinen Umständen vernachlässigt werden.« Das war ein klarer Bruch mit der politischen Philosophie der Zeit. Möglicherweise wurde hier zum ersten Mal deutlich formuliert, wie wichtig Krieg und militärische Informationen sind und dass sie zu den Staatsangelegenheiten zählen. In *Die Kunst des Krieges* geht es darum, das Wohl des Staates praktisch zu sichern. Während sich die früheren Denker mit der Struktur der Zivilgesellschaft befasst hatten, konzentrierte sich diese Abhandlung auf internationale Politik. Es wurden Fragen der öffentlichen Verwaltung diskutiert, und zwar allein zum Zweck der Planung und Durchführung von Kriegen.

Sunzis detaillierte Beschreibungen der Kriegskunst wurden als Rahmenvorgaben für jede Art von politischer Organisation gesehen. Er führte darin eine Reihe von Prinzipien auf, die bei der Planung eines Feldzugs zu berücksichtigen sind. Dazu gehörten neben Wetter und Gelände der moralische Einfluss des Herrschers, die Qualitäten des Generals und die Disziplin »

Die fünf Grundlagen der Kriegsführung

Der Weg (Dao) erlaubt Soldaten, mit ihren Herrschern einer Meinung zu sein.

Generäle müssen an **den Himmel** denken: Er ist Yin und Yang und der Wechsel der Jahreszeiten.

Ein Stratege muss an **die Erde** denken: ob hoch oder niedrig, nah oder fern, offen oder begrenzt.

Befehlsgewalt zeigt sich durch Weisheit, Integrität, Mitgefühl und Mut.

Gute Organisation und die richtige Befehlskette führen zu **Disziplin.**

der Soldaten. Diese »Prinzipien des Krieges« lassen sich auf jede hierarchische Struktur mit einem Herrscher an der Spitze übertragen. Das Oberhaupt lässt sich von seinen Generälen beraten, denen er Befehle erteilt und die ihrerseits die Truppen organisieren. Für Sunzi ist es auch dessen Aufgabe, moralisch die Führung zu übernehmen. Das Volk muss davon überzeugt werden, dass es um eine gerechte Sache geht. Führen sollte der Herrscher durch sein Vorbild; diese Idee hatte Sunzi mit Konfuzius gemeinsam.

Es überrascht kaum, dass Sunzi großes Gewicht auf die Qualitäten des Generals legt. Er beschreibt ihn als »Bollwerk des Staates«. Seine Ausbildung und seine Erfahrung bilden die Grundlagen der Ratschläge, die er dem Führer des Staates gibt, er bestimmt also die Politik maßgeblich mit. Außerdem sind seine Fähigkeiten entscheidend für die Organisation der Armee. Der General steht an der Spitze der Befehlskette. Er ist verantwortlich für die Logistik und die Ausbildung sowie die Disziplin der Männer. *Die Kunst des Krieges* rät dazu, disziplinarische Maßnahmen rigoros durchzusetzen; neben harten Strafen bei Ungehorsam soll es aber auch Belohnungen geben.

Wissen, wann man kämpft

Während die Beschreibung der militärischen Hierarchie in *Die Kunst des Krieges* die Struktur der chinesischen Gesellschaft widerspiegelte, waren die Empfehlungen für die internationale Politik deutlich innovativer. Wie zahlreiche Generäle vor und nach ihm glaubte Sunzi, es sei der Zweck des Militärs, den Staat zu schützen und dessen Wohl zu sichern. Allerdings sollte ein guter General zunächst versuchen, die Pläne des Feindes zu durchkreuzen. Wenn das nicht gelingt, sollte er sich gegen Angriffe verteidigen, und erst als letzte Möglichkeit eine Offensive beginnen.

Sunzi sprach sich für eine starke Verteidigung und die Bildung von Allianzen mit Nachbarstaaten aus, um Krieg zu vermeiden. Auch weil ein kostspieliger Krieg beiden Seiten schadet, fand er es sinnvoller, sich friedlich zu einigen. Seine Begründung: Lange Feldzüge und Belagerungen belasten die Staatskasse sehr, sodass die Kosten häufig sogar den Vorteil eines Sieges übersteigen. Die Opfer, die das Volk bringen muss, belasten dessen Treue und lassen es an der moralischen Gerechtigkeit einer Sache zweifeln.

Der Einsatz von Spionen

Als Schlüssel zu stabilen internationalen Beziehungen sah Sunzi das Wissen über die Pläne des Feindes. Spione sollten die entsprechenden Informationen liefern. So konnten die Generäle bei Kriegsgefahr gut einschätzen, wie die Chancen des Herrschers auf einen Sieg standen. Weiter erklärte Sunzi: Das nächstwichtige Element im Informationskrieg sei die Täuschung. Trägt man dem Feind Falschinformationen zu, lassen sich Kampfhandlungen oft vermeiden. Außerdem riet er

> »Wenn du den Feind und dich selbst kennst, brauchst du den Ausgang von hundert Schlachten nicht zu fürchten.«
>
> **Sunzi**

»Man führt durch Vorbild, nicht durch Zwang.«

Sunzi

Die große chinesische Mauer, begonnen im 7. Jh. v. Chr., diente zur Verteidigung neu eroberter Gebiete. Für Sunzi waren solche Maßnahmen ebenso wichtig wie die Angriffskraft.

davon ab, den Feind im Kampf zerstören zu wollen, weil das den Sieg schmälern würde – und zwar sowohl in Bezug auf das Wohlwollen der unterlegenen Soldaten als auch auf die Gewinne aus den eroberten Gebieten.

Die praxisnahen Ratschläge in *Die Kunst des Krieges* beruhen auf den moralischen Werten Gerechtigkeit, Angemessenheit und Mäßigung. Im Text heißt es, militärische Taktik, internationale Politik und Krieg existierten, um diese Werte zu erhalten, und sollten immer in Einklang mit diesen durchgeführt werden. Der Staat setzt seine militärische Macht ein, um diejenigen zu bestrafen, die ihn von außen schädigen oder bedrohen – so wie er Kriminelle im Innern bestraft. Wenn das auf moralisch gerechtfertigte Weise geschieht, ist der Lohn für den Staat ein glücklicheres Volk und der Gewinn von mehr Land und Reichtum.

Die Kunst des Krieges gewann großen Einfluss unter Herrschern, Generälen und Ministern der verschiedenen Staaten, die um ein vereintes chinesisches Reich rangen. Später war das Buch eine wichtige Grundlage für die Taktik von Revolutionären, darunter Mao Zedong und Ho Chi Minh. Heute ist *Die Kunst des Krieges* Standardlektüre an zahlreichen Militärakademien und in Kursen über Politik und Wirtschaft. ■

Sunzi

Er gilt als Verfasser der legendären Abhandlung *Die Kunst des Krieges:* Sun Wu (später bekannt als Sunzi) wurde vermutlich um 544 v. Chr. im chinesischen Staat Qi oder Wu geboren. Über sein frühes Leben ist nichts bekannt, aber als General im Dienst des Staates Wu führte er viele erfolgreiche Feldzüge gegen den benachbarten Staat Chu.

Sunzi wurde zum unverzichtbaren Militärberater König Helüs von Wu und schrieb seine berühmte Abhandlung als Handbuch für den Herrscher. Sie ist knapp gehalten und besteht aus 13 kurzen Kapiteln. Nach Sunzis Tod um 496 v. Chr. wurde sie überall gelesen: von den Staatsführern, die um die Kontrolle im chinesischen Reich kämpften, und von militärischen Denkern in Japan und Korea. 1782 wurde *Die Kunst des Krieges* erstmals in eine europäische Sprache übersetzt. Gut möglich, dass die französische Ausgabe Napoleon beeinflusst hat.

Hauptwerk

6. Jh. v. Chr. *Die Kunst des Krieges*

PLÄNE FÜR DAS LAND SOLLTEN NUR MIT DEN GEBILDETEN GETEILT WERDEN

MOZI (UM 470–UM 391 V. CHR.)

IM KONTEXT

IDEENLEHRE
Mohismus

SCHWERPUNKT
Meritokratie

FRÜHER
6. Jh. v. Chr. Der chinesische Philosoph Laozi plädiert für den Daoismus, das Handeln in Übereinstimmung mit dem Weg *(dao)*.

5. Jh. v. Chr. Konfuzius entwickelt ein Regierungssystem auf Basis der traditionellen Werte, umgesetzt von Gelehrten.

SPÄTER
4. Jh. v. Chr. Die autoritären Vorstellungen von Shang Yang und Han Feizi werden im Staat Qin als Doktrin des Legalismus übernommen.

372–289 v. Chr. Der Philosoph Menzi plädiert für die Rückkehr zum Konfuzianismus in abgewandelter Form.

20. Jh. Mozis Vorstellungen beeinflussen die Republik Sun Yat-sens und die kommunistische Volksrepublik China.

Gegen Ende des goldenen Zeitalters der chinesischen Philosophie, das zwischen dem 8. und 3. Jahrhundert v. Chr. die »Hundert Schulen des Denkens« hervorbrachte, begann man, die moralphilosophischen Vorstellungen auf soziale und politische Organisationen anzuwenden. In erster Linie ist hier Konfuzius zu nennen. Er plädierte für eine Hierarchie, die auf den traditionellen Familienbeziehungen beruhte, verstärkt durch Zeremonien und Rituale. Innerhalb

Siehe auch: Konfuzius 20–27 ▪ Platon 34–39 ▪ Han Feizi 48 ▪ Sun Yat-sen 212–213 ▪ Mao Zedong 250–265

Nach Mozis Ansicht konnten geschickte Handwerker mit Talent durch eine Ausbildung fähige Verwaltungsbeamte werden.

dieser Hierarchie betonte er die Bedeutung einer führenden Klasse von Gelehrten zur Unterstützung des Herrschers, eine Idee, die Mozi später weiterentwickelte.

Sowohl Konfuzius als auch Mozi gingen davon aus, dass das Wohlergehen des Staates auf der Zuverlässigkeit einer herrschenden bürokratischen Klasse beruht. Sie waren jedoch unterschiedlicher Ansicht darüber, wie diese Verwalter ausgewählt werden sollten. Für Mozis Verständnis hielt Konfuzius es zu sehr mit den Gepflogenheiten der adligen Familien, aus denen nicht zwangsläufig jene Tugenden und Fähigkeiten hervorgingen, die für eine erfolgreiche Staatsverwaltung erforderlich sind. Mozi glaubte, die Qualitäten, ein hohes Staatsamt ausfüllen zu können, resultierten aus Begabung und Studium, ohne dass der Hintergrund eine Rolle spielte.

Ein verbindender Kodex

»Die Erhebung der Tugendhaften«, wie Mozi seine meritokratische Vorstellung beschrieb, stellte einen Grundpfeiler des mohistischen politischen Denkens dar. Außerdem glaubte Mozi an das Gute im Menschen und an eine Atmosphäre der »universellen Liebe«. Gleichzeitig erkannte er die menschliche Tendenz, im eigenen Interesse zu handeln. Dies, so seine Überlegung, geschehe häufig in Konfliktsituationen, und zwar nicht aus einem Mangel an Moral, sondern wegen unterschiedlicher Vorstellungen darüber, was moralisch richtig ist. Es sei daher Aufgabe der politischen Führung, dem Volk gegenüber einen schlüssigen Moralkodex durchzusetzen. Dieser solle auf das größtmögliche Wohlergehen der Gesellschaft abzielen. Eine solche Vorgabe zu formulieren erfordere eine Weisheit, über die nur die Gelehrten verfügten.

Dass Mozi die Idee bevorzugte, Staatsdiener nach ihren Verdiensten und Fähigkeiten auszuwählen, beruhte auf seiner eigenen Erfahrung: Er war aus bescheidenen Verhältnissen gestartet und hatte sich das hohe Amt hart erarbeitet. Wenn der Adel die Minister ernannte, bestünde die Gefahr der Vetternwirtschaft, so Mozi.

» Die Erhebung der Tugendhaften ist die Wurzel allen Regierens. «

Mozi

Der Mohismus hatte viele Anhänger, doch Mozi selbst galt als Idealist. Seine Ideen wurden von den chinesischen Herrschern seinerzeit nicht übernommen. Erst später wurden Teile seines politischen Denkens aufgegriffen. So beeinflusste Mozis Forderung nach einem einheitlichen Moralkodex die autoritären legalistischen Regierungen, die im 4. Jahrhundert v. Chr. entstanden, erheblich. Im 20. Jahrhundert wurden Mozis Vorstellungen von Chancengleichheit durch die chinesischen Führer Sun Yat-sen und Mao Zedong wiederentdeckt. ■

Mozi

Es wird angenommen, dass Mozi etwa zu der Zeit in Tengzhou in der Provinz Shandong (China) geboren wurde, als Konfuzius starb. Unter dem Namen Mo Di arbeitete er als Holzarbeiter und Ingenieur sowie am Hof adeliger Familien. Als Beamter stieg er auf und richtete eine Schule für Staatsbedienstete ein. Mit seinen politischen und philosophischen Ansichten erwarb er sich eine Anhängerschaft und den Titel »Mozi«.

Die Mohisten, Mozis Anhänger, lebten nach den Prinzipien der Einfachheit und des Pazifismus in der Zeit der »streitenden Reiche« – bis zur Einführung des Legalismus unter der Qin-Dynastie. Nach seinem Tod wurden die Lehren Mozis gesammelt. Der Mohismus verschwand nach der Einigung Chinas 221 v. Chr., wurde aber Anfang des 20. Jahrhunderts wiederentdeckt.

Hauptwerk

5. Jh. v. Chr. *Das Buch Mozi*

WENN NICHT DIE PHILOSOPHEN ZU KÖNIGEN WERDEN, WIRD ES MIT DEM ELEND DER STÄDTE KEIN ENDE HABEN

PLATON 427–347 V. CHR.

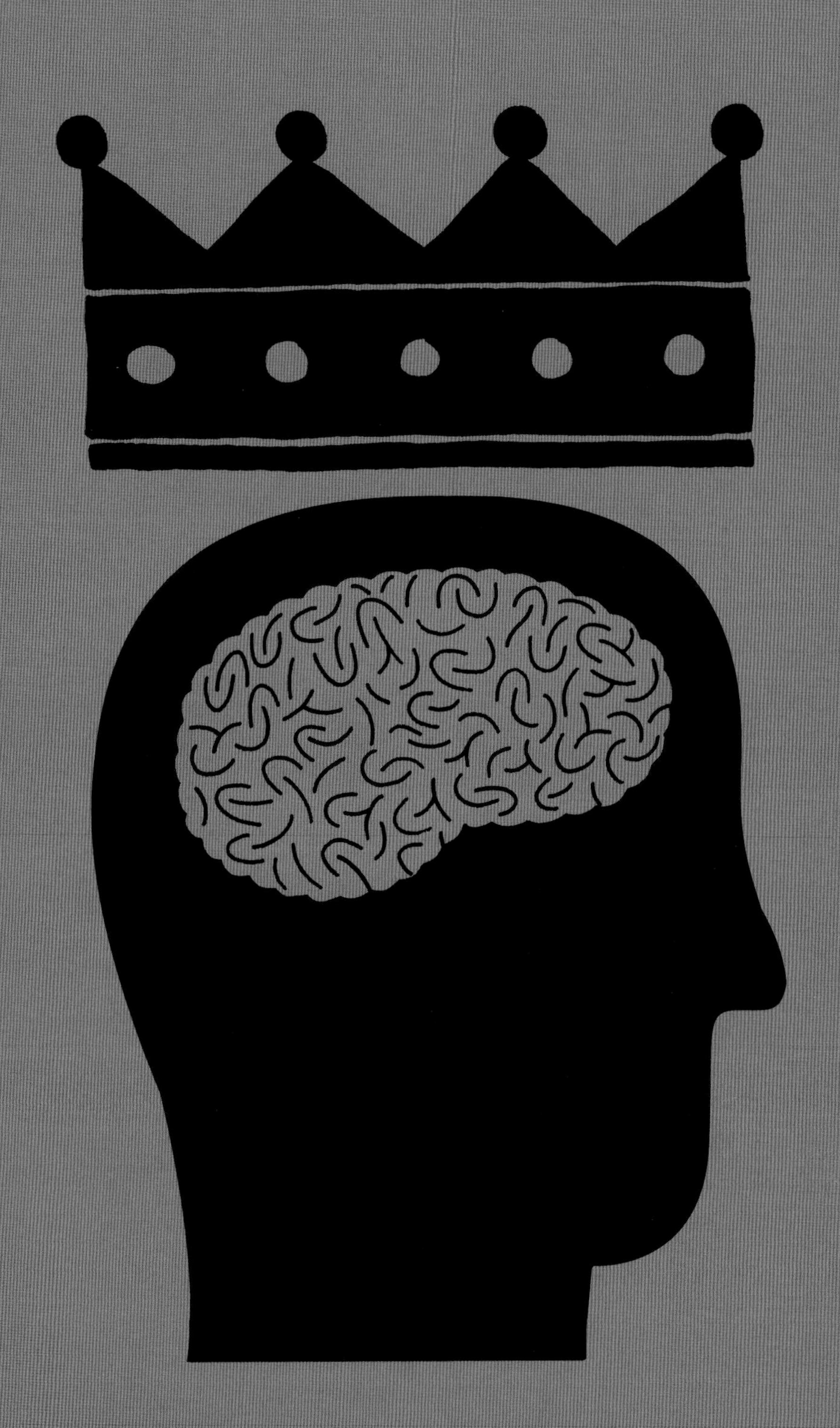

IM KONTEXT

IDEENLEHRE
Rationalismus

SCHWERPUNKT
Philosophenkönige

FRÜHER
594 v. Chr. Der athenische Gesetzgeber Solon legt die Grundlage für die griechische Demokratie.

um 450 v. Chr. Der griechische Philosoph Protagoras sagt, politische Gerechtigkeit sei das Ergebnis menschlicher Vorstellungen und nicht naturgegeben.

SPÄTER
335–323 v. Chr. Aristoteles meint, die Politie (Staatsverfassung) sei die praktischste von den guten Herrschaftsformen.

54–51 v. Chr. Cicero schreibt *De re publica (Über das Gemeinwesen)* und plädiert für eine demokratischere Form der Regierung als Platon in *Der Staat*.

Die Herrscher sollen sicherstellen, dass die Menschen ein **»gutes Leben«** führen.

Um zu wissen, was das »gute Leben« ausmacht, braucht man **intellektuelle Fähigkeiten** und Wissen um **Ethik und Moral.**

Nur Philosophen haben diese Fähigkeiten und dieses Wissen.

Politische Macht sollte deshalb allein den Philosophen gegeben werden.

Wenn nicht die Philosophen zu Königen werden, wird es mit dem Elend der Städte kein Ende haben.

Ende des 6. Jahrhunderts v. Chr. begann in Griechenland ein kulturelles »goldenes Zeitalter«, das 200 Jahre andauerte. Heute spricht man von der »klassischen Zeit«. Literatur, Architektur, Wissenschaft und vor allem die Philosophie blühten und beeinflussten die Entwicklung der westlichen Zivilisation zutiefst.

Als die klassische Zeit anfing, setzte das Volk des Stadtstaats Athen seinen tyrannischen Führer ab und führte eine Form der Demokratie ein. Die Bürger wählten ihre Regierungsvertreter per Losentscheid, Entscheidungen wurden von einer demokratischen Versammlung getroffen. Alle Bürger konnten sich zu Wort melden und in der Versammlung abstimmen – sie hatten keine Vertreter, die dies an ihrer Stelle taten. Dazu muss man jedoch wissen, dass die Bürger eine Minderheit in der Bevölkerung waren. Es handelte sich um freie Männer über 30, deren Eltern Athener waren. Frauen, Sklaven, Kinder, jüngere Männer und Ausländer oder Neuankömmlinge der ersten Generation waren ausgeschlossen. Dieses politische Klima sorgte dafür, dass Athen schnell zu einem bedeutenden kulturellen Zentrum wurde. Die Stadt zog führende Denker der Zeit an. Zu den wichtigsten zählte ein Athener namens Sokrates. Dass er die allgemein akzeptierten Vorstellungen von Gerechtigkeit und Tugend philosophisch infrage stellte, bescherte ihm eine Anhängerschaft unter den Jugendlichen. Leider weckte das auch die Aufmerksamkeit der Behörden. Auf deren Veranlassung verhängte die Volksversammlung ein Todesurteil: Sokrates wurde schuldig gesprochen, die Jugend verführt zu

Siehe auch: Konfuzius 20–27 ▪ Mozi 32–33 ▪ Aristoteles 40–43 ▪ Chanakya 44–47 ▪ Cicero 49 ▪ Augustinus von Hippo 54–55 ▪ Al-Farabi 58–59

» Aus Demokratie wird Despotismus. «

Platon

haben. Einer seiner Anhänger war Platon, der ebenfalls wissbegierig war und zudem die skeptische Haltung seines Lehrers teilte. Als er sah, wie ungerecht die Athener seinen Lehrer behandelten, zeigte er sich enttäuscht von der attischen Demokratie.

Platon gewann nach und nach genauso viel Einfluss wie Sokrates und wandte sich gegen Ende seiner Laufbahn dem Geschäftswesen und der Politik zu. Berühmt ist sein Werk *Der Staat*. Für die Demokratie empfand Platon wenig Sympathie. Aber auch andere Regierungsformen hatten in seinen Augen wenig Gutes. Er glaubte, sie alle würden den Staat ins Elend führen.

Das gute Leben

Um zu verstehen, was Platon in diesem Zusammenhang mit Elend meinte, muss man sich seine Vorstellung der Eudaimonie vergegenwärtigen: Das »gute Leben« (die richtige Lebensführung) war für die alten Griechen ein wichtiges Lebensziel. Gut zu leben, das war keine Frage des materiellen Wohlstands, der Ehre oder des Vergnügens. Vielmehr ging es darum, in Einklang mit den grundlegenden Tugenden Weisheit, Pietät und vor allem Gerechtigkeit zu handeln. Der Zweck des Staates, so glaubte Platon, bestehe darin, diese Tugenden zu befördern, damit die Bürger ein gutes Leben führen könnten. Der Schutz des Eigentums, Freiheit und Stabilität waren nur insoweit von Belang, als sie die Bedingungen für ein gutes Leben schufen. Nach Platons Ansicht hatte es jedoch niemals ein politisches System gegeben, mit dem sich dieses Ziel erreichen ließe.

Den Grund sah Platon darin, dass Herrscher – ob in einer Monarchie, einer Oligarchie oder einer Demokratie – dazu tendieren, im eigenen Interesse zu regieren, nicht im Interesse des Staates und seiner Bewohner. Platon erklärte, das liege an einer allgemeinen Unkenntnis der Tugenden, die das gute Leben ausmachten. Die Menschen wollten das Falsche, insbesondere die vergänglichen Freuden, die mit Ruhm und Reichtum einhergehen. Beides erringt man durch politische Macht. Doch der Wunsch, aus den – für Platon – falschen Gründen zu herrschen, führt zum Konflikt unter den Bürgern. Wer immer mehr Macht will, zerstört am Ende die Stabilität und die Einheit des Staates. Wer siegreich aus dem Machtkampf hervorgeht, nimmt seinen Gegnern die Möglichkeit, ihre Wünsche zu verwirklichen, was zur Ungerechtigkeit führt – einem Übel, das der platonischen Vorstellung vom guten Leben genau entgegengesetzt ist.

Doch es gibt eine Klasse, so Platon, die versteht, worauf es beim guten Leben ankommt: die Philosophen. Nur sie allein erkennen den Wert der Tugenden über Annehmlichkeiten wie Ruhm und Geld hinaus und weihen ihr Leben der richtigen Lebensführung. Deshalb streben sie nicht nach Berühmtheit oder Besitz, deshalb haben sie keinen Drang nach politischer Macht. Paradoxerweise macht sie das zu idealen Herrschern. Auf den ersten Blick scheint Platon einfach zu sagen: Die Philosophen wissen »

Sokrates wählte das Gift: Er wollte seine Ansichten nicht widerrufen. Das Verfahren gegen Sokrates ließ Platon am demokratischen politischen System in Athen zweifeln.

es am besten – was man einem Philosophen schwerlich glauben würde. Aber dahinter steckt eine subtilere Gedankenkette.

Ideen

Von Sokrates hatte Platon gelernt, dass Tugenden nicht naturgegeben sind, sondern von Wissen und Weisheit abhängen. Wer ein tugendhaftes Leben führen will, muss das Wesen der Tugend verstehen. Platon entwickelte die Ideen seines Mentors weiter. Er zeigte, dass Menschen vielleicht in der Lage sind, einzelne Ausprägungen von Gerechtigkeit, Güte oder Schönheit zu erkennen, damit aber nicht verstanden haben, was das Wesen von Gerechtigkeit, Güte oder Schönheit ausmacht.

Wir können gerechtes Verhalten imitieren, indem wir so handeln, wie wir es für gerecht halten – aber das ist bloße Nachahmung. In seiner Ideenlehre legte Platon dar, dass Archetypen der Tugenden (und alles Seienden) existieren. Sie bestehen aus ihrem wahren Wesen, etwa der »Gerechtigkeit an sich«. Das bedeutet, dass das, was wir im Einzelfall als Tugenden wahrnehmen, nur Abbilder oder Schatten der zugrunde liegenden Ideen sind.

> »Die größte Strafe aber ist, dass man von einem Schlechteren regiert wird, wenn man nicht selbst regieren mag.«
>
> **Platon**

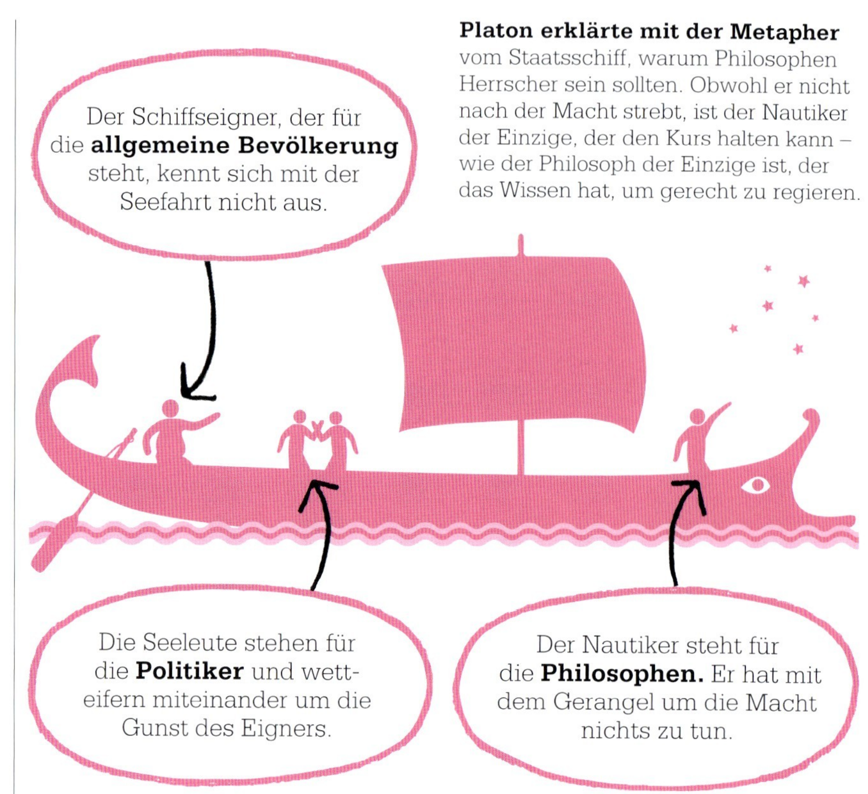

Platon erklärte mit der Metapher vom Staatsschiff, warum Philosophen Herrscher sein sollten. Obwohl er nicht nach der Macht strebt, ist der Nautiker der Einzige, der den Kurs halten kann – wie der Philosoph der Einzige ist, der das Wissen hat, um gerecht zu regieren.

Die idealen Formen oder Ideen, wie Platon sie nannte, existieren in einem Bereich außerhalb der Welt, in der wir leben. Sie sind allein über das philosophische Denken zugänglich. Deshalb sind die Philosophen in besonderer Weise dazu geeignet, zu definieren, was das gute Leben ausmacht, und ein wirklich tugendhaftes Leben zu führen. Zuvor schon hatte Platon erklärt, dass der Staat, wenn er gut sein will, von den Tugendhaften regiert werden muss. Und während andere vor allem das Geld oder die Ehre schätzen, sind es die Philosophen, die Wissen und Weisheit (und damit die Tugend) zu würdigen wissen. Aus diesem Grund müssen die Philosophen Könige werden. Platon schlug vor, ihnen Machtpositionen zu überlassen, um die Konflikte zu vermeiden, die andere Regierungsformen mit sich bringen.

Ausbildung zum König

Platon wusste, dass dies ein utopischer Standpunkt war. So führte er weiter aus: »… oder die, welche jetzt Könige und Herrscher heißen, [müssten] echte und gründliche Philosophen werden.« Damit unterbreitete er den praktikableren Vorschlag, die künftige Herrscherklasse entsprechend auszubilden. In seinen späteren Dialogen *Politikos* und *Nomoi* beschrieb er ein Staatsmodell, mit dem die nötigen philosophischen Fähigkeiten vermittelt werden können, um das gute Leben zu verstehen. Doch wies Platon darauf hin, dass nicht jeder Bürger über die Begabung und die geistigen Fähigkeiten verfügt, solche Kenntnisse zu erwerben. Er schlug vor, dass diese Art der Ausbildung in den Fällen, wo sie angemessen erscheint (also bei einer kleinen geistigen Elite), erzwungen und nicht nur angeboten

» Demokratie [ist] zügellos, buntscheckig, so etwas wie Gleichheit gleicherweise unter Gleiche wie Ungleiche verteilend. «

Platon

wird. Wer wegen seiner »natürlichen Gaben« für die Ausübung der Macht infrage kommt, sollte von seiner Familie getrennt in einer besonderen Gemeinschaft aufwachsen, damit er allein dem Staat gegenüber loyal ist.

Platons politische Schriften hatten großen Einfluss in der antiken Welt, besonders im Römischen Reich. Sie waren ein Echo jener Vorstellungen von Tugend und Bildung, wie sie in der politischen Philosophie der chinesischen Gelehrten Konfuzius und Mozi angeklungen waren. Es ist sogar möglich, dass sie Chanakya in Indien beeinflussten, als dieser seine Abhandlung über die Ausbildung künftiger Herrscher schrieb. Im Mittelalter breitete sich Platons Lehre weiter aus, in das islamische Reich und in das christliche Europa, wo Augustinus sie in die Kirchenlehre aufnahm. Später stand Platon dann im Schatten von Aristoteles, dessen Eintreten für die Demokratie besser zu den politischen Philosophen der Renaissance passte.

Noch späteren Denkern galten Platons politische Ansichten als allzu autoritär und elitär. Als die moderne Welt um die Einführung der Demokratie rang, konnten viele sich nicht mit seinen Vorstellungen anfreunden. Platon wurde als Vertreter eines totalitären, allenfalls paternalistischen Herrschaftssystems kritisiert, angeführt von einer Elite, die behauptete zu wissen, was für alle das Beste ist. In jüngerer Zeit jedoch hat seine zentrale Vorstellung einer politischen Elite von »Philosophenkönigen« durch die politischen Denker neue Wertschätzung erfahren. ■

Kaiser Nero stand da und tat nichts, um zu helfen, während ein Feuer in Rom wütete. Das Ideal Platons eines Philosophenkönigs sahen einige als Grund für den Aufstieg von Tyrannen wie ihm.

Platon

Platon wurde um 427 v. Chr. geboren und hieß ursprünglich Aristokles. Seinen Spitznamen Platon (»breit«) bekam er später, weil er so muskulös war. Er stammte aus einer Athener Adelsfamilie und sollte wahrscheinlich eine politische Karriere einschlagen. Stattdessen wurde er ein Schüler des Philosophen Sokrates und war zugegen, als sein Mentor es vorzog, zu sterben und seine Ansichten nicht zu widerrufen.

Platon bereiste mehrmals den Mittelmeerraum, ehe er nach Athen zurückkehrte. Dort gründete er eine Schule für Philosophie, die Akademie, zu deren Schülern der junge Aristoteles zählte. Platon lehrte und schrieb einige Bücher in Dialogform, in denen meist sein Lehrer Sokrates auftrat und philosophische sowie politische Ideen vertrat. Bis ins hohe Alter soll Platon gelehrt und geschrieben haben und 348/347 v. Chr. mit ungefähr 80 Jahren gestorben sein.

Hauptwerke

um 399–387 v. Chr. *Kriton*
um 380–360 v. Chr. *Der Staat (Politeia)*
um 355–347 v. Chr. *Politikos, Nomoi*

DER MENSCH IST VON NATUR AUS EIN SOZIALES, POLITISCHES WESEN

ARISTOTELES (384–322 V. CHR.)

IM KONTEXT

IDEENLEHRE
Demokratie

SCHWERPUNKT
Politische Tugend

FRÜHER
431 v. Chr. Der attische Staatsmann Perikles behauptet, Demokratie biete das gleiche Recht für alle.

um 380–360 v. Chr. In *Der Staat* spricht Platon sich für die Herrschaft der »Philosophenkönige« aus, die über Klugheit verfügen.

SPÄTER
13. Jh. Thomas von Aquin übernimmt Aristoteles' Vorstellungen in die christliche Lehre.

um 1300 Aegidius Romanus betont die Bedeutung der Rechtsstaatlichkeit in einer bürgerlichen Gesellschaft.

1651 Thomas Hobbes spricht sich für einen Sozialvertrag aus, damit die Menschen nicht im anarchischen Naturzustand leben müssen.

Das antike Griechenland war kein Nationalstaat, wie wir ihn heute kennen, sondern eine Ansammlung unabhängiger Regionalstaaten mit städtischen Zentren. Jeder Stadtstaat oder jede Polis hatte eine eigene Verfassung: In Makedonien beispielsweise herrschte ein König, während es andernorts, insbesondere in Athen, eine Demokratie gab, bei der zumindest einige der Bürger an der Regierung beteiligt waren.

Aristoteles, der in Makedonien aufwuchs und in Athen studierte, war mit der Vorstellung der Polis

Siehe auch: Platon 34–39 ▪ Thomas von Aquin 62–69 ▪ Aegidius Romanus 70 ▪ Thomas Hobbes 96–103 ▪ Jean-Jacques Rousseau 118–125

Menschen **bilden miteinander** Haushalte, Haushalte bilden miteinander Dörfer und Dörfer bilden miteinander Städte.

Sinn und Zweck unseres Daseins ist es, ein **»gutes Leben«** zu führen.

Wir haben Wege entwickelt, die Stadtstaaten so zu **organisieren,** dass wir ein »gutes Leben« führen können.

Dass wir in einer **vernünftig organisierten Gemeinschaft** leben, beispielsweise in einem Stadtstaat, macht uns zu **menschlichen Wesen.**

Wer **nicht im Stadtstaat** lebt, ist entweder ein **Tier** oder ein **Gott.**

Der Mensch ist von Natur aus ein soziales, politisches Wesen.

und ihren verschiedenen Ausprägungen vertraut. Sein analytisches Denken ermöglichte es ihm, die Vorzüge des Stadtstaates zu untersuchen.

Eine Zeitlang lebte Aristoteles in Ionien, wo er Tiere und Pflanzen klassifizierte. Später wendete er seine Fähigkeiten im Kategorisieren auf Ethik und Politik an. Anders als sein Mentor Platon glaubte Aristoteles, Wissen würde durch Beobachtung erworben, weniger durch Schlussfolgern. Er meinte daher, die Wissenschaft der Politik sollte auf empirischen Daten beruhen.

Von Natur aus sozial

Aristoteles bemerkte, dass Menschen eine natürliche Tendenz haben, soziale Einheiten zu bilden: Einzelne tun sich zusammen, um Haushalte zu bilden, aus Haushalten entstehen Dörfer und Dörfer bilden Städte. So wie manche Tiere in Kolonien oder Herden leben, sind Menschen von Natur aus sozial. »Der Mensch ist von Natur aus »

Aristoteles

Der Sohn eines Arztes der makedonischen Königsfamilie wurde in Stagira auf Chalkidiki geboren, im Nordosten des modernen Griechenlands. Mit 17 Jahren ging er nach Athen, um bei Platon an der Akademie zu studieren. Dort blieb er, bis Platon 20 Jahre später starb. Überraschend wurde Aristoteles nicht zu Platons Nachfolger an der Akademie ernannt. Er zog nach Ionien, wo er sich zoologischen Studien widmete, bis Philipp II. ihn einlud, als Lehrer des jungen Alexander nach Makedonien zu kommen.

Im Jahr 335 v. Chr. kehrte Aristoteles nach Athen zurück, um seinerseits eine Schule zu eröffnen, das Lykeion. Dort formulierte er seine Ideen zu Wissenschaft, Philosophie und Politik. Von seinen zahlreichen Schriften sind jedoch nur wenige erhalten. Nach dem Tod Alexanders 323 v. Chr. verließ Aristoteles Athen wegen der anti-makedonischen Stimmung. Im Jahr darauf starb er in Euböa.

Hauptwerke

um 350 v. Chr.
Nikomachische Ethik
Politik
Rhetorik

ein soziales, politisches Wesen«, sagte Aristoteles und meint damit, dass es in der Natur des Menschen liegt, in einer Gemeinschaft zu leben. Eine natürliche Tendenz zur politischen Aktivität im modernen Wortsinn nahm er jedoch nicht an.

Der Gedanke, dass wir dazu neigen, in großen Gemeinschaften zu leben, mag heute wenig erhellend wirken. Doch damit stellte Aristoteles ausdrücklich fest, dass die Polis genauso eine Schöpfung der Natur ist wie ein Ameisenhaufen. Für ihn war es unvorstellbar, dass Menschen auf andere Weise leben könnten. Er sieht die Gesellschaft nicht als künstliche Einrichtung, die uns einem weniger zivilisierten Zustand entreißt. Jeder, der außerhalb der Polis lebt, so glaubte er, sei nicht menschlich – er müsse entweder dem Menschen überlegen sein (also ein Gott) oder ihm unterlegen (also ein Tier).

Das gute Leben

Dass Aristoteles die Polis für natürlich hält, passt zu seinen Vorstellungen von Ethik und Politik des Stadtstaates. Durch das Studium der Natur hat er für sich die Erkenntnis gewonnen, dass alles, was existiert, einen Zweck oder ein Ziel hat. Für die Menschen besteht dieser Zweck darin, ein »gutes Leben« zu führen. Das heißt für Aristoteles: Sie sollen nach den Tugenden wie Gerechtigkeit, Güte und Schönheit streben. Die Polis soll es ermöglichen, im Einklang mit diesen Tugenden zu leben. Die alten Griechen sahen die Struktur des Staates, in der die Menschen zusammenleben und ihre Freiheit als Bürger geschützt wird, als den passenden Rahmen dafür.

Aristoteles identifizierte verschiedene Arten der Polis. Er stellte fest, dass der Mensch sich durch die Macht der Vernunft und die Fähigkeit der Sprache von anderen Wesen unterscheidet. Dies ermöglicht es ihm in einzigartiger Weise, soziale Gruppen zu bilden. Innerhalb der Gemeinschaft einer Polis entwickeln die Bürger eine Organisation, die für Sicherheit, wirtschaftliche Stabilität und Gerechtigkeit sorgt. Und das geschieht nicht in aufgezwungener Weise durch einen Sozialvertrag, sondern weil es in der Natur der Menschen liegt, so zu handeln.

Aristoteles sah verschiedene Möglichkeiten, das Leben in der Polis zu gestalten – dabei ging es nicht darum, dass die Menschen zusammenleben können (das tun sie von Natur aus), sondern dass sie gut leben können. Wie gut ihnen das gelingt, hängt von der Regierungsform ab, die sie wählen.

» Das Gesetz ist die Ordnung und das gute Gesetz ist die gute Ordnung. «

Aristoteles

Staatsformen

Aristoteles beschäftigte sich umfassend mit der natürlichen Welt. Für seine späteren Werke, vor allem die *Politik*, übertrug er die Methoden, die er dabei zur Klassifikation verwendet hatte, auf die Analyse von Staatsformen. Während Platon theoretisch argumentiert hatte, wenn es um die ideale Regierungsform ging, untersuchte Aristoteles bestehende Staaten auf ihre Stärken und Schwächen. Dazu stellte er zwei einfache Fragen: Wer regiert und in wessen Sinn regiert er?

Seine Antwort auf die erste Frage war, dass es im Grunde drei verschiedene Herrschaftsformen gibt: durch den Einzelnen, durch einige wenige oder durch die Vielen. Und seine Antwort auf die zweite Frage lautet so: Herrschaft kann entweder im Interesse der Gesamtbevölkerung stattfinden, das ist die gute oder wahre Form der Regierung. Oder aber sie geschieht im Eigeninteresse der Herrschenden, das ist eine entartete Form der Regierung.

Im antiken Athen diskutierten die Bürger politische Angelegenheiten auf einem Hügel namens Pnyx. Aristoteles sah es als notwendig für eine gesunde Gemeinschaft an, dass die Bürger aktiv an der Regierung teilnahmen.

Die sechs Staatsformen nach Aristoteles

	Herrschaft durch den Einzelnen	**Herrschaft durch einige wenige**	**Herrschaft durch die Vielen**
Gute Verfassung	**Monarchie**	**Aristokratie**	**Politie**
Entartete Verfassung	**Tyrannis**	**Oligarchie**	**Demokratie**

Insgesamt identifiziert Aristoteles sechs Staatsformen. In der Monarchie herrscht ein Einzelner im Interesse aller; die Herrschaft des Einzelnen im Eigeninteresse ist die Tyrannis. Die Aristokratie (für die Griechen die Gruppe der Besten, nicht unbedingt ein Erbadel) sah er als die Herrschaft einiger weniger zum Wohle aller; die Oligarchie oder Herrschaft einiger weniger im Eigeninteresse ist die dazugehörige »verfälschte« Form. Schließlich ist die Politie die Herrschaft der Vielen zum Wohle aller. Aristoteles sah in der Demokratie die entartete Form der Politie, weil sie in der Praxis dazu führt, dass im Interesse der Vielen geherrscht wird und nicht im Interesse jedes Einzelnen.

Aristoteles war der Ansicht, dass das Eigeninteresse, das den unvollkommenen Regierungsformen innewohnt, zu Ungleichheit und Ungerechtigkeit führt. Das wiederum bringt einen Mangel an Stabilität mit sich, was die Rolle des Staates und seine Fähigkeit, das tugendhafte Leben zu befördern, gefährdet. In der Praxis fielen die Stadtstaaten, die Aristoteles untersuchte, nicht immer in eine Kategorie, sondern wiesen Merkmale verschiedener Staatsformen auf.

Obwohl Aristoteles die Polis als einen einzigen »Organismus« betrachtete, von dem die Bürger nur ein Teil sind, hat er auch die Rolle des Einzelnen im Stadtstaat untersucht. Dabei betonte er wieder die natürliche Neigung des Menschen zur sozialen Interaktion und definierte den Bürger als jemanden, der an der Struktur der bürgerlichen Gesellschaft teilhat – nicht nur durch Wahlen, sondern aktiv durch sein Handeln. Wenn die Teilhabe innerhalb einer »guten« Regierungsform stattfindet (Monarchie, Aristokratie oder Politie), verstärkt dies die Möglichkeiten des Bürgers, ein tugendhaftes Leben zu führen. In einer mangelhaften Staatsform (Tyrannis, Oligarchie oder Demokratie) hingegen bekommt es der Bürger mit dem Eigeninteresse des Herrschers oder der herrschenden Klasse zu tun – mit dem Streben nach Macht des Tyrannen, dem Streben nach Reichtum der Oligarchen oder dem Streben nach Freiheit der Demokraten. Von allen möglichen Staatsformen, so schlussfolgert Aristoteles, biete die Politie die besten Bedingungen, um ein gutes Leben zu führen.

Obwohl Aristoteles die Demokratie für unvollkommen hielt, setzte er sie hinter der Politie an zweite Stelle. Sie sei besser als die gute Aristokratie oder die Monarchie. Selbst wenn der einzelne Bürger weder die Weisheit noch die Tugend eines guten Herrschers besitzt, können die Vielen gemeinsam ein besserer Herrscher sein als einer allein.

Die detaillierte Beschreibung und die eingehende Analyse der klassischen griechischen Polis scheint auf den ersten Blick für die Nationalstaaten, die folgten, nicht besonders wichtig. Aber Aristoteles' Ideen gewannen im Mittelalter großen Einfluss auf das politische Denken in Europa. ■

» Die Grundlage des demokratischen Staates ist die Freiheit. «

Aristoteles

EIN EINZELNES RAD BEWEGT SICH NICHT

CHANAKYA UM 350–UM 275 V. CHR.

IM KONTEXT

IDEENLEHRE
Realismus

SCHWERPUNKT
Utilitarismus

FRÜHER
6. Jh. v. Chr. Der chinesische General Sunzi schreibt *Die Kunst des Krieges* und analysiert in dieser Abhandlung die Staatskunst.

424 v. Chr. Mahapadma Nanda etabliert die Nanda-Dynastie. Er verlässt sich in taktischen Fragen auf seine Generäle.

SPÄTER
um 65 v. Chr. Das Maurya-Reich, zu dessen Gründung Chanakya beitrug, erreicht seinen Höhepunkt und beherrscht fast den gesamten indischen Subkontinent.

1904 Texte der Abhandlungen Chanakyas werden wiederentdeckt und 1915 ins Englische übersetzt.

Im 5. und 4. Jahrhundert v. Chr. gewann die Nanda-Dynastie die Kontrolle über die nördliche Hälfte des indischen Subkontinents. Sie konnte ihre Gegner besiegen und wehrte sich gegen die drohende Invasion von Griechen und Persern aus dem Westen. Die Herrscher des expandierenden Reiches verließen sich auf ihre Generäle, wenn es um taktischen Rat im Zusammenhang mit der Schlacht ging. Gleichzeitig begannen sie den Wert von Ministern zu erkennen – als Berater in Fragen der Politik und der Regierung. Viele Gelehrte, vor allem aus Takshashila im heutigen Pakistan, wurden zu Ministern ernannt.

Siehe auch: Konfuzius 20–27 ▪ Sunzi 28–31 ▪ Mozi 32–33 ▪ Platon 34–39 ▪ Aristoteles 40–43 ▪ Niccolò Machiavelli 74–81

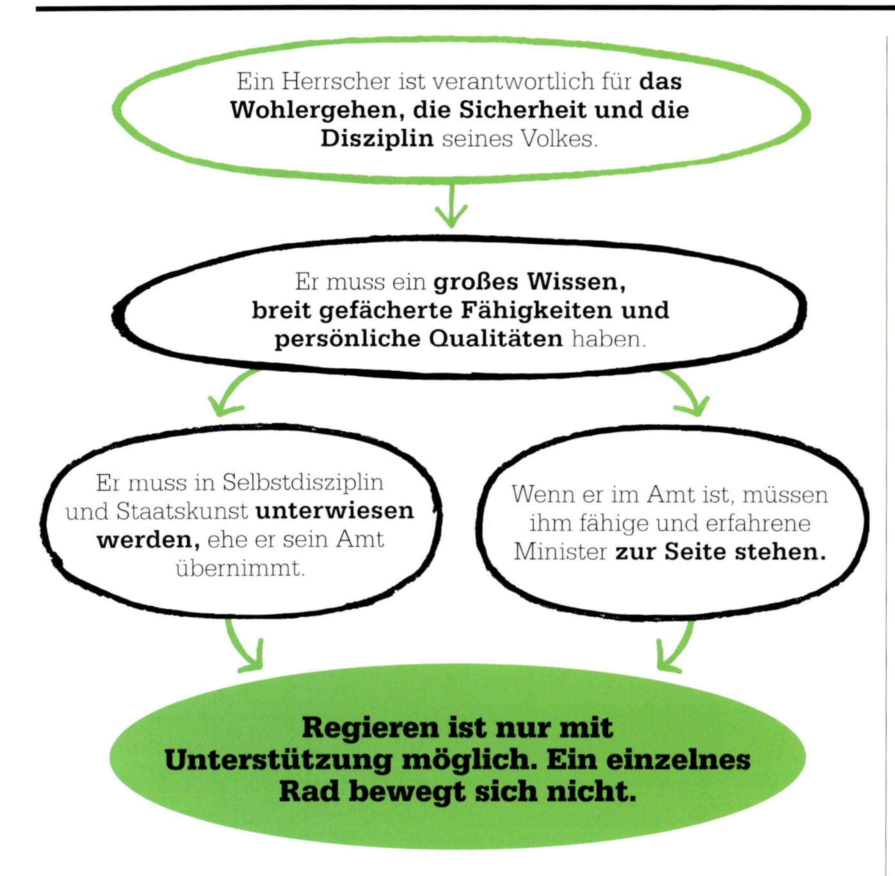

Einer der bedeutendsten Denker, der von dort stammte, war Chanakya. Er schrieb eine Abhandlung über die Staatskunst mit dem Titel *Arthashastra* (»Die Kunst der Regierung«). Darin brachte er das gesamte Wissen über die Kunst der Politik mit seinen eigenen Ideen zusammen. Das *Arthashastra* ist bemerkenswert wegen der darin enthaltenen leidenschaftslosen und mitunter skrupellosen Analyse des politischen Geschäfts.

Den Herrscher beraten

Einzelne Abschnitte der Abhandlung beschäftigen sich mit den moralischen Qualitäten, die ein Staatsführer haben sollte, doch der Schwerpunkt liegt ganz klar im praktischen Bereich. Ohne Umschweife schildert Chanakya, wie man Macht gewinnen und erhalten kann. Zum ersten Mal in Indien wird eine Organisationsstruktur beschrieben, in der Minister und Berater bei der Führung des Staates eine Schlüsselrolle spielen.

Die Verpflichtung gegenüber dem Wohlergehen des Staates steht im Zentrum von Chanakyas politischem Denken. Dafür, so glaubte er, trägt der Herrscher die Verantwortung. Es sind verschiedene Faktoren, die ihm die Macht verleihen, um die von ihm erwarteten Pflichten wahrzunehmen: Dazu zählen seine persönlichen Qualitäten, die Fähigkeiten seiner Berater, sein Territorium mit den Städten, sein Reichtum, seine Armee und seine Verbündeten.

Als Staatsführer übernimmt der Herrscher die zentrale Rolle. Chanakya betont, wie wichtig es ist, einen Herrscher mit den passenden Qualitäten zu finden, jedoch reichen dessen persönliche Führungsqualitäten allein nicht aus. Der Staatsführer muss für seine Aufgabe ausgebildet werden, beispielsweise in den Bereichen militärische Taktik und Strategie, Recht, Verwaltung und Diplomatie. Außerdem sollen ihm Selbstdisziplin und ethische Grundsätze vermittelt werden, damit er die nötige moralische Autorität entwickeln kann, um sich die Treue und den Gehorsam seines Volkes zu sichern. Bevor er sein Amt übernehmen und erfüllen kann, braucht der Staatsführer die Hilfe erfahrener Lehrer. »

Das Löwenkapitell von Kaiser Ashoka: Es stand in Sarnath zentral im Maurya-Reich. Chanakya trug zur Gründung dieses mächtigen Reiches bei, das fast ganz Indien beherrschte.

> »Alles beginnt mit Beratung.«
>
> **Chanakya**

Wenn er im Amt ist, verlässt sich ein kluger Staatsführer nicht ausschließlich auf seine eigene Weisheit. Vielmehr wendet er sich an vertrauenswürdige Minister und holt sich bei ihnen Rat. Aus Chanakyas Sicht sind diese Personen genauso wichtig wie der Herrscher selbst, wenn es um die Staatsführung geht.

Im *Arthashastra* sagt er: »Das Führen des Staates ist nur mit Unterstützung von außen möglich – ein einzelnes Rad dreht sich nicht.« Das ist eine Warnung an den Herrscher, sich nicht zum Autokraten zu entwickeln, sondern Entscheidungen in Staatsangelegenheiten erst dann zu fällen, wenn er sich mit seinen Ministern eingehend beraten hat.

Daher kommt der Ernennung von geeigneten Ministern genauso viel Bedeutung zu wie der Wahl des Führers. Dabei gilt als Voraussetzung, dass die Minister das erforderliche Wissen und die nötigen Fähigkeiten für ihr Amt mitbringen. Sie müssen absolut vertrauenswürdig sein, denn nur dann kann sich der Herrscher auf ihren Rat verlassen. Zudem muss sichergestellt sein, dass Entscheidungen im Interesse des Staates und des Volkes getroffen werden – zur Not, indem ein korrupter Herrscher daran gehindert wird, rein aus Eigeninteresse zu handeln.

Der Zweck heiligt die Mittel

Es war sein Wissen über die Natur des Menschen, das Chanakya von anderen indischen politischen Philosophen seiner Zeit unterschied. So stellt das *Arathashastra* kein theoretisches Werk zur Moralphilosophie dar, sondern eine praktische Anleitung zum Regieren. Keinerlei Skrupel sind zu erkennen, wenn auch beschrieben wird, wie im Umgang mit Macht List und Tücke zum Einsatz kommen. Chanakya war ein gewiefter Beobachter menschlicher Schwächen wie Stärken und willens, sie auszunutzen, um die Macht des Herrschers zu vergrößern und dessen Feinde zu schwächen.

Das fällt besonders bei seinen Ratschlägen auf, die sich auf die Verteidigung und den Erwerb neuer Gebiete beziehen. Hier empfiehlt er, dass der Herrscher und seine Minister die Stärke des Feindes sorgfältig beobachten und beurteilen sollen, ehe sie sich für eine Strategie entscheiden: Versöhnung herbeiführen, Unfrieden stiften, vorteilhafte Allianzen mit anderen Herrschern eingehen oder schlicht militärische Macht einsetzen. Bei der Anwendung der jeweiligen Taktik sollen die Herrscher rücksichtslos vorgehen, sämtliche Tricks und Schliche, Bestechung oder andere Anreize sind erlaubt. Nach dem Sieg, so Chanakya, solle der Herrscher »die Laster des Feindes durch seine Tugenden ersetzen und dort doppelt so gut sein, wo der Feind gut war.«

Informationsbeschaffung und Spionage

Das *Arthashastra* erinnert die Herrscher daran, dass sie Militärberater brauchen – und zudem Informationen sammeln müssen. Ein Spionagenetzwerk ist unabdingbar, um beurteilen zu können, welche Bedrohungen von den Nachbarn

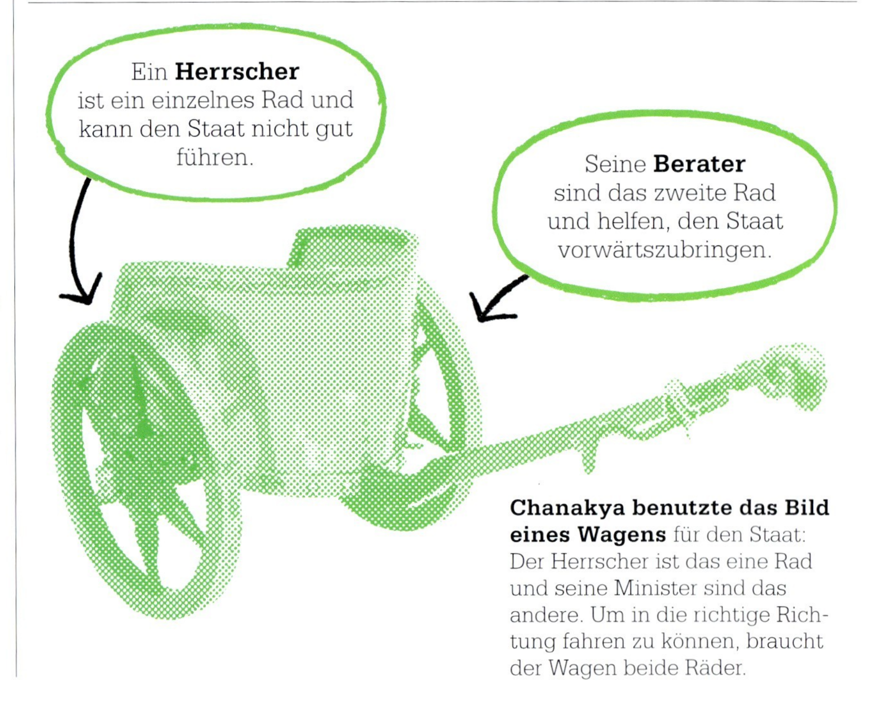

Chanakya benutzte das Bild eines Wagens für den Staat: Der Herrscher ist das eine Rad und seine Minister sind das andere. Um in die richtige Richtung fahren zu können, braucht der Wagen beide Räder.

»Durch die Augen der Minister werden die Schwächen anderer sichtbar.«

Chanakya

Elefanten übernahmen bei der indischen Kriegsführung eine wichtige Rolle. Oft erschreckten sie den Gegner so sehr, dass er sich zurückzog. Chanakya entwickelte neue Strategien der Kriegsführung mit diesen Tieren.

ausgehen. Chanakya ging jedoch noch weiter: Er meinte, dass das Ausspionieren der Bürger innerhalb des Staates ein notwendiges Übel sei, um soziale Stabilität zu erreichen. In der Innen- wie der Außenpolitik ist die Moral dem Schutz des Staates untergeordnet. Das Wohlergehen des Staates rechtfertigt heimliche Operationen, darunter Morde aus politischen Motiven, um die Gefahr, die von der Opposition ausgeht, zu verringern.

Mit seinen Ratschlägen setzte sich Chanakya über die Moral hinweg, wenn es darum ging, Macht zu gewinnen und zu erhalten. Gleichzeitig plädierte er für eine strenge Durchsetzung von Recht und Ordnung. Das lässt sich entweder als kluge Politik oder als nackte Rücksichtslosigkeit auslegen. Deswegen ist das *Arthashastra* mit Machiavellis *Il Principe* verglichen worden. Die zentrale Lehre des Buches aber, nämlich dass die Herrschaft von einem Staatsführer und seinen Ministern ausgehen sollte, hat mehr mit Konfuzius und Mozi oder Platon und Aristoteles gemein, deren Ideen Chanakya möglicherweise als Student in Takshashila kennengelernt hat.

Chanakya

Wo der indische Gelehrte Chanakya genau geboren wurde, ist nicht bekannt. Man weiß, dass er in Takshashila (Taxila im modernen Pakistan) studierte und lehrte. Später ging er nach Pataliputra und wurde Berater von König Dhana Nanda. Die verschiedenen Berichte sind sich darin einig, dass er den Hof von Nanda nach einem Streit verließ und aus Rache den jungen Chandragupta Maurya als Nandas Rivalen aufbaute. Chandragupta stürzte Dhana Nanda und begründete das Maurya-Reich, das über das gesamte Indien, wie wir es heute kennen, herrschte – bis auf den äußersten Süden. Chanakya war Chandraguptas wichtigster Berater. Er soll sich zu Tode gehungert haben, weil er von Chandraguptas Sohn fälschlich beschuldigt wurde, seine Mutter vergiftet zu haben.

Hauptwerke

4. Jh. v. Chr.
Arthashastra
Nitishastra

Eine bewährte Philosophie

Die Inhalte des *Arthashastra* erwiesen sich bald als nützlich. Sie wurden von Chanakyas Schützling Chandragupta Maurya übernommen und der schlug König Nanda erfolgreich. Dies führte um 321 v. Chr. zur Errichtung des Maurya-Reiches, das den Großteil des indischen Subkontinents einnahm. Chanakyas Ideen beeinflussten Regierung und Politik mehrere Jahrhunderte lang, bis Indien im Mittelalter unter die islamische Mogulherrschaft fiel.

Der Text des *Arthashastra* wurde im frühen 20. Jahrhundert wiederentdeckt. Mit der Unabhängigkeit Indiens 1948 wurde er zum Symbol. Trotz seiner zentralen Rolle in der politischen Geschichte Indiens war Chanakya im Westen wenig bekannt. Erst in jüngerer Zeit wird er außerhalb Indiens als bedeutender politischer Denker anerkannt. ■

WENN SCHLECHTE MINISTER SICHER UND PROFITABEL LEBEN, IST DAS DER ANFANG VOM ENDE

HAN FEIZI (280–233 V. CHR.)

IM KONTEXT

IDEENLEHRE
Legalismus

SCHWERPUNKT
Staatsgesetze

FRÜHER
5. Jh. v. Chr. Konfuzius spricht sich für eine Hierarchie nach dem Muster traditioneller Familienbeziehungen aus. Der Herrscher und seine Minister regieren durch ihr Vorbild.

4. Jh. v. Chr. Mozi votiert für eine rein meritokratische Klasse von Ministern und Beratern, die nach Tugendhaftigkeit und Fähigkeiten ausgewählt werden.

SPÄTER
2. Jh. v. Chr. Nach dem Ende der Zeit der »streitenden Reiche« verwirft die Han-Dynastie den Legalismus und übernimmt den Konfuzianismus.

589–618 n. Chr. Unter der Sui-Dynastie lebt der Legalismus bei dem Versuch, China zu einen, wieder auf.

In der Zeit der »streitenden Reiche« zwischen dem 5. und 3. Jahrhundert v. Chr. rangen verschiedene Herrscher um die Macht über ein vereintes China. Eine neue politische Philosophie entwickelte sich, die zu diesen turbulenten Zeiten passte. Denker wie Shang Yang (390–338 v. Chr.), Shen Dao (um 350–275 v. Chr.) und Shen Buhai (gest. 337 v. Chr.) beschäftigten sich mit einer autoritären Regierungsform, die als Legalismus bekannt wurde. Ihr Hauptvertreter war Han Feizi. Die Legalisten lehnen die konfuzianische Vorstellung ab, durch gutes Beispiel führen zu können. Sie glauben auch nicht, wie Mozi, an das Gute im Menschen. Stattdessen vertreten sie die zynische Ansicht, dass Menschen nach ihrem persönlichen Vorteil streben und dabei Strafe vermeiden wollen. Daher, so die Legalisten, sei ein System vonnöten, das das Wohlergehen des Staates über die Rechte des Einzelnen stellt und in dem unerwünschtes Verhalten streng bestraft wird.

Die Anwendung der Gesetze oblag den Ministern des Herrschers, die ihrerseits dem Gesetz verpflichtet waren. Strafen und Belohnungen sprach der Herrscher selbst aus. Auf diese Weise wurde die Hierarchie mit dem Herrscher an der Spitze gestützt und die Intrigen innerhalb der Bürokratie hielten sich in Grenzen. In Zeiten des Krieges war es von entscheidender Bedeutung, dass der Herrscher sich voll und ganz auf seine Minister verlassen konnte: Sie durften auf gar keinen Fall zu ihrem persönlichen Vorteil handeln. ■

» Den Staat nach dem Gesetz zu regieren bedeutet, das Rechte zu loben und das Falsche zu verurteilen. «

Han Feizi

Siehe auch: Konfuzius 20–27 ▪ Sunzi 28–31 ▪ Mozi 32–33 ▪ Thomas Hobbes 96–103 ▪ Mao Zedong 260–265

UND DIE REGIERUNG WIRD ZUM SPIELBALL

CICERO (106–43 V. CHR.)

IM KONTEXT

IDEENLEHRE
Republikanismus

SCHWERPUNKT
Gemischte Verfassung

FRÜHER
um 380 v. Chr. Platon schreibt *Der Staat* und skizziert den idealen Stadtstaat.

2. Jh. 100 v. Chr. Der griechische Historiker Polybios beschreibt in seiner *Geschichte* den Aufstieg der römischen Republik und ihre Verfassung.

48 v. Chr. Julius Cäsar erhält beispiellose Macht. Seine Diktatur bedeutet das Ende der Römischen Republik.

SPÄTER
27 v. Chr. Octavian bekommt den Namen Augustus verliehen. Damit wird er zum ersten römischen Kaiser.

1734 Montesquieu schreibt *Erwägungen zu den Ursachen der Größe der Römer und ihres Verfalls*.

Die Römische Republik wurde um 510 v. Chr. gegründet und bestand mit nur wenigen Veränderungen 500 Jahre. Als Regierungssystem kombinierte sie Elemente dreier Herrschaftsformen: Monarchie (ersetzt durch die Konsuln), Aristokratie (Senat) und Demokratie (Volksversammlung). Die verschiedenen Machtbereiche hielten sich gegenseitig im Gleichgewicht. Die meisten Römer betrachteten ihre gemischte Verfassung als ideale Regierungsform, die für Stabilität sorgte und Tyrannei verhinderte.

Gewaltenkontrolle

Der römische Politiker Cicero war ein treuer Verfechter des Systems, besonders als es in Gefahr geriet, weil Julius Cäsar diktatorische Vollmachten erhielt. Cicero warnte davor, dass die Auflösung der Republik die Rückkehr zu einem zerstörerischen Zyklus von Regierungen bedeuten würde: Von der Monarchie könne die Macht auf einen Tyrannen übergehen, vom Tyrannen würde sie von der Aristokratie oder dem Volk übernommen werden und dem Volk würde sie durch Oligarchen oder Tyrannen entrissen werden. Ohne die Gewaltenteilung einer gemischten Verfassung, so glaubte Cicero, würde die Regierung zum Spielball. Genau wie es Cicero vorausgesagt hatte, geriet Rom kurz nach Cäsars Tod unter die Kontrolle eines Kaisers (Augustus). Dessen Macht ging später an eine Reihe despotischer Herrscher über. ■

Die Buchstaben SPQR (Der Senat und das Volk von Rom) auf der römischen Standarte ehrten die zentralen Institutionen der gemischten Verfassung.

Siehe auch: Platon 34–39 ▪ Aristoteles 40–43 ▪ Montesquieu 110–111 ▪ Benjamin Franklin 112–113 ▪ Thomas Jefferson 140–141 ▪ James Madison 150–153

MITTEL
LICHE P
30–1515

ALTER-
OLITIK

In der römisch-katholischen Tradition wird der Apostel Petrus als erster **Bischof von Rom** verehrt; seine Nachfolger heißen Päpste.

UM 30 N. CHR.

306 N. CHR.

Konstantin I. wird der erste **christliche Kaiser** des Römischen Reiches.

Kaiser Theodosius I. macht das Christentum zur **offiziellen römischen Religion.**

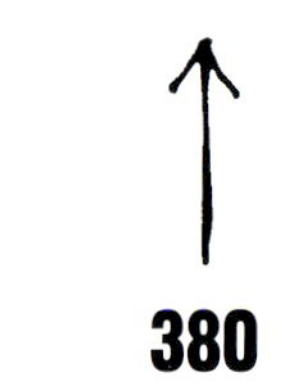

380

UM 413

Augustinus von Hippo nennt **Regierungen ohne Gerechtigkeit** große Räuberbanden.

Mohammed schreibt die **Verfassung von Medina** und etabliert die erste islamische Regierung.

622

800

Karl der Große wird zum Kaiser gekrönt: Damit wird das **Heilige Römische Reich** begründet.

Durch al-Kindi gelangen **klassische griechische Texte,** unter anderem von Platon und Aristoteles, nach Bagdad.

900

UM 940–950

In *Der Musterstaat* überträgt al-Farabi **platonische und aristotelische Ideen** auf einen idealen islamischen Staat.

Seit seinen Anfängen im 1. Jahrhundert v. Chr. wuchs das Römische Reich, seine Herrschaft erstreckte sich auch auf Europa, das mediterrane Afrika und den Nahen Osten. Auf dem Höhepunkt seiner Macht stand es im 2. Jahrhundert n. Chr. Zu der Zeit drohte die Kultur des Römischen Reiches mit ihrem Wohlstand und ihrer Stabilität die Werte der Gelehrsamkeit und Philosophie, die in den alten Republiken gepflegt wurden, zu ersetzen. Gleichzeitig fasste eine neue Religion im Reich Fuß: das Christentum. Das politische Denken in Europa war im nächsten Jahrtausend von der Kirche geprägt.

Im 7. Jahrhundert trat eine weitere mächtige Religion auf den Plan: der Islam. Er verbreitete sich von Arabien nach Asien und Afrika und beeinflusste das politische Denken im christlichen Europa ebenfalls.

Der Einfluss des Christentums

Römische Philosophen wie Plotin kehrten zu den platonischen Ideen zurück, die neoplatonische Bewegung beeinflusste vor allem die frühchristlichen Denker. Augustinus von Hippo etwa interpretierte Platons Ideen im Licht des christlichen Glaubens und beschäftigte sich beispielsweise mit dem Unterschied zwischen göttlichem und menschlichem Recht.

Im heidnischen Römischen Reich hatte es wenig Raum für Philosophie gegeben und im frühen christlichen Europa wurde das politische Denken dem religiösen Dogma untergeordnet. So gerieten die Vorstellungen der Antike in den Hintergrund. Dabei spielten die Kirche und das Papsttum eine wesentliche Rolle, denn Europa wurde im Mittelalter praktisch von der Kirche regiert. Diese Situation wurde im Jahr 800 durch die Schaffung des Heiligen Römischen Reiches unter Karl dem Großen gefestigt.

Islamischer Einfluss

Währenddessen etablierte Mohammed in Arabien eine neue Religion mit imperialistischer Zielsetzung: Der Islam setzte sich schnell als politische und religiöse Macht durch. Anders als das Christentum war er offen für weltliches politisches Denken und förderte die Gelehrsamkeit sowie das Studium von Texten nicht muslimischer Denker. Überall im islamischen Reich wurden Bibliotheken eingerichtet, um die klassischen Texte zu

UM 980–1037

Avicenna übernimmt Elemente der **rationalen Philosophie** in die islamische Theologie und schafft Raum für neue politische Ideen.

1086

König Wilhelm I. von England gibt das **Domesday Book** in Auftrag, ein umfassendes Reichsgrundbuch und Lehensregister.

1095

Christen brechen zum **Ersten Kreuzzug** auf, um Jerusalem und das Heilige Land zu erobern.

1100

Heinrich I. von England proklamiert die **Charter of Liberties.** Sie soll die Macht des Monarchen einschränken und Machtmissbrauch verhindern.

1300

Thomas von Aquin definiert die **christlichen und die Kardinaltugenden;** er unterscheidet zwischen natürlichem, menschlichem und göttlichem Recht.

1328

Marsilius von Padua unterstützt den römisch-deutschen Kaiser Ludwig IV. und damit die **weltliche Seite** im Machtkampf gegen Papst Johannes XXII.

1377

Ibn Khaldun vertritt die Meinung, es sei Aufgabe der Regierung, **Ungerechtigkeit zu vermeiden.**

1513

Niccolò Machiavelli schreibt *Der Fürst*. Damit legt er den Grundstein für die **moderne politische Wissenschaft.**

bewahren. Gelehrte verbanden die Vorstellungen Platons und Aristoteles' mit der islamischen Theologie. Städte wie Bagdad wurden zu Zentren der Gelehrsamkeit; al-Kindi, al-Farabi, Ibn Sina (Avicenna), Ibn Ruschd (Averroes) und Ibn Khaldun traten als politische Theoretiker auf.

Inzwischen war in Europa die Bildung zur Domäne des Klerus geworden, der islamische Einfluss brachte frischen Wind in das Denken. Im 12. Jahrhundert erreichten die Texte, die islamische Gelehrte erhalten und übersetzt hatten, christliche Gelehrte. Das geschah vor allem in Spanien, wo beide Glaubensrichtungen nebeneinander existierten. Die Nachricht von der Wiederentdeckung verbreitete sich in der christlichen Welt und trotz des Argwohns der Kirchenvertreter gab es einen Ansturm, nicht nur die Texte zu übersetzen, sondern auch die dazugehörigen islamischen Kommentare.

Schwierige Fragen

Eine neue Generation christlicher Philosophen machte sich mit dem klassischen Denken vertraut. Thomas von Aquin versuchte, aristotelische Vorstellungen in die christliche Theologie zu integrieren. Damit wurden Fragen aufgeworfen, denen man zuvor aus dem Weg gegangen war, etwa zum Gottesgnadentum und zum Unterschied zwischen weltlichem und göttlichem Recht.

Die Einführung des weltlichen Denkens in das geistige Leben wirkte sich ganz erheblich auf die Entwicklungen im Heiligen Römischen Reich aus. Nationalstaaten forderten ihre Unabhängigkeit und Herrscher gerieten in Konflikt mit dem Papst. Die Autorität der Kirche wurde hinterfragt, Philosophen wie Aegidius Romanus und Marsilius von Padua mussten sich für die eine oder die andere Seite entscheiden.

Gegen Ende des Mittelalters stellten neue Nationen die Autorität der Kirche infrage – und die Menschen begannen, die Macht ihrer Herrscher zu hinterfragen. In England war König Johann gezwungen, einen Teil seiner Macht an die Barone abzutreten. In Italien wurden dynastische Tyrannen durch Republiken ersetzt, beispielsweise in Florenz, wo die Renaissance begann. Dort schockierte Niccolò Machiavelli, wirkungsvoller Vertreter des Renaissancedenkens, die Welt mit einer politischen Philosophie, die in ihrer moralischen Haltung durch und durch pragmatisch war. ■

WAS SIND REICHE OHNE GERECHTIGKEIT – WENN NICHT GROSSE RÄUBERBANDEN?

AUGUSTINUS VON HIPPO (354–430)

IM KONTEXT

IDEENLEHRE
Christentum

SCHWERPUNKT
Gerechte Herrschaft

FRÜHER
4. Jh. v. Chr. In *Der Staat* und *Nomoi* betont Platon die Bedeutung der Gerechtigkeit im idealen Staat.

1. Jh. v. Chr. Cicero ist gegen den Umsturz und die Einführung eines römischen Kaisers.

306 n. Chr. Konstantin I. wird der erste christliche Kaiser des Römischen Reiches.

SPÄTER
13. Jh. Thomas von Aquin definiert mit den Argumenten des Augustinus einen gerechten Krieg.

14. Jh. Ibn Khaldun sagt, es sei Aufgabe der Regierung, Ungerechtigkeit zu verhüten.

um 1600 Francisco Suárez und die Schule von Salamanca begründen eine Philosophie des Naturrechts.

Das Christentum wurde 380 n. Chr. zur offiziellen Religion im Römischen Reich. Macht und Einfluss der Kirche wuchsen und ihre Beziehung zum Staat wurde zu einem umstrittenen Thema. Einer der ersten politischen Philosophen, die sich mit diesem Verhältnis beschäftigten, war Augustinus von Hippo, der zum Christentum konvertierte. Er versuchte, die klassische Philosophie in die Religion zu integrieren, und war stark von den platonischen Schriften beeinflusst, die auch die Grundlage seines politischen Denkens bildeten.

Als römischer Bürger glaubte Augustinus an einen Staat, der dem Gesetz unterworfen ist, aber

Staaten haben einen Herrscher oder eine Regierung und Gesetze, **die das Verhalten und die Wirtschaft regeln.**

Räuberbanden tun sich unter einem Anführer zusammen und haben Regeln **für die Disziplin und für die Aufteilung der Beute.**

Staaten, die von einem ungerechten Herrscher geführt werden, ziehen in den Krieg gegen ihre Nachbarn, **um mehr Raum und Ressourcen zu gewinnen.**

Jede Räuberbande hat ihr Territorium und **fällt über benachbarte Territorien her.**

Was sind Reiche ohne Gerechtigkeit – wenn nicht große Räuberbanden?

Siehe auch: Platon 34–39 ▪ Cicero 49 ▪ Thomas von Aquin 62–69 ▪ Francisco Suárez 90–91 ▪ Thomas Hobbes 96–103

» Ohne Gerechtigkeit kann eine Gesellschaft von Menschen … unmöglich fortbestehen. «

Augustinus

als Gelehrter stimmte er Aristoteles und Platon zu: Das Ziel eines Staates liegt darin, dem Volk ein gutes und tugendhaftes Leben zu ermöglichen. Für einen Christen bedeutet das, nach den göttlichen Gesetzen zu leben, die von der Kirche erlassen werden. Dabei glaubte Augustinus, dass in der Praxis die große Mehrheit der Menschen in einem Zustand der Sünde lebte. Er unterschied zwischen zwei Reichen: der *civitas Dei* (dem Gottesstaat) und der *civitas terrena* (dem irdischen Staat). Den Einfluss der Kirche auf den Staat sah Augustinus als unumgänglich an, damit die Gesetze eines Landes unter Beachtung der göttlichen Gesetze gestaltet werden. Und gerechte Gesetze machten für ihn den wesentlichen Unterschied zwischen Staat und Räuberbande aus. Räuber und Piraten verbünden sich unter einem Führer, um ihre Nachbarn zu berauben. Sie halten sich an Regeln, aber die sind nicht gerecht. Außerdem wies Augustinus darauf hin, dass selbst in einer sündigen *civitas terrena* die Autorität des Staates mithilfe von Gesetzen für Ordnung sorgen könne – und Ordnung sei doch etwas, das wir uns alle wünschen.

Gerechter Krieg

Augustinus legte großen Wert auf die Gerechtigkeit, die in der christlichen Lehre wurzelt, und das galt auch für den Krieg. Er glaubte, aller Krieg sei schlecht, gestand jedoch zu, dass ein Krieg für eine gerechte Sache als letztes Mittel möglich sei – um beispielsweise den Staat gegen Angriffe zu verteidigen oder den Frieden wiederherzustellen. Mit dem Konflikt zwischen weltlichem und göttlichem Recht und dem Versuch, beides zusammenzubringen, begann der Machtkampf zwischen Kirche und Staat, der sich durch das gesamte Mittelalter zieht. ■

Augustinus umriss seine Vision eines Staates nach christlichen Prinzipien in *Vom Gottesstaat (De civitate Dei)*. Es ging um das Verhältnis zwischen Römischem Reich und göttlichem Recht.

Augustinus von Hippo

Aurelius Augustinus wurde in Thegaste (heute Algerien) geboren. Sein Vater war Heide, seine Mutter Christin. Er studierte lateinische Literatur in Madaurus und Rhetorik in Karthago, wo er auf die persische Religion der Manichäer stieß.

Angeregt durch die Werke Ciceros begann Augustinus sich für Philosophie zu interessieren. Bis 373 lehrte er in Thegaste und Karthago. Danach lebte er in Rom und Mailand. Der dortige Bischof Ambrosius forderte ihn dazu auf, die platonische Philosophie zu erkunden. 378 wurde Augustinus getauft und 391 in Thegaste zum Priester geweiht. Schließlich ließ er sich in Hippo (heute Algerien) nieder und gründete eine religiöse Gemeinschaft, deren Bischof er 396 wurde. Neben seinen autobiographischen *Confessiones* schrieb er eine Reihe theologischer und philosophischer Werke. Er starb während einer Belagerung von Hippo durch die Vandalen im Jahr 430.

Hauptwerke

387–395 *Der freie Wille*
397–401 *Bekenntnisse*
413–425 *Vom Gottesstaat*

VORGESCHRIEBEN IST EUCH DER KAMPF, OBWOHL ER EUCH ZUWIDER IST

MOHAMMED (570–632)

IM KONTEXT

IDEENLEHRE
Islam

SCHWERPUNKT
Gerechter Krieg

FRÜHER
6. Jh. v. Chr. In *Die Kunst des Krieges* argumentiert Sunzi, das Militär sei notwendig für den Staat.

um 413 v. Chr. Augustinus sagt, ein Staat ohne Gerechtigkeit sei nichts anderes als eine Räuberbande.

SPÄTER
13. Jh. Thomas von Aquin definiert die Bedingungen für einen gerechten Krieg.

1095 Christen brechen zum Ersten Kreuzzug auf, um Jerusalem und das Heilige Land zu erobern.

1932 In *Towards Understanding Islam* beharrt Abul Ala Maududi darauf, dass der Islam sämtliche Lebensbereiche umfasst, also auch die Politik.

Der Islam ist eine **friedliche Religion** und alle Muslime wollen in Frieden leben.

Aber selbst Anhänger des Islam müssen sich gegen Übergriffe **verteidigen** …

… und **Ungläubige angreifen**, die ihren Frieden und ihre Religion bedrohen.

Vorgeschrieben ist euch der Kampf, obwohl er euch zuwider ist.

Von den Muslimen wird er als Prophet des islamischen Glaubens verehrt – gleichzeitig legte er den Grundstein für ein islamisches Reich, dessen politischer und militärischer Führer er war. 622 wurde Mohammed wegen seines Glaubens aus Mekka vertrieben und ging nach Yathrib (eine Reise, die als *Hedschra* bekannt ist), wo er viele Anhänger fand und einen Stadtstaat begründete. Der wurde umbenannt in Medina (»Stadt des Propheten«) und war der erste islamische Staat der Welt. Mohammed schuf eine Verfassung für die Stadt, den sogenannten »Vertrag von Medina«. Dieser wurde zur Grundlage der islamischen politischen Tradition.

In der Verfassung von Medina ging es um die Rechte und Pflichten aller Gruppen der Gemeinschaft, die Herrschaft des Gesetzes und den Krieg. Die jüdische Gemeinschaft in Medina wurde als eigenständig anerkannt und man verständigte sich auf ein gemeinsames Regelwerk, an das sich alle zu halten hatten. Außerdem wurde die gesamte Gemeinschaft religionsübergreifend verpflichtet, gemeinsam zu kämpfen, sollte die Stadt bedroht sein. Die wichtigsten Ziele waren der Frieden

Siehe auch: Augustinus von Hippo 54–55 ▪ Al-Farabi 58–59 ▪ Thomas von Aquin 62–69 ▪ Ibn Khaldun 72–73 ▪ Abul Ala Maududi 278–279 ▪ Ali Schariati 323

Muslimische Pilger beten nahe der Prophetenmoschee in der heiligen Stadt Medina (Saudi-Arabien). Hier gründete Mohammed den ersten islamischen Staat.

in Medina und der Aufbau einer politischen Struktur, die Mohammed helfen würde, Anhänger und Soldaten für seine Eroberung der arabischen Halbinsel zu gewinnen.

Die Autorität der Verfassung war geistiger sowie weltlicher Art. Darin hieß es: »Was ... an Streitigkeiten geschieht, soll Gott und Mohammed ... zu Entscheidung vorgelegt werden.« Da Gott durch Mohammed sprach, war das, was er sagte, unangreifbar.

Friedlich, aber nicht pazifistisch

Die Verfassung ähnelt dem Koran, dem sie vorausgeht. Allerdings ist der Koran detaillierter, was die religiösen Pflichten angeht. In ihm wird der Islam als eine friedliebende Religion beschrieben, die jedoch nicht pazifistisch ist. Mohammed betonte vielmehr, dass der Islam gegen Ungläubige verteidigt werden müsse; das sei die moralische Verpflichtung aller Muslime. Gewalt sollte dem Gläubigen zuwider sein, aber sie kann ein notwendiges Übel sein, um die Religion zu schützen.

Diese Pflicht ist zusammengefasst in der islamischen Vorstellung vom Dschihad (wörtlich »Kampf«). Er richtete sich ursprünglich gegen benachbarte Städte, die Mohammeds islamischen Staat angreifen wollten. Später entwickelte sich der Dschihad zum Kampf, in dem es darum ging, den Glauben zu verbreiten und das islamische Reich in politischer Hinsicht zu vergrößern.

Der Koran beschreibt den Dschihad als religiöse Pflicht und den Kampf als verabscheuenswürdig, aber notwendig. Darüber hinaus enthält er Regeln für die Durchführung eines Krieges. Die Bedingungen für einen solchen gerechten Krieg (gerechter Anlass, korrekte Absicht, hinreichende Autorität und letztes Mittel) ähneln denjenigen, die im christlichen Europa entwickelt wurden. ■

Mohammed

Mohammed wurde 570 in Mekka geboren, kurz nach dem Tod seines Vaters. Seine Mutter starb, als er sechs war, seitdem lebte er bei seinen Großeltern und einem Onkel, für die er später Karawanen im Handel mit Syrien betreute. Mit Ende 30 besuchte Mohammed regelmäßig eine Höhle auf dem Berg Hira, um zu beten, 610 soll er die erste Offenbarung des Engels Gabriel erhalten haben. Er begann zu predigen und gewann immer mehr Anhänger, wurde aber mit seinen Schülern aus Mekka vertrieben. Die Flucht nach Medina im Jahr 622 gilt als Beginn des muslimischen Kalenders. Als Mohammed 632 starb, stand fast ganz Arabien unter seiner Herrschaft.

Hauptwerke

um 622 *Vertrag von Medina*
um 632 *Der Koran*
8. und 9. Jh. *Hadith*

» Kämpft im Namen Allahs und für die Sache Allahs. Kämpft gegen die Ungläubigen. «

Sunnitischer Hadith

DAS VOLK WILL DIE HERRSCHAFT DER TUGENDHAFTEN NICHT

AL-FARABI (UM 870–950)

IM KONTEXT

IDEENLEHRE
Islam

SCHWERPUNKT
Politische Tugend

FRÜHER
um 380–360 v. Chr. Platon schlägt in *Der Staat* vor, es sollten »Philosophenkönige« herrschen.

3. Jh. n. Chr. Philosophen wie Plotin interpretieren Platons Werke neu und führen theologische und mystische Ideen ein.

9. Jh. Der arabische Philosoph al-Kindi bringt klassische griechische Texte ins Haus der Weisheit nach Bagdad.

SPÄTER
um 980–1037 Der persische Autor Avicenna verbindet rationale Philosophie und islamische Theologie.

13. Jh. Thomas von Aquin definiert christliche und Kardinaltugenden und unterscheidet zwischen natürlichem, menschlichem und göttlichem Recht.

Als sich das islamische Reich im 7. und 8. Jahrhundert ausbreitete, blühten Kultur und Gelehrsamkeit auf. Daher wird diese Zeit als goldenes Zeitalter des Islam bezeichnet. In vielen großen Städten des Reiches wurden Bibliotheken eingerichtet, um Texte der griechischen und römischen Denker aufzubewahren. Insbesondere Bagdad wurde zu einem Zentrum der Gelehrsamkeit. Hier erwarb sich al-Farabi seinen Ruf als Philosoph und Kommentator der Werke des griechischen Philosophen Aristoteles.

Siehe auch: Platon 34–39 ▪ Aristoteles 40–43 ▪ Augustinus von Hippo 54–55 ▪ Thomas von Aquin 62–69

» Ziel des Musterstaats ist es nicht nur, das materielle Wohlergehen seiner Bewohner sicherzustellen, sondern auch ihr zukünftiges Schicksal. «

Al-Farabi

Wie Aristoteles glaubte al-Farabi, der Mensch müsse natürlicherweise in einer sozialen Struktur leben, beispielsweise in einem Stadtstaat, um ein gutes und glückliches Leben führen zu können. Das gleiche Prinzip gelte für Nationalstaaten, Reiche oder sogar ein Weltreich, die Stadt betrachtete er als kleinste Einheit. Doch vor allem prägte Platon, der Lehrer des Aristoteles, das politische Denken al-Farabis. Genau wie Platon plädierte er für die Herrschaft von Philosophenkönigen, weil nur sie die wahre Natur der Tugenden verstünden. In *Der Musterstaat* beschrieb er eine »Vorzugsstadt« unter der Herrschaft eines tugendhaften Führers, der sein Volk anleitet, im tugendhaften Leben wahres Glück zu finden.

Göttliche Weisheit

Al-Farabi unterscheidet sich von Platon darin, dass er andere Vorstellung vom Ursprung und Wesen der Tugenden des idealen Herrschers hat: Für ihn handelt es sich um göttliche Weisheit. Statt für einen Philosophenkönig plädierte er für die Herrschaft eines gerechten Imam. Die Vorzugsstadt sei jedoch als politische Utopie zu verstehen, betonte al-Farabi.

Zudem beschrieb er verschiedene Staatsformen, die real existierten, und wies auf ihre Mängel hin. Er nannte drei Gründe, warum sie seinem Ideal nicht entsprachen: Sie seien dumm, irregeleitet oder moralisch verdorben. In einem Staat der Dummen wüssten die Menschen nicht, dass wahres Glück durch ein tugendhaftes Leben entstehe. In einem irregeleiteten Staat missverstünden sie das Wesen der Tugend. Und in einem moralisch verdorbenen Staat wüssten sie, was ein tugendhaftes Leben ausmache, entschieden sich aber dagegen. Laut al-Farabi streben die Menschen in diesen »Torheitsstaaten« nach Reichtum und Vergnügen und nicht nach dem guten Leben. Er glaubte, die Seelen der Dummen und Irregeleiteten würden nach dem Tod einfach verschwinden, während die der moralisch Verdorbenen ewiges Leid ertragen müssten. Nur den Seelen der Menschen aus einem Musterstaat würde ewiges Glück zuteil. Al-Farabi schlussfolgerte: Solange die dummen, irregeleiteten und moralisch verdorbenen Bürger und ihre Führer irdischen Vergnügungen nachgehen, lehnen sie die Führung durch einen tugendhaften Herrscher ab, weil er ihnen nicht gibt, was sie wollen. So kann kein Musterstaat entstehen. ■

Al-Farabi entwickelte seine Ideen in Bagdad (Irak), einem Zentrum der Gelehrsamkeit im Goldenen Zeitalter des Islam. Noch heute befinden sich hier einige der ältesten Universitäten der Welt.

Al-Farabi

Die islamischen Philosophen nennen ihn den »zweiten Lehrer« (nach Aristoteles), über das Leben des Abu Nasr al-Farabi ist aber nur wenig bekannt.

Möglicherweise wurde er um das Jahr 870 in Farab (heute Kasachstan) geboren und ging dort und in Buchara (heute Usbekistan) zur Schule. 901 reiste er nach Bagdad, um seine Studien fortzusetzen. Al-Farabi studierte Alchemie und Philosophie bei christlichen und islamischen Gelehrten und war ein berühmter Musiker und bekannter Linguist. Den Großteil seines Lebens verbrachte er als *qadi* (Richter) und Lehrer in Bagdad. Auf ausgedehnten Reisen besuchte er Ägypten, Damaskus, Harran und Aleppo. Den Großteil seiner Werke soll er in seiner Zeit in Aleppo verfasst haben, wo er am Hof des syrischen Herrschers Saif ad-Daula arbeitete.

Hauptwerke

um 940–950
Der Musterstaat
Epistle on the Intellect
The Book of Letters

KEIN FREIER MANN SOLL GEFANGEN GENOMMEN WERDEN, AUSSER ES GIBT EIN RECHTMÄSSIGES URTEIL

BARONE DES KÖNIGS JOHANN (FRÜHES 13. JH.)

IM KONTEXT

IDEENLEHRE
Parlamentarismus

SCHWERPUNKT
Freiheit

FRÜHER
um 509 v. Chr. In Rom wird die Monarchie durch eine Republik ersetzt.

1. Jh. v. Chr. Nach der Machtübernahme durch Julius Cäsar plädiert Cicero für eine Rückkehr zur Römischen Republik.

SPÄTER
1640er-Jahre Nach dem Englischen Bürgerkrieg und der vorübergehenden Abschaffung der Monarchie kann kein Monarch mehr ohne Zustimmung des Parlaments regieren.

1776 Die Unabhängigkeitserklärung der USA listet »Leben, Freiheit und das Streben nach Glück« als Grundrechte auf.

1948 Die Generalversammlung der Vereinten Nationen nimmt in Paris die Allgemeine Erklärung der Menschenrechte an.

König Johann von England verlor im Lauf seiner Regierungszeit an Popularität, weil er die Kriege mit Frankreich schlecht führte. Außerdem trat er selbstherrlich gegenüber den landbesitzenden Baronen auf, die ihm Ritter zur Verfügung stellten und Steuern zahlten. 1215 war er schließlich gezwungen, mit seinen Baronen in London zu verhandeln. Sie legten ihm ein Dokument vor, das ihre Forderungen im Einzelnen enthielt – angelehnt an die *Charter of Liberties*, die 100 Jahre zuvor von König Heinrich I. erlassen worden war. Zu den »Artikeln der Barone« gehörten Paragraphen, die sich auf ihren Besitz, ihre Rechte und ihre Pflichten bezogen. Und sie legten fest, dass der König dem Gesetz des Landes zu folgen hatte.

> »Wir werden das Recht oder die Gerechtigkeit an niemanden verkaufen, niemandem verweigern und nicht hinausschieben.«
>
> **Magna Carta, Paragraph 40**

Freiheit von Tyrannei

Insbesondere Paragraph 39 enthielt konkrete Forderungen: »Kein freier Mann soll gefangen genommen oder inhaftiert oder enteignet werden, oder geächtet oder verbannt oder in irgendeiner Weise vernichtet werden, noch werden wir gegen ihn einschreiten oder uns seiner bemächtigen außer durch das rechtmäßige Urteil seiner Standesgenossen oder durch das Gesetz des Landes.« Schon hier kam das spätere Habeas-Corpus-Konzept zum Tragen: Wer verhaftet wurde, musste vor ein Gericht gestellt werden. Erstmals stand die Freiheit des Einzelnen über den Interessen eines tyrannischen Herrschers. Johann hatte keine Wahl. Er musste die Bedingungen annehmen und sein Siegel unter das Dokument setzen, das später als Magna Carta bekannt wurde.

Leider war Johanns Zustimmung rein symbolischer Natur; zum großen Teil wurde das Dokument später ignoriert oder wieder aufgehoben. Doch die entscheidenden Paragra-

Siehe auch: Cicero 49 ▪ John Locke 104–109 ▪ Montesquieu 110–111 ▪ Jean-Jacques Rousseau 118–125 ▪ Oliver Cromwell 333

Freie Menschen haben ein gesetzlich verankertes **Recht auf Freiheit**.

Ein **despotischer Monarch** kann seine Untertanen ausbeuten und **willkürlich bestrafen**.

Die **Macht des Monarchen** sollte durch das Gesetz des Landes **beschränkt** sein.

Kein freier Mann soll gefangen genommen werden, außer es gibt ein rechtmäßiges Urteil.

phen blieben erhalten und der Geist der Carta hatte großen Einfluss auf die politische Entwicklung Großbritanniens. Die Beschränkung der Macht des Monarchen zugunsten der Rechte des freien Mannes – das waren zu jener Zeit nur die feudalen Landbesitzer und nicht die von ihnen Abhängigen – bildete den Grundstein für ein unabhängiges Parlament. Das rebellische »De Montfort's Parliament« von 1265 war das erste seiner Art, außer den Baronen nahmen erstmals gewählte Vertreter, Ritter und Bürger teil.

Auf dem Weg zum Parlament

Im 17. Jahrhundert bekam die Idee, dass der Monarch unter das Gesetz des Landes gestellt werden sollte, einen neuen Schub. Im englischen Bürgerkrieg stand die Magna Carta für die Sache der Parlamentarier unter Oliver Cromwell. Zwar bezog sie sich zu jener Zeit nur auf eine Minderheit, die privilegierten Bürger. Doch sie bereitete den Gesetzen, die die Freiheit des Einzelnen vor despotischer Machtausübung schützen sollten, den Weg. Zudem gab sie Impulse und Anregungen für die Grundrechte in vielen modernen Verfassungen und für zahlreiche Menschenrechtserklärungen. ■

Das Parlament in London entstand auch, weil die Barone 1215 nicht nachgegeben hatten: Ohne ihre Zustimmung durfte der Monarch damals keine weiteren Steuern erheben.

Die englischen Barone

Die Baronswürde, wie sie von Wilhelm dem Eroberer (1028–1087) geschaffen wurde, war eine Form des feudalen Landbesitzes. Sie wurde vom König gewährt und war mit bestimmten Pflichten und Privilegien verbunden. Die Barone zahlten im Gegenzug für ihren Landbesitz Steuern an den König und mussten eine bestimmte Anzahl von Rittern stellen, die auf Wunsch für den König kämpften. Im Gegenzug erhielten die Barone das Recht, am königlichen Rat oder dem Parlament teilzunehmen – aber nur, wenn der König sie einberief. Sie kamen nicht regelmäßig zusammen, und weil der Hof oft umzog, gab es keinen regulären Treffpunkt.

Zur Zeit König Johanns (Bild oben) zwangen die Barone den König zur Unterzeichnung der Magna Carta. Doch im Lauf des 13. Jahrhunderts wurde die Macht des Landadels immer schwächer. Mit dem englischen Bürgerkrieg verschwand sie mehr oder weniger ganz.

Hauptwerke

1100 *Charter of Liberties*
1215 *Magna Carta*

EIN GERECHTER KRIEG WIRD UM EINE GERECHTE SACHE GEFÜHRT

THOMAS VON AQUIN (1225–1274)

IM KONTEXT

IDEENLEHRE
Naturgesetz

SCHWERPUNKT
Gerechter Krieg

FRÜHER
44 v. Chr. In *De officiis* stellt sich Cicero gegen den Krieg – außer als letztes Mittel, um den Staat zu verteidigen und den Frieden wiederherzustellen.

5. Jh. Augustinus von Hippo plädiert für einen Staat, der die Tugenden befördert.

620er-Jahre Mohammed ruft zum Kampf für den Islam auf.

SPÄTER
1625 Grotius bindet die Theorie vom gerechten Krieg in das Völkerrecht ein (*De jure belli ac pacis*, dt.: *Über das Recht des Krieges und des Friedens*).

1945 Die UN-Carta verbietet Gewalt in internationalen Konflikten, die von den Vereinten Nationen nicht autorisiert sind.

Mehrere Jahrhunderte lang hatte die römisch-katholische Kirche in Europa das Monopol auf Bildung. Seit das Christentum von Kaiser Konstantin als offizielle Religion im Römischen Reich übernommen worden war, wurde das politische Denken von der christlichen Lehre bestimmt. Das Verhältnis von Kirche und Staat beschäftigte Philosophen und Theologen, hier sei vor allem Augustinus von Hippo genannt. Er legte den Grundstein dieser Diskussion, indem er die politischen Analysen aus Platons *Der Staat* in die christliche Lehre eingliederte. Als dann im 12. Jahrhundert Übersetzungen klassischer griechischer Texte in Europa verfügbar wurden, begannen manche europäischen Denker sich für andere Philosophen zu interessieren – insbesondere für Aristoteles und Averroes.

Durchdachte Methoden

Mit Abstand der bedeutendste christliche Denker des späten Mittelalters war der italienische Gelehrte Thomas von Aquin, er gehörte dem Orden der Dominikaner an. Dieser folgte der Tradition der Scholastik, die Dominikaner bevorzugten Beweisführung und Schlussfolgerung als Wege zur Erkenntnis. Thomas von Aquin hatte sich vorgenommen, die christliche Theologie mit den rationalen Argumenten von Philosophen wie Platon und Aristoteles in Einklang zu bringen. Als Priester folgte er in erster Linie theologischen Interessen. Doch weil die Kirche die wichtigste politische Macht seiner Zeit war, ließen sich theologische

» Der Friede ist mittelbar Werk der Gerechtigkeit, indem sie aus dem Wege räumt, was ihn hindert. Aber Werk der Gottesliebe ist er unmittelbar, denn die Gottesliebe schafft ihrer eigenen Bewandtnis nach Frieden. «

Thomas von Aquin

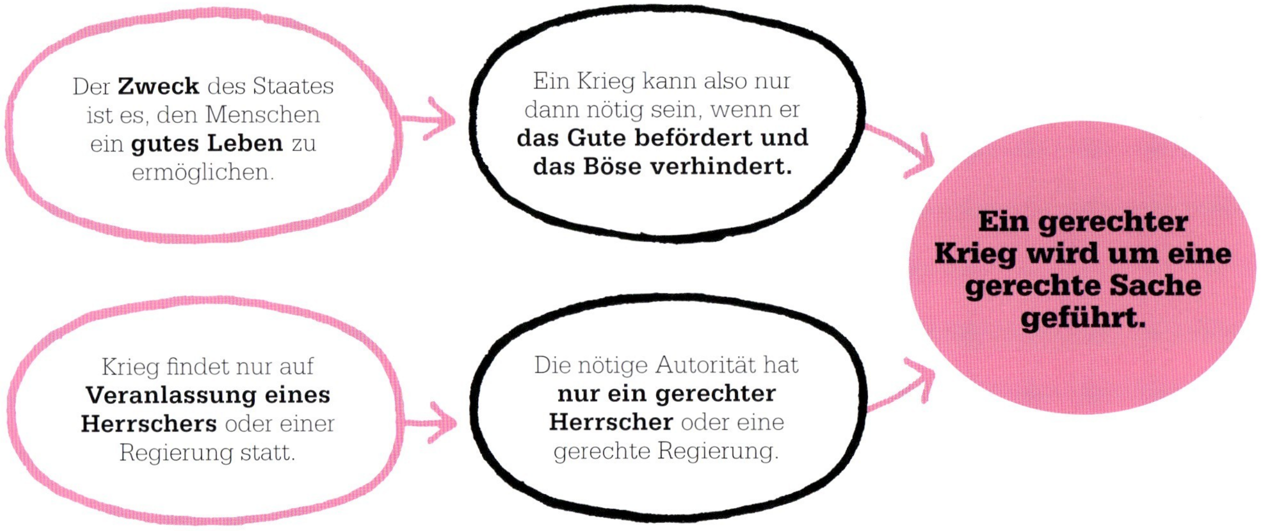

Der **Zweck** des Staates ist es, den Menschen ein **gutes Leben** zu ermöglichen.

Ein Krieg kann also nur dann nötig sein, wenn er **das Gute befördert und das Böse verhindert.**

Krieg findet nur auf **Veranlassung eines Herrschers** oder einer Regierung statt.

Die nötige Autorität hat **nur ein gerechter Herrscher** oder eine gerechte Regierung.

Ein gerechter Krieg wird um eine gerechte Sache geführt.

Siehe auch: Aristoteles 40–43 ▪ Cicero 49 ▪ Augustinus von Hippo 54–55 ▪ Mohammed 56–57 ▪ Marsilius von Padua 71 ▪ Francisco Suárez 90–91

und politische Fragestellungen nicht so klar voneinander abgrenzen wie heute. Indem Thomas von Aquin sich mit dem Zusammenschluss von Philosophie und Theologie befasste, wandte er sich dem Verhältnis zwischen weltlicher Macht und göttlicher Autorität zu und damit dem wachsenden Konflikt zwischen Kirche und Staat. Außerdem widmete er sich ethischen Fragen, beispielsweise der nach dem gerechten Krieg.

Die Haupttugend der Gerechtigkeit

In seiner Moralphilosophie untersuchte Thomas von Aquin ausdrücklich politische Belange. Dabei ging er von den Werken des Augustinus von Hippo aus: Ihm war es gelungen, die klassische griechische Vorstellung, dass der Staat ein gutes, tugendhaftes Leben befördern solle, erfolgreich mit seinen christlichen Vorstellungen zu verbinden. Augustinus meinte, dies stehe im Einklang mit dem göttlichen Recht, das Unrecht verhindere, wenn man sich daran hielte. Für Thomas von Aquin, der Platon und Aristoteles gelesen hatte, ist Gerechtigkeit die politische Haupttugend, die seiner gesamten politischen Philosophie zugrunde liegt. »

Krieg zum Schutz der christlichen Werte ließ sich, so dachte Thomas von Aquin, rechtfertigen. Dies galt zum Beispiel für den Ersten Kreuzzug von 1095–1099, bei dem Jerusalem eingenommen wurde und Tausende starben.

Thomas von Aquin

Thomas von Aquin, wurde in Roccasecca (Italien) geboren und in Monte Cassino und an der Universität von Neapel ausgebildet. Er sollte Benediktinermönch werden, doch 1244 trat er in den neuen Dominikanerorden ein. Ein Jahr später ging er nach Paris. Um 1259 unterrichtete er in Neapel, Orvieto und Santa Sabina; außerdem war er päpstlicher Berater in Rom.

1269 wurde Thomas von Aquin nach Paris zurückgeschickt, vielleicht wegen eines Streites über die Verträglichkeit der Philosophien von Averroes und Aristoteles mit der christlichen Lehre. 1272 gründete er eine neue dominikanische Universität in Neapel. Hier führte eine mystische Erfahrung dazu, dass ihm alles, was er geschrieben hatte, »wie Stroh« vorkam. 1274 wurde er als Berater nach Lyon gerufen, doch er starb nach einem Unfall auf dem Weg dorthin.

Hauptwerke

1254–1256 *Sentenzenkommentar*
um 1258–1260 *Summa contra gentiles*
1267–1273 *Summa theologica*

» Deshalb darf man nur zu dem Zweck Krieg führen, um unbehelligt in Frieden leben zu können. «

Cicero

Gerechte Gesetze machen den Unterschied zwischen einer guten und einer schlechten Regierung aus, sie geben jeder Herrschaft ihre Legitimität. Die Gerechtigkeit ist ausschlaggebend für die Moral staatlichen Handelns, das war ein wichtiges Prinzip in Thomas von Aquins Theorie vom gerechten Krieg.

Der gerechte Krieg

Thomas von Aquin vertrat zudem diese Ansicht: Obwohl das Christentum seinen Anhängern den Pazifismus predige, sei es mitunter nötig zu kämpfen, um den Frieden zu erhalten oder wieder herzustellen. Ein solcher Krieg solle defensiv sein, nicht präventiv, und dürfe nur unter bestimmten Bedingungen geführt werden. Thomas von Aquin nennt diese Bedingungen das *jus ad bellum* (das Recht, in den Krieg zu ziehen) und glaubt, so sei für die Gerechtigkeit des Krieges gesorgt.

Drei grundsätzliche Voraussetzungen machen seiner Meinung nach einen gerechten Krieg aus: die richtige Absicht, die Vollmacht des Herrschers und der gerechte Grund. Diese Prinzipien gelten bis heute. Die richtige Absicht kann für den Christen nur die Wiederherstellung des Friedens sein. Die »Vollmacht des Herrschers« bedeutet, dass der Krieg nur von einem Staat oder seinem Herrscher geführt werden kann, während die »gerechte Sache« beinhaltet, dass ein Krieg nur zum Wohl des Volkes geführt werden darf und nicht aus Eigeninteresse des Herrschers. Um diesen Kriterien zu entsprechen, muss es eine regelrechte Regierung geben oder einen Herrscher, der durch Gesetze gebunden ist. Deren oder dessen Autorität wiederum muss auf einer Theorie der legitimen Herrschaft gründen und die Ansprüche sowohl der Kirche als auch des Staates berücksichtigen.

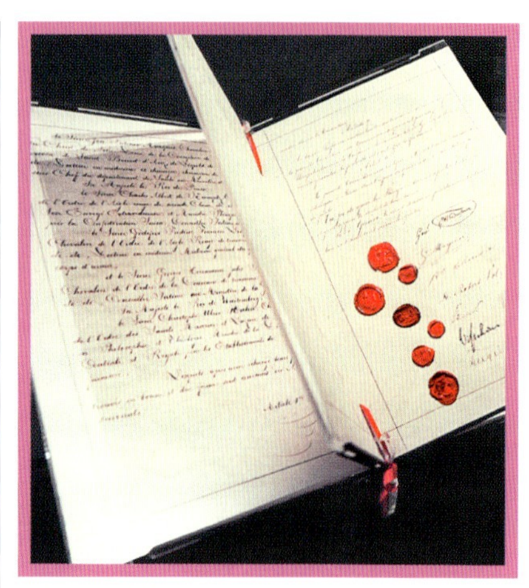

Die Genfer Konvention umfasst vier Verträge (unterzeichnet 1864 bis 1949). Sie beruhen auf der Vorstellung von einem gerechten Krieg und regeln den Umgang mit Soldaten und Zivilisten.

Naturgesetz und menschliches Recht

Durch die Anerkennung des Staates und seiner Autorität unterschied sich Thomas von Aquin von anderen Denkern seiner Zeit. Da er die Gerechtigkeit als unverzichtbare Tugend ansah (beeinflusst von Platon und Aristoteles), dachte er über die Rolle des Rechts in der Gesellschaft nach. Angesichts der unruhigen Zeiten überrascht es nicht, dass er dazu die Unterschiede zwischen

Das Recht auf Krieg

Für Thomas von Aquin ist ein Krieg nur zur Wiederherstellung des Friedens **rechtmäßig.**

Ein gerechter Krieg kann nur unter der **Autorität des Herrschers** geführt werden.

Der **gerechte Grund** für einen gerechten Krieg kann nur im Wohl des Volkes liegen.

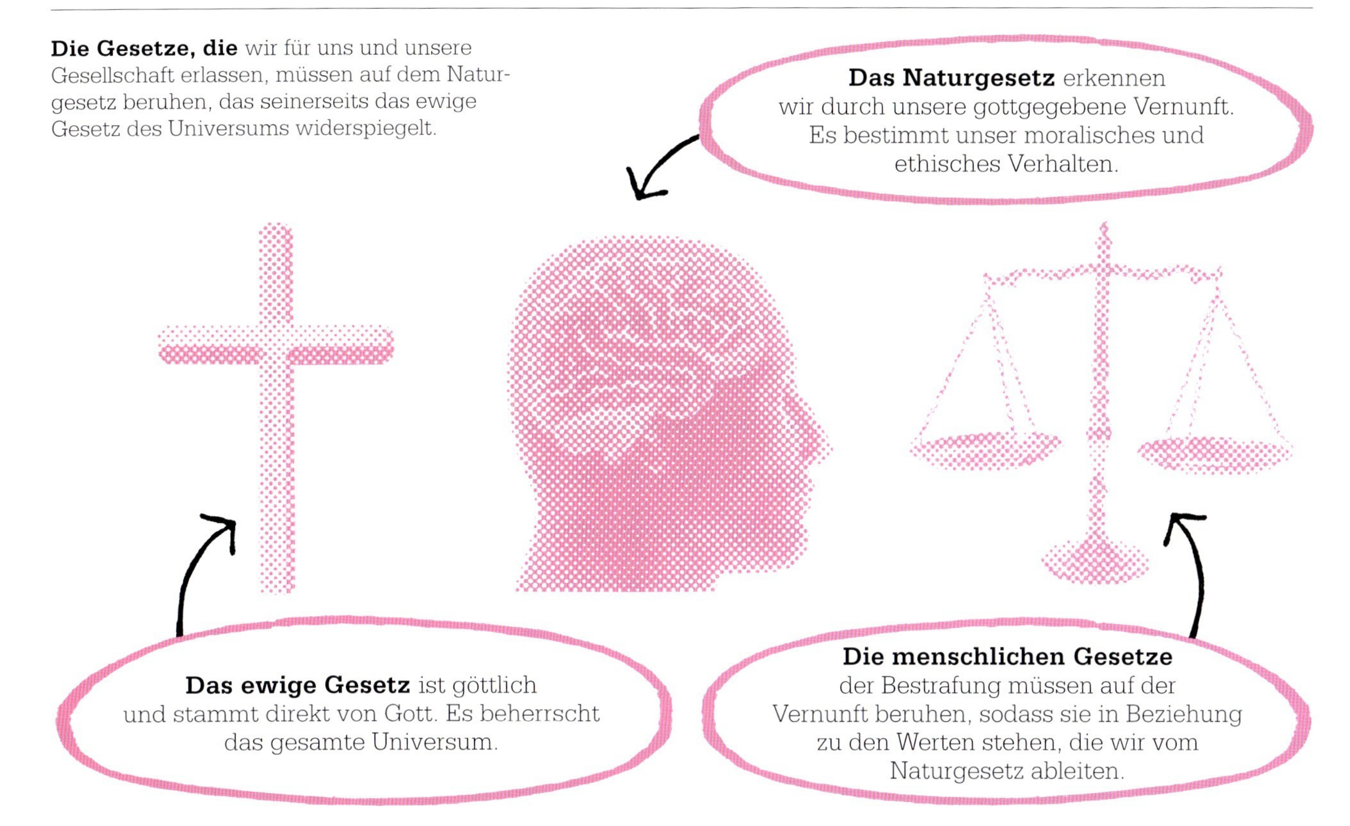

göttlichem und menschlichem Recht untersuchte – und damit die Gesetze von Kirche und Staat.

Als Christ glaubt Thomas von Aquin daran, dass das Universum von einem ewigen, göttlichen Gesetz beherrscht wird, zu dem die Menschen – als einzige rationale Wesen – eine besondere Beziehung haben. Weil wir vernunftbegabte Wesen sind, unterliegen wir einem »Naturgesetz«, auf das wir durch die Beschäftigung mit der menschlichen Natur stoßen und aus dem wir unsere Moral ableiten. Thomas von Aquin sah darin keinen Widerspruch zum göttlichen Gesetz, sondern er betrachtete dies als unseren Beitrag zum ewigen Gesetz.

Die Vernunft, so argumentierte er, sei eine von Gott gegebene Fähigkeit, die es uns ermöglicht, das Naturgesetz zu erkennen. Dies sei der Weg, über den das ewige Gesetz uns Menschen erreicht, in Übereinstimmung mit unserer Natur als soziale Wesen. Doch das Naturgesetz, in dem es um Moral und Tugend geht, darf nicht mit den menschlichen Gesetzen verwechselt werden. Letztere regeln unsere täglichen Angelegenheiten und ermöglichen das reibungslose Funktionieren unserer sozialen Gemeinschaften. Diese von Menschen gemachten Gesetze sind von Natur aus fehlbar, ihre Gültigkeit kann nur im Vergleich mit dem Naturgesetz beurteilt werden.

> »Die Vernunft im Menschen ist wie Gott in der Welt.«
>
> **Thomas von Aquin**

Der Wunsch nach Gemeinschaft

Während Thomas von Aquin das Naturgesetz mit unserer Fähigkeit zum rationalen Denken verbindet, erklärte er, dass die menschlichen Gesetze auf einem anderen Aspekt unserer Natur basieren: dem Bedürfnis nach sozialer Gemeinschaft. Diese Idee ähnelt sehr der aristotelischen Vorstellung in der *Politeia*, über die Thomas von Aquin einen umfassenden Kommentar geschrieben hat: Der Mensch ist von Natur aus ein »politisches Wesen«. Der Wunsch, Sozialverbände zu bilden, unterscheidet uns vom Tier. Wie Aristoteles erkennt Thomas von »

Den Briand-Kellogg-Pakt unterzeichneten 1928 15 Staaten. Er untersagte es ihnen, einen Krieg zu beginnen – gemäß Thomas von Aquins Prinzip, dass Krieg nur geführt werden solle, um den Frieden wiederherzustellen.

Aquin, dass Menschen von Natur aus Familien bilden, dann Dörfer und am Ende politische Gesellschaften wie Stadt- oder Nationalstaaten. Im Prinzip war er also mit Aristoteles einer Meinung. Doch war seine Vorstellung vom Staat als einer perfekten Gemeinschaft nicht die gleiche wie bei den alten Griechen, weil diese nicht mit den Ansichten der Kirche im 13. Jahrhundert zusammenpasste.

Die griechischen Philosophen sahen als das Ziel einer Gesellschaft, dass sie den Bürgern ein »gutes Leben« in Übereinstimmung mit Tugend und Vernunft ermöglicht. Thomas von Aquins Interpretation weicht davon geringfügig ab. Für ihn besteht die Aufgabe der politischen Gesellschaft darin, ihren Bürgern zu ermöglichen, die Fähigkeiten der Vernunft zu entwickeln und dadurch ein Verständnis der Moral zu erreichen – mit anderen Worten: des Naturgesetzes. Dann sind sie in der Lage, gut zu leben, in Übereinstimmung mit dem Naturgesetz und – als Christen – in Übereinstimmung mit dem göttlichen Recht.

Gerecht herrschen

Mit welcher Regierungsform lassen sich die Ziele einer solchen politischen Gesellschaft am besten erreichen? Wieder folgt Thomas von Aquin Aristoteles und klassifiziert verschiedene Regierungsformen nach der Anzahl der Herrscher und – das ist der entscheidende Punkt – danach, ob ihre Herrschaft gerecht oder ungerecht ist. Die Herrschaft durch einen Einzelnen heißt Monarchie, wenn sie gerecht ist, aber Tyrannei, wenn sie ungerecht ist. Die gerechte Herrschaft durch wenige stellt die Aristokratie dar, die ungerechte Form die Oligarchie. Als gerechte Herrschaft durch das Volk gilt eine Republik oder eine Politie, den Gegensatz dazu bildet die ungerechte Volksherrschaft der Demokratie.

Ob die Regierungsformen nun gerecht oder ungerecht sind, hängt von den Gesetzen ab, durch die der jeweilige Staat geordnet wird. Thomas von Aquin definierte das Gesetz als »Anordnung der Vernunft im Hinblick auf das Gemeingut, erlassen und öffentlich bekanntgegeben von dem, der die Sorge für die Gemeinschaft innehat.« Dies beschreibt, was er unter einer gerechten Herrschaft verstand. Die Gesetze müssen auf der Vernunft beruhen, nicht auf dem göttlichen Gesetz, das dem Staat von der Kirche aufgezwungen wird. Nur so können wir unser menschliches Bedürfnis befriedigen, für uns selbst das Naturgesetz abzuleiten.

» Ein gerechter Krieg ist auf lange Sicht besser für die Seele des Menschen als der Frieden im größten Wohlstand. «

Theodore Roosevelt

Die Ordnung erhalten

Thomas von Aquin erläuterte weiter, dass die rein menschlichen Gesetze nötig sind, um die Ordnung in der Gesellschaft zu erhalten. Das Naturgesetz bestimmt unsere Entscheidungen über die Moral: Was ist ein Verbrechen, was eine Ungerechtigkeit? Aber das menschliche Gesetz entscheidet, welche Strafe angemessen ist und wie sie durchgesetzt werden soll. Die menschlichen Gesetze schrecken Übeltäter ab oder bringen sie dazu, das Gemeinwohl zu respektieren – und schließlich tugendhaft zu werden. Die Gerechtigkeit der menschlichen Gesetze wird am Naturgesetz gemessen. Wenn sie ihm nicht genügen, sollten sie nicht als Gesetze gelten.

Der zweite Teil der Definition ist entscheidend, wenn es um die Gerechtigkeit der Regierung geht. Das angewandte Recht soll dem Interesse des gesamten Volkes dienen, nicht nur den Interessen des Herrschers. Allein mit solchen Gesetzen kann der Staat Bedingungen schaffen, unter denen seine Bürger sich geistig und moralisch frei entwickeln können.

Doch wer soll herrschen? Thomas von Aquin glaubte wie Aristoteles, dass es der Mehrheit dazu an Vernunft fehle. Daraus folgt, dass nicht das Volk regieren sollte, sondern ein gerechter Monarch oder eine Aristokratie. Thomas von Aquin war jedoch bewusst, dass Bestechlichkeit eine Gefahr darstellen könnte, und trat daher für eine Form der gemischten Verfassung ein. Überraschenderweise verwarf er nicht die Möglichkeit eines legitimen, nicht christlichen Herrschers – obwohl er glaubte, dass der Staat existierte, um das christliche Leben zu befördern. Doch auch ein heidnischer Herrscher kann, so dachte er, in Übereinstimmung mit den menschlichen Gesetzen gerecht regieren, indem er den Bürgern erlaubt, ihre Vernunft zu entwickeln und daraus eine Moral abzuleiten. Wenn sie dann nach dem Naturgesetz lebten, würden sie am Ende zu einer christlichen Gesellschaft werden.

Die Vereinten Nationen wurden 1945 nach dem Zweiten Weltkrieg mit der Absicht gegründet, den Weltfrieden zu erhalten und für jene Prinzipien einzutreten, die Thomas von Aquin »Naturgesetz« genannt hätte.

Ein radikaler Denker

Von unserem heutigen Standpunkt aus gesehen könnte der Eindruck entstehen, dass Thomas von Aquin lediglich die politischen Theorien des Aristoteles wiederentdeckt hat. Doch vor dem Hintergrund des mittelalterlichen Christentums sind seine Ansichten als radikale Veränderung im politischen Denken zu bewerten: Er hinterfragte die traditionelle Macht der römisch-katholischen Kirche. Trotzdem wurden seine Ideen, dank seiner Gelehrsamkeit und seiner Frömmigkeit, bald von der etablierten Kirche akzeptiert und bilden bis heute die Grundlage für einen großen Teil der katholischen politischen Philosophie.

Die Prinzipien für einen gerechten Krieg – richtige Absicht, Autorität des Herrschers und gerechte Sache – passen ganz klar zu Thomas von Aquins allgemeinen Vorstellungen von politischer Gerechtigkeit auf Grundlage des Naturrechts und des Prinzips der Vernunft, sie haben weniger mit dem göttlichen Recht zu tun. Mit seinen Ideen hat Thomas von Aquin viele spätere Theorien zum gerechten Krieg beeinflusst und seine Gedanken zum Naturgesetz wurden von Theologen und Juristen übernommen. Im Lauf der Jahrhunderte rückte das menschliche Gesetz und der damit verbundene Konflikt zwischen der Kirche und den weltlichen europäischen Mächten immer stärker in den Blick, weil immer mehr Nationalstaaten ihre Unabhängigkeit vom Papsttum forderten. ■

Thomas von Aquins Ansichten über die Voraussetzungen für einen gerechten Krieg (richtige Absicht, Autorität und gerechter Anlass) gelten noch heute und motivieren Kriegsgegner.

POLITISCH LEBEN BEDEUTET, IN ÜBEREINSTIMMUNG MIT GUTEN GESETZEN ZU LEBEN

AEGIDIUS ROMANUS (UM 1243–1316)

IM KONTEXT

IDEENLEHRE
Konstitutionalismus

SCHWERPUNKT
Die Herrschaft des Gesetzes

FRÜHER
um 350 v. Chr. In seiner *Politik* sagt Aristoteles, der Mensch sei von Natur aus ein »politisches Wesen«.

13. Jh. Thomas von Aquin verbindet die Vorstellungen des Aristoteles mit dem christlichen Denken.

SPÄTER
1328 Marsilius von Padua stellt sich in der Auseinandersetzung mit Papst Johannes XXII. auf die Seite der weltlichen Macht.

um 1600 Francisco Suárez plädiert in *Tractatus de legibus* gegen das Gottesgnadentum der Könige.

1651 Thomas Hobbes spricht sich im *Leviathan* für einen Gesellschaftsvertrag zum Schutz der Bürger aus.

Die Lehren des griechischen Philosophen Aristoteles wurden von der Kirche im 13. Jahrhundert akzeptiert, vor allem wegen der Werke des Dominikanerpriesters Thomas von Aquin. Sein Protégé Aegidius Romanus schrieb wichtige Kommentare zu Aristoteles' Werken und entwickelte die Vorstellung weiter, dass der Mensch ein »politisches Wesen« sei, ein Gemeinschaftswesen.

Für Aegidius Romanus bedeutete »politisch leben«, als Teil einer Gesellschaft zu leben. Das sah er als notwendige Voraussetzung für ein tugendhaftes Leben an. Denn Zivilgesellschaften würden von Gesetzen regiert, die für die Moral ihrer Bürger sorgten. Er war der Auffassung, dass gute Gesetze Tugenden wie Gerechtigkeit durchsetzen sollten. Mitglied einer Gesellschaft zu sein und damit politisch zu leben, hieß für ihn, diesen Gesetzen zu folgen. Wer das nicht tat, lebte außerhalb der Gesellschaft. Ihm zufolge ist es die Herrschaft des Gesetzes, die das politische Leben von der Tyrannei unterscheidet, der Tyrann grenzt sich aus der Gesellschaft aus, indem er das Gesetz nicht anerkennt.

König Philipp IV. von Frankreich ließ die päpstliche Bulle *Unam Sanctam* verbrennen – sie sollte ihn zwingen, sich dem Papst zu unterwerfen. Für dieses Prinzip trat auch Aegidius Romanus ein.

Aegidius Romanus glaubte, dass eine Erbmonarchie die beste Form sei, eine politische Gesellschaft zu regieren. Dennoch war seine Loyalität als Erzbischof zwischen Kirche und weltlicher Macht geteilt. Schließlich schlug er sich auf die Seite des Papstes und erklärte, Könige sollten sich der Kirche unterwerfen. ■

Siehe auch: Aristoteles 40–43 ▪ Thomas von Aquin 62–69 ▪ Marsilius von Padua 71 ▪ Francisco Suárez 90–91 ▪ Thomas Hobbes 96–103

DIE KIRCHE SOLLTE ES CHRISTUS GLEICHTUN UND IHRE WELTLICHE MACHT AUFGEBEN

MARSILIUS VON PADUA (1275–1343)

IM KONTEXT

IDEENLEHRE
Säkularismus

SCHWERPUNKT
Rolle der Kirche

FRÜHER
um 350 v. Chr. Aristoteles' *Politik* beschreibt die Rolle des Bürgers in der Verwaltung und bei der Rechtsprechung des Stadtstaats.

um 30 v. Chr. Dem katholischen Glauben zufolge wird der heilige Petrus erster Bischof von Rom. Die späteren Bischöfe werden »Papst« genannt.

800 Karl der Große wird zum römischen Kaiser gekrönt und begründet das Heilige Römische Reich.

SPÄTER
1328 Ludwig der Bayer, frisch gekrönt zum römisch-deutschen Kaiser, setzt Papst Johannes XXII. ab.

1517 Martin Luther kritisiert die Lehren und Rituale der katholischen Kirche, die protestantische Reformation beginnt.

Marsilius von Padua war Akademiker, kein Kleriker. Deshalb fiel es ihm leichter als den Theologen, auszusprechen, was viele dachten: dass die Kirche und der Papst keine politische Macht haben sollten.

In seiner Abhandlung *Defensor Pacis* – die er schrieb, um den gewählten römisch-deutschen Kaiser Ludwig den Bayern bei dessen Auseinandersetzung mit Papst Johannes XXII. zu unterstützen – begründete er, warum es nicht Aufgabe der Kirche sei zu herrschen. Den Machtanspruch verschiedener Päpste wies er zurück, da er glaubte, er sei zerstörerisch für den Staat.

Marsilius von Padua benutzte Argumente aus Aristoteles' *Politik* und beschrieb eine effektive Regierung als vom Volk ausgehend: Ihm stehe das Recht zu, einen Herrscher zu wählen und sich Gesetze zu geben. Zwischenmenschliche Angelegenheiten würden am besten per Gesetz geregelt und durch das Volk kontrolliert, nicht durch göttliches Recht, das selbst die Bibel nicht gutheißt. Christus, so Marsilius von Padua, gab den Priestern keine Macht über die Menschen, sondern betonte ihre Rolle als Lehrer. Die Kirche solle daher dem Beispiel Jesu folgen und die politische Macht dem Staat zurückgeben. Ein weltlicher Staat könne die Regierungsaufgaben wie Recht und Ordnung sowie wirtschaftliche und militärische Angelegenheiten besser erfüllen – unter einem Herrscher, den die Mehrheit des Volkes gewählt hat. ■

» Kein gewählter Vertreter, der seine Autorität allein aus der Wahl ableitet, bedarf einer weiteren Bestätigung oder Anerkennung. «

Marsilius von Padua

Siehe auch: Aristoteles 40–43 ▪ Augustinus 54–55 ▪ Aegidius Romanus 70 ▪ Niccolò Machiavelli 74–81

DIE REGIERUNG VERHINDERT UNRECHT – ES SEI DENN, SIE BEGEHT ES SELBST

IBN KHALDUN (1332–1406)

IM KONTEXT

IDEENLEHRE
Islam

SCHWERPUNKT
Korruption der Macht

FRÜHER
1027–256 v. Chr. Historiker der chinesischen Zhou-Dynastie beschreiben den »dynastischen Zyklus«: Reiche gehen unter und werden ersetzt.

um 950 Al-Farabi greift in *Der Musterstaat* auf Platon und Aristoteles zurück: Er schildert seine Vorstellung von einem idealen islamischen Staat.

SPÄTER
1776 In *Der Wohlstand der Nationen* erläutert der britische Ökonom Adam Smith die Prinzipien der Arbeitsteilung.

1974 Der US-Ökonom Arthur Laffer verwendet Ibn Khalduns Vorstellungen von Besteuerung für die Laffer-Kurve: Sie zeigt die Beziehung zwischen Steuersätzen und Steuereinnahmen.

Die Einigkeit einer politischen Gesellschaft entsteht durch *Asabiya* oder **Gemeinschaftsgeist.**

↓

Er ist die **Grundlage für jede Form von Herrschaft** und beugt Ungerechtigkeit vor.

↓

Wenn eine Gesellschaft sich weiterentwickelt, lässt der soziale Zusammenhalt nach und die **Regierung wird nachlässig.**

↓

Sie **beutet ihre Bürger zum eigenen Vorteil aus,** was zu Ungerechtigkeit führt.

↓

Schließlich tritt **eine neue Regierung** auf den Plan und nimmt den Platz des dekadenten Regimes ein.

↓

Die Regierung verhindert Unrecht – es sei denn, sie begeht es selbst.

Siehe auch: Aristoteles 40–43 ▪ Mohammed 56–57 ▪ Al-Farabi 58–59 ▪ Niccolò Machiavelli 74–81 ▪ Karl Marx 188–193

Der Anthropologe Ernest Gellner bezeichnete sie als die beste Definition von Regierung in der Geschichte der politischen Theorie: »Die Regierung verhindert Unrecht – es sei denn, sie begeht es selbst.« Diese Äußerung Ibn Khalduns könnte man für einen zynischen modernen Kommentar oder für den Realismus eines Machiavelli halten. Tatsächlich ist sie Ergebnis einer Analyse der Ursachen für politische Instabilität aus dem 14. Jahrhundert.

Auf Gemeinsamkeit gebaut

Ibn Khaldun untersuchte Aufstieg und Fall politischer Institutionen aus historischer, soziologischer und ökonomischer Sicht. Wie Aristoteles ging er davon aus, dass Menschen soziale Gemeinschaften bilden: Dies schrieb er der *Asabiya* zu – auf Deutsch etwa »Gemeinschaftsgeist«. Der soziale Zusammenhalt lässt den Staat entstehen, dessen Zweck es ist, die Interessen seiner Bürger zu schützen.

Weiter führte er aus: Welche Form eine Regierung auch haben mag, sie enthält die Saat ihrer eigenen Zerstörung. Je mehr Macht sie gewinnt, desto weniger kümmert sie sich um das Wohlergehen ihrer Bürger und handelt nur noch im eigenen Interesse. Sie beutet die Menschen aus, was zu Ungerechtigkeit und Uneinigkeit führt. Die Institution, die Ungerechtigkeit verhindern soll, begeht jetzt selbst Ungerechtigkeiten. Die *Asabiya* der Gemeinschaft nimmt ab, damit ist die Zeit reif für eine neue Regierung, die das dekadente Regime ablöst. So entsteht laut Ibn Khaldun ein Zyklus politischer Dynastien.

Korruption führt zum Niedergang

Ibn Khaldun weist auch auf ökonomische Entwicklungen hin, die mit einer mächtigen Elite verbunden sind. Zu Beginn werden die Steuereinnahmen nur verwendet, um für Notwendigkeiten zu sorgen und die *Asabiya* aufrechtzuerhalten. Doch wenn eine Gesellschaft sich weiterentwickelt, erheben die Herrscher höhere Steuern, um ihren eigenen, zunehmend opulenten Lebensstil zu finanzieren. Das ist nicht nur eine Ungerechtigkeit, die die Einigkeit des Staates bedroht, sondern auch kontraproduktiv. Zu hohe Steuern führen dazu, dass sich die Produktivität einer Gesellschaft verringert und auf lange Sicht weniger Steuern eingenommen werden. Dieser Gedanke wurde im 20. Jahrhundert von Arthur Laffer wiederentdeckt. Auch Ibn Khalduns Theorien über Arbeitsteilung und Arbeitswert wurden später wieder aufgenommen.

Zwar glaubte Ibn Khaldun, der ständige Zyklus politischen Wandels sei unvermeidbar, dennoch hielt er manche Regierungsformen für besser als andere. Seiner Meinung nach bleibt die *Asabiya* am besten unter einem einzelnen Herrscher erhalten, etwa einem Kalifen im islamischen Staat. Am wenigsten kann sie unter einem Tyrannen bestehen. Die Staatsführung hielt er für ein notwendiges Übel. Weil mit ihr die Kontrolle von Menschen durch andere Menschen (und damit zwangsläufig Ungerechtigkeit) einhergeht, sollte ihre Macht auf ein Minimum beschränkt bleiben. ■

» Wenn eine Nation zum Opfer einer psychologischen Niederlage wird, bedeutet das ihr Ende. «

Ibn Khaldun

Ibn Khaldun

Ibn Khaldun wurde 1332 in Tunis (Tunesien) geboren und wuchs in einer politisch aktiven Familie auf. Er studierte den Koran und das islamische Gesetz. Als hoher Beamter im Maghreb erlebte er die politische Instabilität vieler Regime.

Nach einem Regierungswechsel wurde er in Fez inhaftiert. Nach seiner Entlassung zog er nach Granada in Südspanien, wo er mit dem kastilischen König Peter, dem Grausamen, Friedensverhandlungen führte. Später arbeitete er an mehreren nordafrikanischen Gerichtshöfen. Als seine Reformversuche scheiterten, flüchtete er sich in den Schutz eines Berberstamms. 1384 ließ er sich in Kairo nieder, wo er seine *Geschichte* zu Ende schrieb. 1401 unternahm er eine letzte Reise nach Damaskus, um zwischen Ägypten und Timur Khan Frieden auszuhandeln.

Hauptwerke

1377 *Einführung in die Geschichte*
1377–1406 *Weltgeschichte*
1377–1406 *Autobiographie*

EIN KLUGER HERRSCHER KANN UND DARF SEIN WORT NICHT HALTEN

NICCOLÒ MACHIAVELLI (1469–1527)

IM KONTEXT

IDEENLEHRE
Realismus

SCHWERPUNKT
Staatskunst

FRÜHER

4. Jh. v. Chr. Chanakya rät Herrschern, alles zu tun, um das Wohlergehen des Staates zu sichern.

3. Jh. v. Chr. Han Feizi glaubt, Menschen würden persönlichen Gewinn anstreben und Strafen meiden. Daher sind strenge Gesetze nötig.

51 v. Chr. Der römische Politiker Cicero spricht sich in *De re publica* für eine Republik aus.

SPÄTER

1651 Thomas Hobbes beschreibt im *Leviathan* das Leben im Naturzustand als »scheußlich, tierisch und kurz«.

1816–1830 Carl von Clausewitz diskutiert in *Vom Kriege* die politischen Aspekte der Kriegsführung.

Niccolò Machiavelli ist möglicherweise der bekannteste (und am häufigsten missverstandene) politische Theoretiker. »Machiavellistisch« wird oft mit »skrupellos« gleichgesetzt – mit diesem Adjektiv wird ein manipulativer und im Eigeninteresse handelnder Politiker bezeichnet, der glaubt, dass der Zweck die Mittel heiligt. Doch damit ist nicht die innovative politische Philosophie umschrieben, die Machiavelli in seiner Abhandlung *Der Fürst* darlegt.

Machiavelli lebte in politisch turbulenten Zeiten zu Beginn der Renaissance, an einem Wendepunkt der europäischen Geschichte: Die mittelalterliche Vorstellung einer christlichen, durch göttliche Vorsehung bestimmten Welt wandelte sich zu der Idee, dass die Menschen ihr Schicksal selbst bestimmen können. Der Humanismus der Renaissance schmälerte die Macht der Kirche, während reiche italienische Stadtstaaten wie Machiavellis Geburtsstadt Florenz sich als Republiken hervortaten. Allerdings fielen diese immer wieder in die Hände reicher und mächtiger Familien wie der Medici. Machiavelli hatte als Diplomat der florentinischen Republik selbst Erfahrungen in der Politik gemacht, zudem beeinflusste ihn das Studium der klassischen römischen Gesellschaft und Politik. Daraus entwickelte sich ein unkonventioneller Zugang zur politischen Theorie.

Ein realistischer Ansatz

Machiavelli sah die Gesellschaft weniger, wie sie sein sollte. Er wollte die Politik nicht als Zweig der Ethik betrachten, sondern unter rein praktischen und realistischen Gesichtspunkten.

Anders als frühere politische Denker sah er den Zweck des Staates nicht darin, die Moral seiner Bürger zu stärken, sondern darin, für ihr Wohlergehen und ihre Sicherheit zu sorgen. Daher ersetzte er Richtig und Falsch durch Begriffe wie »Nützlichkeit«, »Notwendigkeit« und »Erfolg«. Er stellte den Nutzen über die Moral und sah als Qualitäten eines erfolgreichen Führers Effektivität und Umsicht an, weniger dessen Ideologie oder moralische Rechtschaffenheit.

Im Zentrum der politischen Philosophie Machiavellis steht die

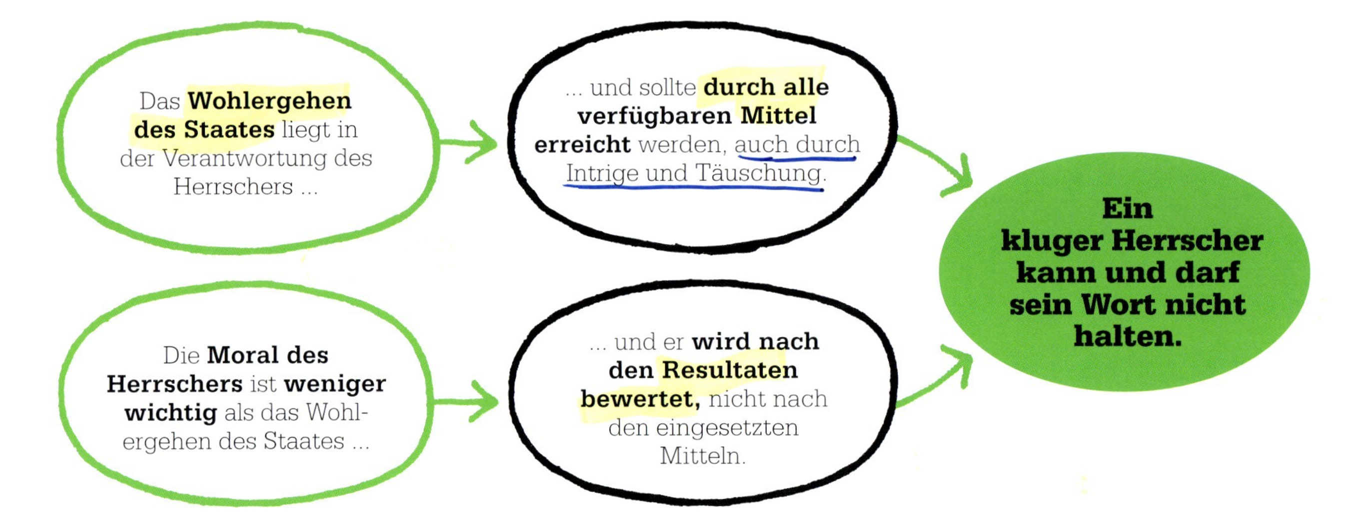

Siehe auch: Chanakya 44–47 ▪ Han Feizi 48 ▪ Ibn Khaldun 72–73 ▪ Thomas Hobbes 96–103 ▪ Carl von Clausewitz 160 ▪ Antonio Gramsci 259

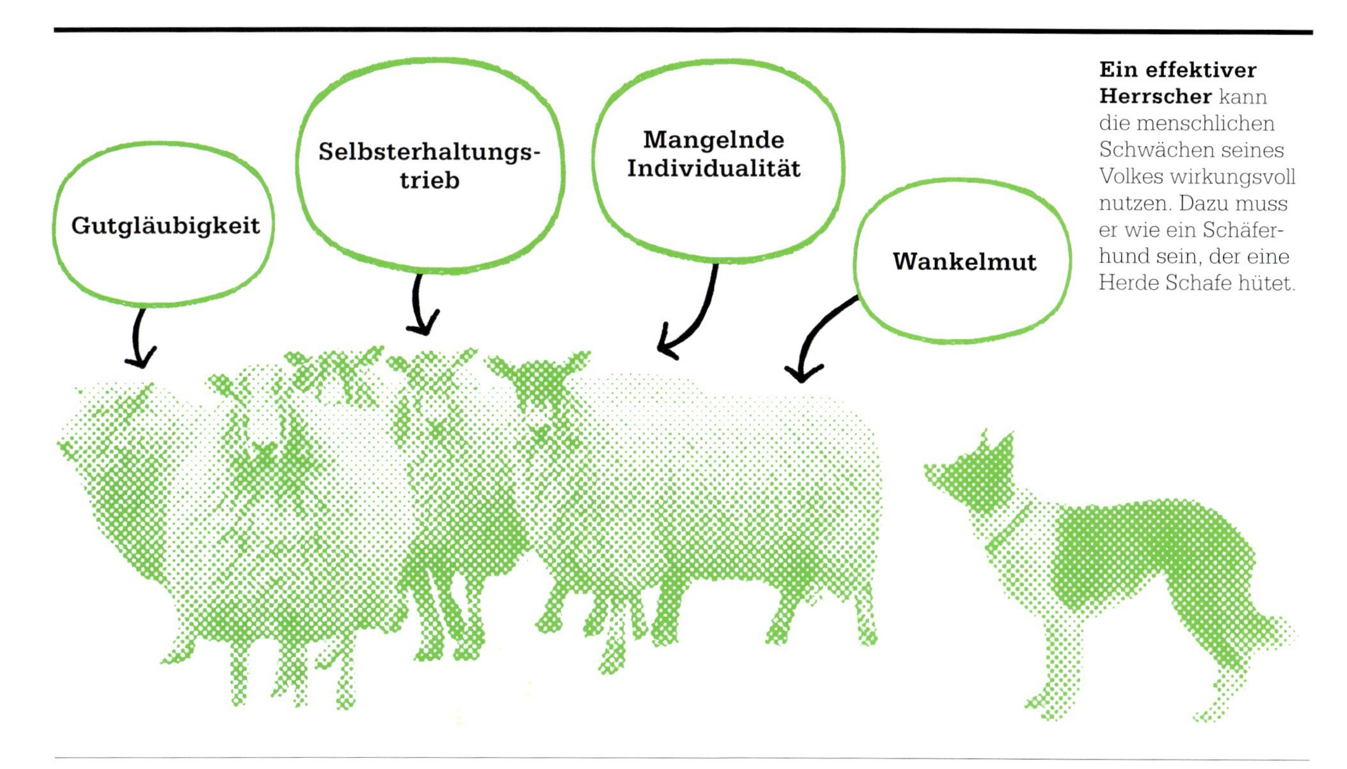

Ein effektiver Herrscher kann die menschlichen Schwächen seines Volkes wirkungsvoll nutzen. Dazu muss er wie ein Schäferhund sein, der eine Herde Schafe hütet.

Vorstellung der Renaissance, die menschliche Gesellschaft müsse sich mit menschlichen Begriffen messen lassen – losgelöst von den religiösen Idealen der Kirche. Er ging bei seiner Analyse daher von der menschlichen Natur aus und betrachtete das menschliche Verhalten im Lauf der Geschichte. So gelangte er zu der Schlussfolgerung, dass die meisten Menschen von Natur aus selbstsüchtig, kurzsichtig, wankelmütig und leicht zu hintergehen sind. Seine Sicht der Dinge war realistisch, wenngleich zynisch. Machiavelli glaubte, dass man sich einige der menschlichen Schwächen zunutze machen könnte. Voraussetzung ist die richtige Führung.

Die menschliche Natur ausnutzen

Laut Machiavelli zeigt sich der Egoismus der Menschen beispielsweise in ihrem Selbsterhaltungstrieb; auf Bedrohung reagieren sie mit Mut, harter Arbeit und Kooperation. Er unterscheidet jedoch zwischen einer ursprünglichen, grundlegenden menschlichen Natur ohne Tugenden und einer sozial erworbenen Natur, die das tugendhafte Verhalten zum Wohl der Gesellschaft hervorbringt. Daher können auch negative menschliche Züge dem Gemeinwohl nützen, beispielsweise die Tendenz zur Nachahmung (statt unabhängig zu denken). Dieser Wesenszug, so Machiavelli, veranlasst Menschen, dem Beispiel eines Führers zu folgen und gemeinsam zu handeln. Hinzu kommt, dass sich Menschen aufgrund ihrer Gutgläubigkeit und ihres Wankelmuts durch einen geschickten Führer leicht zu gutem Verhalten bewegen lassen. Egoismus etwa, der sich als persönliches Gewinnstreben und Ehrgeiz äußert, kann eine mächtige Antriebskraft sein, wenn er in die richtigen Bahnen gelenkt wird. Solche Eigenschaften sind besonders nützlich für einen Herrscher.

Als die beiden Schlüsselelemente, um die unerwünschte, ursprüngliche menschliche Natur in eine gute soziale Natur zu verwandeln, gelten soziale Organisation und das, was Machiavelli »besonnene Herrschaft« nennt. Damit meint er eine Herrschaft, die den Staat erfolgreich macht.

Ratschlag für neue Herrscher

Machiavelli hat seine berühmte Abhandlung *Der Fürst* im Stil einer praktischen Anleitung für Staatsführer geschrieben, wie sie im Mittelalter und in der Renaissance als »Fürstenspiegel« bekannt waren. Sie ist einem Angehörigen der »

Sandro Botticellis *Anbetung der Heiligen drei Könige* von 1475 enthält Darstellungen der mächtigen Medici-Familie, die Florenz regierte, als Machiavelli *Der Fürst* schrieb.

mächtigen Medici-Familie gewidmet und wendet sich an den neuen Herrscher mit Ratschlägen, wie sich die menschliche Natur zum Wohl des Staates nutzen lässt. Spätere Interpretationen weisen darauf hin, dass Machiavelli mit dem Genre recht geschickt umging, indem er einem breiteren Publikum Geheimnisse verriet, die der herrschenden Klasse bereits bekannt waren. In seinem Werk erläuterte er zunächst die im Wesentlichen egoistische, aber beeinflussbare Natur des Menschen. Dann beschäftigt er sich mit den Qualitäten, die einen besonnenen Herrscher ausmachen.

»Es wird einem Fürsten nie an legitimen Gründen mangeln, um die Nichteinhaltung seiner Versprechen zu rechtfertigen.«

Niccolò Machiavelli

Führungsqualitäten

Machiavelli verwendete in diesem Zusammenhang das Wort *virtù*. Allerdings meinte er damit etwas ganz anderes als die Vorstellung von Tugend, wie sie in der Kirche vorherrschte. Machiavelli war Christ, insofern plädierte er für ein Handeln gemäß christlichen Werten im Alltag, aber wenn es um den Herrscher geht, glaubte er, sei die Moral dem Zweck und der Sicherheit des Staates nachgeordnet. Insofern verweisen seine Ideen zurück auf den römischen Begriff von Tugend, wie ihn der Militärführer verkörperte, motiviert von Ehrgeiz und dem Streben nach Ruhm. Diese Eigenschaften sind jedoch nahezu das Gegenteil der christlichen Tugend Bescheidenheit.

Machiavelli verfolgte die Analogie zwischen militärischen und politischen Führern weiter und wies auf Aspekte der *virtù* wie Kühnheit, Disziplin und Ordnung hin. Er betonte, dass es wichtig sei, eine Situation rational zu analysieren und das eigene Handeln nicht auf Idealvorstellungen vom Menschen zu gründen, sondern auf dessen tatsächliches Verhalten (geleitet von Eigeninteresse). Aus Machiavellis Sicht sind soziale Konflikte unvermeidbar, sie ergeben sich aus dem Egoismus der menschlichen Natur. (Damit steht er im Gegensatz zur christlichen Überzeugung des Mittelalters, dass Egoismus kein natürlicher Zustand sei.) Im Umgang mit diesem Egoismus empfiehlt er eine kriegerische Taktik. Machiavelli sieht insbesondere das politische Leben als ständigen Wettstreit zwischen den Elementen der *virtù* und der *fortuna* – des Glücks – und damit als eine Art Kriegszustand.

Geheime Absprachen sind nützlich

Aus seiner Analyse der Politik mithilfe der militärischen Theorie schlussfolgerte Machiavelli, dass das politische Leben zum größten Teil auf Geheimabsprachen basiert. So wie der Krieg auf Spionage und Gegenspionage beruht, auf Informationen, die man erwirbt, und auf der Vortäuschung von Tatsachen, erfordert der politische Erfolg Geheimhaltung, Intrige und Hinterlist. Vor allem Militärtheoretiker führten geheime Absprachen häufig als Mittel der Wahl an und zahlreiche politische Führer wandten es an. Doch Machiavelli war im Westen der Erste, der ausdrücklich eine Theorie der politischen Verschwörung formulierte. Der Einsatz

» In der Beurteilung der Politik sollten wir die erreichten Ergebnisse betrachten, nicht die Mittel der Durchführung. «

Niccolò Machiavelli

von Täuschung und Hinterlist widersprach der Vorstellung, dass der Staat die Moral seiner Bürger bewahren soll. Machiavellis Vorschläge wichen hier in schockierender Weise vom konventionellen Denken ab.

Intrigen und Täuschungen lassen sich Machiavelli zufolge im Privatleben moralisch nicht rechtfertigen, aber sie gehören zur umsichtigen Staatsführung und sind entschuldbar, wenn es um das allgemeine Wohl geht. Sogar mehr als das: Machiavelli betont, dass ein Herrscher betrügerisch vorgehen muss, um die menschliche Natur in die gewünschte Richtung zu beeinflussen. Und: Will der Herrscher mit Weitsicht handeln, sollte er sich nicht an sein Wort halten, denn damit würde er die eigene Herrschaft und die Stabilität des Staates gefährden. Das bedeutet: Für einen Fürsten, der sich ständig mit Konflikten auseinandersetzen muss, heiligt der Zweck die Mittel.

Das Ende im Blick

Der Erfolg eines Fürsten als Herrscher wird nach den Konsequenzen seines Handelns und dem Nutzen für den Staat beurteilt, nicht nach seiner Ideologie oder Moral. Machiavelli drückt es in *Der Fürst* so aus: »Und bei den Handlungen aller Menschen, hauptsächlich aber der Fürsten, wo es über Beschwerden kein Gericht gibt, wird aufs Ende gesehen. Es sorge demnach ein Fürst, die Oberhand und den Staat zu behaupten, so werden die Mittel immer ehrenvoll und von jedermann löblich befunden werden: weil der Pöbel immer von dem, was scheint, und der Dinge Erfolg befangen wird; und in der Welt ist nichts als Pöbel.«

Er betont jedoch, dass dies eine Frage der Zweckmäßigkeit sei und kein Vorbild für soziales Verhalten. Ein solches Vorgehen ist laut ihm nur entschuldbar, wenn es um das Allgemeinwohl geht. Wichtig ist auch, dass Intrige und Täuschung Mittel zum Zweck sind, nicht das Ziel an sich. Daher muss deren Anwendung politischen und militärischen Führern vorbehalten bleiben und strenger Kontrolle unterliegen.

Eine andere Taktik, die Machiavelli aus der Militärtheorie übernommen hat, ist die Anwendung von Gewalt. Ihm zufolge ist sie ebenso im privaten Leben moralisch nicht vertretbar, aber entschuldbar, wenn es um das Wohl der Allgemeinheit geht. Eine Politik mit Gewalt erzeugt Furcht – und gewährleistet so die Sicherheit des Herrschers. Machiavelli beantwortete daher auch die Frage, ob es für einen Führer besser ist, gefürchtet oder geliebt zu werden, mit Pragmatismus: In einer idealen Welt solle er sowohl geliebt als auch gefürchtet werden, aber in der Realität gehe beides selten zusammen. Furcht bringe den Führer in eine deutlich stärkere Position, aus dem Grund sei sie besser für die Entwicklungen im Staat. Weiter führte er aus, »

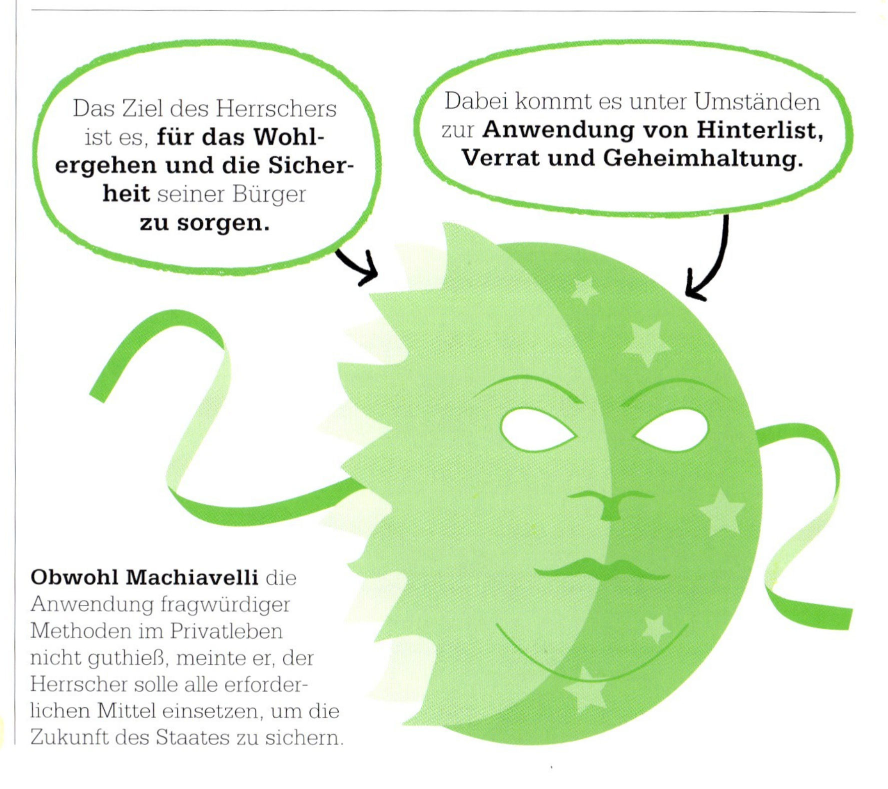

Obwohl Machiavelli die Anwendung fragwürdiger Methoden im Privatleben nicht guthieß, meinte er, der Herrscher solle alle erforderlichen Mittel einsetzen, um die Zukunft des Staates zu sichern.

Der italienische Diktator Benito Mussolini war ein energischer und rücksichtsloser Staatsführer, mehr gefürchtet als geliebt. Er berief sich auf *Der Fürst*.

» Liebe und Furcht gehen nicht zusammen. Es ist, müssen wir uns zwischen ihnen entscheiden, sicherer, gefürchtet zu werden als geliebt. «

Niccolò Machiavelli

dass Herrscher, die durch ihre *virtù* Macht erworben haben, in einer besonders sicheren Position sind, weil sie jedwede Opposition niedergeschlagen und sich den Respekt des Volkes verdient haben. Doch wer Rückhalt und Macht erhalten will, muss seine Autorität immer wieder beweisen.

Da Machiavelli die Vorherrschaft der Kirche und konventionelle Moralvorstellungen infrage stellte, wurden seine Werke von der katholischen Obrigkeit verboten. Indem er die Politik ganz praktisch und nicht aus philosophischer Sicht betrachtete, ersetzte Machiavelli die Moral als Staatsziel durch den Nutzen und orientierte sich weg von der moralischen Absicht des politischen Handelns hin zu den Konsequenzen.

Eine ideale Republik

Machiavellis Werk *Der Fürst* richtet sich an einen künftigen Herrscher. Er selbst stand im Dienst der Republik Florenz und sprach sich in den weniger bekannten *Abhandlungen über ... Titus Livius* deutlich für den Republikanismus aus. Obwohl er sein Leben lang Katholik war, stellte er sich gegen jede Einmischung der Kirche in das politische Leben. Seine bevorzugte Regierungsform war die römische Republik mit ihrer gemischten Verfassung und ihrer Bürgerbeteiligung, geschützt durch eine ordentliche Bürgerarmee, nicht durch eine Söldnermiliz.

Diese Staatsform, so Machiavelli, würde die Freiheit der Bürger schützen und den sozialen Konflikt zwischen dem Volk und der herrschenden Elite auf ein Minimum begrenzen. Doch um eine solche Republik zu begründen, sei die Führerschaft eines Einzelnen vonnöten, der angemessene *virtù* und Weitsicht besitze. Machiavelli sagte auch, dass ein starker Führer möglicherweise anfangs auf ehrenrührige Mittel zurückgreifen müsse. Aber wenn eine politische Gesellschaft erst einmal etabliert sei, könne der Herrscher für die nötigen Gesetze sorgen, um deren Weiterbestehen als ideale Republik zu ermöglichen. Dies betrachtete er als pragmatische Vorgehensweise, um ein angestrebtes Ziel zu erreichen.

Fortdauerndes Erbe

Der Fürst beeinflusste die Herrscher in den Jahrhunderten nach Machiavellis Tod sehr, insbesondere Heinrich VIII. von England, den römisch-deutschen Kaiser Karl V., Oliver Cromwell und Napoleon. Das Buch wurde von so unterschiedlichen Menschen wie dem marxistischen Theoretiker Antonio Gramsci und dem faschistischen Diktator Benito Mussolini als Quelle der Inspiration genannt. Machiavellis Wirkung auf das politische Denken war enorm – er war ganz offensichtlich ein Produkt der Renaissance und stellte den Humanismus anstelle von Religion und Dogmen in den Vordergrund. Und er war der Erste, der die politische Geschichte aus einem objektiven, wissenschaftlichen Blickwinkel betrachtete. Auf diese Objektivität lässt sich vielleicht auch seine zynische Analyse der menschlichen Natur zurückführen – diese kann als Vorläufer von Thomas Hobbes' brutaler Beschreibung des Lebens im Naturzustand gelten.

Machiavellis Vorstellung davon, was Nutzen bedeutet, wurde im 19. Jahrhundert zu einer Säule des Liberalismus. Er trennte Moral und Ideologie von der Politik, damit wurde sein Werk die Grundlage für eine Bewegung, die später als politischer Realismus bekannt wurde. Sie schlug sich vor allem im Bereich der internationalen Beziehungen nieder.

Machiavellistisches Verhalten

Der Begriff »machiavellistisch« ist weit verbreitet, in der Regel wird er für Politiker benutzt, die als

» Ein jeder sieht, wer du zu sein scheinst, wenige erfahren, wer du bist. «

Niccolò Machiavelli

manipulativ oder skrupellos gelten. Der ehemalige US-Präsident Richard Nixon, der versucht hatte, einen Einbruch und eine Abhöraktion im Hauptquartier seiner Gegner zu verschleiern (und über diesen Skandal stürzte), ist ein modernes Beispiel.

Doch es ist gut möglich, dass Machiavelli in *Der Fürst* auch etwas weniger Offensichtliches sagen wollte: Nämlich dass die erfolgreichen Herrscher sich genauso »machiavellistisch« verhalten haben, aber niemand ihre Handlungsweise genau untersucht hat. Seine Schlussfolgerung daraus war, dass wir Staatsführer nach ihren Ergebnissen beurteilen, weniger nach den Mitteln, mit denen sie ihre Ziele erreichen. Dazu passt, dass wir häufig die Verlierer eines Krieges als moralisch fragwürdig ansehen, während die Sieger über jeden Zweifel erhaben sind. Die Geschichte ist die Geschichte der Sieger. So sollte uns die Beschäftigung mit Machiavellis Gedanken und Ideen zu Selbstkritik anregen und zum Nachdenken darüber, inwieweit wir bereit sind, über die zweifelhaften Machenschaften unserer Regierungen hinwegzusehen, solange das Ergebnis daraus für uns günstig ausfällt. ■

Richard Nixon trat 1974 von seinem Amt als US-Präsident zurück. Er war verantwortlich für einen Einbruch und eine Abhöraktion im Hauptquartier der Demokraten, die häufig als »machiavellistisch« bezeichnet werden.

Niccolò Machiavelli

Niccolò Machiavelli wurde als Sohn eines Rechtsanwalts in Florenz geboren, dort soll er auch studiert haben. 1498 wurde er Regierungsbeamter der Republik Florenz. In den folgenden 14 Jahren reiste er in diplomatischen Angelegenheiten durch Italien, Frankreich und Spanien.

1512 wurde Florenz angegriffen und fiel wieder unter die Herrschaft der Medici. Machiavelli wurde inhaftiert und gefoltert, weil er angeblich an einer Verschwörung gegen die Medici beteiligt war. Nach seiner Entlassung zog er sich vor die Tore von Florenz zurück. Dort schrieb er unter anderem *Der Fürst*. Seine Versuche, sich den Medici wieder anzunähern, hatten wenig Erfolg. 1527 verwehrte man ihm eine Position bei der neuen republikanischen Regierung – wegen seiner Verbindungen zu den Medici. Er starb später im gleichen Jahr.

Hauptwerke

um 1513 (veröffentlicht 1532) *Der Fürst* (*Il Principe*)
um 1517 (veröffentlicht 1531) *Abhandlungen über ... Titus Livius (Discorsi)*
1519–1521 *Von der Kriegskunst*

RATIONA
UND
AUFKLÄR
1515–1770

LITÄT

UNG

Martin Luther nagelt seine **95 Thesen** an die Tür der Schlosskirche in Wittenberg und stellt die Autorität der katholischen Kirche infrage.

1517

1532

Der spanische Entdecker Francisco Pizarro **erobert das Inkareich** in Südamerika.

Jean Bodin beschreibt **die beste Regierungsform** in *Sechs Bücher über den Staat*.

1576

1590

Nach der Belagerung von Odawara wird **Japan** unter Toyotomi Hideyoshi **vereinigt,** der ein strenges Klassensystem einführt.

Francisco Suárez greift in seinem Werk *Disputationes Metaphysicae* auf **Thomas von Aquin** zurück.

1597

1602

Die Niederländische Ostindien-Kompanie wird gegründet und ist die **erste multinationale Aktiengesellschaft.**

Die Pilgerväter gründen die **Kolonie Plymouth** in Massachusetts (USA).

1620

1625

Hugo Grotius legt in *De jure belli ac pacis (Über das Recht des Kriegs und des Friedens)* die **Grundlage für das internationale Recht.**

Das moderne politische Denken des Westens hat seine Wurzeln überwiegend im Zeitalter der Vernunft, das in Europa auf das Mittelalter folgte. Den Übergang markierten unter anderem die Erfindung der Druckerpresse, der Aufstieg der Nationalstaaten und die Entdeckung Amerikas. Fragen der religiösen Orthodoxie – wie Luther sie mit seinen 95 Thesen von 1517 stellte – führten zur protestantischen Reformation und später zur katholischen Gegenreformation.

Autoritäts- und Herrschaftsbereiche überschnitten sich: Heftige Kämpfe zwischen unterschiedlichen Gruppierungen in Europa brachen aus. Die Menschen suchten nach einer neuen Art, die politische Ordnung zu organisieren und zu legitimieren. Zwei Konzepte erwiesen sich als grundlegend: das Gottesgnadentum der Könige und das Naturgesetz, das ausgehend vom menschlichen Verhalten zu gültigen moralischen Prinzipien zu gelangen suchte. Beide Konzepte dienten dazu, für einen absolutistischen Staat zu plädieren.

Absolute Herrschaft

In Frankreich sprach sich Jean Bodin für eine starke Zentralmacht mit absolutem Machtanspruch aus, um die Konflikte zu vermeiden, die auf den Niedergang der päpstlichen Autorität in Europa folgten. Thomas Hobbes schrieb seine Werke während des blutigen Bürgerkriegs in England. Im Hinblick darauf, dass ein starker Herrscher notwendig sei, stimmte er mit Bodin überein, aber nicht im Hinblick auf das Gottesgnadentum. Für Hobbes wurde die Macht zu herrschen nicht von Gott gewährt, sondern durch einen Sozialvertrag mit den Beherrschten. Die Vorstellung, dass die Regierungsmacht vom Volk ausgeht, ist immer noch zentral für das moderne Verständnis politischer Systeme.

Weitere Einsichten trug Johannes Althusius bei, der in der Politik die Kunst sah, Menschen in Gesellschaften zusammenzubringen, um Frieden und Wohlstand zu sichern; ebenso Montesquieu, der betonte, Regierungen sollten auf dem Prinzip der Gewaltenteilung (der Trennung von Legislative und Exekutive) beruhen. Diese Denker sprachen sich gegen einen starken, zentralisierten Staat aus.

Auf dem Weg zur Aufklärung

Theologen wie Francisco de Vitoria und Francisco Suárez begannen, die

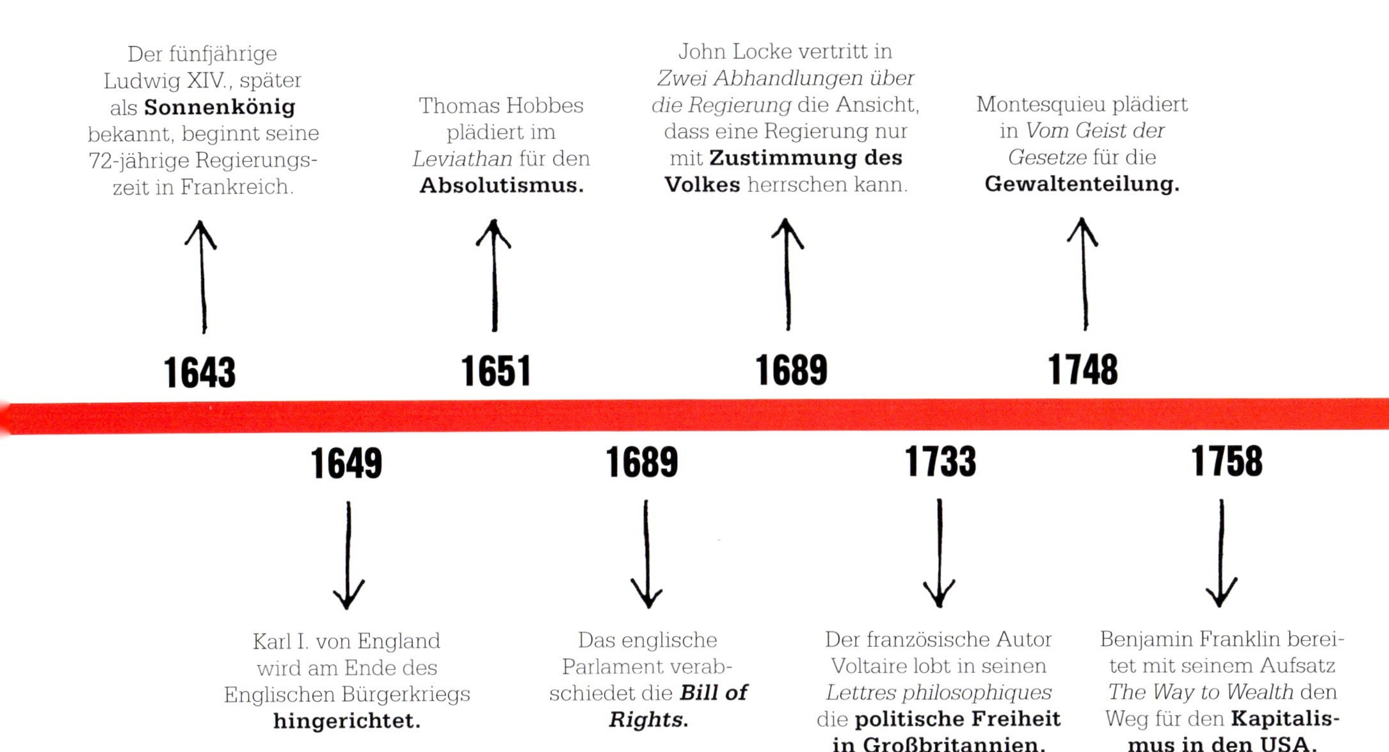

Bibel anhand rationaler Kriterien zu interpretieren. De Vitoria kritisierte die kolonialen Eroberungen, die zu jener Zeit im Namen der Kirche gemacht wurden. Suárez unterschied zwischen von Menschen gemachten Gesetzen, dem Naturgesetz und göttlicher Führung. Im Gottesgnadentum der Könige sah er eine verfehlte Verschmelzung dieser drei Quellen des Rechts.

Spätere Gelehrte der Zeit gründeten ihre Analysen nicht mehr auf die Theologie, sondern allein auf die Vernunft. Immanuel Kant prägte den Begriff »Aufklärung« 1784 und beschrieb damit das Vermögen und die Freiheit, die eigene Intelligenz ohne Anleitung durch andere zu nutzen.

Während Gelehrte wie Bodin und Hobbes mithilfe des Naturgesetzes Argumente für den Absolutismus formulierten, nutzten die Autoren der Aufklärung das Naturgesetz als Grundpfeiler für liberale Theorien und internationales Recht: Sie betonten, dass Menschen Rechte hätten, die über den von Menschen gemachten Gesetzen stünden.

Die Rechte des Einzelnen

Hugo Grotius, der Vater des Völkerrechts, ordnete Freiheit und Rechte nachdrücklich dem Einzelnen zu, anstatt darin von Gott gegebene Qualitäten zu sehen. Diese Idee war der Schlüssel zur Entwicklung des Liberalismus und zur Unterscheidung zwischen Rechten und Pflichten in legaler Hinsicht. Auch John Locke sprach sich für individuelle Rechte und Freiheiten aus. Wie Hobbes glaubte er an den Sozialvertrag, aber seine Sicht der menschlichen Natur ließ ihn schlussfolgern, die Regierung solle begrenzt sein, nicht absolut angelegt.

Die amerikanische Aufklärung prägte nicht nur die Unabhängigkeitserklärung, sondern war auch eng mit den Idealen der französischen Revolution von 1789 verbunden, die häufig als Höhepunkt der europäischen Aufklärung gesehen wird. Benjamin Franklin war eine zentrale Figur jener Zeit und seine Sicht des Unternehmergeists als bürgerliche Tugend beeinflusste die Entwicklung des Kapitalismus.

Menschenrechte, Freiheit, Gewaltenteilung, internationales Recht, repräsentative Demokratie und Vernunft – diese modernen Vorstellungen wurden erstmals von den Denkern des Zeitalters der Vernunft ausgelotet. ■

AM ANFANG GEHÖRTE ALLES ALLEN

FRANCISCO DE VITORIA (UM 1483–1546)

IM KONTEXT

IDEENLEHRE
Gerechter Krieg

SCHWERPUNKT
Kolonialismus

FRÜHER
1267–1272 Thomas von Aquin schreibt *Summa theologica*, das im Westen einflussreichste Werk der christlichen Theologie.

1492 Der Entdecker Christoph Kolumbus landet in Amerika. Damit beginnt in der Alten Welt das Rennen um die Eroberung des neuen Kontinents.

SPÄTER
1625 Hugo Grotius knüpft an die Lehren de Vitorias an und veröffentlicht *De jure belli ac pacis*, ein grundlegendes Werk zur Formulierung des Völkerrechts.

1899 Die erste Haager Friedenskonferenz findet statt. Sie führt zur ersten Konvention über Kriegsrecht und Kriegsverbrechen.

Francisco de Vitoria spielte eine zentrale Rolle in einer Gruppe von Theologen an der Universität von Salamanca (Spanien), die im frühen 16. Jahrhundert die Schule von Salamanca begründeten. Diese Denker revolutionierten die Vorstellung vom Naturrecht, indem sie Freiheit, Gleichheit und die Rechte des Einzelnen in den Vordergrund stellten.

Nachdem die neue Welt entdeckt war und die päpstliche Autorität abgenommen hatte, wollten die europäischen Staaten so viel neues Land erobern wie möglich. Die Schule von Salamanca war die erste und stärkste intellektuelle Kraft, die dieses Vorgehen kritisierte. De Vitoria glaubte, das Gesetz sei natürlichen Ursprungs. Weil allen die gleiche Natur gemeinsam sei, hätten alle das gleiche Recht auf Leben und Freiheit.

Unrechtmäßige Eroberungen

De Vitorias Prinzip des Naturrechts und der universellen Rechte stand der vorherrschenden Ansicht der Kirche und der europäischen Kolonialmächte entgegen. Der geltenden Moral zufolge war es legitim, die amerikanischen Ureinwohner zu

Alle Menschen haben die **gleiche Natur.**

Daher haben sie auch die **gleichen Rechte.**

Kein Volk **darf** über das andere **herrschen** …

… weil am Anfang alles allen gehörte.

Siehe auch: Thomas von Aquin 62–69 ▪ Francisco Suárez 90–91 ▪ Hugo Grotius 94–95

unterwerfen. De Vitoria betrachtete die Eroberung jedoch als unrechtmäßig, weil am Anfang alles allen gehörte. Wenn die Ungläubigen nicht böse waren, aber die Christen böse handeln konnten, war es nicht logisch, zu glauben, die Christen hätten irgendwelche Rechte über die Ungläubigen. Diese Sicht der Dinge führte zu Meinungsverschiedenheiten zwischen de Vitoria und Kaiser Karl V.

Kann Krieg gerecht sein?

Das Prinzip des Naturrechts und der Rechte der Menschen beeinflusste auch de Vitorias Gedanken zum gerechten Krieg. Die moralischen und religiösen Rechtfertigungen für den Krieg wurden zur Zeit der Eroberungen in der Neuen Welt heftig debattiert. Die zentrale Frage war, wie die Lehren Christi sich mit der politischen Realität vereinbaren ließen. Die Schule von Salamanca bezog sich auf die Werke von Thomas von Aquin, der zwischen der gerechten Ursache und der gerechten Durchführung eines Krieges

> »Besitz und Herrschaft beruhen entweder auf dem Naturgesetz oder auf dem menschlichen Gesetz, daher werden sie durch mangelnden Glauben nicht außer Kraft gesetzt.«
>
> **Francisco de Vitoria**

unterschied, und entwickelte dessen Ideen weiter. De Vitoria akzeptierte keine religiösen Argumente, um einen Krieg zu rechtfertigen. Glaube könne, so seine Meinung, nicht erzwungen werden – er sei ein Akt des freien Willens, von Gott gegeben.

De Vitoria trennte nicht nur Fragen der Gerechtigkeit und der Moral von Fragen der Religion, sondern er legte auch den Grundstein für weitergehende Überlegungen zum Völkerrecht und zu den Menschenrechten. In den Haager und Genfer Konventionen ist festgehalten, dass kriegführende Staaten Verantwortung tragen und dass Nichtkombattanten Rechte haben – eine Doktrin, die auf de Vitoria zurückgeht. Noch heute wird de Vitoria zitiert, wenn es auf internationaler Ebene um die Rechte der Ureinwohner geht. ■

De Vitoria verurteilte die Eroberung Amerikas; vor allem lehnte er ab, dass sich die Konquistadoren der einheimischen Bevölkerung überlegen fühlten.

Francisco de Vitoria

Francisco wurde in der kleinen baskischen Stadt Vitoria geboren. Ehe er nach Salamanca ging, verbrachte er 18 Jahre in Paris, wo er an der Sorbonne studierte und an einem dominikanischen Kolleg lehrte.

De Vitoria wurde dominikanischer Ordensbruder und Professor für Theologie an der Universität von Salamanca. 1526 hatte er dort die höchste Position in der Abteilung inne. Er war Gründungsmitglied der Schule von Salamanca, einer Gruppe von Gelehrten, zu denen unter anderem Domingo de Soto, Martín de Azpilcueta, Tomas de Mercado und Francisco Suárez zählten. Sie wollten die Beziehung des Menschen zu Gott auf Grundlage der katholischen Tradition neu definieren.

Francisco de Vitoria setzte sich intensiv mit den Lehren des Dominikaners und Theologen Thomas von Aquin auseinander. Dessen Werk war ein Grundpfeiler der Schule von Salamanca.

Hauptwerke

1532 *De Indis*
1532 *De jure belli*
1557 *Relectiones theologicae*

SOUVERÄNITÄT IST DIE ABSOLUTE UND DAUERHAFTE MACHT ÜBER EIN GEMEINWESEN

JEAN BODIN (1529–1596)

IM KONTEXT

IDEENLEHRE
Absolutismus

SCHWERPUNKT
Macht des Herrschers

FRÜHER
380 v. Chr. Platon schreibt in *Der Staat*, der ideale Staat sollte von Philosophenkönigen regiert werden.

1532 Niccolò Machiavelli veröffentlicht *Der Fürst*, ein praktisches Regelwerk für Staatsführer.

SPÄTER
1648 Aus dem Westfälischen Frieden geht das moderne System der europäischen Nationalstaaten hervor.

1651 Thomas Hobbes schreibt im *Leviathan*, auch die Herrschaft eines absoluten Herrschers setze einen Sozialkontrakt mit dem Volk voraus.

1922 Carl Schmitt besteht darauf, dass ein souveräner Staatsführer Rechte außer Kraft setzen kann, beispielsweise im Krieg.

Rivalisierende Machtstrukturen führen zu **Bürgerkrieg und Chaos,** …

… daher muss es **einen einzigen Souverän mit absoluter Macht** geben, der nur Gott verantwortlich ist.

Damit die Macht des Herrschers absolut ist, muss sie **dauerhaft** sein, nicht von anderen gewährt und nicht zeitlich begrenzt.

Souveränität ist die absolute und dauerhafte Macht über ein Gemeinwesen.

Die Vorstellung, dass Staaten auf ihrem Territorium souverän sein sollten, ist in den Schriften des französischen Juristen Jean Bodin ein zentraler Gedanke. Er erlebte die französischen Hugenottenkriege (1562–1598), einen Bürgerkrieg, der sich vor allen zwischen Katholiken und hugenottischen Protestanten abspielte. Dabei erkannte er die Gefahren, die mit den komplexen, einander überlappenden Machtstrukturen seiner Zeit verbunden waren. Kirche, Adel und der Monarch konkurrierten um die Loyalität der Untertanen. Der deutsche Theologe Martin Luther – wie auch spätere Denker wie der englische Philosoph John Locke und der amerikanische Gründervater Thomas Jefferson – plädierten für eine Trennung von Kirche und Staat, um diese Konflikte zu vermeiden. Für Bodin war eine starke Zentralmacht der Schlüssel zu dauerhaftem Frieden und Wohlstand.

In seiner Abhandlung *Sechs Bücher über den Staat* argumentiert Bodin, Souveränität müsse absolut und von Dauer sein. Damit es gar nicht erst zu Konflikten komme, solle der Souverän nicht durch Gesetze oder Verpflichtungen

Siehe auch: Platon 34–39 ▪ Thomas von Aquin 62–69 ▪ Niccolò Machiavelli 74–81 ▪ Thomas Hobbes 96–103 ▪ John Locke 104–109 ▪ Carl Schmitt 254–257

» Der souveräne Fürst … ist eben niemandem außer Gott Rechenschaft schuldig. «

Jean Bodin

gebunden sein. Bodins Beharren auf der absoluten Souveränität des Herrschers trieb den Aufstieg der absoluten Monarchie in Europa voran. Er meinte auch, Souveränität müsse zeitlich unbegrenzt sein. Macht könne dem Souverän weder von anderen noch für begrenzte Zeit verliehen werden; dies sei mit dem Prinzip des Absolutismus nicht vereinbar. Bodin verwendete den lateinischen Ausdruck *res publica* (deutsch: »Gemeinwesen«) für Angelegenheiten des öffentlichen Rechts und glaubte, jede politische Gesellschaft benötige einen Souverän, der die Gesetze frei bestimmen und brechen könne.

Das Gottesgnadentum der Könige

Für Bodin sind der Ursprung herrschaftlicher Legitimität das Naturrecht und das Gottesgnadentum der Könige – der moralische Kodex einer Gesellschaft und das Herrschaftsrecht des Monarchen stammen direkt von Gott. Insofern war Bodin gegen die Vorstellung, dass die Legitimität des Souveräns auf einem Sozialvertrag zwischen Herrscher und Untertanen beruht, eine Idee, die von Denkern der Aufklärung wie Jean-Jacques Rousseau entwickelt wurde. Allerdings glaubte Bodin nicht, dass ein Herrscher ohne Einschränkung handeln und herrschen könne. Er benötige absolute Macht, wäre aber nur Gott und dem Naturrecht verpflichtet.

Der Westfälische Friede, eine Reihe von Verträgen, die zwischen den europäischen Mächten 1648 geschlossen wurden, fußt auf Bodins Ansicht, entscheidend für die Souveränität sei die Vorrangstellung in einem bestimmten Gebiet. Damit bewegte sich Europa vom mittelalterlichen politischen System örtlich begrenzter Hierarchien hin zu einem modernen Staatensystem. Seither liefert das Modell des Westfälischen Friedens die Rahmenbedingung für internationale Beziehungen auf der Grundlage von Selbstbestimmung, gegenseitiger Anerkennung und Nichteinmischung in innere Angelegenheiten. ▪

Jean Bodin

Jean Bodin wurde 1529 als Sohn eines reichen Schneiders im Nordwesten Frankreichs geboren. Er trat als junger Mann in den Karmeliterorden ein und reiste 1554 nach Paris, um bei Guillaume Prévost zu studieren. Danach studierte er Rechtswissenschaft in Toulouse und kehrte 1560 nach Paris zurück, wo er zum Berater und später zum Ankläger des Königs wurde.

Bodin schrieb über zahlreiche Themen, darunter Geschichte, Wirtschaft, Naturrecht, Hexerei und Religion. Seine Werke waren einflussreich, seine religiösen Ansichten alles andere als orthodox. Obwohl Bodin Katholik war, stellte er die Autorität des Papstes infrage und versuchte in späteren Jahren, einen konstruktiven Dialog mit anderen Glaubensrichtungen in Gang zu bringen.

Hauptwerk

1576 *Sechs Bücher über den Staat*

In den Hugenottenkriegen sahen die katholischen Truppen den Papst als ultimative Macht an, während die Protestanten den König unterstützten.

DAS NATURRECHT IST DIE GRUNDLAGE DES MENSCHLICHEN RECHTS

FRANCISCO SUÁREZ (1548–1617)

IM KONTEXT

IDEENLEHRE
Rechtsphilosophie

SCHWERPUNKT
Naturrecht und menschliches Recht

FRÜHER
1274 Thomas von Aquin unterscheidet in *Summa theologica* zwischen Naturrecht und menschlichem Recht.

1517 Die protestantische Reformation stellt die Lehren der katholischen Kirche infrage und dient zur Rechtfertigung des Gottesgnadentums.

SPÄTER
1613 König Jakob I. von England verbietet Suárez' Abhandlung gegen den Anglikanismus wegen der Kritik am Gottesgnadentum der Könige.

1625 Hugo Grotius schreibt die erste systematische Abhandlung über Völkerrecht.

1787 Die Verfassung der Vereinigten Staaten von Amerika bezieht sich auf das Naturrecht als Basis des positiven Rechts.

Im Europa des 16. Jahrhunderts gab es ein ganz großes Thema: Woher kommen die Gesetze? Stammen sie aus der Natur, von Gott oder von den Menschen selbst? Thomas von Aquin hatte das Naturrecht mit dem göttlichen Recht verknüpft und gesagt, das menschliche Recht solle nach seiner Übereinstimmung mit dem Naturrecht beurteilt werden. Dieses wiederum sei im Zusammenhang mit dem göttlichen Recht zu sehen. Nach Thomas von Aquin bezieht sich das Naturrecht auf universelle Regeln der Moral, die sich aus der Betrachtung der Natur ableiten lassen, während das menschliche Recht (auch positives Recht genannt) mit den von Menschen gemachten Gesetzen einer bestimmten Gesellschaft zu tun hat.

Menschliches Recht brechen

Der spanische Philosoph Francisco Suárez nahm die Ideen des Thomas von Aquin auf; er betrachtete das Naturrecht als Grundlage des menschlichen Rechts. Allerdings dürften von Menschen gemachte Gesetze, so Suárez, in bestimmten

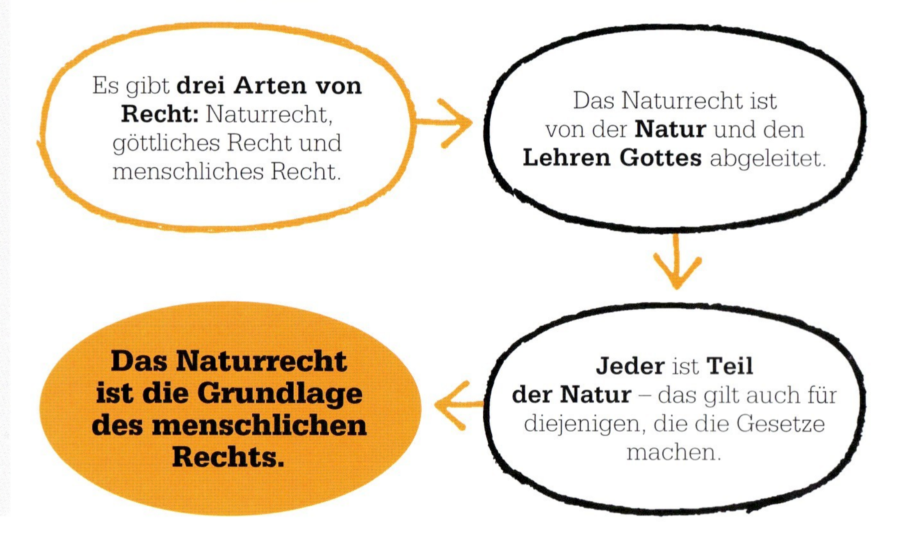

Siehe auch: Thomas von Aquin 62–69 ▪ Francisco de Vitoria 86–87 ▪ Hugo Grotius 94–95 ▪ John Locke 104–109

Die Schule von Salamanca entstand an der dortigen Universität. Eine Gruppe von Theologen, der Suárez angehörte, wollte die Ideen des Thomas von Aquin an die veränderte Welt anpassen.

Fällen gebrochen werden. Beispielsweise kann das Volk einem Herrscher Macht und Autorität übertragen, sie ihm aber auch wieder nehmen. Zudem schrieb er, dass die von Menschen gemachten Gesetze niemals über dem natürlichen Recht des Menschen auf Leben und Freiheit stünden. Und da der Ursprung der Autorität des Staates und seiner Macht menschlich ist, sollte er der kirchlichen Autorität untergeordnet sein.

Ein göttliches Recht?

Suárez' Ideen waren umstritten. Monarchen im Norden Europas beanspruchten die von Gott gegebene, absolute Autorität: das sogenannte Gottesgnadentum der Könige. Doch Suárez' stellte infrage, dass der Herrscher allein Gott verantwortlich sei und nicht der Kirche oder seinen Untertanen. Durch die Unterscheidung zwischen verschiedenen Ursprüngen des Rechts – natürlich, göttlich und menschlich – trennte Suárez den weltlichen vom kirchlichen Machtbereich. Er entwickelte auch die Idee des Sozialvertrags und damit den Gedanken, der Herrscher solle mit Genehmigung des Volkes regieren, das seine Zustimmung ganz legal zurückziehen könne, wenn dieser den Forderungen des Naturrechts nicht nachkommt.

Internationales Recht

Suárez unterschied zwischen Völkerrecht und natürlichem Recht. Ersteres beruhe vor allem auf Überlieferung und positivem Recht, weniger auf universellen Regeln. Heute wird sowohl in der nationalen Rechtsprechung als auch im internationalen Recht ganz selbstverständlich von Naturrecht und von positivem Recht gesprochen. ▪

» Es gibt keinen Zweifel, dass Gott der Ursprung und der Lehrer des Naturgesetzes ist. Daraus folgt jedoch nicht, dass er unser Gesetzgeber ist. «

Francisco Suárez

Francisco Suárez

Francisco Suárez wurde im Süden Spaniens geboren. Im Alter von 16 war er Jesuitenschüler in Salamanca.
Suárez betätigte sich als Theologe und Philosoph und schrieb in der gleichen scholastischen Tradition, die auch Thomas von Aquin geprägt hatte. Großen Einfluss hatte er auf das Geschehen im Bereich des Völkerrechts und auf die Entwicklung der Theorie vom gerechten Krieg. Besonders bedeutsam waren die *Disputationes metaphysicae* von 1597, zudem schrieb er viele Abhandlungen über Kirche und Staat und das Naturrecht.
Suárez war ein hingebungsvoller Jesuit – er arbeitete hart und diszipliniert, war bescheiden und gottesfürchtig. Seinen Zeitgenossen galt er als einer der größten lebenden Philosophen. Papst Paul V. gab ihm den Ehrentitel *Doctor Eximius et Pius,* Papst Gregor VIII. soll an seiner Antrittsvorlesung in Rom teilgenommen haben.

Hauptwerke

1597 *Disputationes metaphysicae*
1612 *Tractatus de legibus*
1630 *Defensio fidei catholicae*

POLITIK IST DIE KUNST, MENSCHEN ZUSAMMENZUBRINGEN

JOHANNES ALTHUSIUS (1557–1638)

IM KONTEXT

IDEENLEHRE
Föderalismus

SCHWERPUNKT
Konsoziation

FRÜHER
um 350 v. Chr. Aristoteles ist der Meinung, dass Menschen von Natur aus soziale Wesen sind.

1576 Jean Bodin plädiert für souveräne Staaten in Europa mit einem König als zentrale Autorität.

SPÄTER
1762 Jean-Jacques Rousseau sieht in der Volkssouveränität die zentrale Idee des Sozialvertrags.

1787 Die letzten vier Artikel der Verfassung der Vereinigten Staaten von Amerika bringen die Prinzipien des Föderalismus zum Ausdruck.

1789 Die Französische Revolution stürzt den König, die Menschen fordern Volkssouveränität.

Menschen **finden sich** auf den verschiedensten Ebenen **in Gruppen zusammen:** Familien, Zünfte, Städte, Provinzen und Staaten.

Der Zweck des Staates besteht darin, die **Angehörigen der verschiedenen Gruppierungen zu schützen.**

Die gewählten Staatsvertreter müssen **die unterschiedlichen Ansichten** der vorhandenen gesellschaftlichen Gruppen **widerspiegeln.**

Politik ist die Kunst, Menschen zusammenzubringen.

Politische Denker beschäftigen sich von jeher mit dem Machtgleichgewicht zwischen Regierung, gesellschaftlichen Gruppierungen und dem Einzelnen. Während man im 16. und 17. Jahrhundert allgemein von einer zentralen Staatsmacht mit einem Souverän als Herrscher ausging, bahnten die radikalen Ansichten des Calvinisten und politischen Philosophen Johannes Althusius den Weg für die moderne Vorstellung des Föderalismus. Althusius definierte Politik neu – sie bezog sich nicht länger ausschließlich auf den Staat, sondern entwickelte sich zu einer Aktivität, die viele Aspekte des sozialen Lebens durchdringt. Im ersten Kapitel seines Hauptwerks *Politica* führt Althusius die Idee der »Konsoziation« ein, die Grundlage des föderalistischen Denkens ist.

Althusius vertrat die Ansicht, dass menschliche Gemeinschaften – von Familien über Innungen

Siehe auch: Aristoteles 40–43 ▪ Jean Bodin 88–89 ▪ Thomas Hobbes 96–103 ▪ Jean-Jacques Rousseau 118–125 ▪ Thomas Jefferson 140–141 ▪ Michel Foucault 310–311

Elemente des Dorflebens wie Tanzveranstaltungen sind ein Beispiel für Althusius' Vorstellung von Konsoziation: Einzelne bilden eine Gruppe auf Basis gemeinsamer Bedürfnisse.

bis hin zu Städten – autonome Einheiten sind, die durch eine Art Sozialvertrag entstehen. Wie Aristoteles glaubte Althusius, dass Menschen dazu neigen sich zusammenzuschließen; im Sinne eines friedlichen Zusammenlebens teilen sie Güter und Dienstleistungen und respektieren die Rechte des anderen. Eine Konsoziation von Individuen entsteht, wenn ein gemeinsames Bedürfnis erkannt wird und die Bereitschaft besteht, zum Wohlergehen einer Gruppe beizutragen.

Von unten nach oben, nicht von oben nach unten

Absolute Herrschaft, wie sie von Bodin und Hobbes befürwortet wurde, fand Althusius unlogisch und repressiv. Er glaubte, Macht und Autorität sollten sich über Konsoziationen nach oben richten, nicht vom Souverän ausgehend nach unten. Nach seiner Vorstellung sind alle Konsoziationen für sich genommen dem Staat untergeordnet, aber als Gesamtgruppe dem Staat überlegen. Die Regierung sitzt demnach an der Spitze einer Hierarchie von Konsoziationen. Ihre Aufgabe ist es, die Gemeinschaft zu verwalten, die aus den verschiedenen interagierenden Gruppen besteht. Damit ist auch sie Teil des Sozialvertrags.

Althusius' Theorie zufolge liegt die Souveränität beim Volk, nicht beim Monarchen. Die gewählten Regierungsvertreter repräsentieren nicht den Willen eines Einzelnen, sondern all jene Willensäußerungen, die von den Gemeinschaften innerhalb der großen Gemeinschaft der Nation ausgehen.

Althusius' Idee des Föderalismus unterscheidet sich von den heutigen föderalen Regierungsformen: Der moderne Föderalismus beruht auf dem Individualismus, nicht auf sozialen Gruppierungen. Doch in beiden Konzepten ist der Staat eine politische Verbindung, keine Einheit, die unabhängig von den Teileinheiten ist, die sie bilden. ■

» Die wechselseitige Gemeinschaft und praktische Teilhabe kommt durch die Gemeinsamkeit von Gütern, Leistungen und Rechten zustande. «

Johannes Althusius

Johannes Althusius

Althusius wurde 1557 in Diedenshausen (Westfalen) geboren, einer calvinistischen Gegend. Mit Unterstützung eines Grafen studierte er von 1581 an Recht, Philosophie und Theologie in Köln. Er hatte verschiedene Ämter inne und wurde im Jahr 1602 zum Rektor der Hohen Schule Herborn ernannt. 1604, ein Jahr nach der Veröffentlichung der *Politica,* machte man ihn zum Syndikus der Stadt Emden.

Später betätigte sich Althusius als Ratsmitglied und Stadtältester; er stand der Stadt Emden als Anwalt und Diplomat bis zu seinem Tod 1638 zur Verfügung. Obwohl sein Hauptwerk *Politica* zu seinen Lebzeiten enorm populär war, blieb es 200 Jahre lang vergessen, weil es dem vorherrschenden Prinzip der absoluten Souveränität widersprach. Im 19. Jahrhundert frische Otto von Gierke das Interesse an Althusius' Gedanken auf, heute gilt der Westfale als Urvater des Föderalismus.

Hauptwerke

1603 *Politica Methodice Digesta*
1617 *Dicaelogicae*

FREIHEIT IST DIE MACHT, DIE WIR ÜBER UNS SELBST HABEN

HUGO GROTIUS (1583–1645)

IM KONTEXT

IDEENLEHRE
Naturgesetz

SCHWERPUNKT
Rechte des Einzelnen

FRÜHER
1517 Niccolò Machiavelli sieht in seinen *Abhandlungen über … Titus Livius* den Schutz der Freiheit als die grundlegende Aufgabe einer Republik an.

1532 Der Dominikaner Francisco de Vitoria hält an der Universität von Salamanca Vorlesungen über die Rechte der Völker.

SPÄTER
1789 Die Auswirkungen der Französische Revolution – mit ihrer Forderung nach Freiheit, Gleichheit und Brüderlichkeit – verändern Frankreich und Europa.

1958 Der politische Theoretiker Isaiah Berlin hält Vorträge über negative Freiheit (Nichteinmischung, frei sein) und positive Freiheit (wenn man sein eigener Herr ist).

Leben und Besitz sind **natürliche Rechte** aller Menschen.

↓

Menschen haben die **Macht**, diese Rechte **einzufordern.**

↓

Der Staat hat **keine rechtmäßige Macht,** diese Freiheiten einzuschränken.

↓

Freiheit ist die Macht, die wir über uns selbst haben.

Vorstellungen von individueller Freiheit und Rechten des Einzelnen entwickelten sich relativ spät in der menschlichen Geschichte. Im Mittelalter wurden Rechte als eine kollektive Angelegenheit betrachtet, sie waren gott- oder naturgegeben. Individuen waren zudem nicht frei, sondern hatten die Pflicht, Gottes Plan auszuführen. Im 16. Jahrhundert begannen an der Universität von Salamanca Francisco de Vitoria und Francisco Suárez über die natürlichen Rechte von Individuen zu theoretisieren. Doch erst Hugo Grotius veränderte das mittelalterliche Denken entscheidend, indem er eindeutig erklärte, Individuen hätten sowohl Freiheiten als auch Rechte.

Grotius definierte das Naturrecht neu und verwarf die göttliche

Siehe auch: Francisco de Vitoria 86–87 ▪ Francisco Suárez 90–91 ▪ John Locke 104–109 ▪ John Stuart Mill 174–181

Einflussnahme auf das Naturgesetz. Er fand, dass das Studium der menschlichen Natur eine hinreichende Grundlage für Gesetze und Politik sei. Einfach ausgedrückt: Das Naturrecht entsteht durch menschliches Verhalten. Grotius führte dazu aus, dass die Menschen gewisse unveräußerliche Rechte haben, die ihnen nicht von Gott oder von einem Herrscher gegeben werden. Freiheit war für ihn ein natürliches Recht.

Macht über uns selbst

Grotius betrachtete die Freiheit als Macht, die Menschen über sich selbst haben. Er unterschied zwischen der Befähigung eines Menschen, etwas zu tun, und der Freiheit, ohne Einschränkungen zu sein. Weil der Mensch ein Recht auf Leben und Besitz hat, so Grotius, hat er auch die Macht, entsprechend zu handeln, um diese Rechte einzufordern. Dem Staat kommt in dieser Hinsicht keine rechtmäßige, übergeordnete Autorität zu. Weil diese Vorstellung der individuellen Freiheit dem Einzelnen Rechte zugesteht, ist sie mehr als eine Frage des freien Willens. Mit ihr verbunden ist auch die Freiheit, ohne Einschränkungen zu handeln. Dieser Hinweis auf das menschliche Handeln markiert einen klaren Bruch zum Denken früherer Zeiten.

Nach Grotius sind Rechte eine Befähigung des Menschen. Seine Philosophie erlaubt es, sie auch für ein bestimmtes Ziel zu nutzen. So könnten die Rechte einem souveränen Herrscher übertragen werden, damit würden die Individuen aus freiem Willen ihre Rechte an die Staatsmacht abgeben. Grotius unterscheidet zwei Klassen von Beziehungen: zum einen die zwischen Ungleichen (wie Eltern und Kindern), zum anderen die zwischen Gleichen (wie Brüdern, Freunden oder Verbündeten).

Grotius' Vorstellung, dass Menschen von Natur aus Rechte haben, ist zum Grundpfeiler des Liberalismus geworden. Doch seine Überzeugung, dass manche Menschen Anspruch auf Überlegenheit haben, hat mit dem modernen liberalen Denken nichts gemeinsam. ■

Die Freiheit der Meere war nach Grotius ein Naturrecht. Mit dieser Überzeugung rechtfertigte er, dass die niederländische Ostindienflotte die Monopole anderer Nationen brach.

Hugo Grotius

Hugo Grotius wurde im Jahr 1583 in Delft im Süden Hollands geboren. Zu der Zeit fand der niederländische Aufstand gegen Spanien statt. Grotius galt als Wunderkind und er begann schon im Alter von elf Jahren ein Studium an der Universität von Leiden. Seinen Doktortitel erhielt er dann mit 16 Jahren.

Während einer eher turbulenten Phase in der niederländischen Geschichte wurde Grotius zu lebenslanger Haft auf Burg Loevenstein verurteilt. Diese Strafe bekam er wegen seiner Ansichten zur Einschränkung der Macht der Kirche im Zusammenhang mit weltlichen Angelegenheiten.

Grotius floh nach Paris, angeblich in einer Kiste, und schrieb dort sein berühmtes Werk *De jure belli ac pacis*. Allgemein gilt Grotius als Vater des Völkerrechts und des Seerechts. Die Themen Naturrecht und Freiheit des Einzelnen wurden später von Philosophen wie John Locke wieder aufgegriffen.

Hauptwerke

1605 *De jure praedae*
1609 *Mare liberum*
1625 *De jure belli ac pacis*

DER MENSCH LEBT IM KRIEGSZUSTAND

THOMAS HOBBES (1588–1679)

IM KONTEXT

IDEENLEHRE
Realismus

SCHWERPUNKT
Sozialvertrag

FRÜHER
1578 Vorstellungen zur Souveränität und zum Gottesgnadentums entwickeln sich unter dem Einfluss der *Sechs Bücher über den Staat* von Jean Bodin.

1642–1651 Der Englische Bürgerkrieg führt vorübergehend dazu, dass der Herrscher nicht ohne Zustimmung des Parlaments regieren kann.

SPÄTER
1688 Die Glorreiche Revolution in England führt zur *Bill of Rights* von 1689, die per Gesetz die Macht des Monarchen begrenzt.

1689 John Locke ist gegen absolutistische Herrschaft. Er meint, die Regierung solle das Volk vertreten und sein Recht auf Leben, Gesundheit, Freiheit und Besitz schützen.

Die Aufklärung, die in Europa auf das Mittelalter folgte, brachte neue Ansichten über die menschliche Natur. Diese beruhten nicht auf der Religion, sondern auf dem rationalen Denken. Die Meinungsverschiedenheiten zwischen Denkern der Aufklärung entstanden aus den unterschiedlichen Auffassungen vom Menschsein. Um diese Differenzen auszuräumen, legten die Gelehrten ihre Ansichten über den sogenannten Naturzustand dar – den theoretischen Zustand der Menschheit vor der Einführung sozialer Strukturen und Normen.

Viele Denker glaubten, dass sie ein Regierungssystem entwickeln könnten, das den Bedürfnissen der Bürger entsprach, indem sie die menschlichen Instinkte und das Verhalten im Naturzustand analysierten. Sie meinten, wenn Menschen über ihr beschränktes Eigeninteresse hinausblicken und etwas für das Allgemeinwohl tun würden, könnten sie in den Genuss demokratischer Rechte gelangen. Doch wenn es ihnen lediglich darum ginge, die eigene Macht zu maximieren, wäre eine starke Kontrollinstanz nötig, um das Chaos zu verhindern. Der englische Autor Thomas Hobbes war einer der ersten Philosophen der Aufklärung, der seine Argumentation auf eine dezidierte Darstellung des Naturzustands gründete. Er war der Ansicht, Menschen bräuchten eine Regierung, weil der Naturzustand ein schrecklicher Kampf aller gegen alle sei.

Der grausame Naturzustand

In seinem Werk *Leviathan* porträtiert Hobbes Menschen als rationale Wesen, die ihre Macht maximieren wollen und aus Eigeninteresse handeln – aus Gründen der Selbsterhaltung. Dabei verdeutlicht der Titel Hobbes' Vorstellung vom Staat

» Daraus ergibt sich klar, dass die Menschen während der Zeit, in der sie ohne eine allgemeine, sie alle im Zaum haltende Macht leben, sich in einem Zustand befinden, der Krieg genannt wird … «

Thomas Hobbes

Thomas Hobbes

Thomas Hobbes wurde 1588 geboren und studierte an der Universität von Oxford. Wegen des Englischen Bürgerkriegs verbrachte er ein Jahrzehnt in Paris, wo er den *Leviathan* schrieb. Auf dieses Buch geht zurück, wie wir heute die Rolle der Regierung sehen und dass der Sozialvertrag Grundlage jeder legitimen Herrschaft ist. Hobbes' politische Philosophie wiederum prägte sein Interesse an der Wissenschaft und seine Korrespondenz mit Philosophen wie René Descartes (1596–1650). Seine wissenschaftlichen Studien zeigten ihm, dass sich alles auf seine primären Bestandteile reduzieren lässt, sogar die menschliche Natur. Er war fasziniert von Geometrie und Physik und revolutionierte die politische Theorie, indem er wissenschaftliche Methoden auf sie anwandte. 1651 kehrte er nach England zurück, dort starb er 1679.

Hauptwerke

1628 *Geschichte des peloponnesischen Krieges*
1650 *Abhandlung über die menschliche Natur*
1651 *Leviathan*

Siehe auch: Platon 34–39 ▪ Jean Bodin 88–89 ▪ Jean-Jacques Rousseau 118–125 ▪ John Rawls 298–303

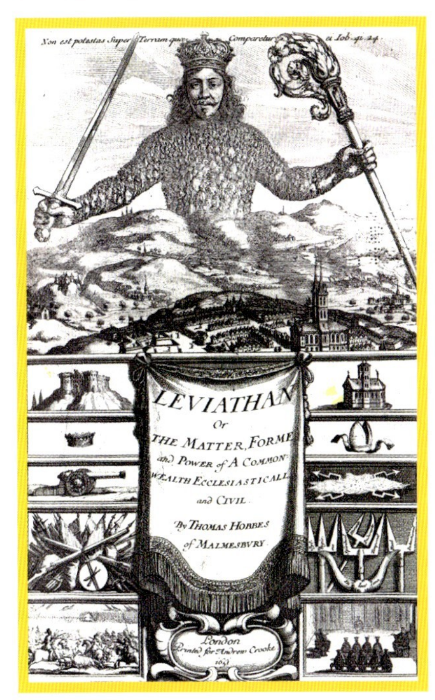

Das Titelbild des *Leviathan* zeigt einen Herrscher aus winzigen Gesichtern, der sich mit Schwert und Zepter als Symbole für die weltliche und die geistliche Macht über das Land erhebt.

Ohne Regierung terrorisieren die Menschen sich im **Naturzustand** gegenseitig.

Im Naturzustand schreckt der Einzelne vor nichts zurück, was der **Selbsterhaltung** dienen könnte.

Im Naturzustand lebt der Mensch in einem Kriegszustand jeder gegen jeden.

Um den Rückfall in den Naturzustand zu vermeiden, müssen die Menschen einen **Sozialvertrag schließen** und sich der Autorität und dem Schutz eines Souveräns unterwerfen.

Der Souverän muss ein absoluter Herrscher **mit unteilbarer und unbegrenzter Macht** sein, damit er Streit und Chaos vermeiden kann.

Wenn ein Souverän seiner Pflicht nicht nachkommt, hat er **den Sozialvertrag gebrochen** und die Menschen dürfen handeln – was wiederum zum Naturzustand führt.

und der menschlichen Natur: Der Leviathan ist ein Ungeheuer aus dem Buch Hiob. Für Hobbes ist der Staat »der große Leviathan ... nichts anderes als ein künstlicher Mensch, wenn auch von größerer Gestalt und Stärke als der natürliche, zu dessen Schutz und Verteidigung er ersonnen wurde.« Der Staat ist also ein grausames, künstliches Konstrukt, jedoch notwendig zum Schutz der Bürger.

Das Buch wurde während des Englischen Bürgerkriegs (1642–1651) geschrieben und wendet sich gegen die Infragestellung der königlichen Autorität. Der Naturzustand – der Krieg aller gegen alle – war für Hobbes vergleichbar mit einem Bürgerkrieg und nur zu vermeiden, indem die Menschen ihre Waffen an eine dritte Partei abgeben – den Souverän. Dies sollte auf der Basis eines Sozialvertrags geschehen, der dafür sorgte, dass alle das Gleiche täten. Der Grund, warum rationale Wesen ihre Freiheit an einen absoluten Herrscher abgeben sollten, bestand für Hobbes darin, dass das Leben im Naturzustand so »einsam, armselig, scheußlich, tierisch und kurz« ist, dass die Freiheit erst an zweiter Stelle steht: ein Luxus, den man sich einfach nicht leisten » kann. Hobbes war der Auffassung, dass Menschen im Naturzustand durchaus natürliche Rechte hätten, doch das größte Problem wäre das Überleben. Damit ließe sich alles Handeln rechtfertigen – die Rechte des Einzelnen wären nicht geschützt.

Herrschaft per Sozialvertrag

Ohne eine allgemein verbindliche Autorität, die Streitigkeiten schlichtet und die die Schwachen schützt, liegt es beim Einzelnen, zu entscheiden, was er braucht und was er tun muss, um zu überleben. Im Naturzustand sind die Menschen frei von Pflichten und vollkommen unabhängig. Hobbes geht davon aus, dass es immer einen Mangel an Gütern geben wird. Manche Menschen werden kämpfen, um sich Nahrungsmittel und Unterschlupf zu sichern, während andere um Macht und Ruhm streiten. Ein Zustand ständiger Angst, der zu präventiven Angriffen führt, ist die Folge.

Hobbes sieht den Kriegszustand als das natürliche Ergebnis unkontrollierter menschlicher Freiheit an. Um ihn zu verhindern, muss der Staat unteilbare Macht über seine Untertanen haben. So hat es auch der französische Jurist Jean Bodin beschrieben. Bei Hobbes beruht die Autorität jedoch nicht auf dem Gottesgnadentum der Könige, sondern auf einem Sozialvertrags, dem alle rational denkenden Menschen zustimmen würden.

Die Vorstellung vom Naturzustand hatte großen Einfluss auf Zeitgenossen und auch auf spätere Theoretiker, wurde aber häufig anders verstanden. Für Hobbes war der Naturzustand eine hypothetische Situation, eine gedankliche Rekonstruktion, wie das Leben ohne Ordnung und Regierung aussehen würde. Spätere Denker, darunter John Locke und Jean-Jacques Rousseau, legten das Konzept ihren eigenen Werken über den Sozialvertrag und ideale Regierungsformen zugrunde. Diese beiden hielten den Naturzustand für tatsächlich gegeben.

Ein notwendiges Übel

Die Denker der Aufklärung bezogen sich auf die Vorstellung des Sozialvertrags zwischen Herrscher und Beherrschten, wenn es um die politische Legitimität verschiedener Herrschaftsformen ging. Demnach bedeutete legitime Herrschaft, dass es entweder eine ausdrückliche oder eine stillschweigende Übereinkunft gibt, kraft derer der Souverän seine Bürger und ihre natürlichen Rechte schützt – und dass die Bürger im Gegenzug ihre individuelle Freiheit aufgeben und sich unterordnen.

Hobbes fand, im Grunde hätten die Menschen zwei Möglichkeiten: Sie könnten ohne Regierung im Naturzustand leben oder mit einer Regierung. Der Sozialvertrag sollte dem Souverän unteilbare Autorität gewähren, so Hobbes – ein notwendiges Übel, um dem grausamen Schicksal zu entgehen, das die Menschen erwartet, wenn es keine starke Macht gibt, die ihre zerstörerischen Impulse in Schach hält. Hobbes glaubte, dass »ohne eine einschränkende Macht der Zustand der Menschen ein solcher sei, wie er zuvor beschrieben wurde, nämlich ein Krieg aller gegen alle.«

Anders als frühere Gelehrte, die sich für das Gottesgnadentum der Könige ausgesprochen hatten, sah Hobbes die Beziehung zwischen den Beherrschten und dem Herrscher jedoch tatsächlich als Vertrag. Er wurde vor allem zwischen den einzelnen Mitgliedern der

Hobbes schrieb den *Leviathan* während des Englischen Bürgerkriegs. Seine Vorstellung vom Naturzustand, vor dem ein Souverän Schutz bieten konnte, schien durch die Grausamkeit des Krieges bestätigt zu werden.

Hobbes betrachtete den Naturzustand als wenig erstrebenswert. Vielmehr sollten die Menschen sich freiwillig einem Herrscher unterwerfen, um die Gesellschaft zu schützen.

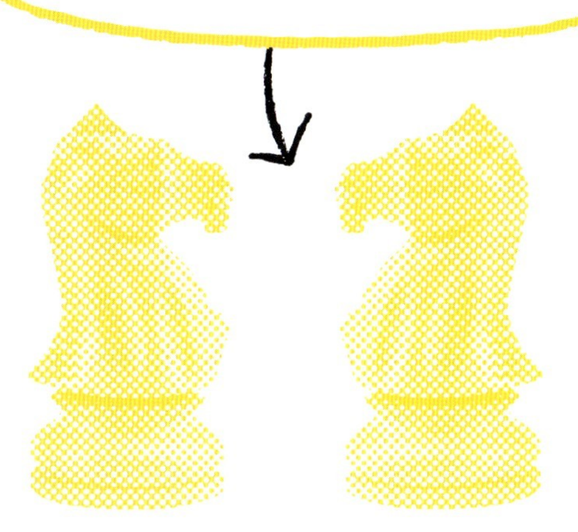

Gesellschaft geschlossen, während der Souverän als Dritter, Außenstehender hinzutrat.

Kollektives Handeln

Weil Menschen rationale Wesen sind, können sie erkennen, dass der Naturzustand nicht wünschenswert ist. In ihm muss jeder seine eigenen Interessen schützen, deshalb entsteht ein »Problem des kollektiven Handelns«. Dieser Ausdruck stammt nicht von Hobbes selbst, jedoch ähnelt sein Dilemma einer modernen Vorstellung: Die Individuen vertrauen einander im Naturzustand nicht genug, um die Waffen niederzulegen.

Dieses Problem kann nur überwunden werden, wenn alle gemeinsam handeln. Hobbes' Lösung war radikal: Übertrage alle Macht einer dritten Partei, dem Souverän. Zeitgenössische Wissenschaftler haben andere Möglichkeiten gefunden, wie das Problem des kollektiven Handelns überwunden werden kann, ohne dass am Ende eine starke Regierung steht. Doch immer noch sind Regierungen die wichtigsten Friedensstifter und Verteiler öffentlicher Güter.

Hobbes' Sicht einer »Regierungsmacht auf Vertragsgrundlage« hatte auch Auswirkungen auf die Pflichten des Souveräns. Nur solange der Herrscher seine Untertanen schützen konnte, waren sie durch den Sozialvertrag gebunden. Dabei trat Hobbes nicht für Revolutionen oder religiöse Einflussnahme auf staatliche Angelegenheiten ein. Er war auch nicht für die Demokratie. Die Hauptziele von Regierungspolitik sollten Stabilität und Frieden sein, es ging ihm nicht um die Freiheit des Einzelnen.

> »Die Verpflichtung der Untertanen gegen den Souverän dauert nur so lange, wie er sie aufgrund seiner Macht schützen kann, und nicht länger.«
>
> **Thomas Hobbes**

Pragmatische Politik

Diese Vorstellungen vom Sozialvertrag erlaubten Regierungswechsel. Als der englische König Karl I. im Jahr 1649 von Oliver Cromwell abgesetzt wurde, blieb Hobbes' Denken zufolge der Sozialvertrag intakt, weil lediglich ein Herrscher durch einen anderen ersetzt wurde. Mit anderen Worten: Hobbes war antidemokratisch und absolutistisch eingestellt, aber auch ein »

Oliver Cromwell war Anführer der antiroyalistischen Streitkräfte, die König Karl I. 1649 absetzten. Hobbes glaubte, der Sozialvertrag sei noch intakt, weil die Herrschaft ungebrochen an das Parlament überging.

Pragmatiker. Obwohl er sich nicht eindeutig für eine Regierungsform aussprach, bevorzugte er die Monarchie Karls I. als stabiles System. Auch die parlamentarische Herrschaftsform war seiner Meinung nach geeignet, solange die legislative Versammlung aus einer ungeraden Zahl von Mitgliedern bestand, um politische Pattsituationen zu vermeiden.

Den Sozialvertrag, wie Hobbes ihn sah, hinterfragten viele Gelehrte. John Locke zum Beispiel formulierte eine beißende Kritik: »Das heißt, die Menschen für solche Narren halten, dass sie sich zwar bemühen, den Schaden zu verhüten, der ihnen durch Iltisse oder Füchse entstehen kann, aber glücklich sind, ja, es für Sicherheit halten, von Löwen verschlungen zu werden.« Für Locke war autoritäre Herrschaft genauso gefährlich wie bürgerliches Chaos: Er zog den Naturzustand der Unterordnung vor.

Hobbes glaubte aber, dass nur Regierungen mit unteilbarer und unbegrenzter Macht verhindern könnten, dass die Gesellschaft im Bürgerkrieg versinkt. Für Hobbes hatte jeder, der für individuelle Freiheiten und Rechte plädierte, nicht verstanden, dass das bürgerliche Leben nur durch eine starke, zentrale Herrschaftsmacht gesichert werden könne. Politischer Gehorsam sei erforderlich, um den Frieden zu erhalten. Die Bürger hätten ein Recht, sich zu verteidigen, wenn ihr Leben bedroht sei, doch in allen anderen Fragen müssten sie sich der Regierung unterordnen.

Gegen den Naturzustand

Hobbes lieferte ein starkes Argument für den Absolutismus, das auf seinen Überlegungen zur Natur des Menschen gründete. Seine Gegner – die gegen den Absolutismus waren – reagierten, indem sie seine Darstellung des Menschen als machthungrig und streitsüchtig infrage stellten. Jean-Jacques Rousseau sah den Naturzustand in einem romantischen Licht als ein Leben in Unschuld, das im Gegensatz zum verlogenen Leben in der modernen Gesellschaft stand. So ging es nach ihm nicht darum, dem Naturzustand zu entkommen, sondern darum, dass dieser so gut wie möglich von einer Regierung neu geschaffen wird. Rousseau plädierte deshalb für eine direkte Demokratie in kleinen Gemeinschaften. Während Hobbes' Leben vom Englischen Bürgerkrieg geprägt war, lebte Rousseau in der beschaulichen Stadt Genf in der Schweiz. Es ist aufschlussreich, wie der unterschiedliche Hintergrund dieser beiden ihre politischen Theorien formte. Anders als Hobbes sah Rousseau den Naturzustand als historische Beschreibung des

Sozialvertrag

Wir, das Volk, erklären uns einverstanden, dem Gesetz Folge zu leisten und die Autorität des Herrschers zu respektieren, dessen Macht unteilbar und unbegrenzt ist.

» Indessen ist nichts so sanft wie der Mensch in seinem anfänglichen Zustand, wo er – von der Natur in gleicher Entfernung zur Stupidität des Viehs wie zur unheilvollen Einsicht und Aufgeklärtheit des bürgerlichen Menschen – platziert [wird.] «

Jean-Jacques Rousseau

Menschen in einem präsozialen Zustand an.

Seitdem Hobbes' und Rousseaus Ansichten bekannt geworden sind, schwanken die politischen Theorien zwischen zwei Extremen: Das menschliche Dasein wird entweder als Kriegszustand oder als Leben in Übereinstimmung mit der Natur gesehen.

Zwei andere einflussreiche Philosophen, John Locke und der Schotte David Hume, haben Hobbes' Ansatz ebenfalls kritisiert. Locke äußert sich in seinen *Zwei Abhandlungen über die Regierung* (1690) über den Naturzustand und bezieht sich dabei auf das Naturgesetz, von dem dieser Zustand beherrscht wird. Im Gegensatz zu Hobbes sagt er, dass selbst im Naturzustand kein Mensch das Recht hat, einen anderen zu verletzen. Hume hingegen vertritt die Ansicht, Menschen seien von Natur aus sozial; daher seien primitive Lebensbedingungen, wie Hobbes sie beschreibt, unwahrscheinlich.

Die »Methode Hobbes«

Noch heute beziehen sich die Gelehrten auf Hobbes Ansichten und seine Vorstellung vom Naturzustand, um für oder gegen verschiedene politische Systeme zu argumentieren. Doch Hobbes entwickelte keine Theorie über die ideale Gesellschaft, sondern über die Notwendigkeit einer starken Regierung.

Obwohl die meisten zeitgenössischen Denker Hobbes' Ansicht über das menschliche Dasein als pessimistisch bezeichnen würden, hat er bis heute großen Einfluss auf das politische Denken. Zwar stimmt die realistische Tradition, in der der Bereich internationale Beziehungen bis heute steht, mit Hobbes' Annahme, das menschliche Leben sei ein Krieg aller gegen alle, nicht überein. Doch Hobbes' Beschreibung des Naturzustands mit seinen anarchischen Bedingungen gilt als zutreffend für das internationale System, in dem Staaten die Hauptakteure sind. Noch heute prägen realistische Ansätze die Sicht auf das internationale System, obwohl der Kalte Krieg längst beendet ist. Der Hauptunterschied zur Theorie von Hobbes ist, dass es auf internationaler Ebene nicht möglich ist, sich auf einen Staat zu verlassen, um zerstörerische Macht- und Eigeninteressen zu unterdrücken. Staaten können einander nicht trauen und sind deshalb zu Rüstungswettlauf und Krieg verdammt. ■

» Eine Folge dieses Krieges eines jeden gegen jeden ist, dass nichts ungerecht sein kann. Wo keine allgemeine Gewalt ist, ist kein Gesetz, und wo kein Gesetz, keine Ungerechtigkeit. «

Thomas Hobbes

Der Triumph des Todes (1562) von Pieter Bruegel, dem Älteren, stellt die Anarchie dar, die ausbricht, wenn der Tod Reiche wie Arme trifft. Hobbes hielt den Naturzustand für ähnlich anarchisch und brutal.

DER ZWECK DES GESETZES BESTEHT DARIN, DIE FREIHEIT ZU ERHALTEN UND ZU ERWEITERN

JOHN LOCKE (1632–1704)

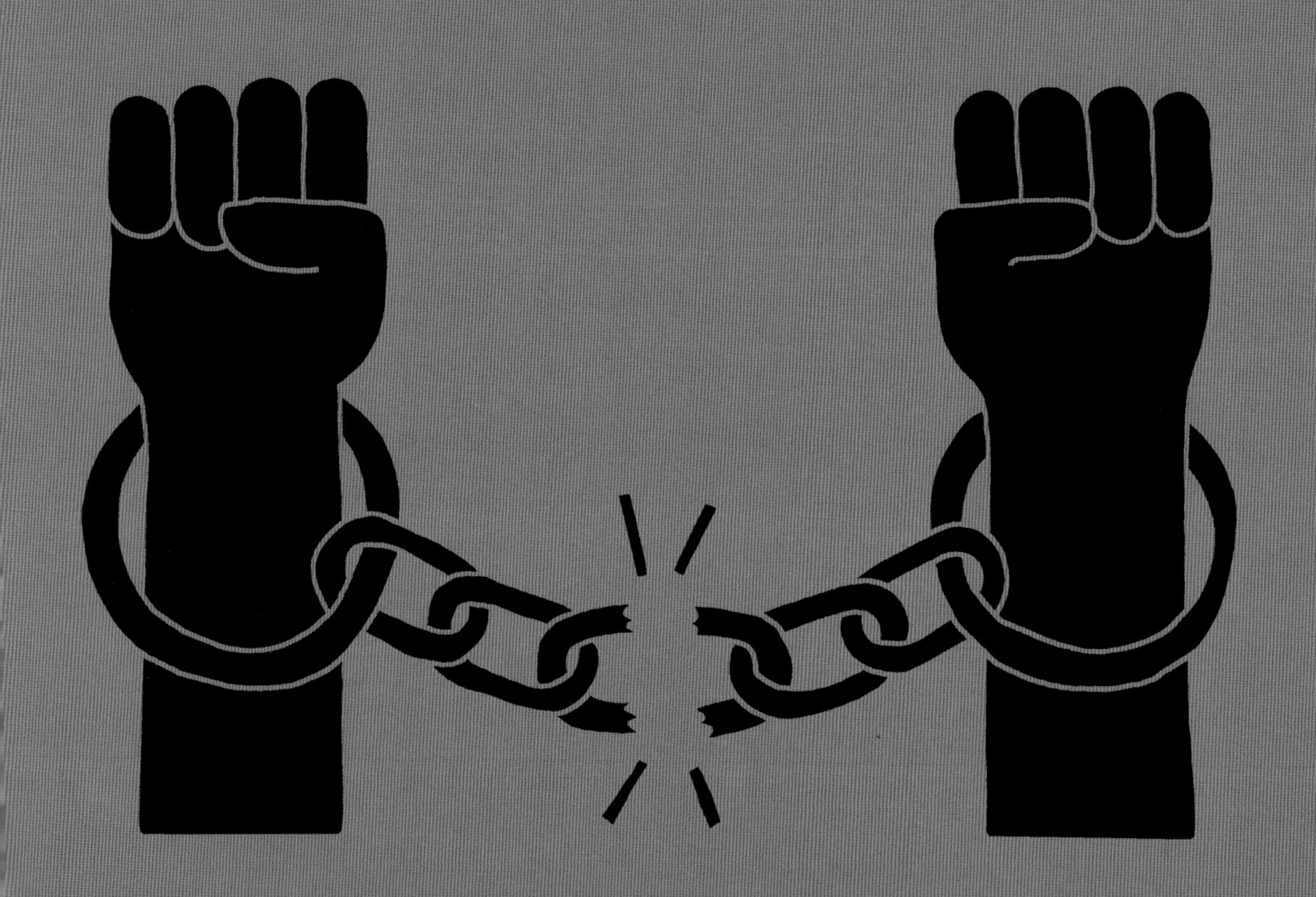

IM KONTEXT

IDEENLEHRE
Liberalismus

SCHWERPUNKT
Die Herrschaft des Gesetzes

FRÜHER
1642 Der Englische Bürgerkrieg bricht aus: Man ist besorgt, Karl I. könne versuchen, in England den Absolutismus einzuführen.

1661 Ludwig XIV. tritt seine Herrschaft in Frankreich an. Er bringt den Absolutismus mit einer knappen Formulierung auf den Punkt: »L'état, c'est moi« (Der Staat bin ich).

SPÄTER
1689 Die englische *Bill of Rights* sichert die Rechte des Parlaments und Wahlen, auf die der König keinen Einfluss hat.

18. Jh. Die Revolutionen in Frankreich und in Amerika führen zur Gründung von Republiken nach Prinzipien des Liberalismus.

Zu den wichtigen Themen in der politischen Theorie gehört die Rolle der Regierung. Ähnlich wichtig ist die Frage, was der Regierung das Recht gibt zu herrschen und wo die Grenzen ihrer Autorität liegen. Manche Gelehrten im Mittelalter meinten, die Könige bekämen das Recht zu herrschen von Gott, während andere an ein Geburtsrecht des Adels glaubten. Diese Ansätze stellten die Denker der Aufklärung infrage, die Suche nach anderen Ursprüngen der Macht begann.

Der englische Philosoph John Locke formulierte als Erster die liberalen Prinzipien der Herrschaft: Nach ihm besteht der Zweck einer Regierung darin, die Rechte ihrer Bürger auf Freiheit, Leben und Besitz zu schützen, dem Allgemeinwohl zu dienen und Menschen zu bestrafen, die die Rechte anderer verletzen. Daher ist die oberste Aufgabe einer Regierung die Gesetzgebung.

Für Locke war einer der Hauptgründe, warum Menschen einen Sozialvertrag abschließen sollten, die Erwartung, dass so ihre Meinungsverschiedenheit durch eine neutrale Instanz geregelt würden. Daraus folgt, dass eine Regierung, die die natürlichen Rechte der Menschen weder respektiert noch schützt, nicht legitim ist. Locke war gegen den Absolutismus – anders sein Zeitgenosse Thomas Hobbes, der glaubte, ein absoluter Souverän sei nötig, um die Menschen vor dem Naturzustand zu bewahren. Nach Ansicht Lockes muss die Macht einer Regierung begrenzt sein.

Die zentrale Bedeutung des Rechts

Ein Großteil von Lockes Schriften zur politischen Philosophie konzentriert sich auf Recht und Gesetz. Politische Macht definiert er als das Recht, Gesetze mit Todesstrafe zu verabschieden. Für ihn bestand einer der Hauptgründe, warum Menschen freiwillig den gesetzlosen Naturzustand verlassen, darin, dass es in ihm keine unabhängigen Richter gibt. Sie zögen es daher vor, der Regierung das Gewaltmonopol einzuräumen, um eine gerechte Gesetzesherrschaft zu erreichen.

Außerdem zeichnet sich nach Locke eine legitime Regierung durch das Prinzip der Trennung von Legislative und Exekutive aus. Die Legislative ist der Exekutiven überlegen – sie hat die Macht und

John Locke

John Locke lebte in einem Jahrhundert mit großen Veränderungen und trug zu deren Gestaltung bei. Protestanten, Anglikaner und Katholiken kämpften in Bürgerkriegen und es ging darum, wer die staatliche Macht innehaben sollte, der König oder das Parlament.

Locke wurde 1632 in der Nähe von Bristol geboren. Er lebte lange in Frankreich und Holland im Exil, weil er verdächtigt worden war, an einem Komplott gegen Karl II. beteiligt gewesen zu sein. Sein Buch *Zwei Abhandlungen über die Regierung* legte den Grundstein für die »Glorreiche Revolution« von 1688, durch die die Macht dauerhaft vom König auf das Parlament überging. Nach seiner Vorstellung werden die Menschen nicht mit natürlichen Rechten geboren, sondern mit einem Bewusstsein, das leer wie ein unbeschriebenes Blatt Papier ist.

Hauptwerke

1689 *Zwei Abhandlungen über die Regierung*
1689 *Ein Brief über Toleranz*
1690 *Versuch über den menschlichen Verstand*

Siehe auch: Thomas Hobbes 96–103 ▪ Montesquieu 110–111 ▪ Jean-Jacques Rousseau 118–125 ▪ Thomas Jefferson 140–141 ▪ Robert Nozick 326–327

Menschen handeln **rational und unabhängig** und haben natürliche Rechte.

→ Sie schließen sich der politischen Gesellschaft an, um sich unter den **Schutz des Gesetzes** zu begeben.

→ **Der Zweck des Gesetzes sollte es sein, die Freiheit zu erhalten und zu erweitern.**

Befugnis, allgemeine Regeln aufzustellen, während die Exekutive dafür verantwortlich ist, das Gesetz in konkreten Fällen durchzusetzen.

Einer der Gründe, warum das Recht in Lockes Schriften so sehr im Vordergrund steht: Das Gesetz schützt die Freiheit. Sein Zweck besteht nicht darin, Freiheit abzuschaffen oder einzuschränken, sondern darin, sie zu erhalten und zu erweitern. In einer politischen Gesellschaft, so Locke, gibt es keine Freiheit ohne Gesetze. Daher tun sie beides: Einerseits schränken sie die Freiheit ein, andererseits ermöglichen sie sie erst. Für Locke heißt, in Freiheit zu leben, nicht, im gesetzlosen Naturzustand zu leben. Er schreibt, das Gesetz sichere nicht »eine Freiheit für jeden, zu tun, was er will; – denn wer könnte frei sein, wenn die Laune jedes anderen ihn tyrannisieren dürfte? – sondern eine Freiheit, innerhalb der Grenzen der Gesetze, unter welchen er steht, über seine Person, Handlungen, Besitz und gesamtes Eigentum zu verfügen und damit zu tun, was ihm beliebt.« Mit anderen Worten: Gesetze sind nicht nur dazu da, für Freiheit zu sorgen, sondern schaffen erst die Bedingungen, unter denen sie gelebt werden kann. Ohne Gesetze wäre unsere Freiheit durch den anarchischen, unsicheren Naturzustand bedroht und in der Praxis gäbe es sie vielleicht gar nicht.

» Denn bei sämtlichen Geschöpfen, die zu einer Gesetzgebung fähig sind, gilt der Grundsatz: Wo es kein Gesetz gibt, gibt es auch keine Freiheit. «

John Locke

Der Ursprungszustand des Menschen

Wenn Gesetze entworfen und durchgesetzt werden, sind dabei nach Locke der Ursprungszustand des Menschen und seine Natur zu berücksichtigen. Wie die meisten Theoretiker, die für den Sozialvertrag eintreten, betrachtet er die Menschen als gleich, frei und unabhängig. Locke zufolge leben die Menschen im Naturzustand oft in relativer Harmonie, allerdings ohne politische Macht, die Auseinandersetzungen regelt, oder einen Richter, der diese Aufgabe übernimmt.

Anders als Hobbes setzt Locke den Naturzustand aber nicht mit einem Krieg gleich. Er sah ihn eher als eine Situation, in der die Menschen sich nicht an das Naturrecht oder an das Gesetz der Vernunft halten, wie Locke es nannte. Während Hobbes glaubte, dass die Menschen nach größtmöglicher Macht streben und sich allein um ihre Selbsterhaltung kümmern, stellte Locke fest, dass Menschen auch im Naturzustand vernünftig und tolerant handeln können. Im Naturzustand müsse es daher nicht unbedingt zu Konflikten kommen. »

Locke war gegen die absolutistische Herrschaft. Als Kind hatte er der Hinrichtung König Karls I. beigewohnt, der als »ein Tyrann, ein Verräter, ein Mörder und ein Feind der englischen Nation« gegolten hatte.

Die Rolle der Regierung

Regierungen müssen **gute Gesetze entwerfen,** …

… um die **Rechte der Menschen** zu schützen …

… und sie im Interesse der Allgemeinheit **durchzusetzen.**

Doch wenn die Bevölkerungsdichte zunimmt, Ressourcen knapp werden und die Einführung von Geld zu wirtschaftlicher Ungleichheit führt, steigt die Zahl der Konflikte. Die menschliche Gesellschaft benötigt Gesetze und Richter, um Streitfälle objektiv zu regeln.

Der Zweck der Regierung

Die Frage nach der Legitimität von Macht stand im Zentrum von Lockes politischem Denken. Wie Hobbes versuchte er, die Aufgabe der Regierung aus dem Verständnis des menschlichen Naturzustands abzuleiten.

Locke stimmte mit Hobbes darin überein, dass eine legitime Regierung auf einem Sozialvertrag zwischen den Individuen einer Gesellschaft beruht. Im Naturzustand gibt es keine Richter und keine Polizei, die das Gesetz durchsetzen; damit die Regierung diese Rolle übernimmt, sind die Menschen bereit, in die Gesellschaft einzutreten. Damit ist ein Merkmal legitimer Regierungen genannt. Ein anderer wichtiger Aspekt ist, dass die Herrschaft auf der Zustimmung des Volkes beruht. Für Locke musste das nicht zwangsläufig Demokratie bedeuten – eine Mehrheit der Bürger konnte sich vernünftigerweise auch für einen Monarchen, eine Aristokratie oder eine demokratische Versammlung entscheiden. Ausschlaggebend ist, dass das Volk das Herrschaftsrecht gewährt und dass es berechtigt ist, dieses Privileg zurückzunehmen.

Die englische *Bill of Rights*, die 1689 von König Wilhelm III. ratifiziert wurde, schränkte die Macht des Königs ein. Sie entsprach Lockes Auffassung, dass ein Monarch nur mit Zustimmung des Volkes herrschen kann.

Locke argumentierte – anders als Hobbes – gegen einen starken, absolutistischen Herrscher, weil eine so mächtige Figur den individuellen Freiraum unnötig eingrenzen würde. Locke hielt Unterordnung für gefährlich. Er schrieb: »Denn ich habe Grund anzunehmen, dass der, welcher ohne meine Zustimmung mich in seine Gewalt bringen möchte, mich, nachdem er es erreicht, gebrauchen wird, wie er will, und mich auch töten wird, wenn er Lust hat; denn niemand kann den Wunsch haben, mich in seine absolute Gewalt zu bekommen, wenn er mich nicht gewaltsam zu etwas, was gegen das Recht meiner Freiheit ist, zwingen, nämlich mich zum Sklaven machen will.« Stattdessen plädierte Locke für eine Regierung mit eingeschränkter Macht. Sie solle den Privatbesitz der Menschen schützen, den Frieden sichern, öffentliche Güter bereitstellen und die Bürger so weit wie möglich vor Übergriffen schützen.

So besteht für Locke die Aufgabe der Regierung darin, das zu leisten, was im Naturzustand fehlt, um Freiheit und Wohlergehen der

Menschen zu sichern. Es gibt keinen Grund dafür, die Bürger einer Gesellschaft unter einer absoluten Herrschaft zu versklaven.

Recht auf Widerstand

Locke unterschied zwischen legitimen und illegitimen Regierungen; ausdrücklich akzeptierte er den Widerstand gegen die illegitime Herrschaft. Er beschrieb einige Szenarien, wann Menschen aufbegehren dürfen, um die Macht von der Regierung zurückzufordern. Beispielsweise können laut Locke Menschen rebellieren, wenn gewählte Volksvertreter sich nicht versammeln dürfen, ausländische Mächte Autorität über das Volk erhalten, das Wahlsystem ohne öffentliche Zustimmung verändert wird oder die Regierung versucht, den Menschen ihre Rechte zu nehmen.

Locke betrachtete illegitime Herrschaft als gleichbedeutend mit Sklaverei. Er ging sogar so weit, den Königsmord – die Hinrichtung eines Monarchen – für gerechtfertigt zu halten, falls sich der Herrscher nicht an den Sozialvertrag mit dem Volk hält. Für den Sohn von Puritanern, die im Englischen Bürgerkrieg auf der Seite des Parlaments gestanden hatten, war dies keine rein theoretische Angelegenheit – Lockes Schriften rechtfertigen klar die Hinrichtung Karls I.

Lockes Erbe

Die politische Philosophie John Lockes wurde in der Folgezeit als »Liberalismus« bezeichnet. Sie stand für den Glauben an die Prinzipien der Freiheit und Gleichheit. Auch die Revolutionen in Frankreich und in Nordamerika gegen Ende des 18. Jahrhunderts beruhten auf liberalen Vorstellungen. Tatsächlich verehrte Thomas Jefferson, der die amerikanische Verfassung und die amerikanische Unabhängigkeitserklärung mitgestaltete, John Locke, was sich auch in den Gründungsdokumenten widerspiegelt. Der Schutz von Leben, Freiheit und Besitz in der *Bill of Rights* der Verfassung und die unveräußerlichen Rechte auf »Leben, Freiheit und das Streben nach Glück« in der Unabhängigkeitserklärung lassen sich direkt auf John Lockes Philosophie zurückführen. ■

» Das Volk hat gegenüber jeder Regierung das Recht auf eine Verfassung. Keine Regierung sollte das ablehnen oder auf sich beruhen lassen. «

Thomas Jefferson

Eine Regierung ist nur dann legitim, so Locke, wenn Versammlungen gewählter Volksvertreter wie das *House of Commons* zusammentreten und debattieren dürfen.

WENN LEGISLATIVE UND EXEKUTIVE IN DER GLEICHEN INSTITUTION VEREINT SIND, KANN ES KEINE FREIHEIT GEBEN

MONTESQUIEU (1689–1755)

IM KONTEXT

IDEENLEHRE
Verfassungspolitik

SCHWERPUNKT
Gewaltenteilung

FRÜHER
509 v. Chr. Nach dem Sturz von König Lucius Tarquinius Superbus entsteht in der Römischen Republik ein dreigeteiltes Regierungssystem.

1689 Die Glorreiche Revolution in England führt dort zu einer konstitutionellen Monarchie.

SPÄTER
1787 Die Verfassung der USA wird in Philadelphia angenommen.

1789–1799 Im Verlauf der Französischen Revolution ersetzt die säkulare demokratische Republik die Herrschaft von Monarchie und Kirche.

1856 Alexis de Tocqueville veröffentlicht *Der alte Staat und die Revolution*, eine Analyse des Untergangs der französischen Monarchie.

Während der Aufklärung im 18. Jahrhundert wurde die traditionelle Autorität der Kirche aufgrund wissenschaftlicher Erkenntnisse infrage gestellt. Auch dic Vorstcllung, dass Monarchen von Gottes Gnaden regierten, wurde hinterfragt. Viele politische Philosophen, darunter die Franzosen Voltaire, Jean-Jacques Rousseau und Montesquieu, beschäftigten sich mit der Macht von Monarchie, Klerus und Aristokratie.

Rousseau plädierte für eine Verlagerung der Macht von der Monar-

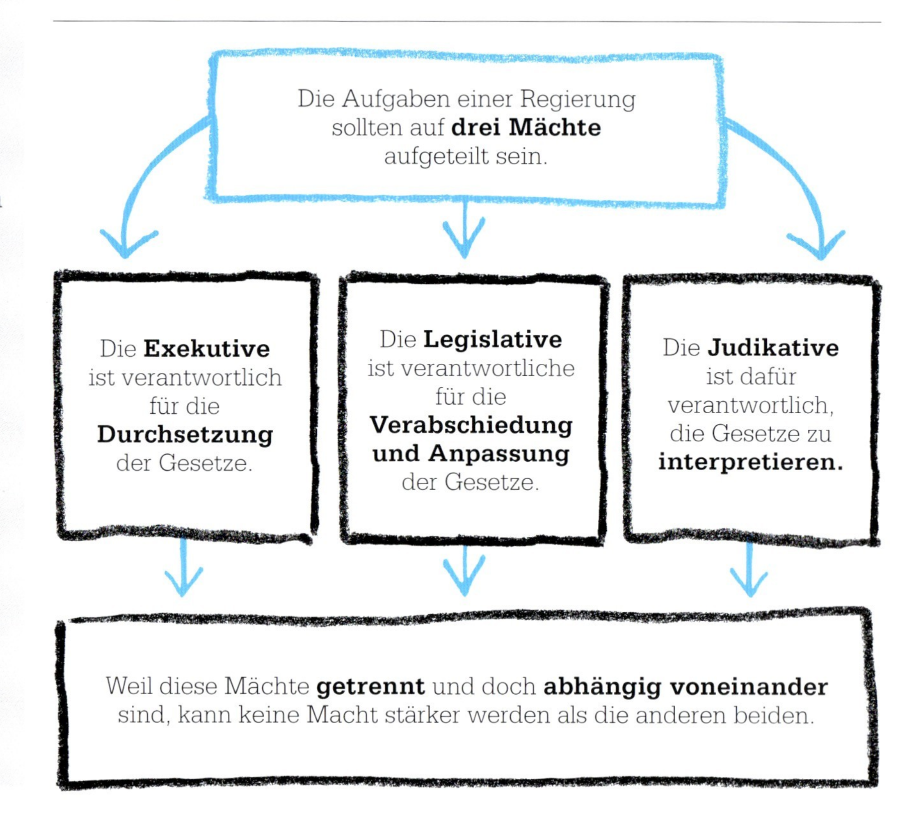

Siehe auch: Cicero 49 ▪ Jean-Jacques Rousseau 118–125 ▪ Thomas Jefferson 140–141 ▪ James Madison 150–153 ▪ Alexis de Tocqueville 170–171 ▪ Henry David Thoreau 186–187 ▪ Noam Chomsky 314–315

»Die Entartung einer Regierung hebt fast immer mit der Entartung ihrer Prinzipien an.«

Montesquieu

chie zum Volk und Voltaire sprach sich für die Trennung von Kirche und Staat aus. Montesquieu hingegen dachte weniger darüber nach, wer die Zügel der Macht in der Hand hielt; für ihn war es wichtiger, dass eine Verfassung existierte, die vor Despotismus schützt. Dies ließe sich, so seine Idee, durch eine Trennung der Gewalten erreichen.

Montesquieu hielt den Despotismus für die größte Bedrohung der bürgerlichen Freiheit: Sowohl Monarchien als auch Republiken würden Gefahr laufen, in Despotismus zu verfallen, wenn es keine Verfassung gibt, die das verhindert. Seine Vorstellung sah die Trennung der staatlichen Gewalt in drei klar getrennte Bereiche vor: die Exekutive (verantwortlich für die Durchsetzung der Gesetze), die Legislative (verantwortlich für die Verabschiedung der Gesetze) und die Judikative (verantwortlich für die Interpretation und Anwendung der Gesetze).

Gewaltenteilung

Die Aufteilung der Herrschaftsmacht in verschiedene Teilbereiche war nicht neu – bereits die alten Griechen und Römer kannten vergleichbare Ansätze. Montesquieu war insofern innovativ, als er für getrennte Körperschaften zur Ausübung der Gewalten plädierte. Dadurch sollte ein Gleichgewicht entstehen, das für eine stabile Regierung sorgt – mit minimalem Risiko, in Despotismus zu verfallen. Aufgrund der Gewaltenteilung könne niemals eine der Institutionen übermächtig werden, so führte er aus, weil sie sich gegenseitig kontrollierten. Obwohl die Vorstellungen Montesquieus in Frankreich alles andere als Begeisterung hervorrief, war sein Prinzip der Gewaltenteilung enorm einflussreich, besonders in Amerika. Es wurde zu einem Grundpfeiler der amerikanischen Verfassung. Nach der Französischen Revolution nahm man es auch dort zum Vorbild für die neue Republik und als im Lauf des nächsten Jahrhunderts weltweit Demokratien entstanden, war das dreigeteilte System im Allgemeinen ein Teil der Verfassungen. ■

Der Kongress der Vereinigten Staaten von Amerika bildet die Legislative der US-Regierung; ihre Macht ist getrennt von der des Präsidenten (Exekutive) und der Judikative.

Montesquieu

Montesquieu wurde in der Nähe von Bordeaux (Frankreich) geboren und erbte im Jahr 1716 den Titel des Baron de Montesquieu. Er studierte Jura in Bordeaux. Seine Heirat 1715 brachte ihm eine erhebliche Mitgift ein; diese und eine Erbschaft erlaubten es ihm, sich ganz auf seine literarische Karriere zu konzentrieren.

1728 wurde Montesquieu in die *Académie française* aufgenommen. Er begann zu reisen: nach Italien, Ungarn, in die Türkei und nach England. Nach seiner Rückkehr nach Bordeaux 1731 arbeitete er an einer Geschichte des Römischen Reiches und an seinem Meisterwerk *Vom Geist der Gesetze,* das 1748 anonym veröffentlicht wurde. In Frankreich wurde das Buch sehr kritisch aufgenommen, im übrigen Europa hingegen hoch gelobt. Montesquieu starb 1755 an einem Fieber in Paris.

Hauptwerke

1721 *Persische Briefe*
1734 *Erwägungen zu den Ursachen der Größe der Römer und ihres Verfalls*
1748 *Vom Geist der Gesetze*

UNABHÄNGIGE UNTERNEHMER SIND GUTE BÜRGER

BENJAMIN FRANKLIN (1706–1790)

Die **Gesundheit** einer Nation ist abhängig von der **Tugend** ihrer Bürger.

Aristokraten sind **konservativ und unproduktiv.**

Unabhängige Unternehmer sind **nützlich, fleißig und sparsam.**

Unabhängige Unternehmer sind gute Bürger.

IM KONTEXT

IDEENLEHRE
Liberalismus

SCHWERPUNKT
Unternehmerische Bürger

FRÜHER
1760 Großbritannien eignet sich Frankreichs nordamerikanische Kolonien an und erwirbt damit noch mehr Land in der Neuen Welt.

1776 13 Kolonien erklären ihre Unabhängigkeit von Großbritannien und werden zu den Vereinigten Staaten von Amerika.

SPÄTER
1879 Thomas Paines Werk *Die Rechte des Menschen* wird in Frankreich veröffentlicht.

1868 Die Schwarzen werden zu Bürgern der Vereinigten Staaten (14. Zusatzartikel der Verfassung).

1919 In den Vereinigten Staaten von Amerika erhalten die Frauen das Stimmrecht (19. Zusatzartikel).

Die Zeit vor und nach der Unabhängigkeitserklärung der Vereinigten Staaten vom britischen Weltreich war intellektuell wie politisch revolutionär. Sie wird als »amerikanische Aufklärung« bezeichnet; ihre führenden Denker waren von den Autoren der europäischen Aufklärung beeinflusst. Bei der Gestaltung des Regierungssystems für die USA bevorzugten die Gründerväter des neuen Staates liberale und republikanische Prinzipien. Sie sprachen sich gegen eine zentrale, absolute Autorität und aristokratische Privilegien aus. Stattdessen setzten sie auf pluralistische Ideale, den Schutz von individuellen Rechten und eine universale Staatsbürgerschaft.

Das Menschenbild, das dem neuen System zugrunde lag, kam aus dem klassischen Republikanismus, der die bürgerliche Tugend als Grundlage einer guten Gesellschaft ansah. Den Ansichten des Gründervaters Benjamin Franklin zufolge waren Unternehmer gute, tugend-

Siehe auch: John Locke 104–109 ▪ Montesquieu 110–111 ▪ Edmund Burke 130–133 ▪ Thomas Paine 134–139 ▪ Thomas Jefferson 140–141

hafte Bürger – ein Hinweis auf den künftigen kapitalistischen Geist der Vereinigten Staaten.

Unternehmerische Tugend

Während die Liberalen sich mehr auf die Rechte des Einzelnen konzentrieren – etwa das Recht auf Leben und Besitz –, legen klassische Republikaner Wert auf die Pflichten des Individuums gegenüber der Gemeinschaft und die damit verbundenen Tugenden. Die Tugend war auch dem italienischen Diplomaten Niccolò Machiavelli wichtig, als er die Merkmale eines Herrschers beschrieb. Doch bei ihm und bei anderen zuvor ging es nur selten um die Tugenden der einzelnen Bürger.

Anders Franklin: seine Gedanken hierzu bewegten sich eher auf der individuellen Ebene. Er meinte, dass es einer Nation gut gehe, die auf der Tugend der einzelnen, hart arbeitenden und produktiven Bürger errichtet sei, nicht auf den Merkmalen des Herrschers oder einer sozialen Klasse wie der Aristokratie. Genau wie die europäischen Denker der Aufklärung glaubte Franklin, dass Kaufleute und Wissenschaftler die treibenden Kräfte einer Gesellschaft sind. Zusätzlich betonte er die Bedeutung persönlicher Charaktereigenschaften und individueller Verantwortung. Unternehmergeist betrachtete er als ein persönliches Merkmal, das für Tugend steht.

Der unternehmerische Geist und das soziale Engagement von Bill Gates, dem Gründer von Microsoft, sind zentraler Bestandteil der Vorstellung Franklins von guter Staatsbürgerschaft.

» Verliere keine Zeit. Sei immer mit etwas Nützlichem beschäftigt. Unterlasse unnötige Handlungen. «

Benjamin Franklin

Für das Allgemeinwohl eintreten

Unternehmergeist wird heute überwiegend mit dem kapitalistischen System in Verbindung gebracht. Doch Franklins Vorstellung vom Unternehmertum unterscheidet sich deutlich vom modernen Bild des kapitalistischen Geschäftsmanns: Er sah das Unternehmertum nur dann als Zeichen von Tugend an, wenn es zum öffentlichen Wohl beitrug. Zudem leisteten aus seiner Sicht Freiwilligenorganisationen einen wichtigen Beitrag dazu, den Individualismus abzumildern. ■

Benjamin Franklin

Benjamin Franklin wurde im Jahr 1706 in Boston als Sohn eines Seifen- und Kerzenmachers geboren. Er stieg zum Staatsmann, Wissenschaftler und Erfinder auf und spielte eine wichtige Rolle bei der Entstehung der Vereinigten Staaten von Amerika. Er war US-Botschafter in London und Paris und gilt als einer der bedeutendsten Gründerväter der USA.

Als Wissenschaftler kennt man Franklin vor allem wegen seiner Experimente mit Elektrizität. Er erfand außerdem den Blitzableiter, Bifokalgläser und den flexiblen Harnkatheter. Zudem war er erfolgreicher Unternehmer: Er gab Zeitungen heraus und arbeitete als Drucker. Darüber hinaus verfasste er populäre Bücher. Obwohl Franklin niemals zum Präsidenten der Vereinigten Staaten wurde, gibt es nur wenige Amerikaner, die einen ähnlich dauerhaften starken Einfluss auf die Politik des Landes hatten.

Hauptwerke

1733 *Poor Richard's Almanack*
1787 *Verfassung der Vereinigten Staaten*
1790 *Autobiografie*

REVOLUT
GEDANKE
1770–1848

IONÄRE
N

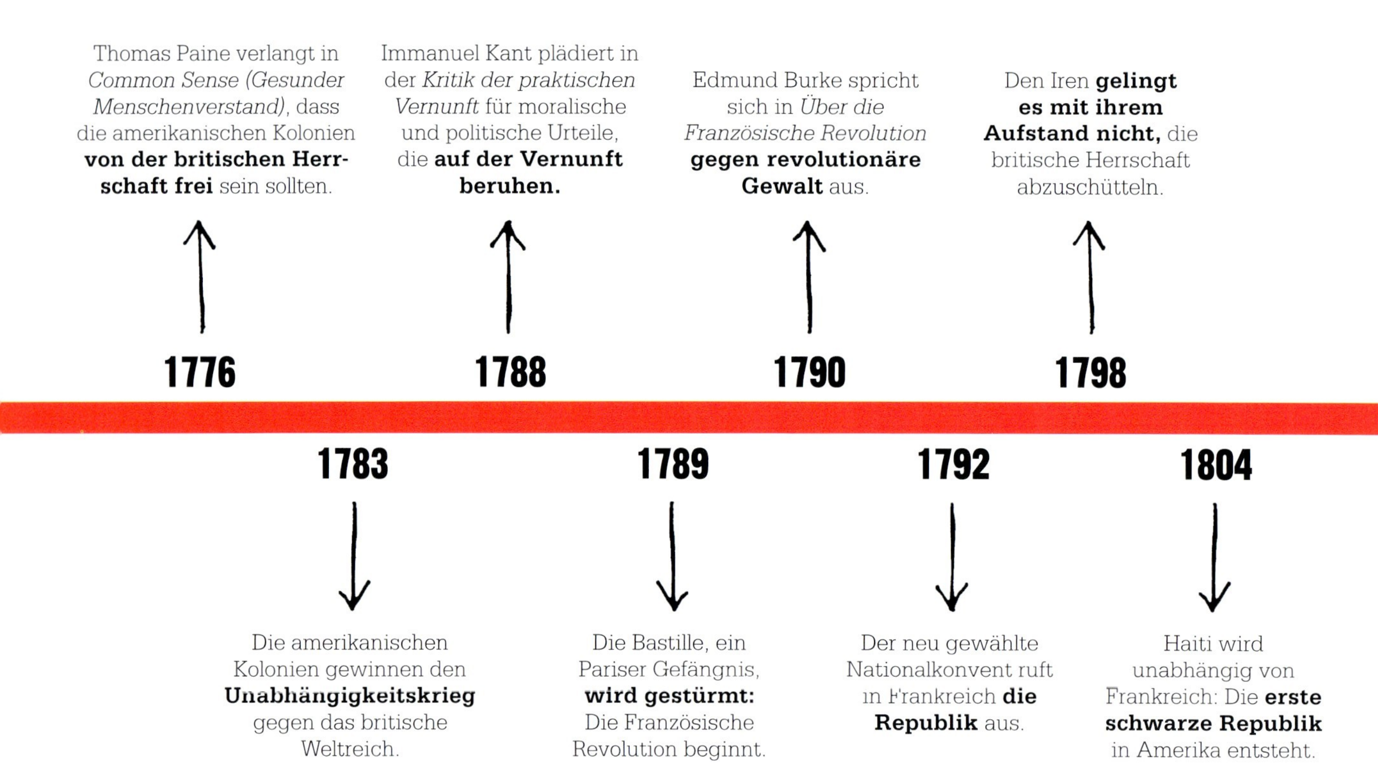

Das 17. Jahrhundert brachte enorme Fortschritte mit sich, was das Verständnis der natürlichen Welt anging. Neue naturwissenschaftliche Ansätze führten letztendlich auch zu neuen Ideen, wie sich soziale Probleme lösen ließen. Der englische Philosoph Thomas Hobbes zum Beispiel formulierte die Idee des Sozialvertrags. Ausgangspunkt seiner Überlegungen war, wie rationale (aber egoistische) Menschen im Naturzustand handelten. Ein anderer Engländer, John Locke, argumentierte aus Gründen der Vernunft für den Privatbesitz.

Diese frühen Bemühungen im Zeitalter der Aufklärung, soziale Strukturen rational zu betrachten, wurden jedoch von Autoren untergraben, die sich selbst ebenfalls in der Tradition der Aufklärung sahen. Eine große intellektuelle Bewegung wollte die seit Jahrhunderten bekannte Scholastik aus dem menschlichen Denken tilgen und die Gesellschaft reformieren.

Die Souveränität des Volkes

Zahlreiche Denker der Aufklärung – darunter der französische Philosoph Voltaire – ermutigten aufgeklärte Despoten dazu, weise zu regieren, und wandten sich gegen die Herrschaft des Mobs. Der französische Philosoph Jean-Jacques Rousseau jedoch eröffnete mit dem Sozialvertrag eine radikal neue Sicht auf die Politik. Er argumentierte, die wahre Souveränität läge beim Volk. Er war nicht der Erste, der die bestehenden Autoritäten kritisierte, aber er war der Erste, der das mit den Prinzipien der Aufklärung verband. Rousseau glaubte, dass die Aufklärung zu einer Massenbewegung werden würde, weil sie auf Rationalität und Fortschritt basierte.

Die Jahrzehnte nach Rousseaus Tod 1778 waren von Konflikten im Zusammenhang mit diesem neuen Blick auf die Gesellschaft geprägt. Die Ideale der Aufklärung beeinflussten das politische Geschehen immer stärker: Besonders spektakulär waren die Revolutionen in Amerika und Frankreich in den 1770er- und 1780er-Jahren. Thomas Paines Argumentation für Unabhängigkeit, eine Republik und Demokratie in *Common Sense* machte die Forderungen der amerikanischen Revolutionäre populär. Die Schrift wurde sofort zum Bestseller. In Frankreich idealisierten die radikalen Jakobiner Rousseau und sorgten dafür,

Nachdem es fast 1000 Jahre Bestand hatte, wird **das Heilige Römische Reich** im Frieden von Pressburg **aufgelöst.**

1806

1810

In **Lateinamerika** kommt es unter der Führung von Simón Bolivar zu Unabhängigkeitskriegen.

Der französische Kaiser **Napoleon Bonaparte** wird in der Schlacht von Waterloo **geschlagen.**

1815

1820

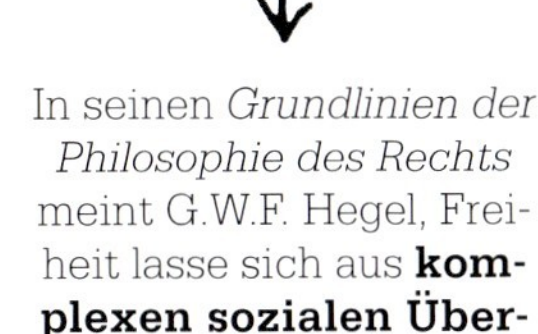

In seinen *Grundlinien der Philosophie des Rechts* meint G.W.F. Hegel, Freiheit lasse sich aus **komplexen sozialen Übereinkünften** ableiten.

Der griechische Unabhängigkeitskrieg gegen die osmanische Herrschaft beginnt und führt zu weiteren **nationalistischen Revolten** auf dem Balkan.

1821

1831

Der Aufstand von Minenarbeitern in Merthyr Tydfil (Südwales) wird unterdrückt. Erstmals weht die **rote Fahne** als Symbol der Revolution.

Bei der Rebellion in Oberkanada unter republikanischer Führung gelingt es nicht, die **britische Oberherrschaft** zu stürzen.

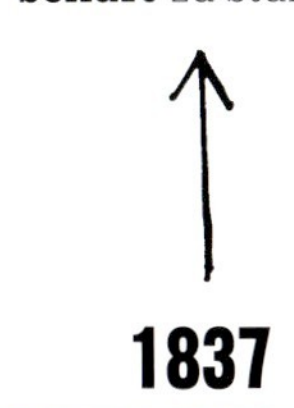

1837

1839

In Großbritannien werden mit der *People's Charter* unter anderem **geheime Wahlen** und **das allgemeine Wahlrecht für Männer** gefordert.

dass er im Pariser Panthéon gegenüber der Kultfigur Voltaire neu beigesetzt wurde.

Die Überzeugung, dass sich die Gesellschaft mithilfe der Vernunft neu aufbauen ließe – wenn nötig auch durch einen radikalen Bruch mit der Vergangenheit –, setzte sich zu Anfang des 19. Jahrhunderts immer mehr durch. Mitte des 19. Jahrhunderts hatten in Europa Revolutionen stattgefunden, in ganz Lateinamerika waren nationale Befreiungsbewegungen erfolgreich. Zu der Zeit argumentierte die britische Autorin Mary Wollstonecraft, die Rechte der Frauen müssten integraler Bestandteil einer gerechten Gesellschaft sein.

Neuer Konservatismus

Als Reaktion auf diese und andere radikale Denker entwickelte sich ein neuer Konservatismus, wie ihn der irische Philosoph und Politiker Edmund Burke verkörpert. Burke verwendete die Begriffe »Freiheit« und »Rechte«, um die Herrschaft der Weisen zu rechtfertigen. Er glaubte, es sei wichtig, die soziale Stabilität zu erhalten. Gesunde Gesellschaften, so Burke, könnten sich nur über viele Generationen hinweg entwickeln. Die blutige Herrschaft des Terrors, die auf die Revolution in Frankreich folgte, zeige das Scheitern des Radikalismus.

Gleichzeitig entwickelte sich eine typisch liberale Argumentation, die dazu dienen sollte, die Rechte der Menschen zu verteidigen. Im Zusammenhang mit dem Streben der Menschheit nach Glück formulierte der englische Philosoph Jeremy Bentham eine Rechtfertigung für begrenzte demokratische Freiheiten, unter anderem in Bezug auf Besitz. Gewisse Rechte seien in der Vergangenheit errungen worden, aber da die Regierung konkurrierende Ansprüche ausgleichen müsse, so Bentham, wäre eine Ausweitung dieser Rechte in Zukunft begrenzt.

Zu einer weniger eindeutigen Position kam in diesen Fragen der deutsche Philosoph G.W.F. Hegel. Zunächst bewunderte er die Französische Revolution und argumentierte, dass Freiheit nur in einer vollständig entwickelten bürgerlichen Gesellschaft möglich sei. Am Ende seines Lebens war er dann ein Anhänger des autokratischen preußischen Staates. Sein komplexes Denken ermöglichte es der nächsten Generation von Denkern, das Scheitern der nachrevolutionären Welt zu verstehen. ■

AUF SEINE FREIHEIT VERZICHTEN HEISST AUF SEIN MENSCHSEIN VERZICHTEN

JEAN-JACQUES ROUSSEAU (1712–1778)

IM KONTEXT

IDEENLEHRE
Republikanismus

SCHWERPUNKT
Der allgemeine Wille

FRÜHER
1513 Niccolò Machiavelli schildert in *Der Fürst* eine modernde Form der Politik, bei der die Moral des Herrschers und die Angelegenheiten des Staates streng getrennt sind.

1651 Thomas Hobbes argumentiert im *Leviathan* für den Sozialvertrag als Fundament des Staates.

SPÄTER
1789 Der Jakobinerklub trifft sich in Paris. Seine extremistischen Angehörigen versuchen, Rousseaus Prinzipien auf die revolutionäre Politik anzuwenden.

1791 Der Brite Edmund Burke macht Rousseau für die »Exzesse« der Französischen Revolution verantwortlich.

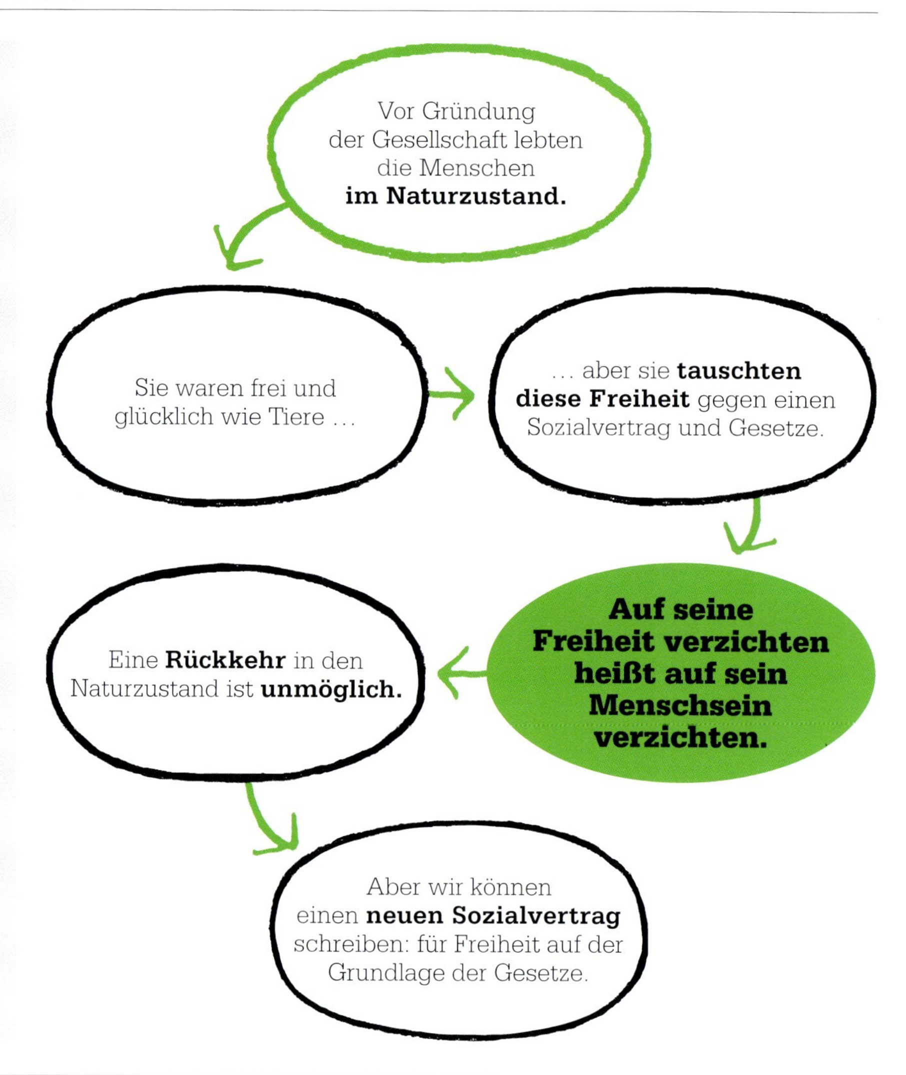

Jahrhundertelang herrschte in Westeuropa ein bestimmtes Denken vor. Unter dem Einfluss der katholischen Kirche wurden die antiken griechischen und römischen Schriften wieder herangezogen und studiert; Intellektuelle wie Augustinus von Hippo und Thomas von Aquin entdeckten die alten Denker neu. Die Scholastik betrachtete Geschichte und Gesellschaft als im Wesentlichen unveränderlich; die Moral war von Gott gegeben. Erst der Aufruhr, der durch die Entwicklung des Kapitalismus und des städtischen Lebens entstand, erschütterte diese Form des Denkens grundlegend.

Den Status quo überdenken

Im 16. Jahrhundert hatte Niccolò Machiavelli sich mit *Der Fürst* von der Vergangenheit verabschiedet und die Gedanken aus den klassischen Überlieferungen auf den Kopf gestellt. Ihm dienten die Beispiele aus der Antike nicht als Vorbild für ein moralisches Leben. Vielmehr nutzte er sie, um zu zeigen, wie zynisch Staatskunst ausgeübt werden kann. Thomas Hobbes, der seinen *Leviathan* während des Englischen Bürgerkriegs Mitte des 17. Jahrhunderts schrieb, schlug ebenfalls einen anderen Weg ein. Er verwendete die wissenschaftliche Methode der Deduktion, anstatt in alten Schriften zu lesen. Die Ergebnisse, die er damit erzielte, ließen ihn für einen starken Staat argumentieren.

Doch es war Jean-Jacques Rousseau, der eigenwillige Exilschweizer aus Genf, der am radikalsten mit der Vergangenheit brach. Rousseaus autobiografische *Bekenntnisse*, die nach seinem

Siehe auch: Ibn Khaldun 72–73 ▪ Niccolò Machiavelli 74–81 ▪ Hugo Grotius 94–95 ▪ Thomas Hobbes 96–103 ▪ Edmund Burke 130–133 ▪ Hannah Arendt 282–283

» Ihr seid verloren, wenn ihr vergesst, dass die Früchte allen gehören und die Erde niemandem. «

Jean-Jacques Rousseau

Tod veröffentlicht wurden, zeigen, dass er während seiner Zeit als unterbezahlter Botschaftssekretär in Venedig erkannt hatte, dass alles ganz und gar von der Politik abhängt. Seiner Ansicht nach sind Menschen nicht von sich aus böse, sondern würden durch böse Regierungen böse gemacht. Die Genfer Tugenden und die venezianischen Laster – insbesondere der traurige Niedergang des Stadtstaats trotz seiner glorreichen Vergangenheit – gingen nicht auf den menschlichen Charakter zurück, sondern auf die menschlichen Institutionen.

Die Politik formt die Gesellschaft

In seiner *Abhandlung über die Ungleichheit* von 1754 löste sich Rousseau von der politischen Philosophie der Vergangenheit. Die alten Griechen und andere, die über die Gesellschaft geschrieben hatten – darunter Ibn Khaldun im 14. Jahrhundert –, hatten geglaubt, dass politische Vorgänge ihren eigenen Gesetzen folgten. Die menschliche Natur sei im Wesentlichen unveränderlich. Insbesondere die Griechen hatten politische Veränderungen als zyklisch betrachtet: Aus guten oder tugendhaften Regierungen – ob Monarchien, Demokratien oder Aristokratien – entwickelten sich verschiedene Formen der Tyrannei, ehe der Zyklus wieder begann. Die Gesellschaft als solche veränderte sich nicht, nur ihre Regierungsform.

Rousseau sah das anders. Wenn, wie er meinte, die Gesellschaft durch ihre politischen Institutionen geformt würde, wäre es – theoretisch – unbegrenzt möglich, die Gesellschaft durch politisches Handeln zum Besseren zu verändern. Dieser Ansatz kennzeichnet Rousseau als einen entschieden modernen Denker. Vor ihm hatte noch niemand die Gesellschaft getrennt von ihren politischen Institutionen betrachtet, als eine Größe, die für sich genommen untersucht werden konnte. Selbst unter den Philosophen der Aufklärung war Rousseau der Erste, der die sozialen Beziehungen zwischen den Menschen in die Diskussion einbrachte. Diese neue Theorie führte zu einer grundlegenden Frage: Wenn die menschliche Gesellschaft so offen für politische Veränderung war, warum war sie dann alles andere als perfekt?

Über Eigentum und Ungleichheit

Wieder hatte Rousseau eine Antwort parat, die seine Philosophenkollegen entsetzte. Sein Ausgangspunkt war die Betrachtung des Menschen losgelöst von einer bestimmten Gesellschaftsform. Thomas Hobbes meinte, dann wären die Menschen Wilde, doch Rousseau war der Überzeugung, sie seien freundlich gesinnte, glückliche Kreaturen, zufrieden mit ihrem Naturzustand, die von zwei Prinzipien geleitet »

Die Korruption in Venedig zeigte für Rousseau, dass eine schlechte Regierung die Menschen schlecht macht. Im Gegensatz dazu stand für ihn der Anstand in seiner Heimatstadt Genf.

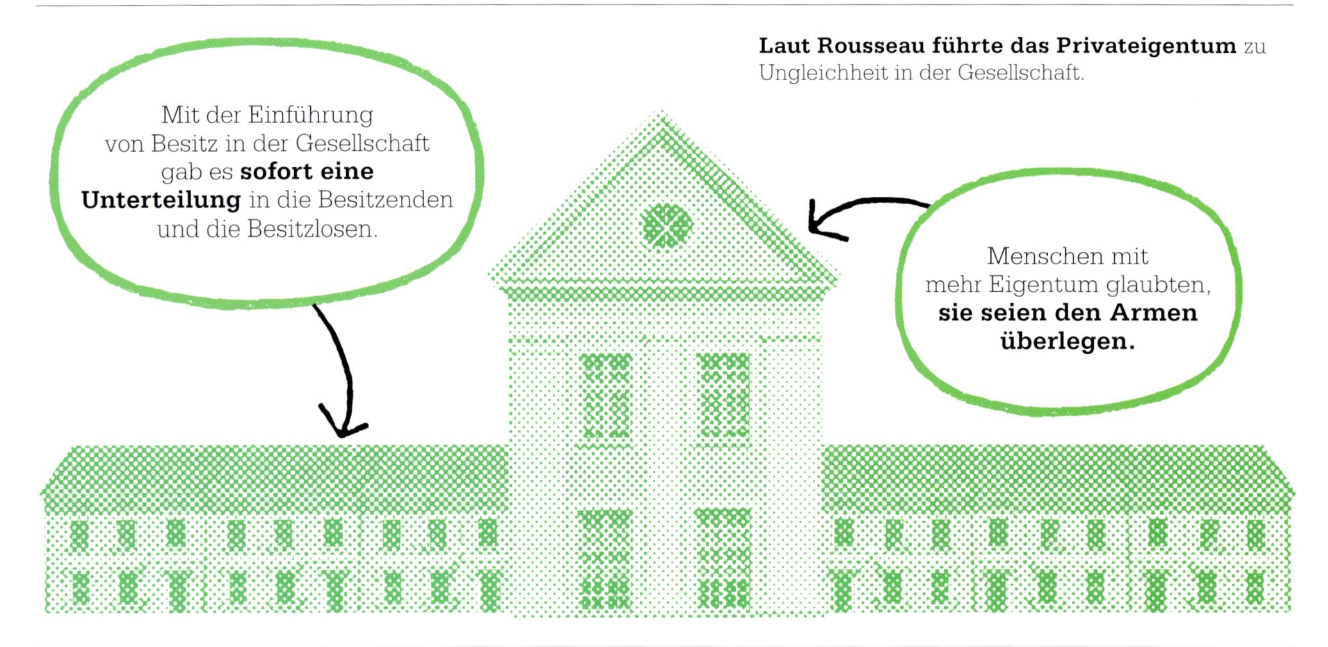

Laut Rousseau führte das Privateigentum zu Ungleichheit in der Gesellschaft.

würden: einer natürlichen Selbstliebe und dem Wunsch nach Selbsterhaltung sowie dem Mitgefühl für ihre Mitmenschen. Die Kombination dieser Prinzipien stelle sicher, dass die Menschheit sich fortpflanze, Generation für Generation, in einem tierähnlichen Zustand. Diese glücklichen Lebensumstände würden erst durch die bürgerliche Gesellschaft brutal beendet, insbesondere durch das Privateigentum. Denn damit, so sah es Rousseau, war eine Ungleichheit zwischen Besitzenden und Besitzlosen entstanden, die es vorher nicht gegeben hatte. Diese sei gleichzeitig die Grundlage weiterer Trennungen innerhalb der Gesellschaft – zwischen Herren und Sklaven und innerhalb der Familien. Das Privateigentum setze den Mechanismus in Gang, der die natürliche zur zerstörerischen Selbstliebe mache, die sich auch als Aggressionen gegen anderen äußere.

> »... denn der Antrieb des reinen Begehrens ist Sklaverei und der Gehorsam gegen das selbstgegebene Gesetz ist Freiheit.«
>
> **Jean-Jacques Rousseau**

Rousseau erklärte das so: Indem es den Menschen möglich war zu besitzen und zu erwerben, konnten sie sich anderen gegenüber einstufen, und zwar anhand des materiellen Reichtums. Die bürgerliche Gesellschaft war das Ergebnis von Trennung und Konflikt, sie zerstörte die natürliche Harmonie.

Der Verlust der Freiheit

Diese Argumentation liegt Rousseaus Werk *Vom Gesellschaftsvertrag* zugrunde, das 1762 erschienen ist. »Der Mensch ist frei geboren, und überall liegt er in Ketten«, schrieb er. Während Rousseaus frühere Schriften klar gegen die konventionelle Gesellschaft gerichtet waren, versuchte er mit dem *Gesellschaftsvertrag,* positive Impulse für die Politik zu liefern. Wie Hobbes und Grotius glaubte Rousseau, dass nur auf Basis eines Sozialvertrags eine souveräne Macht in der Gesellschaft entstehen kann. Die Menschen treten ihre Rechte freiwillig an eine Regierung ab, die dafür Sicherheit und Schutz bietet.

Hobbes ging davon aus, dass das Leben ohne Souverän die Menschheit in einen üblen Naturzustand zurückwirft. Indem sie auf einen Teil ihrer Freiheit verzichten – insbesondere auf Gewaltanwendung – und Gehorsam schwören, sichern die Menschen den Frieden. Der Herrscher kann Streitigkeiten beenden und Strafen durchsetzen. Dies stimmte jedoch nicht mit Rousseaus Vorstellungen überein. Ihm zufolge ist es einem Menschen unmöglich, seine Freiheit abzugeben, ohne damit Menschlichkeit und Moral zu zerstören. Ein Souverän kann keine absolute Autorität besitzen, weil ein freier Mensch sich nicht versklaven kann. Wird ein Herrscher etabliert, der dem Rest der Gesellschaft überlegen ist, wandelt sich die natürliche Gleichheit der Menschen in eine ständige politische Ungleichheit. Für Rousseau war Hobbes' Sozialvertrag der Versuch der Reichen, die Armen hinters Licht zu führen – anders könne man sie nicht bewegen, einem Zustand zuzustimmen, in dem der Sozialvertrag für Ungleichheit sorgt.

Die Gesellschaftsformen, die zur Zeit Rousseaus und zuvor existierten, waren laut ihm nicht aus dem Naturzustand entstanden. Vielmehr hatten sie sich entwickelt, so Rousseau, nachdem die Menschen den Naturzustand verlassen hatten und Eigentumsrechte etabliert worden waren. Gab es erst einmal Eigentumsrechte, musste es zwangsläufig zum Streit über deren Verteilung kommen. Die bürgerliche Gesellschaft und das Eigentum führten letztendlich zu Krieg.

Den Sozialvertrag revidieren

Rousseau schlug in *Vom Gesellschaftsvertrag* vor, diese trostlose Situation ins Gegenteil zu verkehren: Der Staat und die Gesellschaft waren für den Einzelnen eine Last und begrenzten seine natürliche Freiheit. Doch wenn die politischen Institutionen und die Gesellschaft effektiv organisiert würden, könnte die Freiheit mehr Raum gewinnen. Aus dem Sozialvertrag, der aus Angst vor der bösen Natur des Menschen geschrieben worden war, könnte eine Vereinbarung werden, die Hoffnung versprach. Im Naturzustand waren die Menschen frei, ihr einziges Ideal war die Bedürfnisbefriedigung. Differenzierte Wünsche konnten nur außerhalb des Naturzustands entstehen, in der bürgerlichen Gesellschaft, so Rousseau. Aus diesem Grund, folgerte er, musste ein neuer Sozialvertrag geschrieben werden.

Hobbes sah das Gesetz ausschließlich als Einschränkung an, für ihn konnte Freiheit nur ohne sie existieren. Dagegen argumentierte Rousseau, Gesetze könnten eine Erweiterung der menschlichen Freiheit sein – vorausgesetzt diejenigen, die ihnen unterworfen sind, haben es geschrieben. Er sah Freiheit innerhalb des Staates als möglich an, dazu müsste das Volk die Herrschaft übernehmen und innerhalb des Volkes Gleichheit herrschen. In Rousseaus neuer Welt waren Freiheit und Gleichheit kein Gegensatz.

Volkssouveränität

In *Vom Gesellschaftsvertrag* formulierte Rousseau viele Gedankenansätze, die in den folgenden Jahrhunderten die Entwicklung der politischen Linken prägten: die Überzeugung, dass Freiheit und Gleichheit zusammengehören und der Staat mit seinen Gesetzen die Gesellschaft verbessern kann –, »

Hobbes und Rousseau im Vergleich

	Im Naturzustand …	Der Sozialvertrag …	Freiheit …
Hobbes	… ist das Leben scheußlich, tierisch und kurz.	… ist nötig, um den Frieden zu garantieren und den Naturzustand zu beenden.	… kann nur in einem Zustand der Gesetzlosigkeit existieren.
Rousseau	… sind die Menschen zufrieden und glücklich.	… sorgt für Ungleichheit und zerstört die Menschlichkeit.	… kann innerhalb der gesetzlichen Grenzen entstehen.

Rousseau war nicht gegen Eigentum, solange es gerecht verteilt war. Er hielt eine kleine, landwirtschaftlich ausgerichtete Republik, in der alle Bürger Kleinbauern waren, für ideal.

und den Glauben an das Volk als Macht, die dem Staat seine Legitimität gibt. Obwohl Rousseau das Privateigentum massiv kritisierte, war er kein Sozialist. Er glaubte, dessen vollständige Abschaffung würde einen Konflikt zwischen Freiheit und Gleichheit auslösen, während eine einigermaßen gerechte Verteilung des Besitzes die Freiheit vergrößern würde. Später sprach er sich für eine Agrarrepublik aus Kleinbauern aus. Zu seiner Zeit waren Rousseaus Vorstellungen ausgesprochen radikal. Indem er dem Volk die Souveränität zusprach und das Thema Gleichheit aufbrachte, stellte er die Tradition des westlichen politischen Denkens infrage.

Ein neuer Vertrag

Für Rousseau war Volkssouveränität nicht gleich Demokratie. Er befürchtete, dass eine direkte demokratische Regierung mit einer Beteiligung aller Bürger besonders durch Korruption und Bürgerkrieg gefährdet sei. Stattdessen stellte er sich vor, dass die Souveränität in Volksversammlungen ausgeübt werden sollte, die Regierungsaufgaben an eine Exekutive delegieren könnten – über einen neuen Sozialvertrag oder eine Verfassung. Das souveräne Volk würde den »allgemeinen Willen« abbilden und damit für die öffentliche Zustimmung stehen. Die alltägliche Regierungsarbeit würde jedoch durch Entscheidungen getragen, die von einem »Einzelwillen« ausgehen. Und damit, so dachte Rousseau, sei es unvermeidbar, dass ein Konflikt zwischen dem Gemeinwillen und dem Einzelwillen entsteht – was der Korruption den Weg bereitet. In seinem Verständnis war dies typisch für seine Zeit: Anstatt kollektiv und souverän zu handeln, verzehrten sich die Menschen beim Verfolgen ihrer privaten Interessen. Sie spürten nicht die Freiheit der Volkssouveränität, sondern konzentrierten sich eher auf ihre privaten Interessen, sei es im Bereich der Kunst, der Wissenschaft oder der Literatur. Wie betäubt gingen die Menschen ihren Gewohnheiten nach und verhielten sich passiv.

Privater Wille gegen Gemeinwillen

Rousseau sah aber auch, dass sich der Gemeinwille, so wünschenswert er in der Theorie sein mochte, leicht nutzen lässt, um andere zu unterdrücken. Eine Hauptschwierigkeit besteht schon darin, festzustellen, was der allgemeine Wille überhaupt ist. Zweifelsohne können Einzelne oder eine Gruppe von Menschen ohne Weiteres behaupten, sie brächten den Gemeinwillen zum Ausdruck, obwohl es um einen

Jean-Jacques Rousseau

Jean-Jacques Rousseau wurde in Genf (Schweiz) geboren. Als Sohn eines freien Mannes durfte er wählen. Sein Leben lang schätzte er die liberalen Institutionen seiner Heimatstadt. Rousseau erbte eine große Bibliothek und las gern; eine formelle Bildung erhielt er nicht. Mit 15, als er Françoise-Louise de Warens kennenlernte, konvertierte er zum Katholizismus. Er musste ins Exil gehen und wurde enterbt.

Erst als er über 20 Jahre alt war, begann Rousseau, ernsthaft zu studieren. 1743 wurde er zum Sekretär des venezianischen Botschafters ernannt. Kurz darauf ging er nach Paris, wo er sich einen Ruf als Essayist erwarb. Als seine Bücher in Frankreich und Genf verboten wurden, floh er nach London, kehrte aber bald nach Frankreich zurück, wo er den Rest seines Lebens verbrachte.

Hauptwerke

1754 *Abhandlung über den Ursprung und die Grundlagen der Ungleichheit unter den Menschen*
1762 *Émile*
1782 *Vom Gesellschaftsvertrag*
1770 *Die Bekenntnisse*

Die Französische Revolution begann mit dem Sturm auf die Bastille am 14. Juli 1789. Die mittelalterliche Festung war ein Gefängnis und ein Symbol königlicher Macht.

» Wir sind einer Krise und dem Jahrhundert der Revolutionen nahe. «

Jean-Jacques Rousseau

Einzelwillen geht. Rousseau wollte das Volk zum Souverän machen, seine Ideen können jedoch ebenso als Grundlage für den Totalitarismus dienen. Welches totalitäre Regime hat nicht versucht, die »Unterstützung des Volkes« für sich zu beanspruchen?

Rousseau wollte mit seinen Ideen die Zersplitterung des Volkes verhindern, wie Machiavelli hielt er sie für schädlich für das Gemeinwesen. Doch ihm war bewusst, dass sich auch eine Tyrannei der Mehrheit entwickeln könnte, bei der unbeliebte Minderheiten unter denjenigen leiden, die den Gemeinwillen vertreten. Rousseaus Empfehlung zum Umgang mit diesem Dilemma: die Unvermeidbarkeit der Zersplitterung anerkennen und sie unendlich vervielfachen. Denn dann entstehen so viele »Einzelwillen«, dass keiner als Gemeinwille gelten kann, also keine Splittergruppe dominiert.

In Bezug auf das Thema direkte Revolte wurde Rousseau von seinen radikaleren Anhängern später so interpretiert: Staaten, die auf einem illegitimen Sozialvertrag und einem Betrug der Mächtigen beruhen, können den Gemeinwillen nicht zum Ausdruck zu bringen. Ihre Untertanen sind allein durch Unterordnung an sie gebunden, nicht durch eine gegenseitige Übereinkunft. Doch wenn es zwischen dem Herrscher und den Beherrschten keinen legitimen Sozialvertrag gibt, der tatsächlich die Volkssouveränität anerkennt und dies auch eindeutig formuliert, hat das Volk jedes Recht, seinen Herrscher abzusetzen. Rousseau selbst war allerdings bestenfalls mehrdeutig, was dieses Thema anging; er stand Gewalt und innerer Unruhe ablehnend gegenüber und verlangte Respekt für das bestehende Recht.

Verkörperung der Revolution

Rousseaus Glaube an die Souveränität des Volkes und an die Möglichkeit der Perfektionierung von Volk und Gesellschaft hatte enorme Auswirkungen. Während der Französischen Revolution nutzen die Jakobiner Rousseau als Aushängeschild, um ihren eigenen Glauben an eine vollständige egalitäre Umwandlung der französischen Gesellschaft nach außen darzustellen.

1794 wurde Rousseau im Panthéon in Paris als Nationalheld neu beigesetzt. Im Lauf der nächsten beiden Jahrhunderte diente sein Werk als Maßstab für alle, die die Gesellschaft radikal verändert sehen wollten, darunter beispielsweise Karl Marx.

Die Argumente gegen die Ideen Rousseaus haben zu den Entwicklungen sowohl im konservativen als auch im liberalen Denken beigetragen. 1791 machte Edmund Burke, einer der Begründer des modernen Konservatismus, Rousseau praktisch persönlich für die Französische Revolution und ihre Exzesse verantwortlich. Die radikalliberale Philosophin Hannah Arendt, die fast 200 Jahre später lebte, glaubte, die Fehler in Rousseaus Denken hätten dazu beigetragen, die Revolution von ihren liberalen Wurzeln zu entfernen. ■

KEIN ALLGEMEIN GÜLTIGER GRUNDSATZ DER GESETZGEBUNG KANN AUF DER GLÜCKSELIGKEIT BERUHEN

IMMANUEL KANT (1724–1804)

IM KONTEXT

IDEENLEHRE
Freiheit

SCHWERPUNKT
Persönliche Verantwortung

FRÜHER
380 v. Chr. Platon schreibt in *Der Staat*, das Hauptziel des Staates sei es, für die Glückseligkeit der Bürger zu sorgen.

1689 John Locke sagt in seiner *Zweiten Abhandlung über die Regierung*, durch einen »Sozialvertrag« würden die Menschen ihr Recht auf Selbstschutz an die Regierung abtreten.

SPÄTER
1851 Pierre-Joseph Proudhon vertritt die Ansicht, dass der Gesellschaftsvertrag zwischen Individuen geschlossen wird, nicht zwischen Individuen und Regierung.

1971 In seinem Buch *Eine Theorie der Gerechtigkeit* verbindet John Rawls Kants Vorstellung von Autonomie mit der Sozialwahltheorie.

Der deutsche Philosoph Immanuel Kant schrieb 1793 einen Aufsatz mit dem Titel »Über den Gemeinspruch: Das mag in der Theorie richtig sein, taugt aber nicht für die Praxis«. In diesem Jahr gingen bedeutende politische Veränderungen vor sich: George Washington wurde der erste Präsident der USA, die deutsche Stadt Mainz erklärte sich zur unabhängigen Republik und die französische Revolution erreichte mit der Hinrichtung von König Ludwig XVI. und Marie Antoinette ihren Höhepunkt. In seinem Aufsatz untersuchte Kant unter

Siehe auch: Platon 34–39 ▪ Thomas Hobbes 96–103 ▪ John Locke 104–109 ▪ Jean-Jacques Rousseau 118–125 ▪ Jeremy Bentham 144–149 ▪ John Rawls 298–303

Glückseligkeit wird von verschiedenen Menschen **auf unterschiedliche Weise** gewonnen und wahrgenommen.

Das bedeutet, dass sie **nicht dazu dienen** kann, **feste Prinzipien** aufzustellen, die für jeden gelten.

Weil **Gesetze für alle gelten** und ein Ausdruck des Gemeinwillens sein müssen …

… kann kein allgemein gültiger Grundsatz der Gesetzgebung auf der Glückseligkeit beruhen.

anderem, was eine Regierung legitimiert. Dieses Thema war buchstäblich zu einer Frage auf Leben und Tod geworden.

Kant griff auf eine 2000 Jahre alte Position des griechischen Philosophen Platon zurück, als er sagte, die Glückseligkeit sei keine Grundlage für die Gesetzgebung. Niemand könne – oder solle – versuchen, zu definieren, was die Glückseligkeit eines anderen ausmacht. Daher könne eine Regel, die auf der Glückseligkeit beruht, nicht konsequent angewandt werden. Kant schrieb: »Denn ... der sehr einander widerstreitende und dabei immer veränderliche Wahn, worin jemand seine Glückseligkeit setzt …, macht alle festen Grundsätze unmöglich und zum Prinzip der Gesetzgebung für sich allein untauglich.« Entscheidend war für Kant vielmehr, dass der Staat für die Freiheit der Menschen innerhalb des Gesetzes sorgt: »… ein jeder darf seine Glückseligkeit auf dem Wege suchen, welcher ihm selbst gut dünkt, wenn er nur der Freiheit anderer, einem ähnlichen Zwecke nachzustreben … nicht Abbruch tut.«

Kant dachte auch darüber nach, was geschehen würde, wenn die Menschen im Naturzustand leben würden, frei, den eigenen Wünschen nachzugehen. Das Hauptproblem sah er in den widerstreitenden Interessen. Was wäre beispielsweise zu tun, wenn ein Mensch einfach in das Haus nebenan einzieht, den Bewohner hinauswirft, und kein Gesetz ihn aufhalten kann? Kant glaubte, dass im Naturzustand Anarchie walte: Streitigkeiten könnten nicht friedlich geregelt werden. Deshalb gäben die Menschen den Naturzustand bereitwillig auf, um sich öffentlichem und rechtlichem Zwang zu unterwerfen. Kant folgte damit den Gedanken des englischen Philosophen John Locke.

Die Zustimmung aller

Kant betonte, dass sich die Regierung bewusst sein müsse, dass sie nur aufgrund der Zustimmung des »

König Ludwig XVI. von Frankreich wurde 1793 hingerichtet. Für Kant war die Französische Revolution eine Warnung an alle Regierungen, sich für das Wohlergehen aller Menschen einzusetzen.

gesamten Volkes regiert. Für ihn war damit klar, dass kein Einzelner aus der Bevölkerung gegen ein vorgeschlagenes Gesetz sein kann: »Ist nämlich dieses so beschaffen, dass ein ganzes Volk *unmöglich* dazu seine Einstimmung geben *könnte*, so ist es nicht gerecht; ist es aber *nur möglich*, dass ein Volk dazu zusammen stimme, so ist es Pflicht, das Gesetz für gerecht zu halten.«

Diese Vorstellung enthält eine wichtige Maßgabe für Bürger und Regierung: Wenn eine Regierung ein Gesetz verabschiedet, das eine Person für falsch hält, besteht dennoch die moralische Pflicht, ihm zu gehorchen. Vielleicht denkt jemand, es sei falsch, Steuern zu zahlen, weil die Regierung damit einen ungerechten Krieg finanziert; derjenige darf aber seine Steuern nicht deshalb einbehalten. Immerhin ist es *möglich*, dass der Krieg notwendig ist.

Nach Kant haben die Untertanen eine Pflicht, dem Gesetz zu gehorchen, aber auch eine individuelle Verantwortung für ihre moralischen Entscheidungen. Er spricht in diesem Zusammenhang vom »kategorischen Imperativ«: Jeder Mensch sollte nur Regeln oder Maximen folgen, von denen er glaubt, sie könnten für alle gelten. Jeder Mensch, so Kant, sollte sich wie ein Gesetzgeber verhalten, und zwar bei jeder moralischen Entscheidung, die er trifft.

> »Niemand kann mich zwingen, auf seine Art glücklich zu sein.«
>
> **Immanuel Kant**

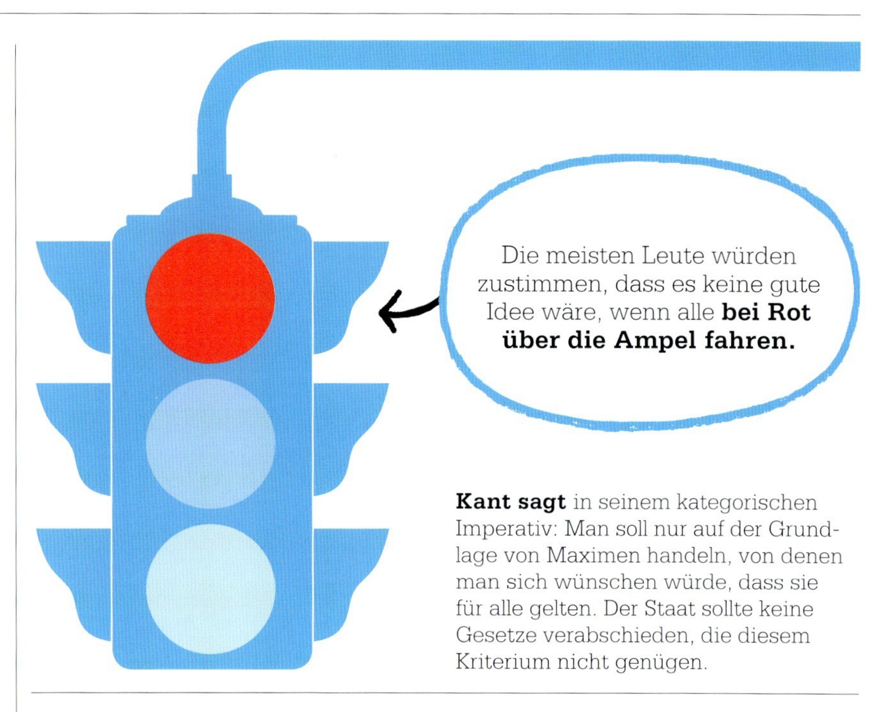

Kant sagt in seinem kategorischen Imperativ: Man soll nur auf der Grundlage von Maximen handeln, von denen man sich wünschen würde, dass sie für alle gelten. Der Staat sollte keine Gesetze verabschieden, die diesem Kriterium nicht genügen.

Der Wille des Volkes

Das Kernstück von Kants Philosophie – anwendbar sowohl auf Moral als auch auf Politik – ist die Vorstellung der Autonomie. Der menschliche Wille ist völlig unabhängig und muss so sein. Freiheit besteht nicht in der Entbindung von Verpflichtungen durch ein Gesetz, sondern in der Bindung durch Gesetze, die man selbst geschaffen hat. Die Verbindung zwischen Moral und staatlichem Recht ist unmittelbar: Beide sind legitim, weil sie auf den rationalen Wünschen der Menschen beruhen. Der Gesellschaftsvertrag ist eine »Koalition jedes besonderen und Privatwillens in einem Volk zu einem gemeinschaftlichen und öffentlichen Willen«. Staatliche Gesetze müssen im Wortsinn dem Willen des Volkes entsprechen. Wenn wir also zugestimmt haben, regiert zu werden, müssen wir auch jedem Gesetz zustimmen, das die Regierung verabschiedet. Entsprechend gilt, dass die Gesetze einer externen Regierung, etwa einer Besatzungs- oder Kolonialmacht, keine Legitimität haben.

Kant befasst sich auch damit, ob es die Aufgabe der Regierung ist, die Glückseligkeit des Volkes zu befördern. Weil nur der Einzelne entscheiden kann, was ihn glücklich macht, muss jede Gesetzgebung, die das Los der Menschen verbessern will, auf deren Wünschen beruhen, nicht darauf, was die Regierung für gut für sie hält. Und die Regierung sollte den Einzelnen auch nicht dazu anhalten, andere Menschen glücklich zu machen. Sie kann beispielsweise niemanden dazu zwingen, seine Großmutter regelmäßig zu besuchen, auch wenn es für die allgemeine Glückseligkeit im Land gut wäre, wenn Großmütter allgemein angemessen gewürdigt würden.

Ein Staat ohne Glückseligkeit?

In manchen Kommentaren ist die Rede davon, dass Kant glaubte, die Glückseligkeit solle im Denken der

» Habe Mut, dich deines eigenen Verstandes zu bedienen. «

Immanuel Kant

Regierung gar keine Rolle spielen. Dann würde der Staat nichts anderes tun, als seine Bürger physisch zu schützen. Er hätte nichts mit Bildung zu tun, mit dem Bau von Krankenhäusern und Museen, mit Straßen und Eisenbahnen oder überhaupt mit dem Wohl der Menschen. Diese Position mag logisch klingen, aber sie ist kein Rezept für einen Staat, in dem wir gern leben würden.

Dennoch haben Denker in den letzten 50 Jahren diese Interpretation als Argumentationsgrundlage benutzt, wenn es um die Privatisierung staatlicher Industriezweige oder den Abbau der Sozialsysteme ging: Es sei ein Eingriff in die Freiheit des Einzelnen, von einem Menschen zu erwarten, dass er für die Glückseligkeit anderer Menschen Steuern zahle. Andere halten das für ein Missverständnis in Bezug auf die Position Kants. Sie legen dar, dass Kant nicht sagte, die Beförderung der Glückseligkeit solle im Denken des Staates keine Rolle spielen; vielmehr könne die Glückseligkeit nicht das einzige Kriterium sein. Außerdem hat Kant darauf hingewiesen, dass als Voraussetzung für die Glückseligkeit der Menschen zunächst eine solide Verfassung etabliert werden muss, in der die Rolle des Staates beschrieben ist.

Rechte und Glückseligkeit

Zwei Jahre vor seiner *Kritik der Urteilskraft* schrieb Kant in einem Aufsatz mit dem Titel *Zum ewigen Frieden*, Regierungen hätten eine doppelte Pflicht: Sie müssten die Rechte und Freiheiten des Volkes schützen und sie sollten die Glückseligkeit der Menschen befördern, solange sie dabei die Rechte und Freiheiten der Menschen nicht einschränken. In den letzten Jahren ist häufiger die Frage aufgetaucht, ob Regierungen, die stärker von der engeren Interpretation der kantischen Vorstellung beeinflusst sind, zu sehr auf Wirtschaft und Gerechtigkeit schauen und die Glückseligkeit außer Acht lassen. Als Reaktion darauf hat beispielsweise der ehemalige französische Präsident Nicolas Sarkozy im Jahr 2008 von einer Kommission unter Leitung von Joseph Stiglitz einen Bericht über das Wohlergehen seines Landes angefordert. ■

Mit der Intervention in Afghanistan sind viele Menschen in Europa und Amerika nicht einverstanden. Das gibt nach Kant dem Einzelnen aber nicht das Recht, Steuern zurückzubehalten.

Immanuel Kant

Der deutsche Philosoph Immanuel Kant wurde in Königsberg (Preußen) geboren (das heutige Kaliningrad in Russland). Dort verbrachte er sein Leben. Als viertes von neun Kindern lutherischer Eltern besuchte er eine lutherische Schule, wo er die lateinische Sprache lieben lernte. Die religiöse Innerlichkeit lag ihm jedoch weniger. Mit 16 Jahren begann er, Theologie zu studieren, ließ sich aber bald von der Philosophie, der Mathematik und der Physik faszinieren.

Kant arbeitete 15 Jahre lang als unbezahlter Privatdozent an der Universität von Königsberg, ehe er im Alter von 46 Jahren Professor für Logik und Metaphysik wurde. Internationale Anerkennung gewann er mit der Veröffentlichung seiner Kritiken. Kant lehrte sein Leben lang. Viele Menschen halten ihn für den größten Denker des 18. Jahrhunderts.

Hauptwerke

1781 *Kritik der reinen Vernunft*
1788 *Kritik der praktischen Vernunft*
1793 *Kritik der Urteilskraft*

DIE LEIDENSCHAFTEN VON EINZELPERSONEN SOLLTEN UNTERDRÜCKT WERDEN

EDMUND BURKE (1729–1797)

IM KONTEXT

IDEENLEHRE
Konservatismus

SCHWERPUNKT
Politische Tradition

FRÜHER
1688 Jakob II. tritt auf Drängen der Landbesitzer zurück (»Glorreiche Revolution«).

1748 Montesquieu betont, die Freiheit in England besteht wegen des Machtgleichgewichts zwischen den verschiedenen Gesellschaftsbereichen.

SPÄTER
1790/91 Paines *Die Rechte des Menschen* und Wollstonecrafts *Verteidigung der Frauenrechte* widersprechen den Vorstellungen in Burkes Werken.

1867–1894 Marx behauptet in *Das Kapital*, der Umsturz des Status quo sei unumgänglich.

1962 Michael Oakeshott betont die Bedeutung der Tradition in öffentlichen Institutionen.

Der britische Staatsmann und politische Theoretiker Edmund Burke verfasste 1790 eine frühe Kritik der Französischen Revolution. In seiner Schrift mit dem Titel *Reflections on the Revolution in France* geht es darum, dass die Leidenschaften des Einzelnen das politische Urteilsvermögen nicht trüben dürfen.

Als die Revolution begann, war Burke zunächst überrascht, aber nicht allzu kritisch. Die Grausamkeit der Aufständischen schockierte ihn einerseits, andererseits bewunderte er ihren revolutionären Geist. Als Burke seine Streitschrift schrieb, hatte die Revolution an Kraft gewonnen: Nahrungsmittel waren knapp

Siehe auch: Jean-Jacques Rousseau 118–125 ▪ Thomas Paine 134–139 ▪ Thomas Jefferson 140–141 ▪ G.W.F. Hegel 156–159 ▪ Karl Marx 188–193 ▪ Wladimir I. Lenin 226–233 ▪ Michael Oakeshott 276–277 ▪ Michel Foucault 310–311

und es gab Gerüchte, König und Aristokratie wollten den dritten Stand (das rebellierende Volk) niederwerfen. Bauern erhoben sich gegen ihre Herren, die ihnen – aus Angst um ihr Leben – mit einer »Erklärung der Menschen- und Bürgerrechte« die Freiheit gewährten. Darin wurde bestätigt, dass alle Menschen »natürliche Rechte« auf Freiheit, Besitz und Sicherheit hätten – und das Recht, gegen Unterdrückung Widerstand zu leisten.

Der König lehnte es jedoch ab, die Erklärung zu unterzeichnen, und am 5. Oktober 1789 marschierten die Pariser nach Versailles, um sich den Bauern anzuschließen und den König und seine Familie zur Rückkehr nach Paris zu zwingen. Für Burke gingen sie damit einen Schritt zu weit; er verfasste sein kritisches Pamphlet, das seither als klassische Ablehnung revolutionärer Bestrebungen gilt.

Die Regierung als Organismus

Burke war ein Whig, Mitglied einer Partei, die sich für den Fortschritt in der Gesellschaft einsetzte – im Gegensatz zur Tory-Partei, die den Status quo aufrechterhalten wollte. Er sprach sich für die Emanzipation der Katholiken in England und die Unabhängigkeit Indiens von der korrupten Ostindien-Kompanie aus. Anders als andere Whigs hielt er jedoch die Regierung für unantastbar. In seinen *Reflections* argumentiert er, die Regierung sei wie ein lebendiges Wesen, sie habe Vergangenheit und Zukunft. Es sei unmöglich, sie umzubringen und neu zu beginnen, wie es die Revolutionäre in Frankreich forderten. In ihren Einzelheiten – vom Benehmen des Monarchen bis zum tradierten Verhalten der Aristokratie – hat sie sich über Generationen entwickelt und niemand versteht, wie alles im Einzelnen funktioniert. Die herrschende Klasse ist so sehr daran gewöhnt zu regieren, dass sie kaum noch darüber nachdenken muss, so sah Burke die Situation. Jeden, der glaubte, er könne mithilfe seiner Vernunft die Gesellschaft zerstören und eine bessere aufbauen, bezeichnete er als arrogant und dumm.

Abstrakte Rechte

Vor allem verurteilte Burke die Vorstellung der Aufklärung vom Naturrecht. Das mag in der Theorie alles schön und gut sein, argumentierte er, aber genau hier liegt das Problem: Die abstrakte Perfektion der »

John Bull wird vom Teufel am Baum der Freiheit in Versuchung geführt. Zur Zeit Burkes herrschte große Angst, dass die Französische Revolution auf England übergreift.

Die Regierung ist eine **Erfindung der Menschen,** um die menschlichen Bedürfnisse in der Gesellschaft zu regeln.

↓

Aber manche menschlichen Bedürfnisse und Wünsche **widersprechen** denjenigen anderer Menschen.

↓

Die Regierung muss **Urteile** fällen, um zu einem möglichst **gerechten Ergebnis** zu gelangen.

↓

Die Leidenschaften von Einzelpersonen sind den Gesetzen der Regierung unterworfen.

natürlichen Rechte des Menschen wird in der Praxis zum Makel. Außerdem hat für Burke das theoretische Recht auf ein Gut oder eine Dienstleistung keinerlei Nutzen, solange es unmöglich ist, das Gewünschte zu erlangen. Nach ihm können Menschen endlos Rechte für sich beanspruchen. In der Realität geht es einfach um das, was die Menschen wollen, und es ist die Aufgabe der Regierung, zwischen den verschiedenen Bedürfnissen der Menschen zu vermitteln.

Burke meint, dass es ein fundamentales Gesetz jeder bürgerlichen Gesellschaft sei, dass kein Mensch in eigener Sache Richter sein sollte. Wer in einer freien und gerechten Gesellschaft leben wolle, müsse das Recht aufgeben, über viele Dinge zu bestimmen, die er für unverzichtbar hält. Seine Forderung, dass die Leidenschaften des Einzelnen unterdrückt werden sollten, beinhaltete, dass die Gesellschaft den widerspenstigen Willen des Einzelnen zum Wohl der Mehrheit kontrollieren müsse. Denn wenn jeder sich benehmen könne, wie er wolle, führe das zum Chaos. Laut Burke müsste nicht nur der Einzelne, sondern auch die Masse »durch eine von ihnen geschaffene Macht« gebändigt werden. Um die Rolle des Schiedsrichters erfüllen zu können, sei ein tiefes Wissen über die menschliche Natur und die menschlichen Bedürfnisse nötig. Dies alles sei so komplex, dass theoretische Rechte in diesem Zusammenhang nur störend wirkten.

Gewohnheit und Vorurteil

Burke war skeptisch, was individuelle Rechte einging; er sprach sich für Überlieferung und Gewohnheit aus. Die Regierung betrachtete er als Erbe, das sicher in die Zukunft getragen werden müsse. Und er unterschied zwischen der »Glorreichen Revolution« in England und dem fortdauernden Aufruhr in Frankreich: Bei der englischen Revolution von 1688 ging es darum, den Status quo aufrechtzuerhalten. In Frankreich dagegen sollte eine neue Regierung geschaffen werden, die Burke mit Schrecken und Entsetzen erfüllte.

Den König und das Parlament zu respektieren und dem Herrscher blind zu folgen, das sah Burke als eine Art »Grundkapital der Nationen und der Zeitalter« an. Er glaubte, das irrationale Vorurteil sei der wechselhaften Vernunft des Einzelnen deutlich überlegen: Es handele sich um eine automatische Reaktion in Notsituationen, wenn der rational denkende Mensch noch zögert. Das Ignorieren tradierter Gewohnheiten könne verhängnisvolle Folgen haben, warnte Burke. Wer unter diesen Umständen neu in das politische Geschäft eintritt, sei nicht in der Lage, eine bestehende Regierung weiterzuführen oder eine neue aufzubauen. Ein allumfassendes Chaos wäre das Ergebnis.

> » [Der Gesellschaftsvertrag besteht] zwischen denjenigen, welche leben, denen, welche gelebt haben, und denen, welche noch leben sollen. «
>
> **Edmund Burke**

Edmund Burkes Revolution

Weil Burke den Terror der Französischen Revolution und den Aufstieg

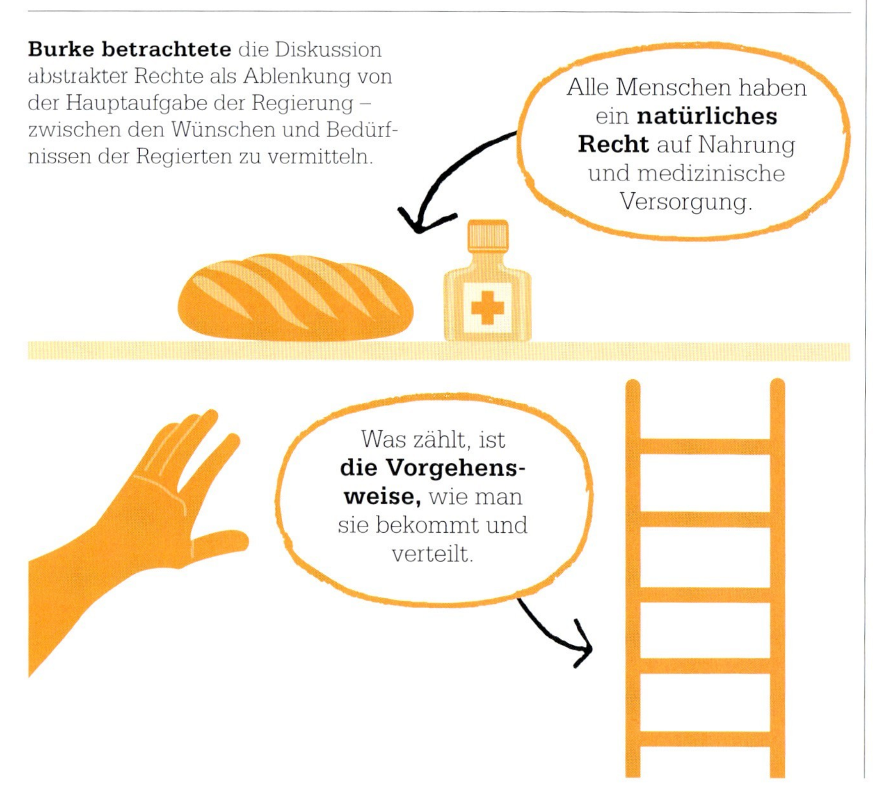

Burke betrachtete die Diskussion abstrakter Rechte als Ablenkung von der Hauptaufgabe der Regierung – zwischen den Wünschen und Bedürfnissen der Regierten zu vermitteln.

Napoleon Bonaparte gelangte im Jahr 1799 an die Macht. Damit erfüllte sich Edmund Burkes Voraussage von 1790, dass auf die Revolution in Frankreich eine Diktatur folgen würde.

Napoleon Bonapartes vorausgesagt hatte, galt er als Prophet. Seine Argumente waren attraktiv für die politische Rechte und zugleich eine Überraschung für die politische Linke. Thomas Jefferson, der als US-Diplomat in Frankreich lebte, schrieb: »Die Revolution in Frankreich erstaunt mich weniger als die Revolution in Mr. Burke.« In England schrieb Thomas Paine sofort *Die Rechte des Menschen* (1791), um Burke wegen seiner Argumentation gegen das Naturrecht anzugreifen.

Die Macht des Eigentums

Burke glaubte, die Stabilität der Gesellschaft werde durch das ererbte Eigentum der landbesitzenden Aristokratie gestützt. Nur die reichen Landbesitzer hätten die Macht, das Eigeninteresse und das politische Geschick, um die Monarchie zu kontrollieren. Außerdem diene ihr großer Landbesitz als natürlicher Schutz für die weniger großen Besitzungen im Umfeld. Auf jeden Fall, so sah es Burke, würde eine Umverteilung des Besitzes von den Wenigen zu den Vielen so gut wie keinen Nutzen bringen.

Obwohl Napoleon am Ende geschlagen wurde, lagen Burkes Vorstellungen denjenigen am Herzen, die Angst vor den weiteren Revolutionen hatten, die sich in Europa abspielten. Burkes Plädoyer für den Fortbestand von Regierung und Gesellschaft erschien als Zeichen geistiger Gesundheit in einer vom Wahnsinn geprägten Welt. Doch für Karl Marx und viele andere war Burkes Verteidigung der Ungleichheit nicht akzeptabel. Burke hatte sich überzeugend für die Bewahrung der Tradition eingesetzt. Seinen Kritikern zufolge führte das allerdings zur Verteidigung von Gesellschaften, in denen die Mehrheit der Menschen ihr Leben in Knechtschaft verbringen müssen. Für sie bestünde keine Aussicht auf ein Mitspracherecht im Hinblick auf ihre Zukunft. Und Burkes Akzeptanz des Vorurteils könnte als Argument für blinde Bigotterie dienen. Seine Forderung, die Leidenschaften des Einzelnen müssten unterdrückt werden, ist eine potenzielle Rechtfertigung für Zensur und die Verfolgung Andersdenkender. ■

» Der große Feudalherr [schuf] ein ungleich größeres Proletariat durch gewaltsame Verjagung der Bauernschaft von dem Grund und Boden. «

Karl Marx

Edmund Burke

Edmund Burke wurde 1729 in Dublin (Irland) geboren und wuchs als Protestant auf. Er begann eine Ausbildung zum Rechtsanwalt, betätigte sich aber schon bald als Schriftsteller. Im Jahr 1756 veröffentlichte er *A Vindication of Natural Society,* eine Satire auf die religiösen Ansichten des Tory-Führers Lord Bolingbroke. Bald darauf wurde er Privatsekretär von Lord Rockingham, dem Premierminister der Whig-Partei.

1774 wurde Burke Mitglied des Parlaments. Später verlor er seinen Sitz wegen seiner Ansichten zur Katholikenemanzipation. Sein Kampf für die Abschaffung der Todesstrafe trug ihm den Ruf ein, progressiv zu denken. Doch seine Kritik an der Französischen Revolution führte zum Bruch mit dem radikalen Flügel der Whig-Partei. Heute erinnert man sich an ihn wegen seiner konservativen Philosophie.

Hauptwerke

1756 *A Vindication of Natural Society*
1770 *Thoughts on the Cause of the Present Discontents*
1790 *Reflections on the Revolution in France*

EIGENTUMS-RECHTE SIND BESONDERS HEIKEL

THOMAS PAINE (1737–1809)

IM KONTEXT

IDEENLEHRE
Republikanismus

SCHWERPUNKT
Allgemeines Wahlrecht für Männer

FRÜHER
508 v. Chr. In der attischen Demokratie haben alle männlichen Bürger das Wahlrecht.

1647 Ein radikaler Teil der *New Model Army* von Oliver Cromwell fordert das allgemeine Wahlrecht für Männer und das Ende der Monarchie.

SPÄTER
1839–1848 Die Chartisten, eine Reformbewegung in Großbritannien, fordern das Wahlrecht für Männer.

1871 Das frisch vereinigte Deutsche Reich gewährt Männern das allgemeine Wahlrecht.

1917–1919 Zum Ende des Ersten Weltkriegs ersetzen in ganz Europa Republiken die Monarchien.

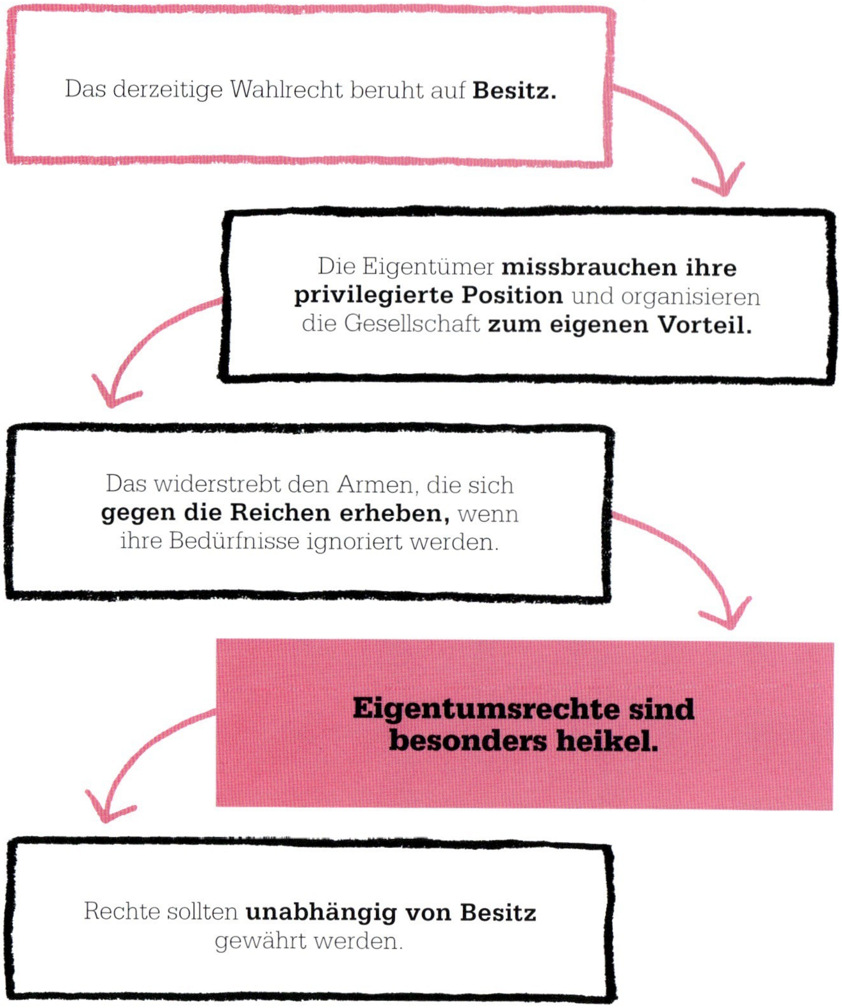

Das derzeitige Wahlrecht beruht auf **Besitz.**

Die Eigentümer **missbrauchen ihre privilegierte Position** und organisieren die Gesellschaft **zum eigenen Vorteil.**

Das widerstrebt den Armen, die sich **gegen die Reichen erheben,** wenn ihre Bedürfnisse ignoriert werden.

Eigentumsrechte sind besonders heikel.

Rechte sollten **unabhängig von Besitz** gewährt werden.

Die englische Revolution, die ihren Höhepunkt 1649 mit der Hinrichtung Karls I. erreicht hatte, ebbte gegen Ende des 17. Jahrhunderts ab. Die »Glorreiche Revolution« von 1688 hatte zur Wiederherstellung der Monarchie geführt, die jetzt dem Parlament untergeordnet war, sowie zur Stabilisierung des britischen Staates. Es gab keine schriftliche Verfassung; das kurze Experiment einer Republik unter Oliver Cromwell war vorbei. Die neue Regierung bestand aus einem korrupten und nicht repräsentativen Unterhaus, einem korrupten und nicht gewählten Oberhaus und einem Monarchen, der nominell immer noch das Staatsoberhaupt war.

Die *Bill of Rights* von 1689 war ein Kompromiss, der kaum jemanden zufriedenstellte, am wenigsten diejenigen, die davon ausgeschlossen waren: die Iren, die Katholiken und Nonkonformisten, die Armen und Handwerker, sogar die Mittelklasse und die Staatsbediensteten. Aus diesem Umfeld kam Thomas Paine, als er 1774 nach Amerika ging. Mit einer Reihe aufrührerischer und sehr populärer Flugschriften wollte er den Argumenten für Demokratie und Republikanismus aus Cromwells Zeiten wieder Leben einhauchen.

Eine Lanze für die Demokratie

In *Common Sense (Gesunder Menschenverstand)*, das 1776 anonym in Philadelphia publiziert wurde, plädierte Paine für einen radikalen Bruch der nordamerikanischen Kolonien mit dem britischen Weltreich und der konstitutionellen Monarchie. Wie Hobbes und Rous-

Siehe auch: Thomas Hobbes 96–103 ▪ John Locke 104–109 ▪ Jean-Jacques Rousseau 118–125 ▪ Edmund Burke 130–133 ▪ Thomas Jefferson 140–141 ▪ Oliver Cromwell 333 ▪ John Lilburne 333 ▪ George Washington 334

» Wenn wir Entwürfe für die Nachkommenschaft machen, so müssen wir nicht aus den Augen lassen, dass Tugend nicht erblich ist. «

Thomas Paine

seau meinte er, Menschen entwickelten mit der Zeit eine natürliche Zuneigung zueinander – so würde die Gesellschaft entstehen. Wenn die Beziehungen in Familien, unter Freunden oder im Handel komplexer würden, käme das Bedürfnis nach Regulierung auf. Nach Paine geht es dann so weiter, dass Gesetze verabschiedet werden und eine Regierung diese durchsetzt. Die Gesetze sollen die Interessen des Volkes berücksichtigen, aber es gibt zu viele Menschen, um kollektiv entscheiden zu können. Daher ist eine Demokratie nötig, es müssen Stellvertreter gewählt werden.

Demokratie, so Paine, ist die natürlichste Art und Weise, ein Gleichgewicht zwischen Gesellschaft und Regierung herzustellen. Wahlen dienen als regulierendes Instrument und sollen es der Gesellschaft erlauben, die Regierung so zu formen, wie es den sozialen Bedürfnissen entspricht. Institutionen wie die Monarchie sind laut Paine unnatürlich, weil die Erblichkeit nicht zur Gesellschaft passt und Monarchen im Eigeninteresse handeln können. Selbst in einer konstitutionellen Monarchie kann der Herrscher leicht größere Macht erringen und Gesetze umgehen. Paine glaubte, es sei besser, die Monarchie ganz und gar abzuschaffen.

Daraus folgte, dass Amerika in seinem Krieg mit dem britischen Weltreich alle Kompromisse im Hinblick auf die Monarchie ablehnen sollte. Nur bei völliger Unabhängigkeit könne eine demokratische Gesellschaft aufgebaut werden. Paines unmissverständlicher Ruf nach einer demokratischen Republik hatte, mitten im revolutionären Krieg gegen Großbritannien, unmittelbaren Erfolg. Paine kehrte 1787 nach England zurück, besuchte zwei Jahre später Frankreich und wurde zum Anhänger der Französischen Revolution.

Gedanken über die Revolution

Aus Frankreich zurückgekehrt, gab es in England ein böses Erwachen für Paine. Edmund Burke, einer der Begründer des modernen konservativen Denkens, hatte sich zuvor für das Recht der amerikanischen Kolonien auf Unabhängigkeit ausgesprochen. So hatten sich die beiden angefreundet, doch dann wandte sich Burke gegen die Französische Revolution. Er sah die Gesellschaft als organisches Ganzes, das nicht offen war für plötzliche Veränderungen. Die amerikanische Revolution und die »Glorreiche Revolution« in Großbritannien stellten nicht unbedingt seit Langem bestehende Rechte infrage, sondern korrigierten Fehler im System. Insbesondere stellten sie das Recht auf Eigentum nicht infrage. Doch in Frankreich sah die Situation ganz anders aus, Burke war damit nicht einverstanden.

Dieser Widerspruch veranlasste Paine, die eigene Position zu verteidigen. Er reagierte mit *Die Rechte* »

Die unaufmerksamen Richter in William Hogarths Bild *The Bench* von 1758 stehen für die Angehörigen einer unproduktiven, unfähigen und käuflichen Justiz, die sich nicht um gesellschaftliche Rechte schert.

Die französische Nationalversammlung hat ihre Wurzeln im Nationalkonvent der Französischen Revolution, der ersten regierenden Versammlung des Landes, die durch das allgemeine Wahlrecht für Männer zustande kam.

des Menschen, gedruckt Anfang 1791. Trotz offizieller Zensur wurde dieser Text zur bekanntesten englischen Verteidigungsschrift der Französischen Revolution. Paine trat für das Recht jeder Generation ein, ihre politischen und sozialen Institutionen neu zu gestalten, wie sie es für richtig hielt, ohne Rücksicht auf bestehende Autoritäten. Das Recht des Erbmonarchen war demgegenüber untergeordnet. Rechte, nicht Besitz wurden vererbt. Im zweiten Teil seiner Flugschrift, der 1792 veröffentlicht wurde, plädierte er für ein umfassendes Sozialprogramm. Ende des Jahres waren von beiden Teilen 200 000 Exemplare verkauft.

Der Monarchie ein Ende setzen

Paine drohte die Verfolgung durch den Staat, der Pöbel verbrannte Bilder von ihm, aber er ging noch einen Schritt weiter. Sein *Letter Addressed to the Addressers on the Late Proclamation* richtet sich gegen diejenigen, die die königliche Proklamation gegen »umstürzlerische Schmähung« veröffentlicht hatten. Mit ihr war das Schreiben und Drucken staatskritischer Texte verboten worden. Paine, der darin eine neue Form der Tyrannei sah, forderte einen gewählten Nationalkonvent, der England eine neue, republikanische Verfassung geben sollte. Das kam einem Aufruf zur Revolution gleich, mit dem französischen Nationalkonvent als Vorbild. Kurz vor der Veröffentlichung seines Briefs war Paine nach Frankreich zurückgekehrt; man befand ihn in Abwesenheit der »umstürzlerischen Schmähung« für schuldig.

Die Argumentation in Paines Text war kurz, richtete sich aber direkt gegen Burke.

Obwohl die *Bill of Rights* von 1689 Garantien im Hinblick auf die Rechte der Untertanen in einer konstitutionellen Monarchie enthielt, war ihr Missbrauch nicht ausgeschlossen. Paine legte einige der schlimmsten Korruptionsfälle offen, doch er wollte das System selbst verändern, denn indem es den ererbten Besitz verteidigte, leistete es der Korruption und dem Missbrauch Vorschub. Laut Paine war die Tyrannei der Regierung unter William Pitt das direkte Resultat ihrer Verteidigung des Eigentums. An der Spitze des Regimes stand ein Erbmonarch und das Parlament verteidigte Krone und Besitz. Eine Reform des korrupten Parlaments war ihm nicht genug: Das ganze System sollte umgestaltet werden, von oben nach unten.

Wenn das Wahlrecht auf Besitz beruht, entsteht ein Ungleichgewicht zwischen Arm und Reich, das zu Korruption und einem Machtmonopol führt.

Das allgemeine Wahlrecht für Männer sorgt für ein Gleichgewicht – in der Politik müssen die Rechte von Arm und Reich berücksichtigt werden.

» Wenn die Reichen die Armen ihrer Rechte berauben, so wird das ein Beispiel für die Armen, die Reichen ihres Eigentums zu berauben. «

Thomas Paine

Allgemeines Wahlrecht für Männer

Paine war davon überzeugt, dass die Souveränität nicht beim Monarchen liegen sollte, sondern beim Volk. Allein ihm stand das Recht zu, Regierung und Gesetze zu bestimmen. Das bestehende System bot keinen Mechanismus, mit dem das Volk die Regierung hätte absetzen können. Daher war es notwendig, so Paine, das System zu umgehen, indem eine neue Versammlung gewählt wurde – ein Nationalkonvent wie in Frankreich.

Paine zog dazu ein Argument Rousseaus heran, der gesagt hatte, dass der Gemeinwille des Volkes der Souverän sein sollte. Durch ein allgemeines Wahlrecht für Männer, so Paine, würde man die Delegierten des Konvents bestimmen, sie sollten dem Land eine neue Verfassung geben. In England war Besitz Voraussetzung, um das Wahlrecht auszuüben, dies sah Paine als Ursprung der Korruptheit im System an. Nur wenn die Rechte der Reichen und Armen gleichermaßen berücksichtigt würden, würden sich beide Gruppen respektieren und keiner den anderen übervorteilen.

Das reformerische Erbe

Paines kurze Flugschrift hatte nicht den gleichen Erfolg wie *Common Sense* und *Die Rechte des Menschen*, aber seine radikalen Argumente für eine Republik, für eine neue Verfassung und für einen Nationalkonvent mit den Stimmen aller Männer waren in den nächsten 50 Jahren die Kernforderungen der Reformer in Großbritannien. Ab den 1790er-Jahren verlangte die *London Corresponding Society* einen Nationalkonvent und die Chartisten der 1840er-Jahre hielten tatsächlich einen Nationalkonvent ab, was die Autoritäten völlig verunsicherte. Die Regelung, dass Besitz Voraussetzung für das Wahlrecht war, wurde schließlich 1867 durch den zweiten *Reform Act* abgeschafft.

In Amerika und Frankreich hatten Paines Vorstellungen die stärkste Wirkung. Und in den USA gilt er als einer der Gründerväter. Dort gewannen seine Schriften Tausende für die Sache der Demokratie und des Republikanismus. ■

Massenversammlung beim Chartistenkonvent in Kennington Common (London) am 10. April 1848. Gefordert wurden Reformen des Wahlrechts, wie Thomas Paine sie vorgeschlagen hatte.

Thomas Paine

Thomas Paine wurde in Thetford (England) geboren. 1774 emigrierte er nach Amerika, weil er seine Arbeit als Steuereintreiber verloren hatte. Auf Empfehlung von Benjamin Franklin wurde er Mitarbeiter einer Lokalzeitung in Pennsylvania.

Common Sense erschien 1776. In drei Monaten wurden 100 000 Exemplare verkauft – bei einer Bevölkerung von zwei Millionen Menschen. 1781 gelang es Paine und anderen, beim französischen König große Geldbeträge für die amerikanische Revolution auszuhandeln. 1790 kehrte er nach London zurück und schrieb *Die Rechte der Menschen*. Man bezichtigte ihn der umstürzlerischen Verleumdung. Er floh nach Frankreich und wurde dort in den Nationalkonvent gewählt. 1802 ging er auf Einladung von Präsident Jefferson nach Amerika zurück und starb sieben Jahre später in New York.

Hauptwerke

1776 *Common Sense*
1791 *Die Rechte des Menschen*
1792 *Letter Addressed to the Addressers on the Late Proclamation*

ALLE MENSCHEN SIND GLEICH ERSCHAFFEN

THOMAS JEFFERSON (1742–1826)

IM KONTEXT

IDEENLEHRE
Nationalismus

SCHWERPUNKT
Universelle Rechte

FRÜHER
1649 Der englische König Jakob I. wird verurteilt und hingerichtet, er hat gegen das öffentliche Interesse gehandelt.

1689 John Locke lehnt das Gottesgnadentum ab und sieht die Souveränität beim Volk.

SPÄTER
1789 In der Erklärung der Menschen- und Bürgerrechte, verkündet von der französischen Nationalversammlung, heißt es: »Die Menschen werden frei und gleich an Rechten geboren und bleiben es.«

1948 Die UN nimmt die Allgemeine Erklärung der Menschenrechte an.

1998 Ein DNA-Vergleich lässt vermuten, dass Jefferson die Kinder seiner Sklavin Sarah Hemings gezeugt hat.

Die amerikanische Unabhängigkeitserklärung ist einer der berühmtesten Texte in englischer Sprache. In ihr ist festlegt, dass alle Menschen ein Recht auf Leben, Freiheit und Glückseligkeit haben; noch heute bestimmt dies, was wir als ein gutes Leben ansehen.

Die Unabhängigkeitserklärung wurde während der amerikanischen Revolution entworfen, als sich 13 amerikanische Kolonien gegen die britische Krone erhoben. 1763 hatte Großbritannien eine Reihe von Kriegen gegen Frankreich gewonnen; nun wurden die Kolonien massiv besteuert, um die gewaltigen Kriegskosten auszugleichen. Im britischen Parlament saß kein einziger Abgeordneter aus den amerikanischen Kolonien. Proteste in Boston gegen Steuern ohne eine parlamentarische Vertretung führten zum militärischen Eingreifen Großbritanniens. Daraus entwickelte sich ein Krieg. 1774 verlangten die Kolonisten auf dem *First Continental Congress* ein eigenes Parlament. Im Jahr darauf, beim *Second Continental Congress*, wies König Georg III. ihre Forderung zurück – und sie verlangten die völlige Unabhängigkeit.

> »Der Gott, der uns das Leben schenkte, gab uns zugleich die Freiheit. Die Gewalt kann beide vernichten, aber nicht trennen.«
>
> **Thomas Jefferson**

Von der alten zur neuen Welt

Thomas Jefferson, Delegierter des *Second Continental Congress*, sollte eine Unabhängigkeitserklärung aufsetzen. Er war eine Schlüsselfigur der amerikanischen Aufklärung, die der Revolution voranging.

Die Kolonisten blickten auf die alte Welt und sahen absolute Monarchien und korrupte Oligarchien, die über ungleiche Gesellschaften herrschten und Kriege führten. Religiöse Toleranz und selbst kleine Freiheiten gab es nicht. Jefferson und andere Denker der neuen Welt wollten dies nicht, sie orientierten sich an Denkern wie John Locke,

Siehe auch: Hugo Grotius 94–95 ▪ John Locke 104–109 ▪ Jean-Jacques Rousseau 118–125 ▪ Thomas Paine 134–139 ▪ George Washington 334

Alle Menschen sind gleich erschaffen. Sie sind mit gewissen unveräußerlichen Rechten ausgestattet.

Das ererbte Herrschaftsrecht verletzt die unveräußerlichen Rechte der Menschen.

Nur eine **Republik ist vereinbar** mit den unveräußerlichen Rechten der Menschen.

Die **Kolonien müssen** mit der ererbten Herrschaft in Europa **brechen** und **unabhängige Republiken werden.**

der auf die natürlichen Rechte der Menschen verwies und auf die Notwendigkeit eines Sozialvertrags zwischen Regierung und Untertanen.

Zu Lockes Plädoyer für Privateigentum und Freiheit des Denkens fügte Jefferson den Republikanismus hinzu. Hier war er beeinflusst von Thomas Paine, dessen Flugschrift *Gesunder Menschenverstand* Anfang 1776 erschienen war. Die Unabhängigkeitserklärung war ein Bruch – nicht nur mit dem Kolonialismus, sondern mit der Erbfolgeherrschaft überhaupt. Die galt als unvereinbar mit der Vorstellung, dass »alle Menschen gleich erschaffen« sind, und als Verletzung ihrer »unveräußerlichen Rechte«.

Am 4. Juli 1776 wurde die Unabhängigkeitserklärung von Vertretern aus 13 Staaten unterzeichnet. Der vollständige Text strahlt noch heute seine ursprüngliche Kraft aus. Er trug seinen Teil zur Französischen Revolution bei und inspirierte Führer späterer Unabhängigkeitsbewegungen – von Gandhi bis Ho Chi Minh. ▪

Jefferson stellte den ersten Entwurf der Unabhängigkeitserklärung im Kongress vor. Die Endfassung wurde laut in den Straßen verlesen, man hoffte, Männer für den Kampf zu gewinnen.

Thomas Jefferson

Thomas Jefferson wurde in Shadwell (Virginia) geboren. Er war Plantagenbesitzer und später Rechtsanwalt; 1801 wurde er zum dritten Präsidenten der Vereinigten Staaten ernannt. Jefferson war Hauptverfasser der Unabhängigkeitserklärung im Juni 1776 und gilt als Schlüsselfigur der Aufklärung.

Als Pflanzer besaß er mehr als 100 Sklaven und bemühte sich, diese Position mit seiner Überzeugung von der Gleichheit der Menschen in Einklang zu bringen. Sein Text gegen die Sklaverei im Originalentwurf der Unabhängigkeitserklärung wurde vom Kongress gestrichen. Nach dem Sieg über Großbritannien 1783 wollte Jefferson die Sklaverei in der neuen Republik verbieten; dieses Vorhaben wurde im Kongress mit der Mehrheit von einer Stimme abgelehnt.

Als er 1808 sein Präsidentenamt verlor, blieb Jefferson im öffentlichen Leben aktiv. 1819 gründete er die Universität von *Virginia.* Er starb am 4. Juli 1826.

Hauptwerke

1776 *Unabhängigkeitserklärung*
1785 *Betrachtungen über den Staat Virginia*

JEDE NATION HAT IHREN MITTELPUNKT DER GLÜCKSELIGKEIT IN SICH

JOHANN GOTTFRIED HERDER (1744–1803)

IM KONTEXT

IDEENLEHRE
Nationalismus, Historismus

SCHWERPUNKT
Kulturelle Identität

FRÜHER
98 v. Chr. Der römische Senator Tacitus lobt in *Germania* die deutschen Tugenden.

1748 Montesquieu meint, der Charakter eines Volkes und das Wesen seiner Regierung spiegelten die klimatischen Bedingungen wider.

SPÄTER
1808 Der deutsche Philosoph Johann Fichte entwickelt im romantischen Nationalismus die Vorstellung vom »Volk«.

1867 Karl Marx kritisiert den Nationalismus als »falsches Bewusstsein«; er hindere die Menschen zu begreifen, dass sie etwas Besseres verdienen.

Menschen sind von den Orten **geprägt,** an denen sie aufwachsen, …

… weil eine gemeinsame Sprache und Landschaft zur Entstehung des **Volksgeistes** beitragen.

Dieser Volksgeist prägt eine Gemeinschaft und ihren **besonderen Nationalcharakter.**

Die Menschen brauchen die **Volksgemeinschaft,** um glücklich zu sein.

Jede Nation hat ihren Mittelpunkt der Glückseligkeit in sich.

Im Europa des 18. Jahrhunderts versuchten die Philosophen der Aufklärung, zu zeigen, wie die Vernunft die Menschen aus dem Aberglauben führen könne. Johann Herder allerdings war der Ansicht, dass eine Suche nach universellen Wahrheiten, die allein auf der Vernunft beruhten, nicht ausreicht. Denn sie vernachlässige den Umstand, dass die menschliche Natur abhängig von der kulturellen und physischen Umgebung variiert. Menschen brauchen ein Gefühl der Zugehörigkeit und ihre Sicht der Dinge wird von den Bedingungen beeinflusst, unter denen sie aufwachsen.

Der Volksgeist

Herder betrachtete die Sprache als entscheidend für das Selbstgefühl der Menschen. Die natürliche Gruppe sei daher das Volk – nicht unbedingt der Staat, sondern vielmehr die kulturell und sprachlich geeinte Nation mit gemeinsamen Bräuchen und einer nationalen Überlieferung. Aus dem Volksgeist, der aus der Sprache entstehe und die physikalischen Merkmale des Heimatlands widerspiegele, werde die Gemeinschaft zusammengeschweißt.

Siehe auch: Montesquieu 110–111 ▪ Giuseppe Mazzini 172–173 ▪ Karl Marx 188–193 ▪ Friedrich Nietzsche 196–199 ▪ Theodor Herzl 208–209 ▪ Marcus Garvey 252 ▪ Adolf Hitler 337

» Die Natur erzieht Familien; der natürlichste Staat ist also auch EIN Volk, mit EINEM Nationalcharakter. «

Johann Gottfried Herder

Menschen brauchen ihre Volksgemeinschaft, um glücklich zu sein. »Jede Nation hat ihren Mittelpunkt der Glückseligkeit in sich«, sagt Herder, »wie jede Kugel ihren Schwerpunkt [hat].« Werden Menschen aus ihrer gewohnten Umgebung herausgenommen, verlieren sie den Kontakt zu diesem Schwerpunkt und ihrer natürlichen Glückseligkeit. Herder warnte vor dem europäischen Kolonialismus, der nach einer Beherrschung geografischer Großräume trachtete und so die organische Einheit nationaler Kulturen als einzig wahre Grundlage einer Regierung gefährdete. »Nichts scheint also dem Zweck der Regierungen so offenbar entgegen, als die unnatürliche Vergrößerung der Staaten, die wilde Vermischung der Menschengattungen und Nationen unter einem Zepter.«

Aufstrebender Nationalismus

Herders Vorstellungen inspirierten den romantischen Nationalismus, der Europa im 19. Jahrhundert erfasste. Etliche Völker – von den Griechen bis zu den Belgiern – rangen um nationale Identität und Selbstbestimmung. Obwohl Herders Begriff der Nation keine chauvinistischen Züge aufweist, sondern eher als humanistischer Nationalismus charakterisiert werden kann, instrumentalisierten die Nationalsozialisten seine Ideen zum Nationalcharakter, um die NS-Ideologie in bürgerlichen und gebildeten Schichten zu verbreiten. Herders Idee eines nationalen Schwerpunkts lässt indes die Vielfalt der Ansichten und Kulturen innerhalb einer Nation unberücksichtigt. Seine Betonung einer nationalen Kultur vernachlässigt andere Einflüsse wie Wirtschaft, Politik und soziale Kontakte mit anderen Völkern, was seine Ansichten in der modernen, globalisierten Welt wenig überzeugend macht. ▪

Herders Nationalismus wurde von der Ideologie der Nationalsozialisten instrumentalisiert. Diese Broschüre von 1938 zeigt ein »arisches« Paar beim Volkstanz.

Johann Gottfried Herder

Herder wurde 1744 in Mohrungen (Preußen) geboren. Mit 17 studierte er bei Kant und wurde an der Universität von Königsberg von Johann Hamann betreut. Nach seinem Abschluss lehrte er in Riga, ehe er nach Paris und Straßburg reiste. Dort lernte er Goethe kennen, auf den er großen Einfluss hatte.

Die deutsche Romantik in der Literatur war zum Teil inspiriert von Herders Anspruch, die Dichter seien die Schöpfer der Nationen. Mit Goethes Hilfe erhielt Herder einen Posten am Hof von Weimar, wo er seine Ideen zu Sprache, Nationalität und Reaktion der Menschen auf die Welt entwickelte. Er begann Volkslieder zu sammeln, die den »Geist des deutschen Volkes« einfingen. Herder wurde durch den Kurfürsten von Bayern geadelt und hieß fortan »von« Herder. Er starb 1803 in Weimar.

Hauptwerke

1772 *Abhandlung über den Ursprung der Sprache*
1773 *Stimmen der Völker in Liedern*

DIE REGIERUNG HAT DIE WAHL ZWISCHEN MEHREREN ÜBELN

JEREMY BENTHAM (1748–1832)

IM KONTEXT

IDEENLEHRE
Utilitarismus

SCHWERPUNKT
Öffentliche Ordnung

FRÜHER
1748 Montesquieu behauptet in *Vom Geist der Gesetze*, dass die Freiheit in England durch das Gleichgewicht zwischen verschiedenen Teilen der Gesellschaft aufrechterhalten werde.

1748 David Hume meint, Gut und Schlecht ließen sich an ihrer Nützlichkeit bemessen.

1762 Jean-Jacques Rousseau argumentiert im *Gesellschaftsvertrag*, ein Gesetz, das nicht persönlich vom Volk gebilligt wurde, sei kein Gesetz.

SPÄTER
1861 John Stuart Mills warnt vor der »Tyrannei der Mehrheit« und stellt fest, dass der Staat nur in individuelle Freiheiten eingreifen sollte, wenn diese anderen schaden.

Die Vorstellung, dass eine Regierung bloß zwischen verschiedenen Übeln wählen kann, zieht sich durch das gesamte Werk des englischen Philosophen Jeremy Bentham: von 1769 an, als er ein junger Anwalt in der Ausbildung war, bis zum Ende seines Lebens 50 Jahre später, als er zu einer enorm einflussreichen Gestalt im europäischen politischen Denken geworden war.

Das Jahr 1769, so Bentham ein halbes Jahrhundert später, war »ein äußerst interessantes Jahr«. Damals las er die Werke von Philosophen wie Montesquieu, Beccaria und Voltaire – allesamt Vorreiter der kontinentalen Aufklärung. Aber es waren die Werke zweier britischer Autoren, David Hume und Joseph Priestley, die dem jungen Bentham die Erleuchtung brachten.

Glück und Moral

Hume schreibt in *Eine Untersuchung über den menschlichen Verstand* (1748), man könne das Gute vom Bösen anhand des Nutzens unterscheiden. Eine gute Eigenschaft sei nur wirklich gut, wenn sie gut genutzt wird. Das war dem klugen, nüchternen Anwalt Bentham zu ungenau. Er fragte sich, ob es nicht möglich sei, den Nutzen zum einzigen moralischen Wert zu erheben. Könnte man eine Handlungsweise nicht allein dadurch als gut oder nicht gut bewerten, welche Auswirkungen sie hat? Also danach, ob sie die Menschen glücklicher macht oder nicht?

Bentham fand, dass es, so betrachtet, bei aller Moral darum geht, Glückseligkeit herzustellen und Leid zu vermeiden. Jede andere Beschreibung macht die Sache unnötig kompliziert oder, schlimmer noch, verschleiert die Wahrheit. Religionen tun das häufig, sagte Bentham, aber das gilt laut ihm auch für politische Idealisten, die Menschenrechte einfordern und dabei übersehen, dass es eigentlich darum geht, glücklich zu sein. Dies gilt, so Bentham, nicht nur auf der persönlichen moralischen, sondern auch auf der öffentlichen politischen Ebene. Alle Männer und Frauen, die guten Willens sind, können mit ein und demselben Ziel, der Glückseligkeit, zusammenwirken.

Was also ist ein glückbringendes, nützliches Resultat? Bentham war Realist und akzeptierte, dass

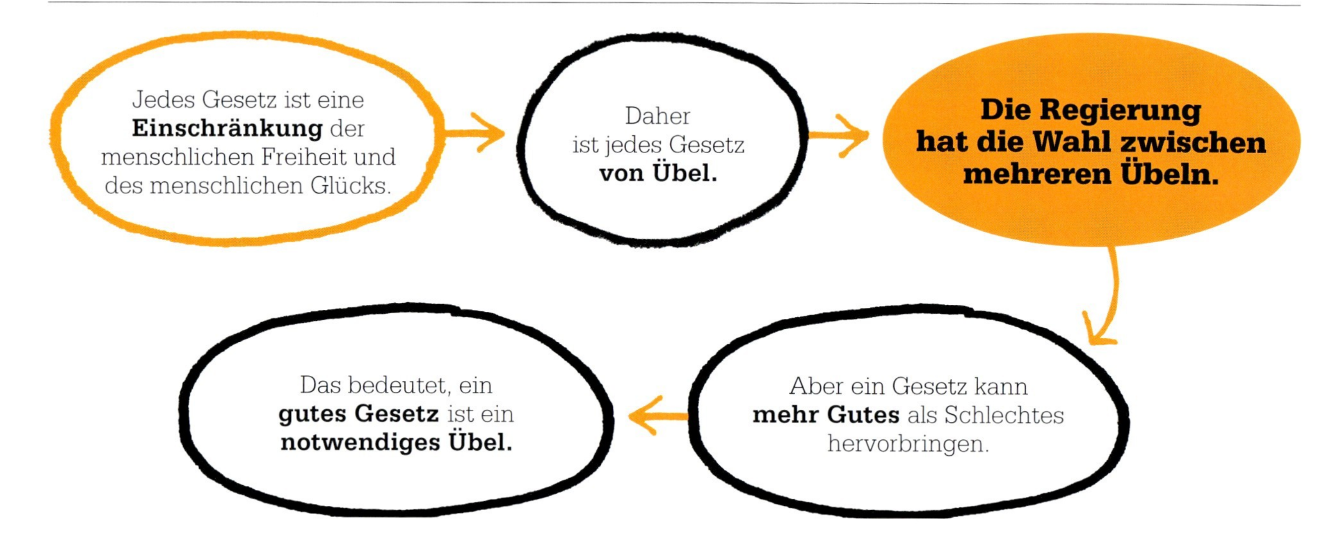

Siehe auch: Jean-Jacques Rousseau 118–125 ▪ Immanuel Kant 126–129 ▪ John Stuart Mill 174–181 ▪ Friedrich von Hayek 270–275 ▪ John Rawls 298–303

selbst die beste Handlungsweise neben dem Guten etwas Schlechtes mit sich bringt. Alles Handeln einer Regierung wirke sich zum Vorteil einiger Menschen aus, aber zum Nachteil anderer. Bentham zufolge ist eine Handlungsweise gut, wenn sie mehr Freude als Schmerz verursacht.

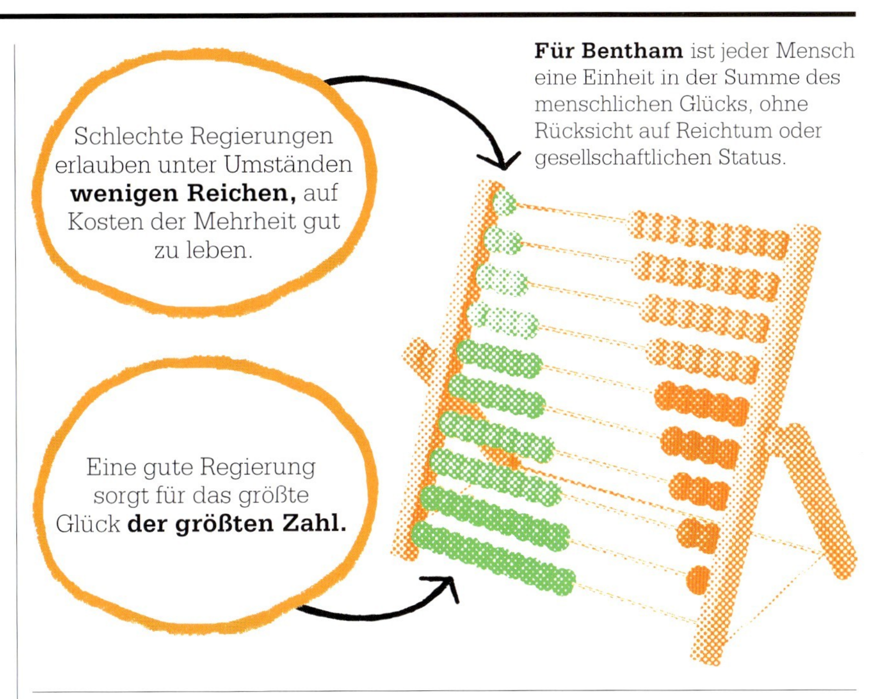

Für Bentham ist jeder Mensch eine Einheit in der Summe des menschlichen Glücks, ohne Rücksicht auf Reichtum oder gesellschaftlichen Status.

Das größte Glück

Priestleys *Essay on the First Principles of Government* (1768) war 1769 die zweite große Offenbarung für Bentham. Aus diesem Werk geht seine Vorstellung hervor, dass eine gute Handlung das größte Glück der größten Zahl bedeutet. Mit anderen Worten: Es geht um Mathematik, um Berechnungen. Politik lässt sich auf die Frage reduzieren: Macht sie mehr Menschen glücklich als traurig? Bentham entwickelte ein mathematisches Verfahren, das er »Hedonistisches Kalkül« nannte, um zu berechnen, ob eine bestimmte staatliche Handlungsweise mehr oder weniger Glück bewirkt.

Aus diesen Überlegungen heraus entstand Benthams Gedanke, dass die Regierung lediglich zwischen mehreren Übeln wählen könne. Jedes Gesetz bringt laut Bentham eine Einschränkung der menschlichen Freiheit mit sich; so ist jedes Gesetz ein notwendiges Übel. Nichtstun könne jedoch auch ein Übel sein. Die jeweilige Entscheidung hängt allein vom Kalkül ab, wie sie wirken wird. Ein neues Gesetz lässt sich nur dadurch rechtfertigen, dass es mehr Gutes als Schlechtes bewirkt, so Bentham. Er vergleicht die Regierung mit einem Arzt, der nur eingreifen sollte, wenn er sich sicher ist, dass die Behandlung mehr nützt als schadet. Zur damaligen Zeit ein passender Vergleich, häufig schadeten die Ärzte ihren Patienten durch einen Aderlass, um sie vermeintlich von einer Krankheit zu befreien. Bentham meinte damit auch: Wenn beispielsweise das Strafmaß für ein Verbrechen festgelegt wird, muss der Gesetzgeber nicht nur die unmittelbaren Auswirkungen der Tat berücksichtigen, sondern auch die Nebenwirkungen. Ein Raubüberfall schädigt nicht nur das Opfer, sondern löst Unruhe in der Gemeinschaft aus. Die Strafe muss für den Räuber ein Schaden sein, der größer ist als der Profit, den er mit dem Verbrechen möglicherweise macht.

Das Prinzip der Nichteinmischung

Bentham weitete seine Ideen auf den Bereich der Wirtschaft aus und pflichtete dem schottischen Ökonomen Adam Smith bei, der meinte, Märkte funktionierten am besten ohne staatliche Einmischung. Seither haben viele Menschen Benthams Warnung an den Gesetzgeber als Rechtfertigung benutzt, wenn sich ein Staat nicht einmischt, aber auch für eine Verringerung der Bürokratie und für die Deregulation. Auch konservative »

» Es ist das größte Glück der größten Zahl, das der Maßstab für Recht und Unrecht ist. «

Jeremy Bentham

» Das Gute ist die Freude oder die Abwesenheit von Schmerz …
Das Böse ist der Schmerz oder der Verlust der Freude. «

Jeremy Bentham

Regierungen, die keine neuen Gesetze einführen wollten, zogen seine Ansichten als Argument heran. Doch Benthams Überlegungen waren anders gemeint und viel radikaler: Regierungen können nicht abwarten, bis alle Bürger glücklich sind; das wird nie passieren. Es gibt also immer etwas zu tun. So wie die meisten Menschen ihr Leben lang nach Glück streben, müssen auch Regierungen sich ständig bemühen, immer mehr Menschen glücklich zu machen.

Benthams moralische Mathematik bezieht nicht nur die Vorteile der Glückseligkeit ein, sondern auch ihre Kosten. Er legt dar, dass unter Umständen jemand einen Preis zahlen muss, damit ein anderer glücklich sein kann. In Benthams Summe der Glückseligkeit zählt jeder Mensch als eine Einheit. Das heißt, dass ein bestehendes Ungleichgewicht zwischen wenigen Reichen und vielen Armen unmoralisch ist. Jede Regierung steht in der Pflicht, auf eine Veränderung solcher Situationen hinzuarbeiten.

Ungleichheit in der Gesellschaft heißt, dass neben den Armen eine reiche Minderheit existiert. Für Bentham ist das moralisch nicht akzeptabel; eine Aufgabe der Regierung sei es daher, für ein Gleichgewicht sorgen.

Pragmatische Demokratie

Bentham dachte auch darüber nach, was Herrscher dazu bringen könnte, den Wohlstand umzuverteilen, wenn sie das doch weniger glücklich macht. Seine Antwort: mehr Demokratie, also die Ausweitung der Bürgerrechte. Wenn es den Herrschenden nicht gelingt, das größte Glück der größten Zahl zu mehren, werden sie nicht wiedergewählt. In einer Demokratie hätten Politiker also ein begründetes Interesse daran, das Glück der Mehrheit zu mehren. Während andere Denker, von Rousseau bis Paine, für die Demokratie als natürliches Recht plädierten, argumentierte Bentham aus rein pragmatischen Gründen: Er sah sie als Mittel zum Zweck.

Formulierungen wie »Kosten und Nutzen«, »Gewinn und Verlust« machten Benthams Argumente für eine Ausweitung des Wahlrechts aus Sicht der britischen Industriellen und Geschäftsleute attraktiv – attraktiver als den Idealismus und das Gerede von den natürlichen Rechten des Menschen. Benthams »utilitaristische« Argumente unterstützten in den 1830er-Jahren die Parlamentsreform und den Liberalismus in Großbritannien.

Benthams Vorstellungen wurden von Charles Dickens verspottet. In seinem Roman *Harte Zeiten* leitet Mr. Gradgrind eine Schule der kalten, harten Fakten, in der für Freude wenig Raum bleibt.

Harte Fakten

Benthams Utilitarismus, der so frei ist von Idealen, wurde auch kritisch gesehen. Der britische Autor Charles Dickens verspottete die Utilitaristen in seinem Roman *Harte Zeiten* (1854) gnadenlos. Er hielt sie für Miesmacher und für Zerstörer der Fantasie in ihrem Beharren, das Leben auf harte Fakten zu reduzieren. Dies leuchtete Bentham, einem Mann mit viel Empathie, nicht unbedingt ein. Dickens aber bezog sich eindeutig darauf, dass Bentham sämtliche Fragen auf eine Berechnung reduzieren wollte.

Häufig werden Benthams Vorstellungen auch deshalb kritisiert, weil sie dazu führen können, dass großer Handlungsdruck entsteht. Nach einem Bombenattentat beispielsweise soll die Polizei möglichst schnell die Schuldigen finden. Die Bevölkerung ist deutlich glücklicher und die allgemeine Aufregung klingt ab, wenn jemand verhaftet wird, der zu passen scheint – selbst wenn es sich gar nicht um den Täter handelt. Außerdem kann das Prinzip des größtmöglichen Glücks dazu dienen, großes Unrecht zu rechtfertigen – wenn das Gesamtergebnis als die allgemeine Glückseligkeit dargestellt wird.

Kritiker, die Benthams Argumentation weiterführen, behaupten, es sei ihm zufolge moralisch akzeptabel, Unschuldige zu bestrafen, wenn ihr Leid kleiner ist als der Zugewinn an Glückseligkeit in der Allgemeinbevölkerung. Die Anhänger Benthams lösen diese Kritik auf, indem sie sagen, dass die Bevölkerung insgesamt unglücklich wäre, wenn sie in einer Gesellschaft leben müsste, in der Unschuldige zu Sündenböcken gemacht werden. Diese Diskussion würde allerdings nur geführt, wenn die Bevölkerung die Wahrheit herausfände; bliebe es jedoch geheim, dass ein Irrtum vorliegt, wäre das Verhalten der Regierung, nimmt man Benthams Logik als Richtlinie, gerechtfertigt. ■

Utilitaristische Argumente können dazu dienen, die Verfolgung Unschuldiger zu rechtfertigen, wie im Fall Gerry Conlon, dem IRA-Bombenattentate zur Last gelegt wurden. Taten wie diese werden oft damit begründet, dass sie die Mehrheit glücklicher machen.

Jeremy Bentham

Jeremy Bentham wurde 1748 in Houndsditch (London) geboren. Er sollte Rechtsanwalt werden und studierte bereits mit zwölf Jahren in Oxford. Mit 15 machte er seinen Abschluss, danach fing er eine Ausbildung bei Gericht zum Anwalt in London an. Die alltägliche Ausübung seines Berufs deprimierte Bentham jedoch, und er begann, sich mehr für juristische Forschung und Philosophie zu interessieren.

Bentham zog sich nach Westminster (London) zurück, um dort zu schreiben. In den folgenden 40 Jahren legte er Kommentare und Werke über rechtliche Vorstellungen und moralische Fragen vor. Darin kritisierte er auch die führende Autorität auf diesem Gebiet, William Blackstone, und entwickelte eine Theorie der Moral und Politik. Er begründete damit die utilitaristische Ethik, die bereits bei seinem Tod 1832 das politische Leben in Großbritannien mitbestimmte.

Hauptwerke

1776 *A Fragment on Government*
1780 *Introduction to the Principles of Morals and Legislation*
1787 *Panopticon*

DIE MENSCHEN HABEN EIN RECHT, WAFFEN ZU BESITZEN UND ZU TRAGEN

JAMES MADISON (1751–1836)

IM KONTEXT

IDEENLEHRE
Föderalismus

SCHWERPUNKT
Bewaffnete Bürger

FRÜHER
44–43 v. Chr. Cicero meint in *Philippika*, die Menschen müssten in der Lage sein, sich selbst zu verteidigen – wie wilde Tiere in der Natur.

1651 Thomas Hobbes vertritt im *Leviathan* die Ansicht, die Menschen hätten von Natur aus das Recht, sich mit Gewalt zu verteidigen.

SPÄTER
1968 Nach der Ermordung von Robert Kennedy und Martin Luther King in den USA wird der Waffenbesitz eingeschränkt.

2008 Der oberste Gerichtshof entscheidet, dass nach dem zweiten Zusatzartikel der amerikanischen Verfassung jeder eine Waffe zur Selbstverteidigung im Haus haben darf.

Noch während die Gründerväter letzte Hand an die US-Verfassung von 1788 legten, wurde bereits eine Erweiterung gefordert. Im zweiten Zusatzartikel der daraufhin formulierten *Bill of Rights* heißt es unter anderem: »Das Recht des Volkes, Waffen zu besitzen und zu tragen, darf nicht eingeschränkt werden.« Dieser Artikel ist zum Kernpunkt der modernen Debatte über den Waffenbesitz geworden.

Der Architekt der *Bill of Rights* war James Madison aus Virginia, einer der Autoren der Verfassung selbst. Er erhielt damit die einmalige Gelegenheit, seine Gedanken

Siehe auch: Cicero 49 ▪ Thomas Hobbes 96–103 ▪ John Locke 104–109 ▪ Montesquieu 110–111 ▪ Pierre-Joseph Proudhon 183 ▪ Jane Adams 211 ▪ Mahatma Gandhi 220–225 ▪ Robert Nozick 326–327

Die (amerikanische) Bundesregierung kann von der **Macht der Mehrheit** beeinflusst werden.

Im Sinne der Mehrheit kann sie ein stehendes Heer einsetzen, um den Bundesstaaten **ihren Willen aufzuzwingen.**

Die Menschen in den Bundesstaaten müssen Bürgerwehren bilden können, um sich gegen die Bundesarmee **zu verteidigen.**

Das Recht der Menschen, Waffen zu besitzen und zu tragen, sollte nicht eingeschränkt werden.

direkt in die Praxis umzusetzen – Gedanken, die noch heute, zwei Jahrhunderte später, die Grundlage für das politische Leben in der mächtigsten Nation der Welt bilden. Tatsächlich schaffte es Madison bis ganz an die Spitze der Struktur, die er selbst mitgestaltet hatte, als er US-Präsident wurde.

Die *Bill of Rights* sehen manche als Inbegriff des aufklärerischen Denkens im Hinblick auf die Naturrechte, das mit John Locke begann und in Thomas Paines Forderung nach den »Rechten des Menschen« gipfelte. Auch Paine betonte in seiner Abhandlung die prinzipielle Bedeutung der Demokratie (des allgemeinen Wahlrechts), doch Madisons Ansichten waren pragmatischer. Sie wurzelten in der Tradition der englischen Politik, gemäß der das Parlament sich bemühte, den Souverän an einer Überschreitung seiner Machtbefugnisse zu hindern. In England ging es weniger um den Schutz der grundsätzlichen, universellen Rechte des Menschen.

Schutz vor der Mehrheit

Wie er in einem Brief an Thomas Jefferson eingestand, verfasste Madison die *Bill of Rights* ausschließlich, um den Wünschen anderer nachzukommen. Er persönlich glaubte, die Verfassung sollte ausreichen, um den Schutz der Grundrechte zu garantieren. Er ging sogar so weit zu sagen, dass das Verfassen der *Bill of Rights* bedeute, dass die Verfassung fehlerhaft sein könne. Außerdem bestand das Risiko, dass die Definition bestimmter Rechte den Schutz von Rechten, die nicht gesondert aufgeführt waren, beeinträchtigen könnte.

Doch es gab auch Gründe, die für eine *Bill of Rights* sprachen. Wie die meisten US-amerikanischen Gründerväter machte sich Madison Sorgen, was die Macht der Mehrheit einging. »Eine Demokratie«, schrieb Thomas Jefferson, »ist nichts anderes als die Herrschaft des Pöbels, in der 51 Prozent der Menschen die Rechte der übrigen 49 Prozent beschneiden können.« Die *Bill of Rights* könnte dabei helfen, Minderheiten gegenüber der Masse zu schützen.

»In unseren Regierungen«, schrieb Madison, »liegt die Macht bei der Mehrheit in der Gemeinschaft, und der Eingriff in private Rechte sollte vermieden werden, nicht weil die Regierung gegen die Interessen ihrer Wähler handeln könnte, sondern weil sie zum Instrument der Mehrheit ihrer Wähler werden könnte.« Mit anderen Worten: Die *Bill of Rights* sollte die »

Im Verlauf von Shays' Rebellion besetzte 1786/87 eine Miliz den Obersten Gerichtshof von Massachusetts. Sie unterlag den Regierungstruppen – und das Prinzip einer starken Regierung in der US-Verfassung wurde gestärkt.

Obwohl Madison glaubte, die Verfassung würde den Schutz der Grundrechte unter einer Bundesregierung sicherstellen, formulierte er die *Bill of Rights* als weitere Maßnahme, um der Macht der Mehrheit in einer Demokratie entgegenzuwirken.

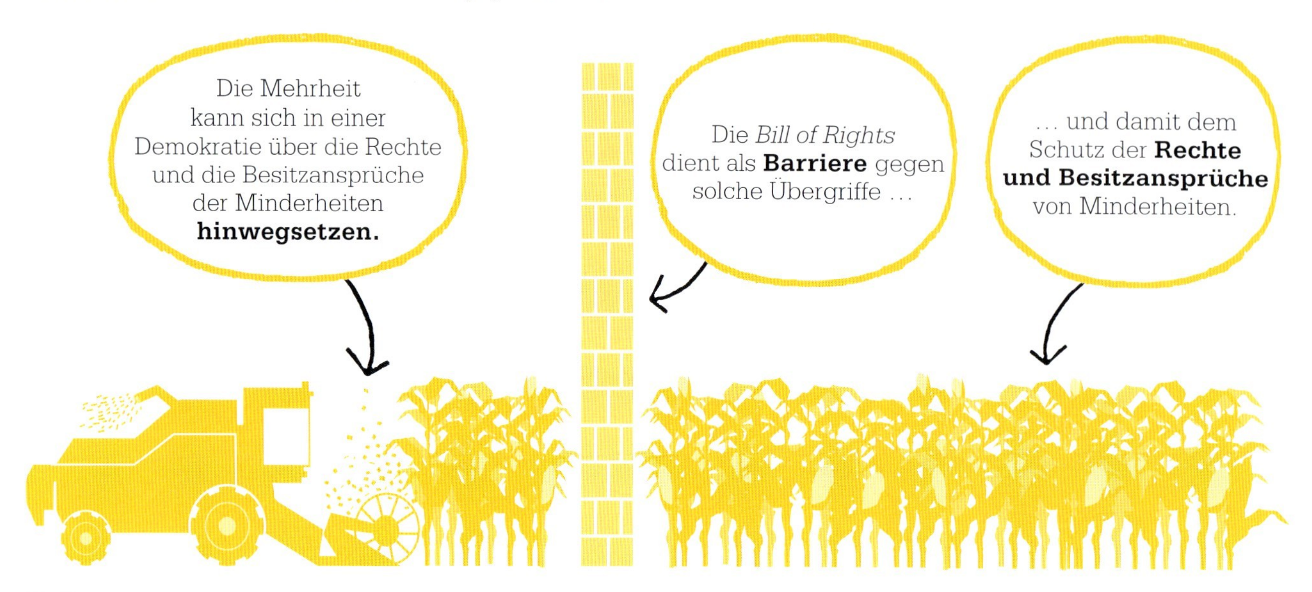

Besitzer von Eigentum vor demokratischen Umtrieben der Mehrheit schützen.

Legitime Milizen

Madison verfasste die *Bill of Rights* auch aus einem ganz einfachen politischen Grund: Er wusste, dass die Delegierten bestimmter Staaten nur für die Verfassung plus Ergänzung stimmen würden. Schließlich war der Unabhängigkeitskrieg geführt worden, um die Tyrannei einer zentralen Macht infrage zu stellen, daher waren die Delegierten äußerst vorsichtig, was die amerikanische Bundesregierung anging. Sie würden ihre Unterschrift nur dann unter die Verfassung setzen, wenn deren Inhalte garantiert geschützt würden. Dabei ging es weniger um »natürliche Rechte«, sondern vielmehr um den Schutz der Bundesstaaten (und der Besitzer von Eigentum) gegenüber der Bundesregierung.

Hier spielt vor allem der zweite Zusatzartikel eine wichtige Rolle. Madison stellte damit sicher, dass sich die einzelnen Staaten und die Bürger schützen könnten, indem sie gegen eine allzu starke Bundesregierung Milizen bildeten, genauso wie sie es gegenüber der britischen Krone getan hatten: Eine Gemeinschaft hatte sich zusammengetan, um gegen eine Armee der Unterdrücker Widerstand zu leisten. Der zweite Zusatzartikel lautete am Ende tatsächlich: »Da eine gut organisierte Miliz für die Sicherheit eines freien Staates notwendig ist, darf das Recht der Menschen, Waffen zu besitzen und zu tragen, nicht eingeschränkt werden.« Es ging also darum, dass eine Miliz oder die Gemeinschaft den Staat schützt, nicht den Einzelnen.

> »Die endgültige Autorität … liegt allein beim Volk.«
>
> **James Madison**

Selbstverteidigung des Einzelnen

Madison ging es nicht um den Einzelnen, der eine Waffe trägt, um sich gegen kriminelle Übergriffe zu verteidigen. Doch so sind seine Worte im zweiten Zusatzartikel immer wieder verstanden worden. Viele Amerikaner behaupten heute, das Recht, Waffen zu tragen, sei in der Verfassung niedergelegt – und weisen damit alle Versuche, den Waffenbesitz zu kontrollieren, als nicht verfassungskonform zurück.

Alle Vorstöße, diese Interpretation vor Gericht ins Wanken zu bringen, wurden abgeschmettert. Allzu viele US-Bürger sind – unabhängig von Madison – der Ansicht, das Tragen einer Waffe gehöre zu den Grundrechten.

Ein Jahrhundert vor Madisons *Bill of Rights* bezeichnete der englische Philosoph John Locke das Recht auf Selbstverteidigung als natürliches Recht: Menschen dürften sich unter Gewaltanwendung verteidigen – wie wilde Tiere, die in die Enge getrieben werden. Rückblickend haben einige Kommentatoren der *Bill of Rights* einen Anstrich »à la Locke« gegeben und meinen, sie bestätige, dass die Selbstverteidigung ein natürliches, unveräußerliches Recht sei.

Doch es ist möglich, dass Madison und die anderen Gründerväter der USA eher mit den Ansichten des schottischen Philosophen David Hume übereinstimmten. Hume war zu sehr Pragmatiker, um der Vorstellung von einer natürlichen Freiheit, die bestanden hatte, ehe die Rechte durch die Zivilisation beschnitten worden waren, viel Aufmerksamkeit zu widmen. Nach Hume wollen die Menschen eine Regierung, weil ihnen das sinnvoll erscheint, und Rechte müssen verhandelt und vereinbart werden, wie jedes andere Gesetz auch. Es gibt also kein Grundrecht, eine Waffe zu tragen – die Menschen müssen sich in dieser Frage einfach einigen und vielleicht im gegenseitigen Einverständnis ein Gesetz verfassen, damit sich jeder an das Vereinbarte hält. Wenn man so denkt, geht es bei der Diskussion um das Tragen von Waffen nicht um ein grundsätzliches Prinzip, sondern um die Frage, wie man sich einigt. Und dafür ist nicht zwingend eine demokratische Mehrheit nötig.

Immer noch kontrovers

Die Regelungen zum Waffenbesitz bleiben in den USA heiß umstritten. Mächtige Lobbys wehren sich gegen jeden Versuch der Einschränkung. Es scheint so, als hätten die Gegner der Waffenkontrolle die Oberhand; in den meisten Staaten dürfen die Menschen sich selbst bewaffnen. Dennoch gibt es nur wenige Staaten, in denen der Besitz von Waffen völlig ungeregelt ist. Beispielsweise wird darüber diskutiert, ob Menschen sie versteckt tragen dürfen. Die zahlreichen Verbrechen mit Waffengewalt in den USA und die Häufung von Massenmorden – wie im Kino von Aurora (Colorado) im Juli 2012 – haben dazu geführt, dass viele Menschen den uneingeschränkten Waffenbesitz infrage stellen.

Die natürliche Selbstverteidigung wilder Tiere wird von Vertretern des Naturrechts angeführt, um das Recht des Einzelnen, sich mit allen Mitteln zu verteidigen, zu begründen.

Bemerkenswert ist, dass Madisons *Bill of Rights* immer noch, mit nur wenigen Veränderungen, das Kernstück des amerikanischen politischen Systems darstellt. Manche Politiker und Denker, darunter Madison selbst, hätten argumentiert, dass eine gute Regierung die in der Verfassung aufgeführten Rechte ohne die Zusatzakte geschützt hätte. Doch war und ist die US-amerikanische *Bill of Rights* das wahrscheinlich wirkungsvollste und mächtigste Dokument, in dem politische Theorie und Praxis zusammengeführt wurden. ■

James Madison

James Madison Jr. wurde in Port Conway (Virginia) geboren. Seinem Vater gehörte *Montpelier*, die größte Tabakplantage in Orange County, auf der rund 100 Sklaven arbeiteten. 1769 schrieb Madison sich am *College of New Jersey* ein.

Während des amerikanischen Unabhängigkeitskriegs stand er im Dienst des Staates Virginia und war ein Protegé von Thomas Jefferson. Mit 29 Jahren erwarb er sich als jüngster Delegierter auf dem *Continental Congress* von 1780 Respekt durch seine Gesetzesentwürfe und bei Koalitionsverhandlungen. Ein Entwurf Madisons, der Virginia-Plan, bildete die Grundlage der US-Verfassung. Er war Mitautor der 85 *Federalist Papers* zur Erläuterung der Verfassung und gehörte zu den Anführern der aufstrebenden demokratisch-republikanischen Partei. Im Jahr 1809 wurde er zum vierten US-Präsidenten gewählt. Er blieb zwei Wahlperioden im Amt.

Hauptwerke

1787 *US-amerikanische Verfassung*
1788 *Federalist Papers*
1789 *Bill of Rights*

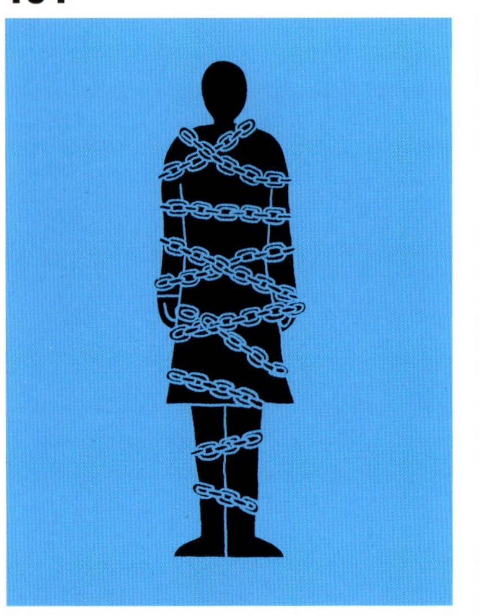

DIE EHRBAREN FRAUEN SIND ES, DIE BESONDERS UNTERDRÜCKT WERDEN

MARY WOLLSTONECRAFT (1759–1797)

IM KONTEXT

IDEENLEHRE
Feminismus

SCHWERPUNKT
Emanzipation der Frau

FRÜHER
1589 In *Her Protection for Women* tadelt die englische Romanautorin Jane Anger die Männer, weil sie in den Frauen lediglich Sexualobjekte sehen.

1791 In der *Erklärung der Rechte der Frau und Bürgerin* schreibt die französische Bühnendichterin Olympe de Gouges: »Die Frau wird frei geboren und bleibt dem Mann an Rechten gleich.«

SPÄTER
1840er-Jahre In Großbritannien und den USA wird das Eigentum der Frau per Gesetz vor ihrem Mann geschützt.

1869 In *Die Hörigkeit der Frau* plädiert John Stuart Mill für das Wahlrecht der Frauen.

1893 In Neuseeland erhalten Frauen das Wahlrecht.

Frauen sind **finanziell** von Männern **abhängig.**

Frauen werden so **erzogen,** dass sie Männern gefallen.

Frauen verlassen sich auf ihre **sexuelle Anziehungskraft,** um einen Mann zu gewinnen.

Ehrbare Frauen, die ihre sexuelle Anziehungskraft nicht **ausnutzen**, können **keinen Mann gewinnen;** gleichzeitig fehlt ihnen die Ausbildung, sich selbst zu ernähren.

Die ehrbaren Frauen werden besonders unterdrückt.

Mary Wollstonecrafts Buch *Die Verteidigung der Frauenrechte* von 1792 ist eine der ersten großen feministischen Abhandlungen. Sie entstand zu einer Zeit großer intellektueller und politischer Unruhe. Die Aufklärung hatte die Rechte der Menschen ins Zentrum der politischen Auseinandersetzung gerückt. Die Revolution in Frankreich gegen die Monarchie erreichte genau in dem Jahr ihren Höhepunkt, als Wollstonecraft ihr Buch schrieb. Zu dieser Zeit sprach kaum jemand über die Rolle der Frauen in der Gesellschaft. Tatsächlich meinte Jean-Jacques

Siehe auch: John Stuart Mill 174–181 ▪ Emmeline Pankhurst 207 ▪ Simone de Beauvoir 284–289

» Wie viel ehrbarer als die vollendetste Schönheit ist die Frau, die ihr eigenes Brot verdient, indem sie ihre Pflicht erfüllt! «

Mary Wollstonecraft

Rousseau, ein eifriger Vertreter der politischen Freiheit, in seinem Werk *Émile*, Frauen sollten zu guten Ehefrauen herangebildet werden und ihren Gatten Freude bereiten.

Die Freiheit zu arbeiten

Wollstonecraft schrieb *Die Verteidigung der Frauenrechte*, um zu zeigen, wie falsch Rousseau beim Thema Frauen lag. Die Welt könne sich nur erneuern, wenn Frauen genauso glücklich seien wie Männer. Aber Frauen waren in einem Netz von Erwartungen gefangen, weil sie von den Männern abhängig waren. Sie mussten ihr gutes Aussehen nutzen, um die Gunst eines Mannes zu gewinnen. Ehrbare Frauen, die nicht an diesem Spiel der Verführung teilnahmen, hatten einen Nachteil.

Wollstonecraft war der Ansicht, Frauen müssten die Freiheit haben, ihren Lebensunterhalt selbst zu verdienen. Dafür brauchten sie eine Ausbildung. Es gäbe zahlreiche Beschäftigungen, denen Frauen mit der richtigen Ausbildung nachgehen könnten: Sie könnten als Ärztinnen praktizieren, einen landwirtschaftlichen Betrieb führen, ein Geschäft leiten. So könnten sie aufrecht »ihre Frau« stehen und sich selbst ernähren. Von einer gebildeten Ehefrau würden auch die Männer profitieren, weil die Ehe dann auf gegenseitigem Respekt beruhe. Wollstonecraft plädierte für eine Bildungsreform, für sie war beispielsweise eine Kombination privater und öffentlicher Angebote vorstellbar, und für einen demokratischeren, partizipatorischen Ansatz bei der Wissensvermittlung.

Wollstonecrafts Vorschläge zur Bildung und Emanzipation der Frauen wurden zu ihren Lebzeiten nicht zur Kenntnis genommen. Lange Zeit war sie besser bekannt für ihren unkonventionellen Lebensstil als für ihre Ideen. Doch spätere Frauenrechtlerinnen wie Emily Davies, die 1869 das Girton College für Frauen in Cambridge gründete, waren stark von ihren Ideen beeinflusst. Dennoch dauerte es lange, bis sich Veränderungen abzeichneten. Erst mehr als 150 Jahre nach der Veröffentlichung von *Die Verteidigung der Frauenrechte* bot die Universität Cambridge den Frauen vollwertige Abschlüsse an. ■

Eine Frau, die es in der europäischen Gesellschaft des 18. Jahrhunderts zu etwas bringen wollte, musste über weibliche Reize verfügen. Wollstonecraft fand diese Vorstellung abstoßend.

Mary Wollstonecraft

Wollstonecraft wurde 1759 in eine Familie geboren, die wenig Glück hatte und oft umzog. Mit Anfang 20 gründete sie eine Schule in London, danach war sie Gouvernante im Haus von Lady Kingsborough, deren Eitelkeit und Geringschätzung Marys Ansichten über Frauen prägten.

1787 kehrte sie nach London zurück, um für die radikale Zeitung *Analytical Review* zu schreiben. 1792 ging sie nach Frankreich und verliebte sich in den amerikanischen Autor Gilbert Imlay. Sie hatten ein Kind, aber heirateten nicht, ihre Beziehung scheiterte. Nach einem Aufenthalt in Schweden und einem Selbstmordversuch kehrte sie nach London zurück und heiratete William Godwin. Sie starb 1797 bei der Geburt ihrer Tochter Mary, die später den Roman *Frankenstein* schrieb.

Hauptwerke

1787 *Thoughts on the Education of Daughters*
1790 *Verteidigung der Menschenrechte*
1792 *Die Verteidigung der Frauenrechte*
1796 *The Wrongs of Woman*

DER SKLAVE HÄLT DIE EIGENEXISTENZ FÜR ETWAS ÄUSSERLICHES

G. W. F. HEGEL (1770–1831)

IM KONTEXT

IDEENLEHRE
Idealismus

SCHWERPUNKT
Menschliches Bewusstsein

FRÜHER
360 v. Chr. Aristoteles hält die Sklaverei für natürlich, weil manche Menschen geborene Anführer sind, während andere sich unterordnen.

1649 René Descartes meint, man könne die Existenz des Bewusstseins nicht leugnen, weil man zu diesem Zweck das Bewusstsein benutzen müsse.

SPÄTER
1840er-Jahre Karl Marx verwendet in seiner Analyse des Klassenkampfs die Hegel'sche Dialektik.

1883 Friedrich Nietzsche verwendet das Bild vom Übermenschen, der sich im Hinblick auf Gut und Böse auf seine Intuition verlässt.

Das größte Werk des deutschen Philosophen G.W.F. Hegel ist die *Phänomenologie des Geistes*. Auf den ersten Blick hat es wenig mit Politik zu tun: Es geht um die Natur des menschlichen Bewusstseins. Doch Hegels Schlussfolgerungen, wie der Mensch zu Selbsterkenntnis gelangt, lassen grundsätzliche Rückschlüsse für die Organisation der Gesellschaft zu und werfen Fragen hinsichtlich der Natur der menschlichen Beziehungen auf.

Hegels Philosophie konzentriert sich darauf, wie der denkende Mensch die Welt sieht. Er wollte verstehen, wie das menschliche

Siehe auch: Aristoteles 40–43 ▪ Hugo Grotius 94–95 ▪ Jean-Jacques Rousseau 118–125 ▪ Karl Marx 188–193 ▪ Friedrich Nietzsche 196–199

Wenn zwei Geistwesen einander begegnen, **ringen sie um Anerkennung.**

↓

Der Geist, der **die Freiheit dem Leben vorzieht,** wird zum Herrn, und der Geist, der **das Leben der Freiheit vorzieht,** wird zum Knecht.

↓

Das Selbstbewusstsein des Herrn **findet seine Bestätigung** durch den Sklaven.

↓

Der Sklave **entdeckt sein Selbstbewusstsein** durch die Arbeit für den Herrn in der äußeren Welt.

↓

Der Sklave hält die Eigenexistenz für etwas Äußerliches.

Bewusstsein zu seiner Weltsicht gelangt. Nach Hegel braucht der menschliche Geist unter anderem Anerkennung, damit sich Selbsterkenntnis einstellen kann. Daher beruht das menschliche Selbstbewusstsein für Hegel auf einem sozialen, interaktiven Prozess. Hegel hält es zwar für möglich, isoliert zu leben, ohne dass man zur Selbsterkenntnis gelangt. Aber damit der Geist ganz existieren und frei sein kann, ist Selbstbewusstsein erforderlich. Und das kann sich nur entwickeln, wenn der Mensch die Reaktion eines anderen Bewusstseins erlebt.

Herr und Knecht

Begegnen sich zwei Geistwesen, so Hegel, wünschen sich beide Anerkennung: Sie wollen vom jeweils anderen die Bestätigung ihrer Existenz erfahren. Doch im Kopf jedes Menschen gibt es nur Raum für eine Weltsicht, daher kommt es zu einem Kampf darum, wer wen anerkennt – wessen Weltsicht siegt. Hegel beschreibt, wie jeder Geist versucht den anderen zu töten. Das Problem ist jedoch: Wenn einer den anderen zerstört, kann der Unterlegene dem Sieger nicht mehr die gewünschte Bestätigung geben. Der Ausweg ist eine »

G.W.F. Hegel

Georg Wilhelm Friedrich Hegel wurde in Stuttgart geboren. Einen Großteil seines Lebens verbrachte er im ruhigen, protestantischen Süddeutschland, allerdings zur Zeit der Französischen Revolution. Er war Student in Tübingen und begegnete Napoleon in Jena, dort schrieb er seine *Phänomenologie des Geistes* zu Ende.

Nach acht Jahren als Rektor am Gymnasium in Nürnberg heiratete er Marie von Tucher und arbeitete an seinem großen Buch über die Logik. 1816, nach dem frühen Tod seiner Frau, zog er nach Heidelberg. Viele seiner Ideen hielt er in den Notizen zu seinen Philosophievorlesungen fest. Er starb 1831, nachdem er während einer Choleraepidemie nach Berlin gegangen war. Seine letzten Worte sollen gewesen sein: »Und er hat mich nicht verstanden.« Ein durchaus passender Abschied für einen so komplexen Denker.

Hauptwerke

1807 *Phänomenologie des Geistes*
1812–1816 *Die Wissenschaft der Logik*
1821 *Grundlinien der Philosophie des Rechts*

Beziehung zwischen Herr und Knecht, in der eine Person nachgibt. Der eine schätzt die Freiheit höher als das Leben und wird Herr, der andere, der das Leben mehr schätzt als die Freiheit, wird Sklave oder Knecht.

Hegel geht also davon aus, dass Sklaven nur Sklaven sind, weil sie es vorziehen, sich zu unterwerfen, anstatt zu sterben. Nur indem man sein Leben riskiert, kann man laut Hegel die Freiheit gewinnen. Er vertrat die Ansicht, die Angst vor dem Tod sei der Grund für Unterdrückung, sie sei die Wurzel der Sklaverei. Napoleon bewunderte er und lobte dessen Bereitschaft, das eigene Leben zu riskieren, um seine Ziele zu erreichen.

Hegel zufolge ist Knechtschaft vor allen Dingen ein Geisteszustand. Daran erinnert der spätere Fall des entflohenen amerikanischen Sklaven Frederick Douglass (1818–1890). Er wurde zu seinem Herrn zurückgebracht und beschloss zu kämpfen, selbst wenn das den Tod bedeutete. Danach schrieb er: »Dieser innere Geist machte mich der Tat nach frei, während ich der Form nach ein Sklave blieb.«

Napoleon Bonapartes Vision einer neuen Ordnung und seine Kühnheit in der Schlacht machten ihn laut Hegel zu einem Mann, den man bewundern musste. Für ihn verkörperte Napoleon die Mentalität des Herrn.

Dialektische Beziehung

Heute erscheint es kaum akzeptabel, jemanden zu zwingen, zwischen Tod und Sklaverei zu wählen. Aber vielleicht sollte man Hegels Beschreibung der Beziehung zwischen Herr und Knecht auch nicht so wörtlich nehmen. Denn Hegel zeigte einen Weg auf, wie der Knecht mehr profitieren kann als der Herr.

Hegel schreibt, dass sich zwischen den beiden eine dialektische Beziehung entwickelt. Das bedeutet, dass eine besondere Art der Argumentation stattfindet. These (die Geistwesen) und Antithese (das Ergebnis der Begegnung zwischen den Geistwesen) führen zu einer Synthese (der Lösung Herr–Knecht). Damit ist nicht unbedingt ein realer Kampf zwischen einem Sklavenbesitzer und einem Sklaven gemeint. Vielmehr spricht Hegel von einem Kampf um die Vorherrschaft zwischen Geistwesen; in seiner Vorstellung ist kein Raum für Kooperation: Es muss einen

Hegel meinte, der Knecht gelange durch tätige Arbeit zur Realisierung seines Selbst (und würde damit »frei« werden) – anders als sein Herr.

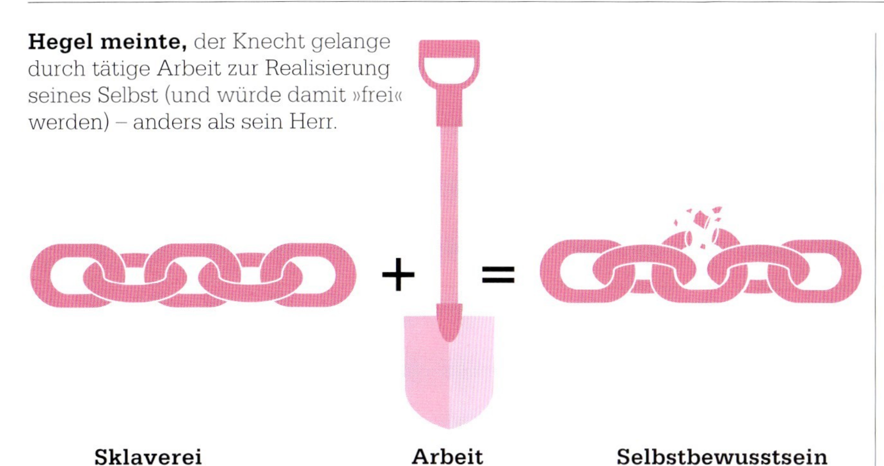

Herrn und einen Sklaven geben. Er zeigt dann, wie die Beziehung sich weiterentwickelt.

Mit der Synthese geht es nur noch um das Selbstbewusstsein des Herrn, anfänglich kreist alles um ihn. Er bringt den Knecht dazu, ihm zu gehorchen, und bestätigt damit seine eigene Freiheit. Das unabhängige Selbstbewusstsein des Sklaven hat sich dagegen völlig aufgelöst. An diesem Punkt entwickelt sich eine neue dialektische Beziehung.

Weil der Herr nichts tut, ist er darauf angewiesen, dass der Knecht seine Existenz bestätigt. Er befindet sich also in einer abhängigen Beziehung und ist alles andere als frei. Der Sklave geht bei seiner Arbeit jedoch mit realen Dingen um, auch wenn er dies für den Herrn tut. Das bestätigt seine Existenz auf eine greifbare, äußerliche Art. Diese Möglichkeit steht dem müßigen Herrn nicht offen. Indem der Knecht Dinge herstellt und Dinge geschehen lässt, tritt er »in das Element des Bleibens; das arbeitende Bewusstsein kommt also hierdurch zur Anschauung des selbstständigen Seins als seiner selbst«. Damit kehrt sich die Situation um: Der Herr verschwindet als unabhängiges Geistwesen, während der Sklave ein solches wird. So kann am Ende die Dialektik zwischen Herr und Knecht für den Herrn schädlicher sein als für den Knecht.

Ideologien

Was passiert, wenn der Knecht diese neue Art von Selbstbewusstsein erlangt und dennoch nicht bereit ist, bis zum Tod zu kämpfen? An diesem Punkt, so Hegel, beruft der Sklave sich auf Ideologien, die seine Position rechtfertigen, darunter der Stoizismus (mit dem er die äußere zugunsten der geistigen Freiheit zurückweist), den Skeptizismus (mit dem er den Wert der äußeren Freiheit anzweifelt) und das unglückliche Bewusstsein (in dem er die Religion findet und in eine andere Welt flüchtet).

Hegel entdeckte die Beziehung zwischen Herr und Knecht in vielen Situationen – in den Kriegen zwischen starken und schwachen Staaten und den Konflikten zwischen sozialen Klassen. Für Hegel ist die menschliche Existenz ein endloser Kampf um Anerkennung bis zum Tod, der niemals ganz beigelegt werden kann.

> »… dass jemand Sklave ist, liegt in seinem eigenen Willen … Es ist somit nicht bloß ein Unrecht derer, welche Sklaven machen oder welche unterjochen, sondern der Sklaven und Unterjochten selbst.«
>
> **G.W.F. Hegel**

Hegels Einfluss

Karl Marx war stark von Hegels Ideen beeinflusst und übernahm dessen Vorstellung der Dialektik. Doch er fand Hegel zu abstrakt und zu mystisch. Marx wählte stattdessen einen materialistischen Ansatz. Manche sind begeistert von Hegels Argument, dass nur die Furcht die Menschen zu Sklaven macht. Andere sehen in seiner Behauptung, dass derjenige, der sich unterwirft, eine Wahl hat, den Versuch, dem Opfer die Schuld zu geben. Sie halten die Machtverhältnisse in der realen Welt für komplizierter. In jedem Fall zählt Hegel zu den schwierigsten und kontroversesten politischen Philosophen. ■

Ein Sklave, der von seinem Herrn ausgepeitscht wird, ist, der Hegel'schen Logik zufolge, selbst schuld an seiner Situation. Kritiker halten diese Sicht der Dinge für ungerecht.

DER KRIEG IST DIE FORTSETZUNG DER POLITIK MIT ANDEREN MITTELN

CARL VON CLAUSEWITZ (1780–1831)

IM KONTEXT

IDEENLEHRE
Realismus

SCHWERPUNKT
Diplomatie und Krieg

FRÜHER
5. Jh. v. Chr. Sunzi meint, die Kunst der Kriegsführung sei sehr wichtig für den Staat.

1513 Niccolò Machiavelli argumentiert, selbst in Friedenszeiten müsse der Fürst für den Krieg gerüstet sein.

1807 G.W.F. Hegel sagt, die Geschichte sei ein Kampf um Anerkennung, der zu einer Herr-Knecht-Beziehung führe.

SPÄTER
1935 Der deutsche General Erich Friedrich Wilhelm Ludendorff entwickelt seine Vorstellung von einem »totalen Krieg«, der die gesamten physischen und moralischen Kräfte einer Nation mobilisiert.

Wenige Ansätze aus der militärischen Theorie waren so einflussreich wie der, den der preußische Soldat Carl von Clausewitz formulierte: Der Krieg ist die Fortsetzung der Politik mit anderen Mitteln. Dieser Satz stammt aus seinem Buch *Vom Krieg*, das nach seinem Tod 1832 veröffentlicht wurde. Clausewitz versuchte, den Krieg zu verstehen, wie die Philosophen die Rolle des Staates begreifen wollten. Dabei bezeichnet das Wort Politik sowohl die Prinzipien des Regierens als auch die praktische Ausführung.

Die Proklamation Wilhelms I. von Preußen zum deutschen Kaiser (1871): Um dieses politische Ziel zu erreichen, hatte Otto von Bismarck den Krieg mit Frankreich provoziert.

Krieg führt zu Politik

Für Clausewitz ist eine kriegerische Auseinandersetzung nichts anderes als ein Duell im Großen, ein Akt der Gewalt, mit dem ein Gegner dazu gebracht werden soll, dem Willen des anderen zu entsprechen. Das Ziel besteht darin, den Feind zu entwaffnen und sich selbst zum Herrn zu machen. Aber laut ihm gibt es im Krieg keinen alles entscheidenden Schlag – der unterlegene Staat versucht, die Niederlage durch Politik zu reparieren. Clausewitz betonte, ein Krieg sei kein bloßes Abenteuer. Es handele sich immer um einen politischen Akt, wenn ein Staat dem anderen etwas aufzwingen will – oder die Unterwerfung riskiert. Damit wollte er nicht behaupten, Politiker, die in den Krieg ziehen, seien zynisch, sondern sicherstellen, dass diejenigen die sich auf einen Krieg einlassen, die stets übergeordneten politischen Ziele nicht aus den Augen verlieren. ■

Siehe auch: Sunzi 28–31 ▪ Niccolò Machiavelli 74–81 ▪ Thomas Hobbes 96–103 ▪ G.W.F. Hegel 156–159 ▪ Smedley D. Butler 247

DIE ABSCHAFFUNG DER SKLAVEREI UND DIE UNION LASSEN SICH NICHT VEREINBAREN

JOHN C. CALHOUN (1794–1850)

IM KONTEXT

IDEENLEHRE
Staatsrechte

SCHWERPUNKT
Sklaverei

FRÜHER
5. Jh. v. Chr. Aristoteles sagt, manche Menschen seien von Natur aus Sklaven; die Sklaverei bringe Fertigkeiten und Tugenden hervor.

426 v. Chr. Augustinus meint, die Hauptursache der Sklaverei sei die Sünde. Sie führe dazu, dass manche von anderen beherrscht würden – als Strafe Gottes.

1690 John Locke spricht sich gegen die Sklaverei aus.

SPÄTER
1854 In seiner Rede in Peoria (Illinois) legt Abraham Lincoln die moralischen, wirtschaftlichen, politischen und rechtlichen Argumente gegen die Sklaverei dar.

1865 Die Sklaven in den USA werden freigelassen.

Der amerikanische Senator John C. Calhoun hielt 1837 eine leidenschaftliche Rede zum Thema Sklaverei. In den 1830er-Jahren war der Druck, die Sklavenhaltung abzuschaffen, in den USA erheblich gewachsen. Die Plantagenbesitzer aus dem Süden wehrten sich mit dem Argument, es gebe eine natürliche, von Gott gegebene Ungleichheit: Manche Menschen seien zum Befehlen geschaffen, andere zum Arbeiten. Außerdem würden durch die Sklaverei Konflikte zwischen Arbeitern und Arbeitgebern vermieden. Die Tyrannei der Lohnsklaverei bedrohe die Wohlfahrt der Nation genauso wie die Abschaffung der Sklaverei.

Gut für beide Rassen

Calhoun betonte, der Kongress dürfe sich nicht in das Grundrecht, Sklaven zu besitzen, einmischen, denn das werde von der Verfassung garantiert. Würde die Sklaverei abgeschafft, herrschten in den Staaten mit Sklavenhaltung und den Staaten ohne Sklavenhaltung verschiedene politische Systeme; das könne die Union auseinanderreißen. Calhoun meinte, die Abschaffung der Sklaverei und die Union lassen sich nicht vereinbaren. Er verteidigte die Sklaverei nicht als notwendiges Übel, sondern meinte tatsächlich, sie habe ihr Gutes für beide Rassen. Laut Senator Calhoun hatte die schwarze Rasse Zentralafrikas nie zuvor so zivilisiert gelebt und sich so verbessert, nicht nur in physischer Hinsicht, sondern auch moralisch und intellektuell. ■

» Die Beziehung, wie sie heute in den Sklavenhalterstaaten besteht … ist ein positives Gut. «

John C. Calhoun

Siehe auch: Aristoteles 40–43 ▪ Thomas Jefferson 140–141 ▪ Abraham Lincoln 182 ▪ Henry David Thoreau 186–187 ▪ Nelson Mandela 294–295

EIN STAAT, DER SICH ZU WEIT AUSDEHNT, GEHT UNTER

SIMÓN BOLÍVAR (1783–1830)

IM KONTEXT

IDEENLEHRE
Liberaler Republikanismus

SCHWERPUNKT
Revolutionäre Kriegsführung

FRÜHER
1494 Im Vertrag von Tordesillas wird Amerika zwischen Spanien und Portugal geteilt.

1762 Jean-Jacques Rousseau wendet sich gegen das Gottesgnadentum der Könige.

SPÄTER
1918 Nach dem Ersten Weltkrieg legt Präsident Woodrow Wilson einen Wiederaufbauplan für Europa vor, der auf liberalen, nationalistischen Prinzipien beruht.

1964 Che Guevara spricht vor der UNO: Lateinamerika muss seine wahre Unabhängigkeit noch gewinnen.

1999 Hugo Chávez wird Präsident von Venezuela. Seine politische Ideologie beschreibt er als »bolivarisch«.

Eine **kleine Republik** …

… hat keinen Grund, ihre **Grenzen** zu erweitern …

… und vermeidet so **Ungerechtigkeit und Instabilität.**

Ein **großes Reich** …

… muss eroberte Länder **kolonisieren.**

Das führt zu **Ungerechtigkeit und Despotismus.**

Ein Staat, der selbst zu groß ist oder durch seine Kolonien zu groß wird, geht am Ende unter.

Christoph Kolumbus beanspruchte 1492 Amerika für Spanien. Damit begann der Aufbau eines Reiches, das sich über fünf Kontinente erstrecken sollte. Die Spanier verwalteten ihre Territorien gemeinsam mit den Verantwortlichen vor Ort. Der venezolanische Revolutionär Simón Bolívar sah darin einen Ausgangspunkt dynamischer Entwicklungen, aber auch eine potenzielle Schwäche.

Kleine, starke Republiken

Die spanische Macht begann 1808 zu schwinden, als Napoleon

Siehe auch: Niccolò Machiavelli 74–81 ▪ Jean-Jacques Rousseau 118–125 ▪ Jeremy Bentham 144–149 ▪ Che Guevara 312–313

» Das charakteristische Merkmal kleiner Republiken ist ihre Beständigkeit. «

Simón Bolívar

einmarschierte und seinen Bruder auf den Thron setzte. Dies betrachtete Bolívar als Chance für Spanischamerika, sich vom Joch des Kolonialismus zu befreien. Während seines 18-jährigen Freiheitskampfes lebte Bolívar ein Jahr lang im Exil auf Jamaika. Dort machte er sich Gedanken darüber, wie groß ein Staat sein sollte, damit er sich gut regieren lässt und gleichzeitig den Menschen das größtmögliche Glück bietet. Darum geht es in Bolívars *Carta de Jamaica*. Er erklärt, warum er Monarchien ablehnt: Königreiche seien expansionistisch, der König wolle seine Besitzungen ständig vergrößern. Republiken hingegen beschränkten sich darauf, ihren Erhalt, ihr Wohlergehen und ihren Ruhm zu sichern.

Bolívar glaubte, dass Spanischamerika am besten aus 17 unabhängigen Republiken bestehen sollte. Deren Aufgaben: Bildung für das Volk, Unterstützung der Menschen bei ihren Vorhaben und Schutz der Rechte aller Bürger. Keine dieser Republiken hätte einen Grund gehabt, sich auszudehnen. Bolívar fand das sinnvoll, weil er meinte, dass ein Staat, der zu groß ist oder durch seine Kolonien zu groß wird, am Ende untergeht. Schlimmer noch: Aus der freiheitlichen Regierung würde eine Tyrannei, die Gründungsprinzipien würden missachtet und es käme zum Despotismus; kleine Republiken seien dauerhafter.

Amerikanische Republiken

Die unabhängigen Republiken, die nach den Freiheitskriegen in Spanischamerika entstanden, entsprachen ihrer Größe nach Bolívars Vision, aber nicht in ihren Freiheitsrechten. Die politische Macht lag in den Händen weniger. Vielleicht spiegelten sich darin Bolívars eigene elitäre Instinkte und seine Ambivalenz in Bezug auf eine echte Demokratie wider. Noch heute genießt »El Libertador« wegen seiner revolutionären Visionen in Lateinamerika hohes Ansehen, auch wenn sein Name missbraucht wurde, um politisches Handeln zu rechtfertigen, das er selbst abgelehnt hätte. ▪

Bei einer Massenkundgebung für Hugo Chávez in Venezuela wird das Porträt von Simón Bolívar hochgehalten. Chávez beschrieb seine politische Bewegung als bolivarische Revolution.

Simón Bolívar

Simón Bolívar stammt aus einer adligen venezolanischen Familie. Der Gelehrte Simón Rodríguez brachte ihm die Ideale der europäischen Aufklärung nahe. Im Alter von 16 Jahren reiste Bolívar durch Mexiko und Frankreich, dann weiter nach Spanien, wo er heiratete. Nach nur acht Monaten Ehe starb seine Frau.

1804 wurde Bolívar Zeuge, wie Napoleon Kaiser von Frankreich wurde. Er ließ sich vom europäischen Nationalismus inspirieren und schwor, nicht zu ruhen, ehe Südamerika von Spanien unabhängig wäre. Bolívar stand an der Spitze der Befreiungsbewegungen im heutigen Ecuador, Kolumbien, Venezuela, Panama, im nördlichen Peru und im nordwestlichen Teil Brasiliens. 1828 sah er sich gezwungen, sich zum Diktator des neuen Staates Gran Colombia zu erklären; frühere idealistische Positionen gab er auf. Er starb zwei Jahre später, desillusioniert durch die Revolutionen, die er angeregt hatte.

Hauptwerke

1812 *Manifest von Cartagena*
1815 *Carta de Jamaica*

EINE GEBILDETE UND KLUGE REGIERUNG ERKENNT DEN ENTWICKLUNGSBEDARF IN DER GESELLSCHAFT

JOSÉ MARÍA LUIS MORA (1780–1850)

IM KONTEXT

IDEENLEHRE
Liberalismus

SCHWERPUNKT
Modernisierung

FRÜHER
1776 Die Anführer der amerikanischen Revolution erklären, dass sie mit der Reorganisation des politischen Systems die Lebensumstände der Menschen verbessern wollen.

1788 Immanuel Kant sagt, Fortschritt müsse durch Bildung gefördert werden.

SPÄTER
1848 Auguste Comte sagt, bis zum aufgeklärten, rationalen Zeitalter der Wissenschaft müsse die Gesellschaft drei Stadien durchmachen.

1971 Der peruanische Priester Gustavo Gutiérrez schreibt das Buch *Theologie der Befreiung*. Er sieht die Christen als Anführer an, wenn es um die Abschaffung ungerechter wirtschaftlicher, politischer und sozialer Bedingungen geht.

In den 1830er-Jahren war Mexiko von Unruhen geprägt, der Unabhängigkeitskrieg hatte tiefe Spuren hinterlassen. Im Jahr 1821 wurde Mexiko von Spanien unabhängig, in den folgenden 55 Jahren hatte das Land 75 Präsidenten. Die politische Macht lag weiterhin bei den reichen Landbesitzern, der Armee und der Kirche. Die Liberalen in Lateinamerika standen unter dem Einfluss der Philosophen der Aufklärung sowie der politischen Entwicklung in Frankreich und den Vereinigten Staaten. Sie glaubten, die bestehenden Machtverhältnisse in der Gesellschaft blockierten den Fortschritt. Der junge mexikanische Liberale José María Luis Mora kritisierte den sturen Konservatismus in seinem Land. Er meinte, eine Gesellschaft müsse sich bewegen, sonst würde sie sterben. Und eine kluge Regierung müsse den Entwicklungsbedarf ihres Landes erkennen.

Moras Forderung nach Modernisierung stieß jedoch auf taube Ohren. Er kam sogar ins Gefängnis, weil er sich gegen die Ernennung Maximilians zum Kaiser aussprach. Später ging er ins Exil nach Paris. Noch 50 Jahre nach der Unabhängigkeit war Mexiko, pro Kopf gerechnet, ärmer als je zuvor. ■

Kaiser Maximilian wurde 1864 gegen die starke Opposition von Liberalen wie Mora zum Kaiser von Mexiko gemacht. Drei Jahre später wurde er gestürzt und hingerichtet.

Siehe auch: Platon 34–39 ▪ Immanuel Kant 126–129 ▪ Auguste Comte 165 ▪ Karl Marx 188–193 ▪ Antonio Gramsci 259

ANGRIFFE GEGEN »DIE FAMILIE« SIND SYMPTOM DES SOZIALEN CHAOS

AUGUSTE COMTE (1798–1857)

IM KONTEXT

IDEENLEHRE
Positivismus

SCHWERPUNKT
Die Familie

FRÜHER
14. Jh. Ibn Khaldun untersucht in *Muqaddima den* sozialen Zusammenhalt und soziale Konflikte mit wissenschaftlichen Methoden.

1821 Der französische Sozialist Henri de Saint-Simon meint, die Industriegesellschaft bringe ein neues Utopia her, politisch geführt von Wissenschaftlern.

1835 Der belgische Philosoph Adolphe Quetelet regt eine Sozialwissenschaft an, mit der sich der Durchschnittsbürger untersuchen lässt.

SPÄTER
1848 Karl Marx plädiert im *Kommunistischen Manifest* für die Abschaffung der Familie.

1962 Michael Oakeshott meint, die Gesellschaft lasse sich auf rationale Weise nicht verstehen.

Der französische Philosoph Auguste Comte verteidigt in *Cours de philosophie positive* (1830–1848) die Familie. Seinem positivistischen Ansatz zufolge können gültige Daten zum Verständnis der Gesellschaft allein mithilfe der Sinne und der logischen Analyse gewonnen werden. Die Gesellschaft, so Comte, gehorche bestimmten Gesetzen, genau wie die physikalische Welt der Naturwissenschaft. Dem Wissenschaftler falle die Aufgabe zu, die Menschen im Miteinander zu studieren und diese Gesetze zu finden.

Die soziale Grundeinheit ist die Familie

Comte fand es wichtig, die allgemeinen Gesetze zu betrachten und nicht die Sichtweisen Einzelner. Der wissenschaftliche Geist verbiete es, die Gesellschaft als eine Ansammlung von Individuen zu betrachten. Die wahre soziale Grundeinheit ist nach Comte die Familie. Eine soziale Wissenschaft, die sich auf die Bedürfnisse der Individuen konzentriere, sei zum Scheitern verurteilt. Innerhalb der Familie würden einerseits individuelle Neigungen zum Wohl der Gesellschaft genutzt, andererseits die persönlichen und sozialen Instinkte der Menschen in Einklang gebracht. Zudem kommen in der Familie die Prinzipien von Unterordnung und Kooperation zum Tragen.

» Die Familie erscheint als der Keim für die Einrichtungen im sozialen Organismus. «

Auguste Comte

Comte betonte das Soziale und lag damit im Widerstreit mit dem Sozialismus: Die Marxisten plädierten für die Abschaffung der Familie. Damit forderten sie nach Comte die Zerstörung der Gesellschaft. ■

Siehe auch: Ibn Khaldun 72–73 ▪ Karl Marx 188–193 ▪ Max Weber 214–215 ▪ Michael Oakeshott 276–277 ▪ Ayn Rand 280–281

DER AUF
DER MAS
1848–1910

STIEG SEN

Während Unruhen Europa erschüttern, veröffentlichen Karl Marx und Friedrich Engels *Das Kommunistische Manifest.*

1848

Der Sieg der Nordstaaten im amerikanischen Bürgerkrieg führt zur **Abschaffung der Sklaverei** in den gesamten Vereinigten Staaten.

1865

Die **Pariser Kommune** wird errichtet und proklamiert den ersten Arbeiterstaat.

1871

Friedrich Nietzsche veröffentlicht sein erstes großes Werk, *Die Geburt der Tragödie.*

1872

1864

In China bricht die **Taiping-Rebellion** zusammen. Die Bilanz: 20 Millionen Tote.

1868

In Japan beendet die **Meiji-Restauration** die Feudalherrschaft der Shogune.

1871

Deutschland wird unter Kaiser Wilhelm zu einem Nationalstaat **vereint.**

1873

Eine Finanzkrise löst in den USA und Europa eine **Weltwirtschaftskrise** aus.

Die Revolutionen und Kriege im späten 18. und frühen 19. Jahrhundert hatten in Europa zu Unsicherheit geführt. Als mit dem Vertrag von Paris 1815 die Napoleonischen Kriege beendet wurden, entspannte sich die Lage. Die Industrialisierung sowie der rapide Ausbau der Eisenbahn und der Telekommunikation beflügelte die Weltwirtschaft, und es schien, als hätten die politischen Lösungen der ersten Hälfte des 19. Jahrhunderts einen stabilen Rahmen geschaffen. Der deutsche Philosoph G.F.W. Hegel sah Preußen, wie es in den 1830er-Jahren bestand, als perfekten Staat an. Der europäische Kolonialismus wurde oft als Mission, den Rest der Welt zu zivilisieren, ausgegeben: Wären politische und Bürgerrechte gesichert, würde eine gerechte Gesellschaft entstehen.

Kommunistische Ideen

Zwei Schüler von Hegel, Friedrich Engels und Karl Marx, widersprachen diesen Schlussfolgerungen. Sie verwiesen auf die durch die Industrialisierung entstandene neue Klasse besitzloser Arbeiter, die zwar mehr politische Freiheiten genossen, jedoch ökonomisch versklavt blieben. Mithilfe Hegel'scher Analysen wollten sie zeigen, dass diese Klasse das Potenzial besaß, ihre bürgerlichen und politischen Rechte auch auf dem Gebiet der Wirtschaft durchzusetzen.

Während sich revolutionäre Ideen in Europa verfestigten, schrieben Marx und Engels ihr *Kommunistisches Manifest.* Mit ihrem radikalen Werk schufen sie die Grundlage, auf der eine neue Art von Massenpolitik entstehen sollte. Neue Arbeiterparteien wie die SPD in Deutschland orientierten sich an dem Manifest und waren zuversichtlich, dass in Zukunft die Massen die politische und ökonomische Macht in Händen halten würden. War Politik zuvor das Anliegen einer Elite, wurde sie nun zum Thema der Massen: Millionen von Menschen traten in politische Organisationen ein und mit der Verbreitung des Wahlrechts nahmen weitere Millionen an Wahlen teil.

Rückzug der alten Ordnung

In den USA lösten die verschiedenen Meinungen zur Sklaverei in den neuen Territorien einen Bürgerkrieg aus. Der Sieg der Union brachte im ganzen Land das Ende der Sklaverei und mit Schwung gewann die Nation neue ökonomische und politische Macht. Weiter im Süden rangen die jungen

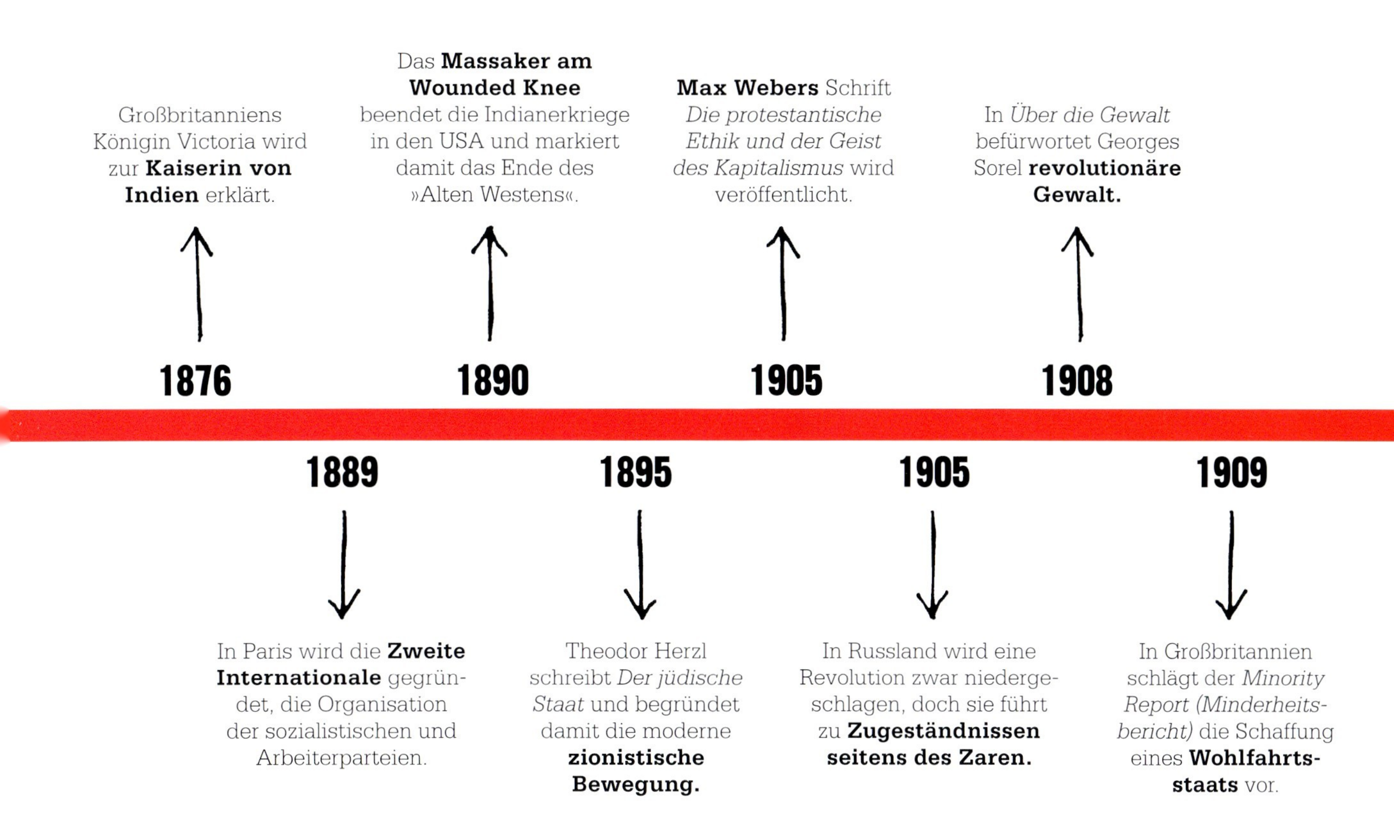

Republiken Lateinamerikas um politische Stabilität. Die Machtverhältnisse schwankten stark, doch immer waren es einige wenige, die das Sagen hatten. Große Teile der Region stagnierten. In Mexiko indes führten 1910 Reformforderungen zum Ausbruch der Revolution.

In Asien wurden erste antikolonialistische Organisationen gegründet, die für politische Rechte kämpfen wollten. In Japan setzte eine Gruppe traditioneller Herrscher Modernisierungen durch, die die bisherige feudale Ordnung zerstörten. Überall auf der Welt schienen die alten Regime den Rückzug anzutreten.

Dem Glauben mancher Marxisten zum Trotz war der Fortschritt in Richtung politischer Macht der Massen keineswegs gesichert. Friedrich Nietzsche etwa war ein prominenter Vertreter des tiefgreifenden Zynismus gegenüber der Fähigkeit der Gesellschaft, sich mithilfe der Massen zu reformieren. Dessen Ideen griff Max Weber auf, um die Gesellschaft als Kampfstätte verschiedener Glaubenssysteme zu beschreiben, und nicht, wie im marxistischen Denken, als Ort des Klassenkampfs.

Reformbewegungen

Liberale und Konservative passten sich den neuen Verhältnissen an, indem sie eigene Massenparteien gründeten und auf die lauter werdenden Forderungen nach Wohlfahrt und ökonomischer Gerechtigkeit reagierten. Das liberale Denken stellte der Brite John Stuart Mill mit seiner Theorie auf eine feste Basis: Er betrachtete das Recht des Individuums als Grundlage für eine gerechte Gesellschaft.

Die Sozialisten, die die Produktion vergesellschaften wollten, sahen zunehmend auch innerhalb des kapitalistischen Systems Möglichkeiten für Reformen. Eduard Bernstein trat angesichts des allgemeinen Wahlrechts für Männer im jüngst vereinten Deutschland für Reformen durch Mitbestimmung über diesen Weg ein.

In Großbritannien machten sich sozialistische Reformer wie Sidney und Beatrice Webb für ein Wohlfahrtssystem zum Schutz der Armen stark. Unterdessen warben in Russland Wladimir Iljitsch Lenin und andere für eine sozialistische Revolution. Gleichzeitig wuchsen die Spannungen zwischen Europas alten Eliten. Damit wurde die Bühne bereitet für die umwälzenden Veränderungen, die Europa erfassen sollten. ■

SOZIALISMUS IST EIN NEUES SYSTEM DER LEIBEIGENSCHAFT

ALEXIS DE TOCQUEVILLE (1805–1859)

IM KONTEXT

IDEENLEHRE
Liberalismus

SCHWERPUNKT
Klassenlose Gesellschaft

FRÜHER
380 v. Chr. Laut Platon ist die Demokratie anderen Regierungsformen unterlegen.

1798 Die Französische Revolution führt zur Errichtung einer Republik.

1817 Der sozialistische Theoretiker Henri de Saint-Simon plädiert für einen neuen Typ Gesellschaft auf der Basis rein sozialistischer Prinzipien.

SPÄTER
1922 Mit der Errichtung der Sowjetunion beginnt in großen Teilen Osteuropas die kommunistische Herrschaft.

1989 Die Berliner Mauer fällt. Das bedeutet das Ende des Sozialismus, kapitalistische und demokratische Regierungsformen breiten sich in ganz Osteuropa aus.

Sozialismus **ignoriert** die höchsten menschlichen Tugenden.

Sozialismus **untergräbt** das Privateigentum.

Sozialismus **unterdrückt** das Individuum.

Sozialismus ist ein neues System der Leibeigenschaft.

Im September 1848 hielt Alexis de Tocqueville vor der im Februar nach dem Sturz König Louis-Philippes I. gewählten französischen Nationalversammlung eine flammende Rede. Die Ideale der Französische Revolution von 1789, so legte er dar, bedeuteten eine demokratische Zukunft und eine Ablehnung des Sozialismus.

De Tocqueville kritisierte den Sozialismus in drei Punkten: Erstens stachele er die »menschlichen materiellen Leidenschaften« an und ziele auf das Erringen von Wohlstand ab. Damit ignoriere er die erhabensten Ideale des Menschen und die Saat der Revolution, Generosität und Tugend. Zweitens untergrabe der Sozialismus das für die Freiheit unerlässliche Prinzip des Privateigentums. Und drittens verachte er das Individuum.

Mit dem Sozialismus ersticke ein überwältigender Staat die individuelle Initiative. Er würde nicht nur die Gesellschaft als Ganzes dirigieren, sondern, wie de Tocqueville sagte, zum »Herrn eines jeden Menschen« werden. Während die Demokratie die Autonomie des Einzelnen fördere, schränke der Sozialismus sie ein. Deshalb – so folgerte er – sind Demokratie und Sozialismus Gegensätze.

Eine klassenlose Gesellschaft

De Tocqueville glaubte die Ideale der Französischen Revolution von 1789 verraten, bei der es um die Freiheit aller und damit die

Siehe auch: Platon 34–39 ▪ Aristoteles 40–43 ▪ Montesquieu 110–111 ▪ Jean-Jacques Rousseau 118–125 ▪ John Stuart Mill 174–181 ▪ Max Weber 214–215

» Demokratie hat die Gleichheit in der Freiheit zum Ziel. Sozialismus sucht die Gleichheit in der Beschränkung und Knechtschaft. «

Alexis de Tocqueville

Abschaffung der Klassengegensätze gegangen war. Doch seither seien die oberen Schichten nur privilegierter und korrupter geworden. Die unteren Schichten kochten vor Wut und Unzufriedenheit und ließen sich daher allzu leicht von sozialistischen Ideen verführen.

Die Lösung sah de Tocqueville in der Wiederbelebung des revolutionären Ideals einer freien, klassenlosen Gesellschaft. Indem der Sozialismus Privateigentümer gegen das Proletariat ausspiele, hielte er an den Klassengegensätzen fest und verrate damit die ursprüngliche Idee. Die Errichtung des Sozialismus sei daher nichts anderes als die Rückkehr zur vorrevolutionären Monarchie. Für de Tocqueville war der tyrannische Sozialismus unvereinbar mit Freiheit und Wettbewerb. Er unterstützte stattdessen eine demokratische Gesellschaft, in der Einzelunternehmen gedeihen konnten, zugleich aber die Armen durch das christliche Ideal der Nächstenliebe geschützt wurden. Als Modell dafür nahm er die USA, denn hier sah er die fortschrittlichste Version der Demokratie umgesetzt.

De Tocquevilles Ansatz – Demokratie gleich Freiheit und Sozialismus gleich Gefangenschaft – wurde ein wiederkehrendes Thema in den Debatten des 19. und 20. Jahrhunderts. Im Jahr seiner Rede erschütterten Revolutionen und Aufstände ganz Europa. Nach 1848 verliefen sie indes im Sande und so konnte der Sozialismus nicht Fuß fassen. ■

Unter dem Sozialismus, so de Tocqueville, würden die Arbeiter zum Rädchen im überwältigenden Getriebe des Staates.

Alexis de Tocqueville

De Tocqueville wurde 1805 in Paris geboren. Als 1830 Louis-Philippe von Orleans den Thron bestieg, übernahm er einen Posten in der neuen Regierung. Später verließ er Frankreich und reiste in die USA. Dort entstand sein berühmtestes Werk *Über die Demokratie in Amerika.* Darin schrieb er, Demokratie und Gleichheit der Menschen seien in den USA am weitesten fortgeschritten. Er warnte aber vor Materialismus und zu großem Individualismus, den Gefahren, die die Demokratie mit sich brachte.

Nach der Revolution von 1848 wurde de Tocqueville Mitglied der französischen Nationalversammlung, die die Verfassung der Zweiten Republik ausarbeitete. Seine Opposition gegen den Staatsstreich Louis-Napoleon Bonapartes 1851 brachte de Tocqueville für eine Nacht ins Gefängnis. Danach zog er sich aus der Politik zurück. Acht Jahre später starb er im Alter von 53 Jahren an Tuberkulose.

Hauptwerke:

1835, 1840 *Über die Demokratie in Amerika*
1856 *Der alte Staat und die Revolution*

SAG NICHT »ICH«, SONDERN »WIR«

GIUSEPPE MAZZINI (1805–1872)

IM KONTEXT

IDEENLEHRE
Nationalismus

SCHWERPUNKT
Rechte und Pflichten

FRÜHER
1789 *Die Erklärung der Menschen- und Bürgerrechte* aus der Zeit der Französischen Revolution definiert die Universalrechte des Bürgers.

1793 Der deutsche Philosoph Johann Gottfried Herder betont die Bedeutung der Nation.

SPÄTER
1859 John Stuart Mill spricht sich in *Die Freiheit* für das Recht des Individuums aus.

1861 Italien wird vereinigt.

1950er-Jahre Als die Kolonien unabhängig werden, kommt es weltweit zu nationalistischen Bewegungen.

1957 Mit dem Vertrag von Rom, den sechs europäische Staaten unterzeichnen, wird die Europäische Wirtschaftsgemeinschaft (EWG) gegründet.

Individuelle Rechte reichen für das Soziale nicht aus …

… denn **nicht jeder** ist in der Lage, seine Rechte **auszuüben.**

… denn das Verfolgen individueller Interessen erzeugt **Habgier und Konflikte.**

Die Rechte des Individuums sollten **den Pflichten gegenüber dem eigenen Land untergeordnet** werden.

Sag nicht »ich«, sondern »wir«.

Der politische Denker und Aktivist Giuseppe Mazzini suchte Mitstreiter, um die Idee eines Nationalstaats zu verfolgen. In seinem *Essay über die Pflichten des Menschen, gerichtet an die Arbeiter*, mahnte er, die Pflichten gegenüber dem eigenen Land über die individuellen Interessen zu stellen. Sein Nationalismus beruhte auf der Kritik an den politischen Veränderungen in Europa im 18. Jahrhundert, die Freiheit durch individuelle Rechte bewirken soll-

Siehe auch: Johann Gottfried Herder 142–143 ▪ Simón Bolívar 162–163 ▪ John Stuart Mill 174–181 ▪ Theodor Herzl 208–209 ▪ Gianfranco Miglio 296

» Indem wir uns auf der Grundlage des rechten Prinzips für unser Land bemühen, bemühen wir uns um die Menschheit. «

Guiseppe Mazzini

ten. Dadurch, so hofften die arbeitenden Massen, würden auch sie zu materiellem Wohlstand gelangen können.

Mazzini meinte, dass die sich entwickelnde Freiheit die Bedingungen für die Arbeiter nicht verbesserte – obwohl Handel und Wohlstand wuchsen. Die ökonomische Entwicklung käme nur wenigen Privilegierten zugute, nicht den Massen. Mazzini erkannte vor allem zwei Probleme: Erstens blieb Freiheit für die meisten eine »Illusion und bittere Ironie«, da sie nicht in der Lage waren, sie auszuüben: Das Recht auf Bildung etwa nutzte demjenigen, der weder das Geld noch die Zeit dafür hatte, gar nichts. Zudem führe das Streben nach Materiellem dazu, dass die Menschen aufeinander herumtrampelten und der Gemeinschaftssinn geschwächt würde.

Erst Pflichten, dann Rechte

Für Mazzini stand die Pflicht gegenüber der Menschheit an erster Stelle. Er meinte, dass sie von den Individuen fordert, gemeinsam auf Ziele hinzuarbeiten. Da ein Einzelner allein kaum der gesamten Menschheit dienen konnte, hatte Gott, so Mazzini, die Länder geschaffen und auf diese die Menschheit aufgeteilt. Ein Land war demnach eine »Werkstatt«, in der das Individuum der Menschheit dienen konnte. Die Pflicht gegenüber dem eigenen Land – das Denken eines »Wir« statt eines »Ich« – verband den Einzelnen mit dem Kollektiv der Menschheit, so Mazzini.

Die Prozession durch die Straßen von Turin wurde zum Symbol der Vereinigung Italiens 1861. Mazzini gilt als Gründungsvater des modernen Italien.

In einem Land verbanden sich für Mazzini die Individuen der jeweiligen geografischen Region zu einer Gemeinschaft der Brüderlichkeit. Die europäischen Revolutionäre von 1848 begeisterten sich für Mazzinis Gedanken. Dies geschah, als Italien auf dem Weg zum Nationalstaat war. Im 20. Jahrhundert griffen Nationalisten, die gegen den Kolonialismus kämpften, die Ideen auf. Mazzinis Traum von einer Kooperation Europas ging mit Gründung der Europäischen Wirtschaftsgemeinschaft 1957 in Erfüllung. ■

Giuseppe Mazzini

Giuseppe Mazzini wurde als Sohn eines Arztes in Genua (Italien) geboren. Als er 20 Jahre alt war, engagierte er sich im Untergrund, wurde gefangen genommen und ging 1831 ins Exil. Dort gründete er das Junge Italien, eine Organisation, die mit Unruhen und Aufständen für ein vereintes Italien kämpfte. Seinem Beispiel folgten ähnliche Organisationen in anderen Ländern Europas.

Nach den Aufständen von 1848 kehrte Mazzini nach Italien zurück und wurde einer der Führer der Römischen Republik. Nach ihrem Sturz ging er erneut ins Exil. Als zu Beginn der 1860er-Jahre das norditalienische Königreich ausgerufen wurde, ging er wieder nach Italien. Dort lehnte er einen Sitz im Parlament ab, da er seine Vision von einer Republik nicht erfüllt sah. 1872 starb Mazzini in Pisa – zwei Jahre nach der durch die Einnahme des Kirchenstaates in Rom vollendeten Vereinigung Italiens.

Hauptwerke

1852 *Über Nationalität*
1860 *Die Pflichten des Menschen und andere Essays*

DASS SO WENIGE WAGEN EXZENTRISCH ZU SEIN, IST DIE GRÖSSTE GEFAHR UNSERER ZEIT

JOHN STUART MILL (1806–1873)

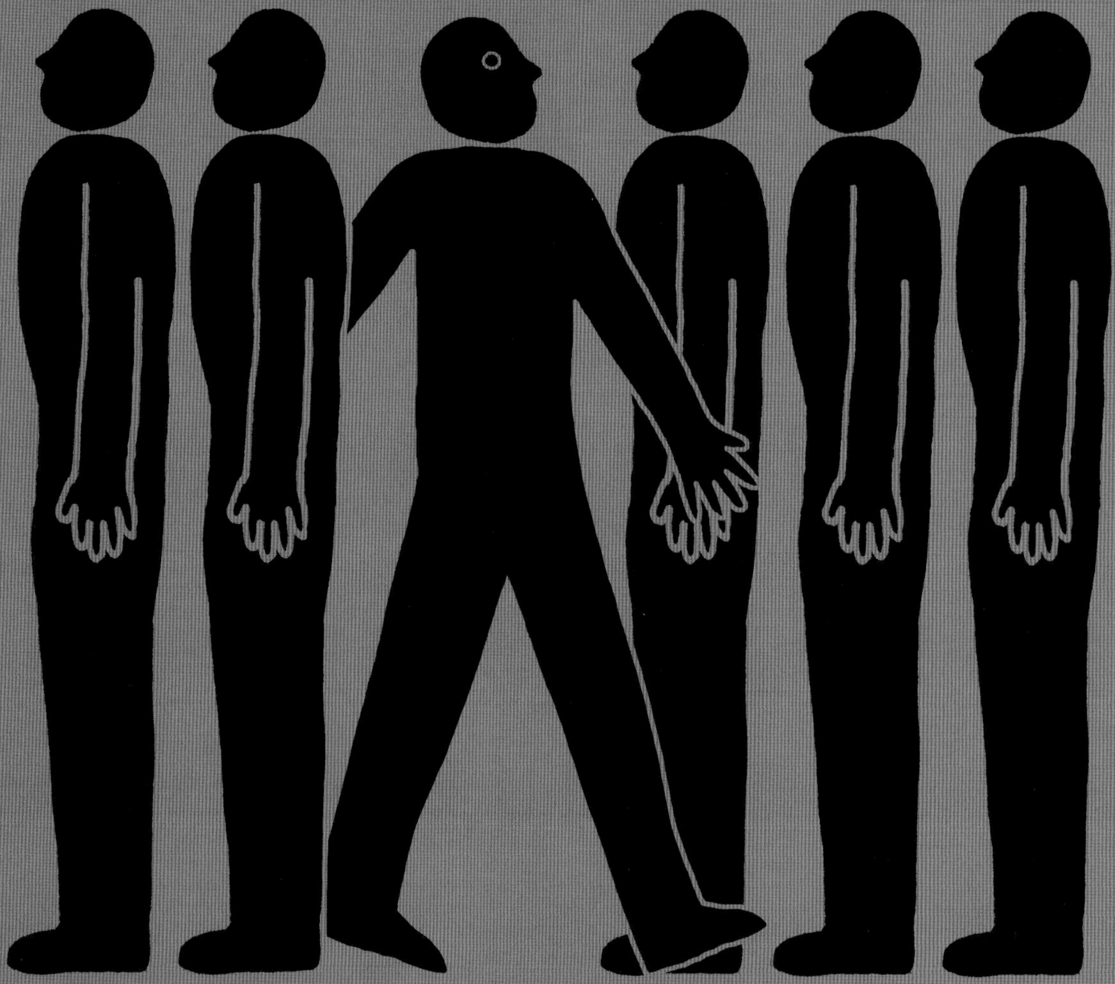

IM KONTEXT

IDEENLEHRE
Liberalismus

SCHWERPUNKT
Individuelle Freiheit

FRÜHER
1690 John Locke, ein Gegner autoritärer Regime, bereitet liberales Denken vor.

1776 Die Unabhängigkeitserklärung der USA besagt, dass alle Menschen gleich sind und gleiche Rechte haben.

SPÄTER
1940er-Jahre Nach der Weltwirtschaftskrise verlieren Liberale den Glauben an den freien Markt und sprechen sich für einen Wohlfahrtsstaat aus.

1958 Der Brite Isaiah Berlin unterscheidet »negative« und »positive« Freiheiten.

1974 Der US-amerikanische Philosoph Robert Nozick sieht persönliche Freiheiten als sakrosankt.

In *Über die Freiheit* entwickelte John Stuart Mill seine berühmte Verteidigung des Liberalismus-Grundsatzes: Er hielt Individualität für die Basis einer gesunden Gesellschaft. Dabei ließ er sich von einem zentralen Thema der politischen Theorie leiten, und zwar von der Frage nach der richtigen Balance zwischen individueller Freiheit und sozialer Kontrolle.

Nach Mill führten die Veränderungen der politischen Bedingungen im 19. Jahrhundert dazu, dass eine neue Betrachtungsweise gefunden werden musste. Er erklärte das so: In der Vergangenheit, als absolute Monarchen die Macht in Händen gehalten hatten, konnte die Habgier der Herrscher nicht durch Beteiligung der Menschen an politischen Prozessen, zum Beispiel durch Wahlen, in Schach gehalten werden. Aus dem Grund hatte man die Interessen des Staates als gegensätzlich zu denen des Individuums gesehen, staatliche Eingriffe wurden mit Misstrauen betrachtet.

Weiter erläuterte Mill seinen Gedankengang: Mit der Ausbreitung demokratischer Regime hatten sich jedoch diese Spannungen gelöst. Regelmäßige Wahlen machten die Massen zum letztendlichen Herrscher, wodurch die Interessen des Staates mit denen der Menschen abgestimmt wurden. Deshalb konnte staatliche Einmischung gar nicht zu Nachteilen für die Individuen, die den Herrscher gewählt hatten, führen.

Die Tyrannei der Mehrheit

Mill warnte allerdings vor der Selbstgefälligkeit, die mit dieser Haltung einhergehe. Es könne schließlich sein, dass die gewählte Regierung eines Tages die Meinung der Mehrheit nutzte, um die Minderheit zu unterdrücken. Diese »Tyrannei der Mehrheit« sei ein echtes Risiko, selbst die Einmischung durch gewählte Regierungen könne sich als schädlich erweisen. Diese Gefahr wertete Mill als ebenso groß wie jene, die von einer politischen Tyrannei ausgeht. Seine Befürchtung war, dass sich dadurch Konformität im Denken und Handeln einstellt. Diese Form der Herrschaft war für ihn sogar bedrohlicher, da die Meinung der Menschen oft ohne viel Nachden-

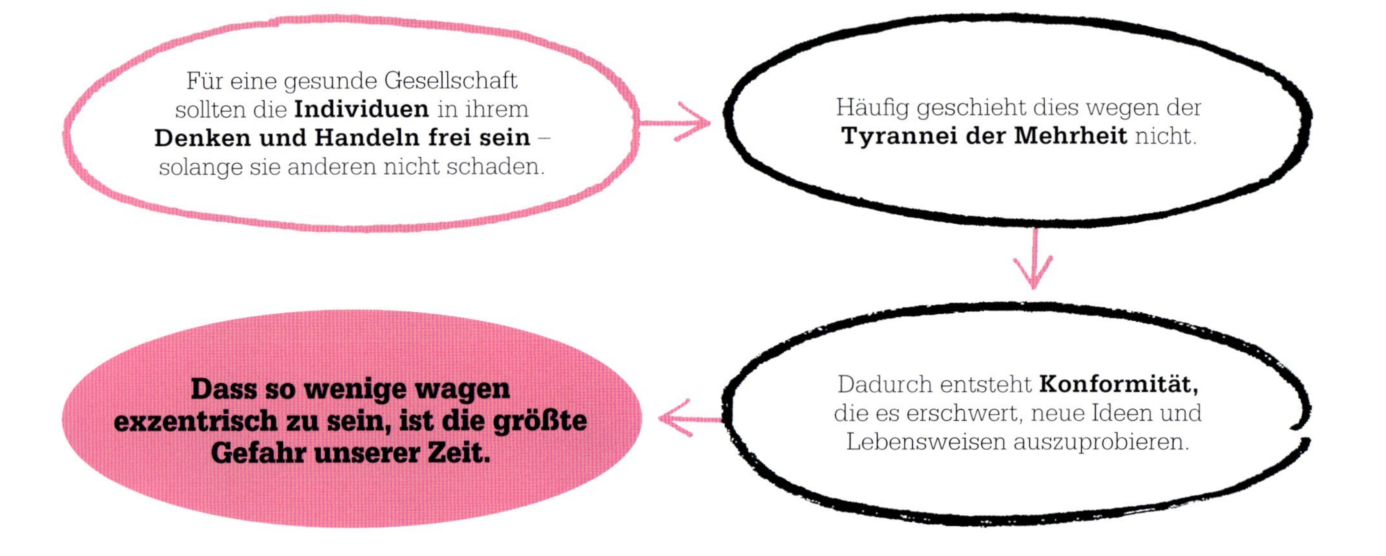

Siehe auch: Thomas Hobbes 96–103 ▪ John Locke 104–109 ▪ Jeremy Bentham 144–149 ▪ Alexis de Tocqueville 170–171 ▪ Robert Nozick 326–327 ▪ John Rawls 298–303

Handlungsfreiheit – wie die Versammlungsfreiheit heute bei einer Schwulenparade in Paris – gehörte für Mill ebenso zur Idee der individuellen Freiheit wie die Gedanken- und Meinungsfreiheit.

ken und durch Eigeninteressen und Vorlieben zustande kommt. Die vorherrschende Meinung würde zudem vor allem den Interessen der dominantesten Gruppen einer Gesellschaft entsprechen.

Großbritannien entwickelte sich zu Mills Zeiten rasant in Richtung moderne Demokratie. Das Misstrauen gegenüber dem Staat war ein Relikt aus der Zeit, als die Herrscher bevorzugt ihre eigenen Interessen verfolgten und eine Tyrannei der Mehrheit noch gar nicht möglich war. So wurden einerseits staatliche Eingriffe unnötigerweise gefordert, andererseits ungerechtfertigterweise verurteilt. Als erkennbar wurde, dass sich die öffentliche Meinung immer häufiger durchsetzte, berfüchtete Mill, dass sich eine generelle Tendenz in der Gesellschaft hin zu größerer Kontrolle über das Individuum einstellen könnte.

» Der Kampf der Freiheit und der Autorität ist der eigentliche Grundzug jener Abschnitte der Weltgeschichte, mit welchen wir gewöhnlich am frühesten vertraut sind … «

John Stuart Mill

Berechtigte Eingriffe

Dagegen wollte Mill ein wirksames Mittel finden und so suchte er nach einem Prinzip, mit dem sich die Balance zwischen individueller Autonomie und staatlicher Einmischung regeln ließe. Die Gesellschaft dürfe nur dann in die Freiheiten des Individuums eingreifen, wenn es gelte, Schaden für andere zu verhindern. Aber über sich selbst, seinen Körper und seinen Geist ist, wie Mill sagte, einzig das Individuum selbst Herr. Diese Grundannahme zur individuellen Freiheit sollte für Gedanken und Äußerungen sowie für das Handeln des Einzelnen gelten.

Werde dieses Prinzip nicht beachtet, leide die gesamte Gesellschaft. Ohne Gedankenfreiheit etwa blieben Wissen und Erneuerung eingeschränkt. Diesen Gedanken erklärte Mill damit, wie der Mensch zur Wahrheit gelangt: Da der Geist Fehler macht, werden Wahrheit und Irrtum erst erkennbar, wenn eine Idee ausgesprochen und der Diskussion ausgesetzt werde. Falls die Gesellschaft diesen Gedanken ersticke, könnten gute Ansätze untergehen. Auch gingen eventuell Ideen verloren, die als Vergleiche dienen könnten. Mill lehnte es ab, manche Gedanken als sozial nützlicher zu betrachten als andere – unabhängig von deren Wahrheitsgehalt. Selbst wenn Häretiker nicht mehr auf dem Scheiterhaufen verbrannt wurden, drohte nach Mills Meinung, Intoleranz gegenüber unorthodoxen Ideen den Geist abzustumpfen und Entwicklungen einzuengen.

Ein Überfluss an Ideen

Selbst eine Gesellschaft, in der sich wahre Erkenntnisse durchsetzen können, braucht einen Überfluss an neuen Gedanken – denn damit eine Idee vital und kraftvoll bleibt, muss sie, so Mill, dauerhaft auf die Probe gestellt werden. Dies gelte insbesondere für soziale und politische »

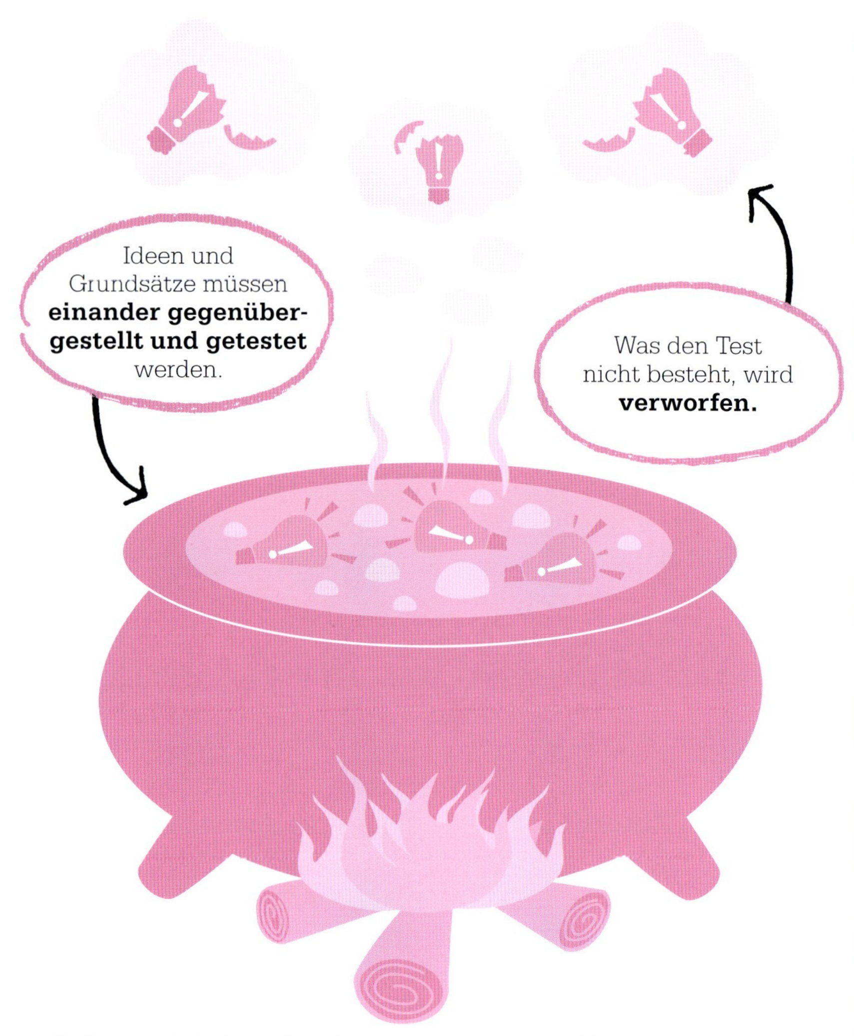

In Mills sprudelndem Ideenkessel müssen sich alle Ideen und Konzepte ständig anderen gegenüber beweisen. Der Kessel funktioniert wie ein Destillationsgerät: Falsche oder in sich zusammenfallende Ideen verdampfen und werden verworfen, während wahre Ideen weiter kochen und stärker werden.

Ideen, die nie so überprüfbar seien wie mathematische Wahrheiten. Am besten würde ein Gedanke auf die Probe gestellt, indem man ihn mit entgegengesetzten Meinungen konfrontierte. Falls es keine Andersdenkenden gebe, sollten Gegenpositionen erfunden werden. Denn ohne die Diskussion von Für und Wider würden selbst richtige Ideen nicht wahrhaft geschätzt und zu Dogmen werden. Auch korrekte Verhaltens- und Moralprinzipien könnten, würden sie zu Slogans verkommen und ohne rechtes Verständnis nachgeplappert werden, nicht zu authentischen Handlungen motivieren.

Mill verteidigte damit die individuelle Handlungsfreiheit, wenngleich er anerkannte, dass diese stärker eingeschränkt werden müsse als die Gedankenfreiheit, da sie anderen eher schaden könne. Wie die Ideenfreiheit fördere auch die Individualität – die Freiheit, ein unorthodoxes Leben zu führen – die Erneuerung der Gesellschaft. Der Wert verschiedener Lebensmodelle soll praktisch erprobt werden, meinte Mill. Selbst wenn die Menschen sich zweckmäßigerweise an Traditionen hielten, sollten sie dies auf kreative Weise tun, um den jeweiligen Umständen und ihren Vorlieben gerecht zu werden. Mill glaubte, wenn Menschen automatisch den Gepflogenheiten folgten, würde das Leben steril und die moralischen Fähigkeiten des Individuums degenerierten – ähnlich wie bei gedankenlos übernommenen Meinungen.

> »Die Tyrannei der Mehrheit [wird] gewöhnlich unter den Übeln angeführt, vor denen die Gesellschaft auf ihrer Hut sein muss.«
>
> **John Stuart Mill**

Ein Experiment für alle

Wie der freie Gedankenaustausch nützen nach Mill auch neue Verhaltensweisen der Gesellschaft insgesamt – selbst denjenigen, die konventionell leben. Nonkonformisten entdeckten neue Wege, die später von anderen übernommen werden könnten. Um dies zu ermöglichen, müssten soziale Erneuerer frei experimentieren dürfen. Gegen die Macht der Mehrheitsmeinung halfen nur Freigeister und Exzentriker, die neue Wege aufzeigten, dieses oder jenes zu tun.

Als Mill sein Werk *Über die Freiheit* schrieb, galt Großbritannien durch die industrielle Revolution als das ökonomisch fortschrittlichste Land der Welt. Mill wertete dies als Ergebnis der Vielfalt an Ideen und der großen Handlungsspielräume und stellte die Dynamik Europas der Stagnation Chinas gegenüber. Der Niedergang dort hatte nach Mill mit der Verfestigung von Traditionen und Gewohnheiten zu tun, die Individualität unterdrückten.

In Großbritannien brachte die Entwicklung den Massen Bildung sowie neue Kommunikationswege und Möglichkeiten für bisher vom Fortschritt ausgeschlossene Schichten. Damit ging aber auch mehr Homogenität beim Geschmack einher – und ein Rückgang an Individualität. Setzte sich dieser Trend fort, so glaubte Mill, würde England das gleiche Schicksal erleiden wie China. Ihm war die englische Gesellschaft bereits viel zu konformistisch und schätzte Individualität und Originalität zu wenig. Die Menschen verhielten sich standesgemäß – nicht ihrem Gewissen gemäß. Deshalb betrachtete er das Fehlen von Exzentrik als eine große Gefahr.

Das Schadensprinzip

Mills Schadensprinzip definierte die Grenzen zwischen Staat und Individuum auf sinnvolle und einfache Weise – und das zu einer Zeit, als das Verhältnis zwischen Staat und Gesellschaft sich stark veränderte. Der Umgang mit dem Tabakkonsum im 20. Jahrhundert verdeutlicht das Prinzip: Obwohl seit Langem bekannt ist, dass Tabak den Menschen schadet, verbot der Staat den Individuen das Rauchen nicht. Stattdessen informierte er über gesundheitliche Gefahren, um Menschen dazu zu bewegen, das Rauchen aufzugeben. Am Ende des 20. Jahrhunderts war die Zahl der Raucher in den USA sowie in Europa zurückgegangen.

Dies entsprach dem Freiheitsprinzip von Mill: Der Einzelne konnte rauchen, auch wenn es ihm schadete. Doch dann zeigte sich, dass auch passives Rauchen schadet. Damit verletzte das Rauchen in der Öffentlichkeit das Schadensprinzip, das daraufhin erneut angewendet wurde: Die Rauchverbote an öffentlichen Orten tragen den neuen Erkenntnissen Rechnung. Heute ist das Rauchen weit weniger populär und gehört beinahe zum Repertoire des Exzentrikers. Trotz des Wissens über die Gesundheitsgefahren würden indes nur wenige ein striktes Verbot befürworten.

» Überall, wo es eine herrschende Klasse gibt, stammt ein beträchtlicher Teil der dort geltenden Moral aus den Sonderinteressen und der Sonderstellung dieser Klasse. «

John Stuart Mill

Schaden versus Zufriedenheit

Das Schadensprinzip führt jedoch nicht immer zu Resultaten, die Liberale sich wünschen. Hält zum Beispiel jemand Homosexualität für unmoralisch und abstoßend, könnte er argumentieren, dass ihm allein das Wissen um homosexuelle Praktiken in seiner Nähe schade. Dann könnte er fordern, der Staat solle eingreifen und die Sexualmoral schützen. Das aber berührt die ethische Basis von Mills Sicht auf das Individuum: *Über die Freiheit* wurde im Kontext des Utilitarismus formuliert, den Mill als Anhänger »

Demonstranten protestieren gegen einen Aufmarsch von Neonazis. Mill vertrat die Ansicht, individuellen Freiheitsrechten – wie etwa dem Versammlungsrecht von Neonazis – dürfe man sich widersetzen, wenn deren Wahrnehmung zu mehr Unzufriedenheit als zu Zufriedenheit führt.

des englischen Philosophen Jeremy Bentham unterstützte. Nach Bentham sollte die Sittlichkeit des Verhaltens danach beurteilt werden, in welchem Maß es zur allgemeinen Zufriedenheit beiträgt. Statt etwa Lügen per se für falsch zu halten, sollte man sie verurteilen, weil ihre Folgen insgesamt mehr Unzufriedenheit als Zufriedenheit erzeugten. Mill entwickelte diesen Ansatz Benthams weiter, indem er zwischen »höheren« und »niederen« Freuden unterschied: So sei es besser, als unglücklicher Sokrates geboren zu werden denn als glückliches Schwein – denn nur ein Sokrates könne höhere Freuden erfahren.

Zwischen dem Utilitarismus und Mills Ansatz in *Über die Freiheit* ergäbe sich ein Widerspruch, wenn man die Verteidigung der individuellen Freiheit als separates Prinzip begreifen würde. Dieses könnte mit dem im Utilitarismus vorrangigen Zufriedenheitsprinzip in Konflikt geraten. Wenn etwa Homosexualität die Mehrheit stört, würde der Utilitarismus dazu raten, sie zu verbieten – was einer klaren Einschränkung individueller Freiheit gleichkäme. Bei einem solchen Widerspruch gab auch Mill dem Nutzen als oberstem Prinzip Vorrang.

Ein religiöser Prediger spricht im Londoner Hyde Park vor Zuhörern. Mill war gegen Zensur und für die Redefreiheit – ganz gleich, welche Meinung jemand vertritt.

Mill vertrat also keine absolute Autonomie des Individuums. Im Spannungsfeld Staat versus individuelle Handlungsfreiheit lässt sich sein Standpunkt vielmehr als konkrete Anwendung des Zufriedenheitsprinzips verstehen. Freiheit führt zu gesellschaftlicher Erneuerung und zu wachsender Erkenntnis, das trägt zur Zufriedenheit bei, sagte Mill. Offen bleibt dabei, ob er mit seiner Annahme, dass das Zufriedenheitsprinzip stets in Richtung Freiheit wirkt, eventuell allzu optimistisch war – nicht nur in Bezug auf Verhaltensnormen, sondern auch auf die Freiheit der Meinungsäußerung. So lässt sich durchaus argumentieren, dass ein Verbot bestimmter Äußerungen – etwa eine erklärte Befürwortung der Verbrechen Adolf Hitlers – die Unzufriedenheit verringere und daher aus utilitaristischen Gründen zu rechtfertigen sei.

Negative Freiheit

Eine weitere Kritik, die gegen Mills Theorie vorgebracht werden kann, betrifft seine Annahme, die Wahrheit trete aus dem Kessel widerstreitender Ideen von selbst hervor. Wenn die Gesellschaft jegliche Einmischung in das individuelle Denken und Handeln vermeidet, so glaubte er, sprudelt der Kessel energisch. Diesen Gedanken bezeichnete der politische Theoretiker und Philosoph Isaiah Berlin später als »negative Freiheit«, die er durch Abwesenheit von Handlungszwängen definiert sah.

Linke Kritiker halten die negative Freiheit allein für unzureichend und weisen darauf hin, dass unterdrückte Gruppen – wie die Ärmsten der Gesellschaft oder rechtlose Frauen – keine Möglichkeit haben, ihre Meinungen auszudrücken: Sie leben am Rand der Gesellschaft und haben keinen Zugang zu Institutionen und Medien. Erst wenn diese Möglichkeit besteht, also zur negativen Freiheit die »positive« hinzutritt, können diese Gesellschaftsgruppen ihre Anliegen formulieren und auf die Politik Einfluss nehmen.

> »Die Freiheit des Individuums muss insofern begrenzt sein; es darf sich nicht zu einer Plage für andere machen.«
>
> **John Stuart Mill**

Hätte Mill die Errungenschaften des Feminismus im 20. Jahrhundert erlebt, hätte er gewiss argumentiert, dass Frauen sehr wohl durch den energischen Ausdruck ihrer Ansichten politische Gleichberechtigung erringen können. Dem würden Linke erneut entgegenhalten, dass formale politische Rechte kaum etwas bedeuten ohne positive Freiheiten wie gleiche Bezahlung und gleiche Arbeitnehmerrechte.

Pragmatischer Liberalismus

Mills politische Philosophien – der Utilitarismus und sein Plädoyer für die Freiheit – haben die Entwicklung der liberalen Demokratien grundlegend beeinflusst. Ihm verdanken sie die wohl berühmteste und am häufigsten zitierte Verteidigung des pragmatischen Liberalismus, der sich an das Prinzip des

Gemeinwohls gebunden sieht, statt für rein abstrakte, unveräußerliche Rechte einzutreten. In modernen liberalen Demokratien wie den USA oder Großbritannien verlaufen viele Debatten – ob über Sexualmoral oder das Rauchen, ja, selbst über die Rolle des freien Marktes in der Wirtschaft – entlang der Überlegungen, die Mill vor knapp 200 Jahren dargelegt hat. Doch auch hier werden Einschränkungen der individuellen Handlungsspielräume durch mehr als nur das Minimalkriterium negativer Freiheit gerechtfertigt. Das Verbot von Drogen etwa beruht auf einem paternalistischen Prinzip und selbst in Ländern mit freier Marktwirtschaft reguliert der Staat den Handel mit dem Ziel, mehr ökonomische Chancengleichheit zu erwirken.

All dies, könnte man meinen, gehe über Mills Kriterium für staatliche Interventionen hinaus. Die Debatten um den angemessenen Umfang sozialer Kontrolle dauern unvermindert an – und die Verfechter liberaler Standpunkte führen oft Mills Argumente ins Feld. ■

Mills grundlegende Freiheiten

Die Freiheit **des Denkens und der Ideen** – absolute Freiheit der Meinungen und Empfindungen sowie die Freiheit, diese in mündlicher oder schriftlicher Form auszudrücken.

Die Freiheit **des eigenen Geschmacks und der individuellen Vorlieben** – das Recht, das Leben so zu leben, wie es den eigenen Vorstellungen entspricht, solange diese anderen in der Gesellschaft nicht schaden.

Die Freiheit **der Zusammenkunft von Individuen** – das Recht, sich mit anderen zu jedwedem unschädlichen Zweck zu versammeln, solange niemand dazu gezwungen wird.

John Stuart Mill

John Stuart Mill, geboren 1806 in London, war einer der einflussreichsten Philosophen des 19. Jahrhunderts. Sein Vater gehörte zum Kreis um Jeremy Bentham, den führenden Philosophen des Utilitarismus. Er sorgte dafür, dass sein frühreifer Sohn ein großer Denker wurde: Bereits als Junge studierte John Stuart Latein, Griechisch, Geschichte, Mathematik und Ökonomie. Im Alter von 20 Jahren litt er unter schweren Depressionen.

1830 begann Mills Freundschaft mit Harriet Taylor. Er heiratete sie 1851 nach dem Tod ihres Mannes. Harriet beeinflusste Mill in seiner weiteren Entwicklung und half mit, seine Vorstellungen des menschlichen Lebens zu erweitern – weg von der asketischen Moral seines Vaters und hin zu einem Konzept, das Emotionen und Individualität wertschätzte. Dies hat wohl auch sein Denken über den Utilitarismus und die Freiheit mit geprägt.

Hauptwerke

1859 *Über die Freiheit*
1865 *Utilitarismus*
1869 *Die Hörigkeit der Frau*

KEIN MENSCH IST GUT GENUG, EINEN ANDEREN MENSCHEN OHNE DESSEN ZUSTIMMUNG ZU REGIEREN

ABRAHAM LINCOLN (1809–1865)

IM KONTEXT

IDEENLEHRE
Abolitionismus

SCHWERPUNKT
Gleichberechtigung

FRÜHER
1776 Mit der Verfassung der Vereinigten Staaten wird eine neue Republik gegründet.

1789 »Die Menschen werden frei und gleich an Rechten geboren und bleiben es« (Erklärung der Menschenrechte der Französischen Revolution).

SPÄTER
1860 Als Lincoln US-Präsident wird, wollen die Südstaaten sich abspalten, um ihr Recht auf Sklaverei zu bewahren.

1865 Robert E. Lee, General der Konföderierten, kapituliert; der amerikanische Bürgerkrieg endet mit dem Sieg der Union.

1964 Der *Civil Rights Act* der USA verbietet die Diskriminierung am Arbeitsplatz wegen der »Rasse, Hautfarbe, Religion oder nationalen Herkunft«.

Bei der Gründung der Vereinigten Staaten von Amerika (USA) nach dem Unabhängigkeitskrieg gegen Großbritannien blieb zunächst offen, wie die neue Republik beschaffen sein sollte. Während sich das Land in der Unabhängigkeitserklärung von 1776 formell zur Gleichheit »aller Menschen« bekannte, wurden Millionen Afrikaner als Sklaven auf die Plantagen der Südstaaten gebracht. Der Missouri-Kompromiss von 1820 verbot Sklaverei in den Nordstaaten, aber nicht in den Südstaaten.

Lincolns Erklärung, kein Mensch sei »gut genug, einen anderen Menschen ohne dessen Zustimmung zu regieren«, stammt aus einer Rede aus dem Jahr 1854. Darin sprach er sich gegen das Recht einzelner Bundesstaaten auf eigene Gesetze aus – mit dem Hinweis auf das Recht auf individuelle Freiheit, das das Recht auf Selbstverwaltung außer Kraft setze. Freiheit und Gleichheit bildeten das Fundament der Republik – nicht politischer Nutzen oder ein Kompromiss zwischen Staaten, die ihre Machtbefugnisse behielten.

Als moderater Gegner der Sklaverei hatte sich Lincoln zunächst gegen deren Ausweitung, jedoch nicht für ihre Abschaffung ausgesprochen. In seiner Rede klang außerdem die Verteidigung der republikanischen Tugenden an und damit machten die Nordstaaten 1861 im Bürgerkrieg mobil. Lincolns Botschaft wurde jedoch radikaler und führte 1863 zur Emanzipationserklärung und 1865 zum Verbot der Sklaverei in den gesamten USA. ■

» Jedes Haus, das in sich uneins ist, wird nicht bestehen. Ich glaube, dass diese Regierung auf Dauer nicht überleben kann, indem sie halb für die Sklaverei ist und halb für die Freiheit. «

Abraham Lincoln

Siehe auch: Hugo Grotius 94–95 ▪ Jean-Jacques Rousseau 118–125 ▪ Thomas Jefferson 140–141 ▪ John C. Calhoun 161

EIGENTUM IST DIEBSTAHL

PIERRE-JOSEPH PROUDHON (1809–1865)

IM KONTEXT

IDEENLEHRE
Sozialismus, Mutualismus

SCHWERPUNKT
Privateigentum

FRÜHER
462 v. Chr. Platon befürwortet das Gemeinschaftseigentum, da es das Streben nach kollektiven Zielen fördere.

1689 John Locke spricht dem Menschen ein natürliches Recht auf Eigentum zu.

SPÄTER
1848 In *Das kommunistische Manifest* entwickeln Marx und Engels ihre Vision einer Gesellschaft ohne Privateigentum.

1974 Der amerikanische Philosoph Robert Nozick spricht sich für ein moralisches Primat des Privateigentums aus.

2000 Der peruanische Ökonom Hernando de Soto hält sichere Eigentumsrechte für grundlegend, um Entwicklungsländern aus der Armut zu helfen.

Der Politiker und Ökonom Pierre-Joseph Proudhon veröffentlichte seine berühmte Schrift *Was ist Eigentum?* zu einer Zeit, in der viele Franzosen von den Resultaten der vergangenen Revolutionen enttäuscht waren. Seit der 1830er-Revolution, die die Herrschaft der Bourbonen beendete, waren zehn Jahre vergangen. Zunächst hatte man gehofft, die neue konstitutionelle Monarchie werde die Vision der Freiheit und Gleichheit von 1789 erfüllen. Doch immer wieder kam es zu Klassenkämpfen und die Elite war reich geworden, während die Massen arm blieben. Nicht Freiheit und Gleichheit, sondern mehr Ungleichheit und Korruption zeigten sich als Resultat der politischen Kämpfe.

Proudhon betrachtete das Recht auf Freiheit, Gleichheit und Sicherheit als natürlich, absolut und unverletzbar und als das wahre Fundament der Gesellschaft. Das Recht auf Eigentum sah er allerdings anders – er fand, dass es die anderen fundamentalen Rechte untergräbt: Zwar konnte die Freiheit der Reichen durchaus neben der der Armen bestehen. Das Eigentum der Vermögenden ging aber mit der Armut der Vielen einher, deshalb war es von vornherein unsozial.

Eigentum war ein zentrales Thema der Arbeiterklasse und der sozialistischen Bewegungen des 19. Jahrhunderts – und Proudhon fing mit seinem schlichten Satz die revolutionäre Flamme ein, die in dieser Zeit brannte. ■

» Niedergang und Tod von Gesellschaften rühren von der Akkumulationsmacht des Eigentums her. «

Pierre-Joseph Proudhon

Siehe auch: Hugo Grotius 94–95 ▪ Thomas Paine 134–139 ▪ Michail Bakunin 184–185 ▪ Karl Marx 188–193 ▪ Leo Trotzki 242–245

EIN PRIVILEGIERTER MENSCH IST EIN MENSCH MIT VERDORBENEM GEIST UND HERZ

MICHAIL BAKUNIN (1814–1876)

IM KONTEXT

IDEENLEHRE
Anarchismus

SCHWERPUNKT
Korruption der Macht

FRÜHER
1793 Der englische Sozialphilosoph William Godwin veröffentlicht eine anarchistische Philosophie und sagt, die Regierung korrumpiere die Gesellschaft.

1840 Pierre-Joseph Proudhon entwickelt seine Vision von einer gerechten Gesellschaft ohne politische Autoritäten.

SPÄTER
1892 Pjotr Kropotkin propagiert einen »anarchistischen Kommunismus« mit kooperativen Produktions- und Distributionsformen.

1936 Spaniens anarchistische Gewerkschaft CNT hat mehr als eine Million Mitglieder.

1999 Im Rahmen antikapitalistischer Demonstrationen in Seattle (USA) erhalten anarchistische Ideen neuen Auftrieb.

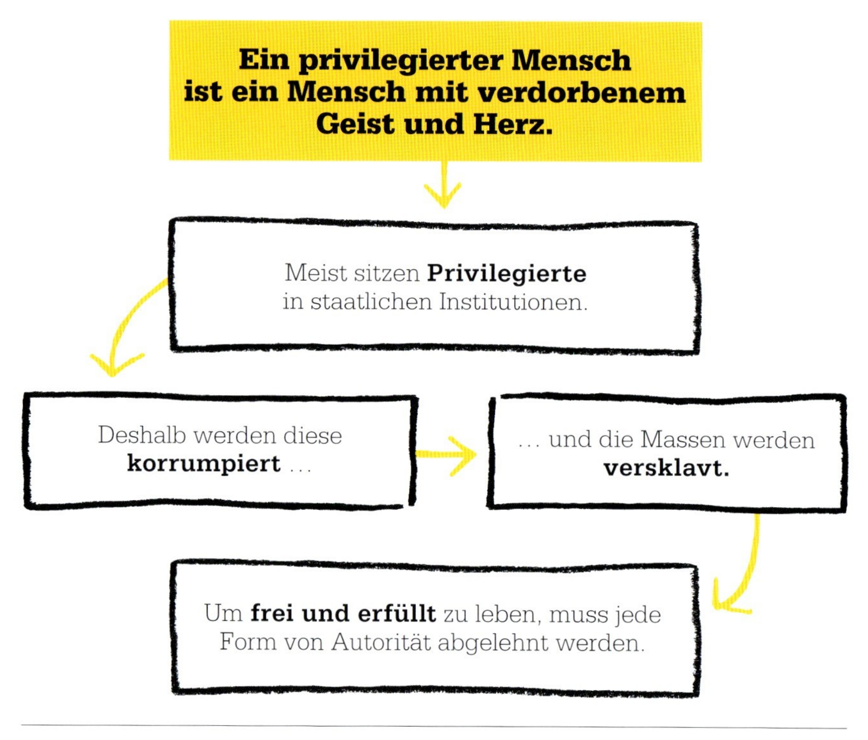

Im Europa des 19. Jahrhunderts entwickelten sich Nationalstaaten und Demokratien. Zu dieser Zeit gestaltete sich auch die Beziehung zwischen Staat und Individuum neu. In *Gott und der Staat* beschreibt der russische Revolutionär Michail Bakunin die Bedingungen, die gegeben sein müssen, damit die moralische und politische Erfüllung in der Gesellschaft möglich wird.
Damals wurde die russische Gesellschaft von der Kirche beherrscht. Bakunin kritisierte die »religiösen Halluzinationen«, die die Menschen unterdrückten und den Mächtigen halfen, die Macht zu erhalten. Er propagierte die wahre Erfüllung des Menschen durch selbstständi-

Siehe auch: G.F.W. Hegel 156–159 ▪ Pierre-Joseph Proudhon 183 ▪ Karl Marx 188–193 ▪ Pjotr Kropotkin 206

ges Denken und Rebellion gegen jede Autorität, sei sie göttlich oder menschlich. Im elenden Leben der Massen spendete der Glaube an Gott zwar Trost. Doch Bakunin warnte, dass ein Leben nach den Gesetzen der Religion den Geist benebelt und die Befreiung des Menschen verhindert. Die Unterdrücker des Volkes – zu ihnen zählte er zum Beispiel Priester, Monarchen, Bankiers, Politiker und die Polizei – stimmten gewiss mit Voltaires Diktum überein, das sagte: Wenn es keinen Gott gibt, muss man ihn erfinden. Bakunin indes war eher davon überzeugt, dass es gut wäre, Gott im Namen der Freiheit abzuschaffen.

Nach Bakunin versklavte auch der von Menschen errichtete Staat das Volk. Und das, obwohl die Naturgesetze den Menschen bereits zur Genüge einschränkten. Er meinte, dass keine weitere politische Gesellschaftsregulierung nötig sei, wenn diese erst einmal vollständig erforscht wären. Stattdessen, so Bakunin, konnten alle die Naturgesetze als wahr erkennen und sie bewusst respektieren. Denn sobald eine externe Autorität wie der Staat Gesetze erlässt, würden die Individuen ihre Freiheit verlieren. Das gelte auch, wenn die Gesetze gerecht sind.

Macht korrumpiert

Bakunin sagte zudem, wer als Wächter der Gesellschaft agiere, werde – selbst wenn er gebildet und informiert sei – unweigerlich korrupt. Er höre auf, nach der Wahrheit zu suchen und wolle stattdessen nur noch seine eigene Macht erhalten. Privilegien töteten Herz und Geist des Menschen, so Bakunin.

Deshalb lehnte er jegliche Autorität ab, selbst diejenige, die aus allgemeinen Wahlen hervorging. Bakunins Schriften und Aktionen inspirierten diverse anarchistische Bewegungen im 19. Jahrhundert und seine Philosophie trieb das revolutionäre Denken voran. ■

Die Moskauer Basilius-Kathedrale repräsentiert die Autoritäten, gegen die Bakunin agitierte und von denen das Volk sich befreien sollte.

» Die Gottesidee enthält die Abdankung der menschlichen Vernunft und Gerechtigkeit in sich … «

Michail Bakunin

Michail Bakunin

Bakunins rebellische Gesinnung trat bereits in jungen Jahren zutage, als er von der russischen Armee desertierte. Eine Zeit lang lebte er in Moskau und in Berlin – dort las er begierig Hegel und andere deutsche Philosophen und schrieb erste revolutionäre Texte. Als er 1849 – angefeuert von der 1848er-Erhebung in Paris – einen Aufstand anzettelte, wurde er von den russischen Behörden verhaftet.

Nach acht Jahren Gefängnis verließ Bakunin Russland, ging erst nach London und später nach Italien, wo er seine revolutionären Aktivitäten wieder aufnahm. 1886 trat er der Ersten Internationale bei, zu der sich linke revolutionäre Gruppen vereint hatten. Doch der Dissens mit Karl Marx führte zu seinem Ausschluss. Obwohl beide an die Revolution glaubten, lehnte Bakunin die seiner Ansicht nach autoritäre Struktur des sozialistischen Staates ab. Er starb in der Schweiz.

Hauptwerke

1865/66 *Revolutionärer Katechismus*
1871 *Gott und der Staat*
1873 *Staatlichkeit und Anarchie*

DIE BESTE REGIERUNG IST DIE, DIE NICHT REGIERT

HENRY DAVID THOREAU (1817–1862)

IM KONTEXT

IDEENLEHRE
Individualismus

SCHWERPUNKT
Direkte Aktion

FRÜHER
380 v. Chr. In Platons Dialog *Kriton* weigert sich Sokrates, vor der Exekution zu fliehen – als Bürger Athens sieht er sich in der Pflicht, dem Gesetz zu gehorchen.

1819 Der englische Dichter P. B. Shelley schreibt *Die Maske der Anarchie* – darin beschreibt er die Möglichkeit des gewaltlosen Widerstands gegen Ungerechtigkeit.

SPÄTER
Frühes 20. Jh. Suffragetten in Großbritannien verstoßen gegen das Gesetz, indem sie für das Frauenwahlrecht auf die Straße gehen.

1920er-Jahre Mahatma Gandhis Form zivilen Ungehorsams, *Satyagraha*, führt zur Unabhängigkeit Indiens.

Fortschritt entspringt dem **Einfallsreichtum der Menschen,** nicht der Regierung.

↓

Regierungen können sinnvoll sein, richten aber oft **Schaden und Unrecht** an.

↓

Das Beste, was Regierungen tun können, ist, die **Menschen sich entwickeln zu lassen.**

↓

Die beste Regierung ist die, die nicht regiert.

Der Essay *Über die Pflicht zum Ungehorsam gegen den Staat* aus dem Jahr 1849 ist Thoreaus Plädoyer dafür, dass sich Individuen ihrem moralischen Gewissen – und nicht dem Gesetz – verpflichtet fühlen sollten. Denn sonst würden aus Regierungen Vertreter der Ungerechtigkeit. Thoreau sah seine Befürchtungen im amerikanischen Staat vor dem Bürgerkrieg bestätigt – insbesondere durch die anhaltende Sklaverei. Der Essay entstand kurz nach dem Mexikanisch-Amerikanischen Krieg (1846–1848), den Thoreau vehement abgelehnt hatte. Er hatte ihn als Versuch gesehen, die Sklaverei auf mexikanisches Gebiet auszuweiten.

Mit der Sklaverei hatte der Staat seine Legitimität eingebüßt, Thoreau argumentierte, er könne ihn deshalb nicht anerkennen. Seiner Meinung nach war in den USA eine derartige Ungerechtigkeit auch deshalb möglich, weil die Bürger passiv blieben. Thoreau setzte Menschen mit abgestumpfter Moral Holzklötzen und Steinen gleich, mit denen Unterdrückungsmaschinerien errichten werden. Für ihn waren nicht nur die Sklavenbesitzer schuld. Auch wenn die Bürger von Massachusetts wenig mit der Skla-

Siehe auch: Pjotr Kropotkin 206 ▪ Emmeline Pankhurst 207 ▪ Mahatma Gandhi 220–225 ▪ Martin Luther King 316–321 ▪ Robert Nozick 326–327

Die Sklavenhaltung wie hier in South Carolina war für Thoreau nicht nur das Verbrechen der Sklavenbesitzer. Jeder Bürger, der Sklaverei duldete, trug Mitschuld daran.

verei im Süden zu tun haben mochten – solange sie es duldeten, dass Sklavenhaltung erlaubt war, waren sie mit verantwortlich.

Die logische Konsequenz aus Thoreaus Denken lässt sich so umschreiben: Die beste Regierung ist eine, die nicht regiert. Seiner Ansicht nach ging der Fortschritt Amerikas nicht vom Staat aus, sondern vom Einfallsreichtum seiner Bürger. Daher sei es am besten, wenn der Staat die Menschen in Ruhe und sich einfach entwickeln zu ließe.

Thoreau fand, die Bürger müssten mehr tun als ihre Unzufriedenheit bei Wahlen zum Ausdruck zu bringen; denn jede Wahl war Teil des Staates. Das moralische Bewusstsein des Individuums indes stünde weit über solchen Institutionen. »Gib deine Stimme ab – nicht bloß ein Stück Papier – und mache deinen ganzen Einfluss geltend«, forderte Thoreau. Nach ihm konnte das individuelle Gespür für natürliche Gerechtigkeit direkte Aktionen erforderlich machen – unabhängig vom Staat oder der Sichtweise einer Mehrheit. Gemeint war damit die Verweigerung, den Staat anzuerkennen, das Ablehnen von Kooperation mit seinen Beamten – oder auch das Einbehalten von Steuern. Thoreau selbst wurde 1846 kurzzeitig eingesperrt, da er sich aus Protest gegen die Sklaverei geweigert hatte, Steuern zu zahlen.

Thoreau beeinflusste viele Denker und Aktivisten – so auch Martin Luther King. Als die Bürgerrechtsbewegung in den 1960er-Jahren auf ihren Höhepunkt zusteuerte, bekamen Thoreaus Gedanken für diejenigen, die sich an Aktionen des zivilen Ungehorsams beteiligten, neue Bedeutung. ■

Henry David Thoreau

Thoreau kam im Jahr 1817 in Concord/Massachusetts als Sohn eines Bleistiftmachers zur Welt. Er besuchte die Harvard University und studierte dort Rhetorik, Philosophie und Naturwissenschaften. Zusammen mit seinem Bruder John leitete er bis zu dessen Tod 1842 eine Schule.

Im Alter von 28 Jahren baute Thoreau eine einfache Hütte am Walden Pond – auf einem Stück Land, das dem Schriftsteller Ralph Waldo Emerson gehörte. Dort lebte er zwei Jahre lang. Sein Buch *Walden* hält die Erfahrungen des einfachen Lebens und der Selbstgenügsamkeit fest, er preist die Vorzüge der Einsamkeit und der unmittelbaren Naturerfahrung.

Thoreau wurde Emersons Mitstreiter bei den Transzendentalisten, die generell an das Gute in jedem Menschen glaubten. 1862 starb er an Tuberkulose.

Hauptwerke

1849 *Über die Pflicht zum Ungehorsam gegen den Staat*
1854 *Walden oder leben in den Wäldern*
1863 *Life without Principle*

DER KOMMUNISMUS IST DAS AUFGELÖSTE RÄTSEL DER GESCHICHTE

KARL MARX (1818–1883)

IM KONTEXT

IDEENLEHRE
Kommunismus

SCHWERPUNKT
Entfremdung der Arbeit

FRÜHER
380 v. Chr. Platon sagt, in einer idealen Gesellschaft muss das Privateigentum stark eingeschränkt sein.

1807 G.W.F. Hegel legt eine Geschichtsphilosophie dar, die Marx stark beeinflusst.

1819 Der Schriftsteller Henri de Saint-Simon befürwortet eine Form von Sozialismus.

SPÄTER
1917 Lenin führt die von Marx' Ideen beflügelte bolschewistische Revolution in Russland an.

1940er-Jahre Der Kommunismus verbreitet sich und der Kalte Krieg beginnt.

1991 Die Sowjetunion bricht auseinander, die Länder Osteuropas führen das kapitalistische Wirtschaftssystem ein.

Mitte des 19. Jahrhunderts unternahm der Philosoph, Historiker und Revolutionär Karl Marx einen der ambitioniertesten Versuche der Geschichte, den Kapitalismus zu erklären. Dabei wollte er die Gesetze ergründen, die den Übergang zwischen verschiedenen ökonomischen Systemen regelten. Dazu untersuchte er die sich verändernde Natur der Arbeit und ihre Auswirkungen auf den Menschen. Er griff zentrale Fragen seiner Zeit auf – zum Beispiel, wie sich der Industriekapitalismus auf die Lebensbedingungen auswirkte und ob eine bessere ökonomische und politische Gestaltung der Gesellschaft möglich und machbar war. Zu Marx' Lebzeiten führten die neuen revolutionären Ideen in Europa zu den Aufständen von 1848.

In *Ökonomisch-philosophische Manuskripte aus dem Jahre 1844* skizzierte Marx zentrale Elemente seiner ökonomischen Theorie und legte dar, wie seiner Meinung nach das kapitalistische System das Leben der Arbeiter zerstöre. Der Kommunismus löse das Problem, das den Kapitalismus plagt, nämlich die Organisation der Arbeit. In den *Manuskripten* entwickelte er die Idee der »entfremdeten« Arbeit: Der Mensch ist getrennt von seiner wahren Natur und seinen Möglichkeiten, ein erfülltes Leben zu führen. Nach Marx waren im Kapitalismus diverse Formen der Entfremdung unvermeidlich.

> »Privateigentum ist also das Produkt … der entäußerten Arbeit …«
>
> **Karl Marx**

Erfüllung in der Arbeit

Arbeit, so Marx, gehört zu den erfüllenden Aktivitaten des Menschen: Der Arbeiter steckt Mühen und Einfallsreichtum in die Verwandlung eines Objekts der Natur in ein Produkt. Dieses Produkt verkörpert seine Mühen und Ideen.

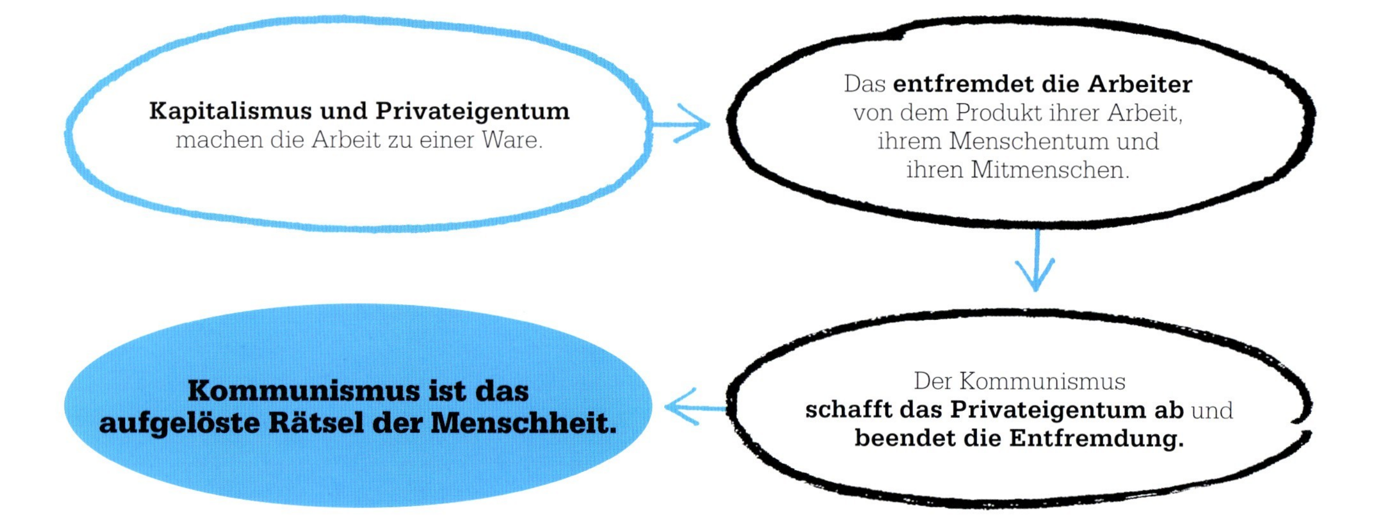

Siehe auch: Francisco de Vitoria 86–87 ▪ G.W.F. Hegel 156–159 ▪ Pierre-Joseph Proudhon 183 ▪ Wladimir I. Lenin 226–233 ▪ Rosa Luxemburg 234–235 ▪ Josef Stalin 240–241 ▪ Jomo Kenyatta 258

Das kapitalistische System entreißt dem Arbeiter nach Marx in dem Augenblick das von ihm geschaffene Produkt, da er es dem Unternehmer aushändigt. Dadurch verliert der Arbeiter seine Identität.

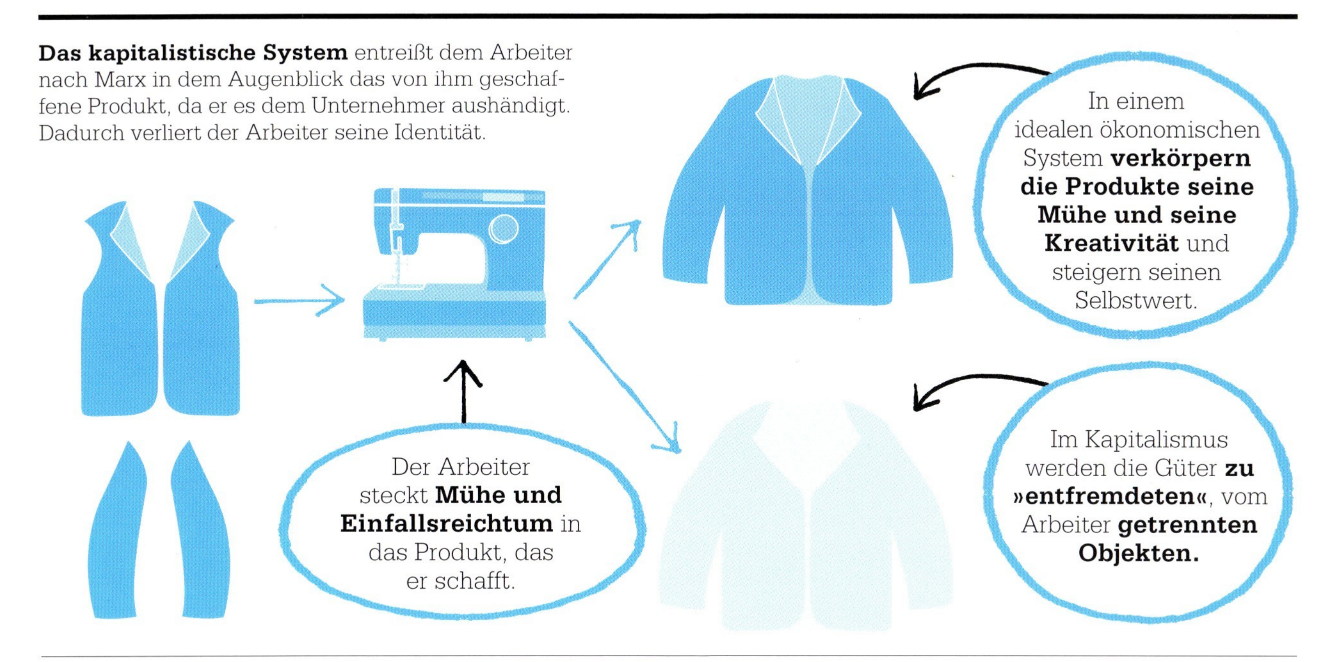

Nach Marx war das erfüllende Element der Arbeit verlorengegangen, das verursachte Unzufriedenheit und Entfremdung. Der Grund hierfür sei, dass Kapitalismus und Privateigentum die Gesellschaft in zwei Gruppen teile: Auf der einen Seite gäbe es die Kapitalisten, die die Produktionsmittel wie Fabriken und Maschinen besitzen. Auf der anderen Seite stünden die Arbeiter, die nichts als ihre Arbeit hätten. Marx sagte, dass Arbeit zur gekauften und bezahlten Ware geworden war, die Arbeiter wurden von Kapitalisten eingestellt, um Waren zu produzieren, die anschließend mit Profit verkauft werden.

Ein Teil der Entfremdung, so Marx, rührte daher, dass dem Arbeiter die von ihm produzierte Ware nicht gehörte. Der Anzug, den ein Schneider in einer Textilfabrik anfertigte, zählte zum Besitz des Fabrikanten, des Kapitalisten. Für den Arbeiter wurde die Ware zum »entfremdeten« Objekt, sobald er sie an den Kapitalisten übergab. Und je mehr Waren er in einer ihm äußerlichen Welt produzierte, um so mehr verkümmerte sein inneres Dasein. Auch wenn die Produkte schön und für andere Menschen nützlich waren – in demjenigen, der sie herstellte, erzeugten sie Stumpfsinn und Beschränkungen.

Entfremdung von sich selbst

Nach Marx litten die Arbeiter auch durch die Arbeit selbst unter Entfremdung: Im Kapitalismus hatte die Tätigkeit des Arbeiters nichts mit Kreativität zu tun, sondern sie war geprägt von der Not, die eigene Arbeitskraft verkaufen zu müssen. Der Arbeiter liebte seine Arbeit nicht, da sie Körper und Geist auslaugte und ihn unglücklich machte. Sie war eine aufgezwungene Tätigkeit, die ihn – wie die Waren, die er produzierte, – nicht berührte. »Der Arbeiter«, so Marx, »fühlt sich daher erst außer der Arbeit bei sich und in der Arbeit außer sich.« Zudem gehörte die Tätigkeit einem anderen, nicht mehr ihm selbst. Sie war nicht länger spontan und kreativ, sondern wurde von jemandem bestimmt, der sie als Werkzeug bei der Produktion betrachtete. Die Entfremdung des Arbeiters von den Früchten seiner Arbeit und seiner Tätigkeit an sich entfernten ihn von dem, was Marx das menschliche »Gattungswesen« nannte. »

> » Der Kommunismus [ist die] positive Aufhebung des Privateigentums als menschlicher Selbstentfremdung. «
>
> **Karl Marx**

Marx prophezeite eine weltweite Revolution, als Arbeiter erstmals die Produktionsmittel kontrollierten. Auf die Revolution in Russland folgte die in China. Im Bild: Propagandamaterial, das die Werte des Kommunismus preist.

Im Kapitalismus verlor der Arbeiter die Verbindung zu dieser fundamentalen Identität. Ökonomische Notwendigkeiten führten dazu, dass das Gattungswesen Mensch durch die Produktionstätigkeit zum Werkzeug für einen ihm äußerlichen Zweck wurde.

Privateigentum als Ursache

Die Entfremdung von den produzierten Waren, von der Produktionstätigkeit und vom menschlichen Gattungswesen führte nach Marx auch zu wachsender Entfremdung der Menschen untereinander. Zudem stand der Arbeiter in einem schwierigen Verhältnis zum Kapitalisten; denn diesem gehörten die Früchte der Arbeit und er kontrollierte die Produktionstätigkeit des Arbeiters, um damit Geld zu verdienen. Als Wurzel des Übels Entfremdung sah Marx das Privateigentum an: Die Spaltung der Gesellschaft in besitzende Kapitalisten und besitzlose Arbeiter führe zur Entfremdung des Arbeiters. Umgekehrt verstärke Entfremdung die Spaltung der Gesellschaft und sichere das Privateigentum ab.

Ein anderer schädlicher Aspekt in dem Ganzen war nach Marx die »Teilung der Arbeit«. Ein spezialisierter Arbeiter produzierte die Stecknadel selbst, ein anderer den Kopf, ein dritter fügt beide Teile zusammen. Zudem spezialisierten sich die Kapitalisten auf bestimmte Waren und handelten ausschließlich damit. So wurde der Arbeiter auf die Rolle eines Rädchens im großen Getriebe der ökonomischen Maschinerie reduziert.

Marx sah den Prozess der Entfremdung und der Stärkung des Privateigentums als zentralen Bestandteil des Kapitalismus. Er erzeuge in dem Maß gesellschaftliche Spannungen, wie er die Menschen ihrem Gattungswesen entfremde. Auch höhere Löhne wären keine Lösung, denn damit würden die Arbeiter nicht aus ihrer Versklavung befreit. Entfremdete Arbeit und Privateigentum ließen sich nicht trennen – für Marx ging die Abschaffung der einen mit der Abschaffung des anderen einher.

» Es gibt keine andere Definition des Kommunismus, die für uns von Wert ist, als die der Abschaffung der Ausbeutung des Menschen durch den Menschen. «

Che Guevara

Kommunismus als Lösung

Der Kommunismus war für Marx der Weg, um die Spannungen in der Gesellschaft, die durch die Entfremdung der Arbeiter aufgekommen waren, zu beenden: Er schaffe das Privateigentum ab und löse das durch den Kapitalismus aufgeworfene Rätsel der Geschichte – und damit den Konflikt zwischen Mensch und Natur sowie der Menschen untereinander. Der Mensch würde die Verbindung zu seinem Gattungswesen wiederfinden.

Entfremdung, so Marx, mache aus der Arbeit und den Beziehungen der Menschen Mittel zum Zweck der Bereicherung, es gehe nicht mehr um Ziele, die um ihrer selbst willen verfolgt würden. Der Kommunismus würde die vormals geltenden menschlichen Werte wiederbeleben. Die Vereinigung der Arbeiter entstünde dann aus dem Gefühl der Brüderlichkeit heraus, nicht aus Notwendigkeit – der Kommunismus bringe den Menschen zu sich selbst als soziales Wesen zurück.

Marx entwickelte seine Sicht der Geschichte in späteren Werken weiter. Für ihn war die historische Entwicklung durch materielle beziehungsweise ökonomische Faktoren bestimmt. Die Menschen haben nach Marx materielle Bedürfnissen; gleichzeitig sind sie dazu in der Lage, die Güter zu produzieren, um ihre Bedürfnisse zu befriedigen. Die Produktion dieser Güter ließe sich auf verschiedene Weise organisieren, was jeweils zu unterschiedlichen sozialen und politischen Verhältnissen führe. Diese wiederum brächten bestimmte Ideologien hervor. In diesem Sinne würden materielle, ökonomische Faktoren die Basis und den Motor der Geschichte bilden.

Der Weg zur Revolution

Der Kapitalismus sollte den Weg ebnen, um die materiellen Bedürfnisse der Menschen zu befriedigen, nachdem frühere Produktionsweisen ausgedient hatten. Doch als sich die damit verbundene Organisation der Arbeit verfestigte, wurde das Elend der Arbeiter offenbar. Die Geschichte trieb nach Marx unweigerlich auf die Revolution zu – und auf den Kommunismus als vermeintliche Lösung der Probleme des Kapitalismus.

Friedrich Engels, der Sohn eines deutschen Industriellen, traf Marx 1842. Erst mochte er ihn nicht – später schufen die beiden eines der weitreichendsten politischen Manifeste überhaupt.

Marx' Vermächtnis

Karl Marx' Werk beeinflusste viele neue Denkschulen, unter anderem in den Bereichen Ökonomie, politische Theorie, Geschichte, Kulturwissenschaften, Anthropologie und Philosophie. Der Reiz seines Denkens liegt in der breit angelegten Interpretation der Welt und in seiner Botschaft der Veränderung und Befreiung des Menschen. Marx' und Engels' Vorhersage im *Kommunistischen Manifest*, die kommunistische Revolution werde das Ende des Kapitalismus herbeiführen, wirkte stark auf das politische Geschehen im 20. Jahrhundert: Kommunistische Systeme entstanden in Europa und Asien und kommunistische Ideen beeinflussten zahlreiche Regierungen und Revolutionsbewegungen.

Will man genauer analysieren, was Marx Hinterlassenschaft ausmacht, gilt es zu unterscheiden, was er tatsächlich meinte und was in seinem Namen getan wurde. Das ist vor allem wichtig, weil kommunistische Ideen vielerorts und zu verschiedenen Zeiten zur Rechtfertigung von Totalitarismus und Unterdrückung herangezogen wurden.

Am Ende des 20. Jahrhunderts brachen die kommunistischen Regime in Osteuropa zusammen – und waren die reichsten Länder kapitalistisch. Wenn auch einzelne Aspekte der Marx'schen Weltsicht einen wahren Kern enthalten, sehen viele Kritiker sie doch als von der Geschichte widerlegt. Das gilt vor allem für die Vorhersage, der Kapitalismus werde zusammenbrechen. In jüngster Zeit finden Marx' Ideen bei den Überlegungen zur globalen ökonomischen Krise am Beginn des 21. Jahrhunderts wieder Beachtung. Vor allem bei denjenigen, die diese Krise als Zeichen grundlegender Widersprüche innerhalb des kapitalistischen Systems deuten. ■

Karl Marx

Marx kam in Preußen als Sohn jüdischer Eltern zur Welt, die später wegen antijüdischer Gesetze zum Protestantismus konvertieren. Als Journalist befasste er sich mit radikalen politischen und ökonomischen Ideen. 1843 ging er nach Paris, dort traf er Friedrich Engels. Zusammen verfassten sie 1848 *Das kommunistische Manifest.*

Nach den 1848er-Revolutionen wiesen Preußen, Belgien und Paris Karl Marx außer Landes. Er ging nach London, studierte dort Geschichte und Ökonomie und verfasste später sein Hauptwerk, *Das Kapital.*

Zeitweise lebte Marx in Armut, von Engels bekam er finanzielle Unterstützung. Marx und seine Frau waren oft krank und mehrere seiner Kinder starben jung. Marx selbst starb noch vor Veröffentlichung der letzten beiden Bände des *Kapitals*.

Hauptwerke

1844 *Ökonomisch-philosophische Manuskripte aus dem Jahre 1844*
1848 *Das kommunistische Manifest*
1867 *Das Kapital, Band I* (*Band II* und *III* wurden posthum, 1885 und 1894 veröffentlicht)

DER MANN, DER DIE REPUBLIK AUSRIEF, WURDE ZUM MÖRDER DER FREIHEIT

ALEXANDER HERZEN (1812–1870)

IM KONTEXT

IDEENLEHRE
Sozialismus

SCHWERPUNKT
Revolutionskritik

FRÜHER
1748 Montesquieu analysiert verschiedene Staatsformen und unterscheidet Republiken, Monarchien und Despotien.

1789 Mit der französischen Revolution beginnt in Frankreich und darüber hinaus eine Zeit revolutionärer Aktivitäten.

SPÄTER
1861 Der Druck der Liberalen und Radikalen in Russland führt dazu, dass Zar Alexander II. die Leibeigenschaft abschafft.

1890 Die Sozialdemokratische Partei Deutschland wird legal und macht sich auf, eine reformistisch-sozialistische Partei zu werden.

1917 Die Russische Revolution stürzt das Zarenregime und bringt die Bolschewiki an die Macht.

Der russische Revolutionär Alexander Herzen begann 1848, im Jahr der gescheiterten Revolutionen, mit seiner Essaysammlung *Vom anderen Ufer.* Darin ließ er ein Schiff auf dem Weg in neue Länder durch verschiedene Stürme segeln – die Hoffnungen und Unsicherheiten seiner Zeit. Später beschrieb er die revolutionäre Leidenschaft als gedämpft und durch konservativere Visionen einer Revolution verraten.

In einem seiner Essays verspottete Herzen die Feier in Frankreich zur Ausrufung der Republik im September 1848 und kritisierte, dass unter dem Pomp und den schönen Worten »die alte katholisch-feudale Ordnung« intakt bleibe. Er fand, die Verwirklichung der wahren Ideale der Revolution – echte Freiheit für alle – sei unterdrückt worden. Viele Liberale, die erklärtermaßen die Revolution unterstützten, hätten in Wirklichkeit Angst vor den Folgen, sollte die alte Ordnung abgeschafft werden. Sie suchten, so Herzen, nur die Freiheit für ihresgleichen, nicht aber für den Arbeiter mit »der Axt und seinen schwarzen Händen«. Die Architekten der Republik hätten die Ketten zerrissen, doch die Gefängnismauern stehen gelassen – und so die Freiheit getötet.

Die Strafkolonien in Französisch Guayana wurden im 19. Jahrhundert ausgebaut. Trotz Französischer Revolution gab es Strafen wie im Feudalismus.

Herzen meinte, die Gesellschaft hätte wegen dieser Widersprüche ihre Vitalität und Kreativität verloren; wie er waren viele enttäuscht vom Ausgang der 1848er-Erhebungen. Die Schriften von Herzen beeinflussten die nachfolgenden Volksbewegungen. ■

Siehe auch: Jean-Jacques Rousseau 118–125 ▪ G.W.F. Hegel 156–159 ▪ Wladimir I. Lenin 226–233 ▪ Mao Zedong 260–265 ▪ Che Guevara 312–313

WIR MÜSSEN NACH EINER ZENTRALEN ACHSE FÜR UNSER LAND SUCHEN

ITO HIROBUMI (1841–1909)

IM KONTEXT

IDEENLEHRE
Konstitutionelle Monarchie

SCHWERPUNKT
Modernisierung

FRÜHER
1600 Mit der Errichtung des Tokugawa-Shogunats endet in Japan der interne Konflikt, der 200 Jahre andauerte.

1688 Durch die »Glorreiche Revolution« wird in Großbritannien eine konstitutionelle Monarchie errichtet.

1791 In Frankreich scheitert die konstitutionelle Monarchie König Ludwigs XVI. mit einer Nationalversammlung.

1871–1918 Das Deutsche Kaiserreich vereint 25 Bundesstaaten unter der Führung von Kaiser Wilhelm I.

SPÄTER
1901 Der australische Bund formiert sich zur konstitutionellen Monarchie Australiens.

2008 Bhutan wir konstitutionelle Monarchie.

Vom 17. bis ins 19. Jahrhundert schottete sich Japan durch strikte Isolation und strenge Handelsgesetze von der Außenwelt ab. Das änderte sich erst, als Kommodore Matthew Perry 1853 die Japaner zwang, einen Handelsvertrag mit den USA zu unterzeichnen. Es folgte eine nationale Krise, in der die Shogune – darunter Graf Ito Hirobumi – radikale Reformen forderten, um Japans Unabhängigkeit zu wahren; dabei sollten westliche Gesellschaftsmodelle eine Rolle spielen. Doch diese ließen sich nicht einfach auf Japan übertragen. Stattdessen stürzte eine Gruppe mächtiger Reformer – unter ihnen Hirobumi – 1867 das Shogunat, und eine neue Kaiserherrschaft begann. Die Samurai wurden entwaffnet, feudaler Landbesitz wurde dem Staat überschrieben und die Kastentrennung aufgehoben.

» Auch wenn die Regierung das Land verwaltet, bedeutet dies nicht, dass ihre Taten immer zugunsten aller Individuen erfolgen. «

Ito Hirobumi

Meiji-Verfassung

Dennoch hatten die Führer der Revolte die Vereinigung westlichen Fortschritts mit japanischen Tugenden im Auge. Hirobumi entwarf 1890 die Verfassung, gemäß der ein Tenno als Staatsoberhaupt fungierte, die Regierungsgeschäfte aber einem Ministerkabinett übertragen wurden. Wie in anderen konstitutionellen Monarchien sollte so eine »zentrale Achse« für die weitere Entwicklung der japanischen Gesellschaft errichtet werden. Die Verfassung bildete den Rahmen für Japans ökonomische und militärische Entwicklung in den folgenden 60 Jahren. ■

Siehe auch: Barone des Königs Johann 60–61 ▪ John Locke 104–109 ▪ Tokugawa Ieyasu 333

DER WILLE ZUR MACHT

FRIEDRICH NIETZSCHE (1844–1900)

IM KONTEXT

IDEENLEHRE
Nihilismus

SCHWERPUNKT
Moral und Sittlichkeit

FRÜHER
1781 Kants *Kritik der reinen Vernunft* beschreibt die Kluft zwischen unserem Denken und der Welt, die es verstehen will.

1818 Schopenhauer veröffentlicht *Die Welt als Wille und Vorstellung*. Er greift darin Kants Erkenntnisse auf und sagt, die Kluft lasse sich niemals schließen.

SPÄTER
1985 Jürgen Habermas unterstreicht Nietzsches Einfluss auf die Postmoderne.

1990 Francis Fukuyama übernimmt in *Das Ende der Geschichte* Nietzsches Metapher vom »letzten Menschen«, um den Triumph des Kapitalismus zu beschreiben.

Der Name Friedrich Nietzsche ruft bis heute Ablehnung hervor. Seine schwer fassbaren und weitreichenden Schriften und bissigen Moralkritiken lösten Kontroversen aus – nicht nur wegen der weitgehend ungerechtfertigt angenommenen Nähe zum Faschismus. Wie Marx und Freud wurde er als argwöhnischer Analytiker betrachtet, der gängige Begriffe und tröstliche Überzeugungen hinterfragte. Kern seiner nihilistischen Philosophie ist der Gedanke, die menschliche Existenz habe keinerlei Bedeutung.

Anders als in der traditionellen Philosophie üblich, hinterließ Nietzsche zahllose Anmerkungen

Siehe auch: Immanuel Kant 126–129 ▪ Jeremy Bentham 144–149 ▪ G.W.F. Hegel 156–159 ▪ Karl Marx 188–193

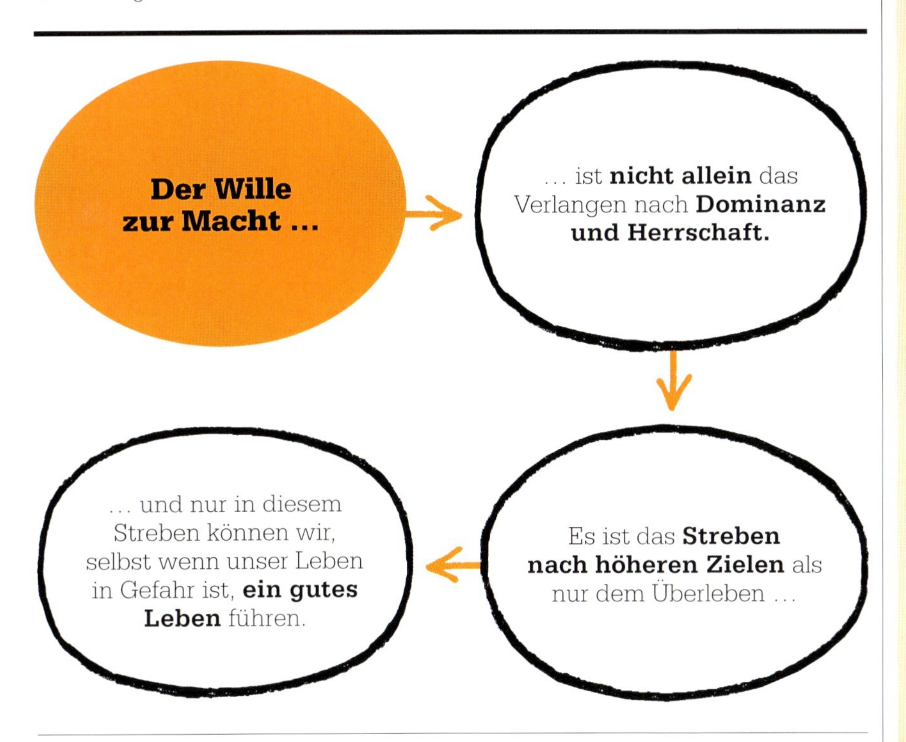

zu einer politischen Philosophie, die nur wenig mit einer verbreiteten Deutung Nietzsches als »Vordenker« des Nationalsozialismus zu tun hat. Er war kein Antisemit und quittierte seine Freundschaft mit Wagner nicht zuletzt wegen dessen lautstarkem Rassismus und Nationalismus. Das verhinderte allerdings nicht, dass Nietzsches Schwester sein Werk verstümmelte, als sie ihm – weil seine Krankheit ihn zunehmend behinderte – beim Schreiben assistierte. Sie bemühte sich darum, seine Schriften gegenüber den Nationalisten und Antisemiten – in deren Kreisen sie verkehrte – in ein besseres Licht zu rücken.

Wille zur Macht

Nietzsches berühmter Ausspruch vom »Willen zur Macht« taucht zum ersten Mal in seinem Buch *Also sprach Zarathustra* auf, das er selbst als sein Meisterwerk betrachtete. In dem literarischen Text analysiert der nach dem Begründer der alten persischen Religion benannte Protagonist eine gefallene Welt und sucht nach neuen Wegen des Denkens und Handelns für das Volk. Der Text ist weder ein Standardwerk der Philosophie noch der Politologie – stilistisch ähnelt er einem epischen Gedicht und zentrale Aussagen erscheinen, wenngleich in aller Klarheit, meistens in bildlicher Form.

Für Nietzsche ist der Wille zur Macht nicht allein das Verlangen nach Dominanz und Herrschaft. So ging es ihm auch nicht darum, den Willen zur Macht über andere zu beschreiben, sondern das endlose Streben nach Zielen und höchsten Errungenschaften im Leben, das ihm zufolge menschliches Verhalten motivierte – was immer der Einzelne erreichen wollte. »

Friedrich Nietzsche

Nietzsche wuchs in einem streng religiösen Elternhaus in Preußen auf. Nach dem Studium der Theologie und Philosophie wandte er sich von der Religion ab. Mit 24 Jahren erhielt er eine Professur für Klassische Philologie in Basel. Dort traf er Richard Wagner, der seine frühen Schriften stark beeinflusste. Nietzsche wendete sich verstärkt philosophischen Fragen zu und fand bald einen nihilistischen Standpunkt, der die Bedeutungslosigkeit menschlicher Existenz betonte, indes der griechischen Tragödie attestierte, diese zu überwinden, indem sie sie bestätigte.

Nach einem Anfall von Diphterie gab Nietzsche 1879 seinen akademischen Posten auf. Er reiste durch Europa und schrieb unentwegt, wenngleich ohne große Resonanz. 1889 erlitt er einen Zusammenbruch und starb 11 Jahre später mit 55 Jahren.

Hauptwerke

1872 *Die Geburt der Tragödie aus dem Geist der Musik*
1883–1885 *Also sprach Zarathustra*
1886 *Jenseits von Gut und Böse. Vorspiel einer Philosophie der Zukunft*

Die Vorstellungen Nietzsches wurden entscheidend von den Texten Arthur Schopenhauers beeinflusst. Dessen düstere Beschreibung der Wirklichkeit, in der keinerlei Wert Bestand hatte, wurde einzig durch einen fundamentalen Lebenswillen erhellt: das verzweifelte Ringen allen Lebens im Universum, um dem unvermeidbaren Tod doch zu entrinnen. Nietzsches Konzept liest sich dagegen positiv: als Kampf nicht gegen, sondern für. Ihm zufolge ist der Wille zur Macht stärker als der Lebenswille. Selbst die Privilegiertesten verfolgten Ziele, bei denen sie ihr Leben riskierten. Es gebe höhere Ziele als das nackte Überleben – und ein gutes Leben bemesse sich an dem Willen, diese zu verfolgen.

Kritik der Zufriedenheit

Der Wille zur Macht ist Nietzsches Antwort auf das utilitaristische Denken, das die Sozialphilosophie seiner Zeit dominierte. Danach sucht jeder nur sein Glück und das größte Ziel im Leben ist die eigene Zufriedenheit. Nietzsche wertete den Utilitarismus als Ausdruck des Denkens eines englischen Bourgeois: eines glücklichen Spießbürgers.

> »Die Priester sind … die bösesten Feinde … Aus der Ohnmacht wächst bei ihnen der Hass ins Ungeheure und Unheimliche, ins Geistigste und Giftigste.«
>
> **Friedrich Nietzsche**

Also sprach Zarathustra wendet sich gegen diese Art sozialen Denkens. Der Text beschreibt einen letzten Menschen, eine bedauernswerte Kreatur, die glücklich und passiv auf die Welt blickt – in ihr kündigt sich schon das Ende der Geschichte an, wenn alle bedeutenden Kämpfe beendet sind.

Doch wenn wir nicht in der Welt sind, um einfach nur glücklich zu sein, sondern nach Höherem streben sollen, stellt sich die Frage, um welche Ziele es dabei gehen kann. Nietzsche sagt zumindest, welche es nicht sein sollten. Zarathustra, der Erste, der ein Moralsystem aufstellt, wird für ihn derjenige, der es auch wieder zerstören muss. Unsere Moral ist minderwertig – und unser Gott kaum mehr als der Ausdruck unserer Unzulänglichkeiten, so Nietzsche. »Gott ist tot«, schrieb er. Und wir, als in der alten Moral Gefangene, müssen sie überwinden. »Der Mensch ist etwas, das überwunden werden soll. Was habt ihr gethan, ihn zu überwinden?«

Ablehnung der alten Moral

Nietzsches späte Werke, *Jenseits von Gut und Böse* sowie *Zur Genealogie der Moral,* erklären, warum wir die konventionelle Moral über Bord werfen müssen. Beide Bände enthalten eine Geschichte und Kritik der westlichen Moral, in der dem »Guten« stets das »Böse« gegenübergestellt wird. Nietzsche betrachtete diese Art des Denkens als Basis aller bisherigen Moralsysteme, dessen Wurzel waren für ihn ausschließlich die Werte alter aristokratischer Ordnungen.

Dies, so erklärte Nietzsche, fing schon bei den alten Griechen an, die ein Moralsystem der »Herren« entwickelt hatten, in dem die Welt in »Gutes« und »Böses« – »Lebensbejahendes« und »Lebensverneinendes« – unterteilt war. Die aristokratischen Tugenden Gesundheit, Stärke und Reichtum galten als gut; ihnen standen die bösen »Sklaven-« Tugenden gegenüber: Krankheit, Schwäche und Armut.

Nietzsche setzte die Philosophie des Utilitarismus herab und verglich ihre Anhänger mit Schweinen in einem Stall – die passiv und einzig mit sich selbst beschäftigt waren.

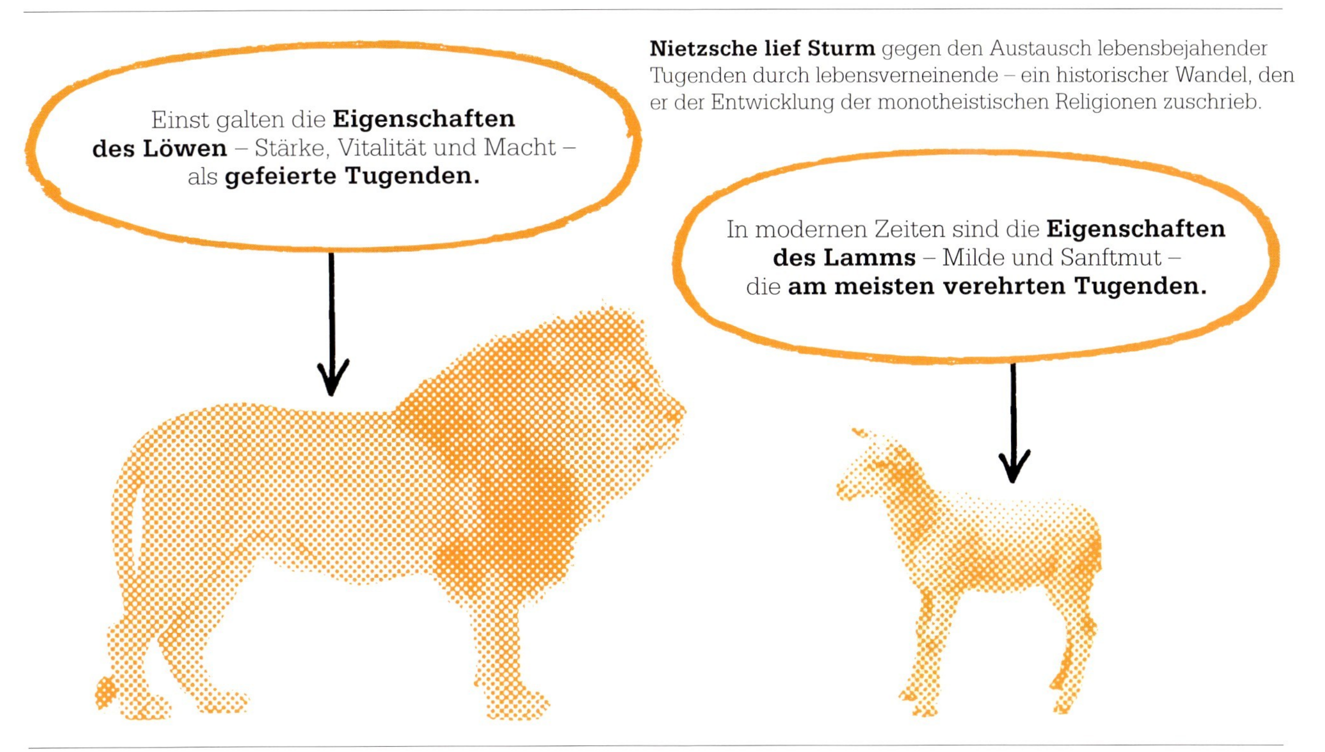

Nietzsche lief Sturm gegen den Austausch lebensbejahender Tugenden durch lebensverneinende – ein historischer Wandel, den er der Entwicklung der monotheistischen Religionen zuschrieb.

Doch die Sklaven erstellten nach Nietzsche ihr eigenes Moralsystem, und zwar als Antithese zur Moral der Herren. Sie hielten sich selbst für »gut«, die Werte der Herrenmoral wurden umgekehrt: Wo sie Stärke pries, pries die Sklavenmoral Schwäche usw. So konnten die Sklaven ihr Leben leben, ohne sich selbst zu hassen. Indem sie die natürliche Ungleichheit der Menschen leugneten und stattdessen eine idealisierte Pseudogleichheit zwischen Sklaven und Herren annahmen, konnten sich die Sklaven einreden, sie seien den Herren gleich – wo sie doch in Wirklichkeit alles andere als das waren.

Nietzsche erkannte diese Sklavenmoral vor allem im Judentum und im Christentum, beide verkörperten für ihn die Illusion einer Lösung aller Probleme des Lebens. In *Also sprach Zarathustra* kommt statt der gestürzten Gottheiten der etablierten Religionen die Figur des »Übermenschen« ins Spiel. Die derzeitige Menschheit bildet nur eine Brücke zwischen den Tieren und dem zukünftigen Übermenschen. Doch der Übermensch war kein vollendetes Wesen und erst recht nicht die biologische Weiterentwicklung des Menschen. Ein Übermensch war derjenige, der sich selbst überwand und seine eigene Wahrheit suchte – und es dabei schaffte, »sich der Erde (zu) opfern« und Wahrheiten aus einer anderen Welt zurückzuweisen.

Antipolitisches Denken

Diesen individualistischen Ansatz verstanden manche als Indiz für Nietzsches antipolitisches Denken. Seine Ablehnung der Moral spricht in der Tat für einen Nihilismus, der mit wenig Verständnis für öffentliche Angelegenheiten einhergeht. Nietzsche schrieb über Individuen, nie über Bewegungen oder Organisationen. In diesem Sinne stand er »jenseits von Rechts oder Links« – wie der französische Philosoph Georges Bataille anmerkte. Gleichwohl hatte er großen Einfluss auf politische Denker im rechten wie im linken Lager. So bezog sich der Franzose Gilles Deleuze in seinem Buch *Nietzsche und die Philosophie* auf Nietzsches Gedanken über den Willen zur Macht. Deleuze verstand diesen Willen als Antrieb, Unterschiede wahrzunehmen, und den Drang, alle transzendenten oder Jenseits-Vorstellungen zur existierenden Welt zu verwerfen. Er sah Nietzsche als einen Philosophen, der für Unterschiede und den Widerstand gegen Beschränkungen stand. Die konventionelle Moral führe nur zu »traurigen Passionen« und einer Herabsetzung des Lebens, so die Schlussfolgerung. Poststrukturalisten, die sich mit unterschiedlichen Herrschaftssystemen auseinandersetzten – auch mit solchen, die wie der Marxismus vorgaben, den Menschen zu befreien, – erkannten Nietzsches Ideen und Gedanken nachträglich an. ■

DER MYTHOS IST DAS EINZIG WICHTIGE

GEORGES SOREL (1847–1922)

IM KONTEXT

IDEENLEHRE
Syndikalismus

SCHWERPUNKT
Der heroische Mythos

FRÜHER
1848 Während Revolutionen ganz Europa erschüttern, veröffentlichen Marx und Engels *Das kommunistische Manifest.*

1864 Die internationale Arbeitervereinigung »Erste Internationale« wird in London gegründet.

1872 Eine Spaltung zwischen Anarchisten und Sozialisten führt zur Auflösung der Ersten Internationale.

SPÄTER
1911 Bewunderer Sorels gründen den »Proudhon-Zirkel«, um antidemokratische Ideen zu propagieren.

1919 Enrico Corradini erklärt Italien zur »proletarischen Nation« und will den italienischen Nationalismus und Syndikalismus vereinigen.

Die Gesellschaft teilt sich zunehmend in zwei große Klassen: **Arbeiter** und **Bosse.**

Die parlamentarische Demokratie nützt nicht der Arbeiterklasse, sie unterstützt nur die Mittelklasse.

Die Arbeiterklasse **braucht große Mythen.** Diese Mythen durch Gewaltakte in die Tat umzusetzen, wird sie real machen.

Der Mythos ist das einzig Wichtige.

Zu Beginn des 20. Jahrhunderts war der Kapitalismus in Europa voll entwickelt. Neben der immensen Konzentration von Industrie und Wohlstand hatte sich eine neue soziale Kraft gebildet – die industrielle Arbeiterklasse. Politische Parteien wurden zu stabilen Organisationen mit immer mehr Bedeutung, die um die Stimmen der Arbeiter warben. Je mehr sie sich aber in die parlamentarische Politik verstrickten und je seltener sie vom Staat Zugeständnisse zu erreichen versuchten, desto mehr sahen viele Radikale sie lediglich als einen weiteren Baustein der bestehenden Gesellschaft.

Mit seinem Werk, in dem Einflüsse von Karl Marx, Friedrich Nietzsche und dem französischen Philosophen Henri Bergson zu erkennen sind, sagte Georges Sorel der Bürokratisierung den Kampf an. In seiner Essaysammlung *Über die Gewalt* verwarf er die objektiven Wissenschaften als konstruiertes System von »Fiktionen«, mit dem Ordnung in einer Welt, die von Natur aus chaotisch und irrational ist, durchgesetzt werden solle. Die menschliche Gesellschaft – den chaotischsten Teil der Realität – zu behandeln, als ließe sie sich rational ergründen, kam ihm

Siehe auch: Karl Marx 188–193 ▪ Friedrich Nietzsche 196–199 ▪ Eduard Bernstein 202–203 ▪ Wladimir I. Lenin 226–233 ▪ Rosa Luxemburg 234–235

» Der Gewalt verdankt der Sozialismus die hohen moralischen Werte, mit denen er der modernen Welt das Heil bringt. «

Georges Sorel

wie eine Beleidigung menschlicher Vorstellungskraft und Kreativität vor.

Die Macht der Mythen

Statt mit Wissenschaft und Gesellschaftstheorie wollte Sorel die Gesellschaft durch große Mythen verändern. Mit dem Glauben an heroische Vorstellungen über sich selbst könnten die Massen, so Sorel, das bestehende System stürzen. Die parlamentarische Demokratie hatte in seinen Augen versagt, da sie einzig der neuen Mittelklasse dazu diente, den Rest der Gesellschaft – inklusive jener Sozialisten, die sich der parlamentarischen Politik verschrieben hatten – zu beherrschen. Rationalität und Ordnung waren an die Stelle von Freiheit und Aktion getreten. Und auch der orthodoxe Marxismus barg laut Sorel die Saat der Mittelklasseherrschaft in sich, da er ein wissenschaftliches Verständnis von Gesellschaft vertrat, in dem die Ökonomie die Geschichte bestimmte.

Um die Herrschaft der bürgerlichen Rationalität zu brechen, musste eine andere Idee umgesetzt werden. Sorel schrieb der Gewalt die Kraft zu, Mythen real werden zu lassen – er führte entsprechende Beispiele aus der Geschichte an, unter anderem die militanten Christen der frühen Kirche, die Französische Revolution und die Gewerkschaftsbewegung seiner Zeit. Deren radikalster Flügel war der revolutionäre Syndikalismus, der politische Manöver als Korrumpierung von Arbeiterinteressen sah und strikt ablehnte. Als Speerspitze syndikalistischer Strategien galt der Generalstreik. In ihm sah Sorel den modernen Mythos, der eine neue Gesellschaft begründen konnte. Den Weg dorthin beschrieb er als »heroische Gewalt«.

Sorels Werk bleibt mehrdeutig; er lehnte politische Klassifikationen ab. Seine Ideen lassen sich weder eindeutig links noch rechts einordnen, sie wurden aber von beiden politischen Lagern genutzt. ■

Der Bergarbeiterstreik in Großbritannien in den 1980er-Jahren war ein beispielhafter Massenprotest von der heroischen, wenngleich vergeblichen Kraft gemäß Sorels radikalem Denken.

Georges Sorel

Sorel gab mit 45 Jahren seinen Posten als Ingenieur auf, um sich sozialen Problemen zu widmen. Als autodidaktischer Sozialtheoretiker hing er zunächst dem revisionistischen Flügel des Marxismus um Eduard Bernstein an, bevor er sich gegen den Parlamentarismus aussprach. Seine Essays wurden von der gesamten französischen Linken gelesen. Er unterstützte den revolutionären Syndikalismus und die Gründung des französischen Gewerkschaftsbundes (CGT). Später wandte er sich der rechtsradikalen Bewegung Action Française zu und hoffte auf eine Allianz aus Aristokratie und Arbeiterklasse sowie den Umsturz der Mittelklassegesellschaft. Er verurteilte den Ersten Weltkrieg und unterstützte die russischen Bolschewiki. An seinem Lebensende war er dem Bolschewismus wie dem Faschismus gegenüber ambivalent.

Hauptwerke

1908 *Über die Gewalt*
1908 *Les illusions du progrés*
1919 *Matériaux d'une théorie du Prolétariat*

WIR MÜSSEN DIE ARBEITER SO NEHMEN, WIE SIE SIND

EDUARD BERNSTEIN (1850–1932)

IM KONTEXT

IDEENLEHRE
Sozialismus

SCHWERPUNKT
Revisionismus

FRÜHER
1848 Karl Marx und Friedrich Engels veröffentlichen *Das kommunistische Manifest.*

1871 Die Sozialdemokratische Partei Deutschlands (SPD) bekennt sich mit dem radikal-sozialistischen Gothaer Programm zum Marxismus.

SPÄTER
1917 Die Oktoberrevolution stürzt das kapitalistische System in Russland.

1919 Die kommunistische Revolution in Deutschland wird niedergeschlagen.

1945 In Großbritannien wird eine Labour-Regierung gewählt. Ihre Ziele: soziale Reformen und eine gelenkte Volkswirtschaft.

1959 Mit dem Godesberger Programm wendet sich die SPD formell vom Marxismus ab.

Zu Beginn der 1890er-Jahre hatte die linke SPD allen Grund zum Optimismus. Das Jahrzehnt in der Illegalität seit 1878 hatte ihr nur Unterstützung gebracht. Als führender Kraft des Sozialismus in Europa folgten Linke auf dem ganzen Kontinent ihrem Beispiel, in offenen Debatten wurde der Rahmen der Bewegung abgesteckt. Der führende Sozialdemokrat Eduard Bernstein zeigte dabei ein Problem auf: Die Partei sah sich grundsätzlich der sozialistischen Idee verpflichtet und ihre politischen Leitlinien wurden durch den Marxismus bestimmt. Doch ging im Alltag die Orientierung verloren. Während die Mitglieder der Partei weiterhin betonten, dass es nötig sei, die Gesellschaft umzugestalten, war die praktische Arbeit von

Siehe auch: Karl Marx 188–193 ▪ Wladimir I. Lenin 226–233 ▪ Rosa Luxemburg 234–235

Überlegungen geprägt, wie sich Veränderungen mittels der parlamentarischen Gesetzgebung erreichen ließen.

Bernstein griff diesen Widerspruch auf. Seit den 1890er-Jahren wies er darauf hin, dass viele der Marx'schen Voraussagen – etwa die unweigerliche Verarmung der Arbeiterklasse und eine Revolution – sich nicht bewahrheiteten. Der Kapitalismus erwies sich vielmehr als stabiles System, in dem nach Bernstein Reformen möglich waren, die schrittweise zum Sozialismus führen konnten.

Graduelle Veränderungen

Bernstein setzte mit seinen Texten 1899 eine Auseinandersetzung in Gang, in der sich die Kernargumente sozialistischer Standpunkte für das kommende Jahrhundert herausbildeten: Sollte der Kapitalismus akzeptiert, sollten schrittweise Verbesserungen angestrebt werden? Oder sollte der Kapitalismus bekämpft werden? Zentral war dabei die Frage, was im Kopf eines Arbeiters vor sich ging. Für

Arbeiter in Deutschland streikten für höhere Löhne und bessere Arbeitsbedingungen. Bernstein erkannte, dass Arbeiter bedeutende Zugeständnisse im Kapitalismus erringen konnten.

» Politisch sehen wir das Privilegium der kapitalistischen Bourgeoisie in allen vorgeschrittenen Ländern Schritt für Schritt demokratischen Einrichtungen weichen. «

Eduard Bernstein

Marx war klar: Die Arbeiterklasse würde, sobald sie ihr Potenzial dazu erkannt hatte, die Gesellschaft zum Sozialismus führen. Doch tatsächlich führte das »Klassenbewusstsein« nicht zu revolutionären Ideen, sondern dazu, dass Arbeiter öfter zur Wahl gingen – und für eine Partei stimmten, die sich schrittweisen Reformen innerhalb des Kapitalismus verschrieben hatte.

Bernstein fand es sinnvoller, sich von der Idee einer Revolution zu lösen. Stattdessen sollten Sozialisten untersuchen, wie die Arbeiter über die Welt dachten, und dies zur Basis ihrer Politik machen. Damit wurde erstmals eine Theorie für einen »reformistischen«, graduellen Weg zum Sozialismus formuliert.

Radikale Marxisten reagierten heftig, Bernsteins Vorschläge wurden zu seinen Lebzeiten von der SPD nie übernommen. Erst 1959, auf der Konferenz in Bad Godesberg, wandte sich die Partei formell vom Marxismus ab. In der Praxis hatte sie aber schon länger Bernsteins Leitlinien für eine sozialdemokratische Politik umgesetzt. ■

Eduard Bernstein

Bernstein wurde mit 22 Jahren Mitglied des marxistischen Flügels in der sozialistischen Bewegung. Mit der Verabschiedung der Sozialistengesetze von 1878 wurden jedoch sozialistische Organisationen in Deutschland verboten. Bernstein floh in die Schweiz, später nach London und traf dort andere Exilanten, darunter Friedrich Engels, mit dem er eng zusammenarbeitete.

Nach seiner Rückkehr in die Schweiz wurde Bernstein Redakteur der Zeitung der jungen SPD. Als die Partei 1890 legalisiert wurde, warb er darin für eine moderate, »revisionistische« Form des Sozialismus. 1901 kehrte er nach Deutschland zurück und wurde 1902 in den Reichstag gewählt. Da er gegen den Ersten Weltkrieg war, verließ er 1915 die SPD und wurde Mitbegründer der USPD. Später trat er wieder in die SPD ein und saß von 1920 bis 1928 für sie im Parlament.

Hauptwerke

1896–1898 *Zur Geschichte und Theorie des Socialismus. Gesammelte Abhandlungen*
1899 *Die Voraussetzungen des Sozialismus und die Aufgaben der Sozialdemokratie*

DIE VERACHTUNG UNSERES GEWALTIGEN NACHBARN STELLT DIE GRÖSSTE GEFAHR FÜR LATEINAMERIKA DAR

JOSÉ MARTÍ (1853–1895)

IM KONTEXT

IDEENLEHRE
Antiimperialismus

SCHWERPUNKT
Einmischung der USA

FRÜHER
1492 Christoph Columbus entdeckt – mit finanzieller Hilfe Spaniens – die neue Welt.

1803 Venezuela revoltiert als erstes Land Lateinamerikas gegen die spanische Herrschaft.

SPÄTER
1902 Kuba wird formell unabhängig; die Guantánamo-Bucht bleibt Marinebasis der USA.

1959 Fidel Castros Bewegung des 26. Juli setzt den kubanischen Diktator General Batista ab.

1973 Chiles gewählter Präsident, Salvador Allende, wird mit einem von der CIA unterstützten Staatsstreich gestürzt, eine Militärdiktatur entsteht. Bis 1980 regieren in ganz Lateinamerika Militärdiktaturen.

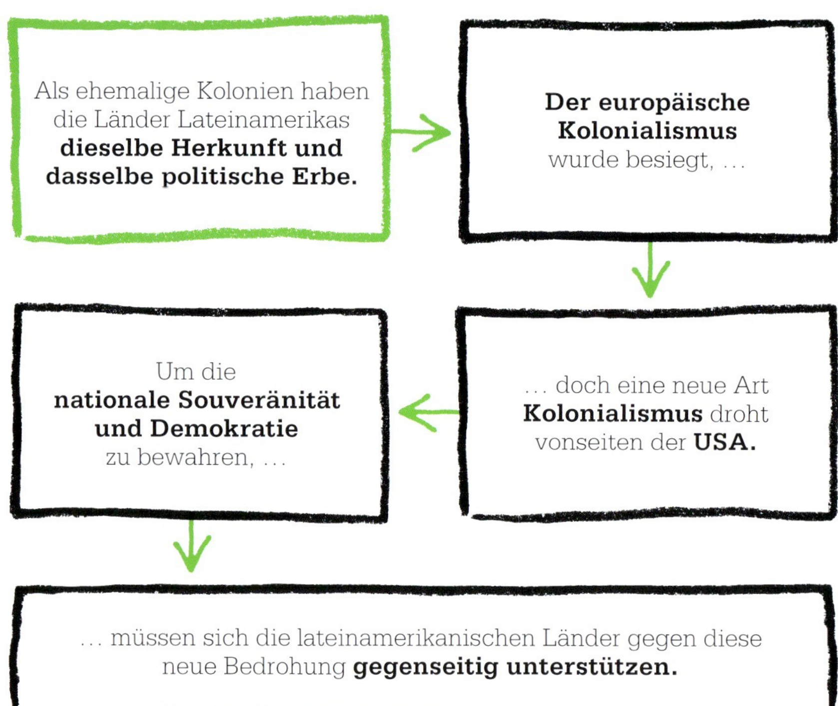

Im 19. Jahrhundert zeigten sich Spanien und Portugal bei der Verteidigung ihrer Kolonien geschwächt. Nach den Revolutionen in Frankreich und den Vereinigten Staaten fanden nun in ganz Lateinamerika Erhebungen gegen die europäische Kolonialherrschaft statt. In den 1830er-Jahren hatten dort die Kolonien bis auf Puerto Rico und Kuba ihre formelle Unabhängigkeit errungen.

José Martí wurde zunächst einer der Führer im kubanischen Freiheitskampf, der im Lauf der zweiten Jahrhunderthälfte mit zahlreichen Kämpfen und Rebellionen gegen Spanien weiterging. In dieser Zeit

Siehe auch: Simón Bolívar 162–163 ▪ Emiliano Zapata 246 ▪ Smedley D. Butler 247 ▪ Che Guevara 312–313 ▪ Fidel Castro 338

» Rechte muss man sich nehmen, nicht erbitten – ergreifen, nicht erbetteln. «

José Martí

nahm Martí eine immer stärker werdende Bedrohung für die Unabhängigkeit Lateinamerikas wahr.

Im Norden hatten die USA zuvor ihre eigenen Kämpfe ausgefochten, nachdem die 13 Gründungsstaaten 1776 ihre koloniale Unabhängigkeit erklärt und 1783 den Amerikanischen Unabhängigkeitskrieg gewonnen hatten. Am Ende des Bürgerkriegs, 1865, kontrollierten die USA den größten Teil des nördlichen Kontinents – und schauten sich nach neuen Gebieten um.

Mit der Monroe-Doktrin gab der damalige US-Präsident James Monroe 1823 zu verstehen, dass weitere Versuche der Alten Welt, Kolonien auf dem amerikanischen Kontinent auszuweiten, als Akte der Aggression betrachtet und nicht geduldet würden. Damit stellte die Monroe-Doktrin nicht nur den Norden, sondern auch den Süden unter den Schutz der USA.

Eine neue Kolonialmacht

Die Revolutionäre in Lateinamerika nahmen die Monroe-Doktrin zunächst positiv auf und Simón Bolívar, der Führer Venezuelas, betrachtete die USA als mächtigen Verbündeten im Kampf für die Freiheit. Doch als sich deren Macht immer weiter festigte, nutzten sie die Doktrin, um ihre Kontrolle über diese Region abzusichern. Martí rief die Länder Lateinamerikas auf, gemeinsam die hart erkämpfte Freiheit zu verteidigen. Seiner Ansicht nach bedrohte die neue potenzielle Kolonialmacht im Norden die Demokratie. Er und andere formulierten zu der Zeit den Grundsatz des lateinamerikanischen Antiimperialismus, der für das kommende Jahrhundert und darüber hinaus gelten sollte: Die USA verfolgten nur eigene ökonomische und politische Interessen, ganz gleich, welche Folgen dies für Lateinamerika hatte.

Martí starb 1895. Drei Jahre später kontrollierten die USA Kuba. Seit dem Zweiten Weltkrieg wurden sie immer wieder beschuldigt, Militärputsche und Diktaturen in der Region zu unterstützen. ▪

1973 wurde Chiles sozialistischer Präsident Allende bei Angriffen auf seinen Palast getötet – bei einem von den USA unterstützten Militärputsch, dem weitere in Lateinamerika folgten.

José Martí

José Martí war ein kubanischer Journalist, Dichter, Essayist und Revolutionär. Er wurde in Havanna, noch unter spanischer Herrschaft, geboren und schloss sich der kubanischen Unabhängigkeitsbewegung an, die seit 1868 gegen Spanien kämpfte. 1869 wurde er des Hochverrats angeklagt und zu sechs Jahren Gefängnis verurteilt. Als er krank wurde, schickte man ihn ins Exil nach Spanien.

Ende der 1870er-Jahre kehrte Martí nach Lateinamerika zurück. Er bereiste dort zahlreiche Länder und sprach sich für deren Einheit und Unabhängigkeit aus. 1892 gründete er die Kubanische Revolutionspartei. Während der Erhebung gegen die Spanier wurde er im Mai 1895 in Kämpfen bei Dos Ríos getötet. 1898, als die USA im Zuge des Spanisch-Amerikanischen Krieges intervenierten, wurde Kuba unabhängig.

Hauptwerke

1891 *Nuestra América* (*Unser Amerika,* Essay)
1891 *Versos sencillos* (*Einfache Verse*, hieraus stammen Teile des berühmten Liedes *Guantanamera*)
1892 *Patria* (Zeitung)

UM ERFOLG ZU HABEN, MUSS MAN ETWAS WAGEN

PJOTR KROPOTKIN (1842–1921)

IM KONTEXT

IDEENLEHRE
Anarchokommunismus

SCHWERPUNKT
Politische Aktion

FRÜHER
1762 Rousseau schreibt in *Vom Gesellschaftsvertrag*: »Der Mensch wird frei geboren und überall liegt er in Ketten.«

1840 In *Was ist Eigentum?* bezeichnet sich Pierre-Joseph Proudhon als Anarchist.

1881 Zar Alexander II. wird in St. Petersburg ermordet.

SPÄTER
1917 In Russland erobern die Bolschewiki die Macht.

1960er-/1970er-Jahre Anhänger gegenkultureller Bewegungen in Europa und den USA besetzen leer stehende Häuser und leben in Kommunen.

2011 Als Reaktion auf die internationale Finanzkrise besetzen Mitglieder der »Occupy«-Bewegung die Wall Street in Manhattan, New York.

Ende des 19. Jahrhunderts entstanden im zaristischen Russland neue soziale Bewegungen. Pjotr Kropotkin, Sohn eines Prinzen, schrieb in *Die Eroberung des Brotes* (1892), die beste Seite des Menschen – seine Fähigkeit zur Kooperation – erlaube es ihm, sich von allen unterdrückenden Strukturen zu befreien. Die Arbeiterbewegung sah er als Chance, die Unterdrücker – ob Priester oder Kapitalisten – zu entmachten und eine neue Gesellschaft auf der Basis von gegenseitigem Respekt und Kooperation zu errichten. Er legte das Prinzip des Anarchokommunismus fest: den Glauben an eine kollektive, egalitäre Gemeinschaft ohne Staat.

Aufruf zur Aktion

Der Idee des Anarchismus beruht auf Aktion – und Kropotkin forderte seine Zuhörer auf zu handeln. So war er zunächst auch Sympathisant der bolschewistischen Revolution von 1917, doch er verurteilte ihren Autoritarismus im nachfolgenden Bürgerkrieg. Um eine neue Welt zu errichten, seien keine neuen Gesetzen gefragt, sondern Anarchisten, die sich mutig gegen jede Form von Unterdrückung wandten. Kompromisse und politisches Kalkül vertrugen sich nicht mit dem Anarchismus. Stattdessen sollten seine Anhänger mit Leidenschaft gegen eine korrupte Welt vorgehen. Kropotkin und andere Anarchisten definierten die »Politik der Tat« – dieser Grundsatz kam in den radikalen Ideologien des kommenden Jahrhunderts immer wieder vor. ■

» Statt des feigen Satzes ›Gehorcht dem Gesetz!‹ rufen wir: ›Rebelliert gegen das Gesetz!‹ «

Pjotr Kropotkin

Siehe auch: Pierre-Joseph Proudhon 183 ▪ Michail Bakunin 184–185 ▪ Henry David Thoreau 186–187 ▪ Karl Marx 188–193 ▪ Wladimir I. Lenin 226–233

ENTWEDER WERDEN FRAUEN GETÖTET ODER SIE ERHALTEN DAS WAHLRECHT

EMMELINE PANKHURST (1858–1928)

IM KONTEXT

IDEENLEHRE
Feminismus

SCHWERPUNKT
Ziviler Ungehorsam

FRÜHER
1792 Mary Wollstonecraft veröffentlicht *Die Verteidigung der Frauenrechte*, eine frühe Streitschrift für die Gleichberechtigung der Frau.

1865 Der liberale Philosoph John Stuart Mill bewirbt sich mit einem Programm für das Wahlrecht der Frauen erfolgreich für einen Sitz im Parlament.

1893 Neuseeland führt als eines der ersten Länder das Frauenwahlrecht ein.

SPÄTER
1990 Der Schweizer Kanton Appenzell Innerrhoden muss als letzter seines Landes das Frauenwahlrecht akzeptieren.

2005 In Kuwait erhalten Frauen das aktive und das passive Wahlrecht.

Zu Beginn des 19. Jahrhunderts wurde das Wahlrecht nach und nach weltweit akzeptiert, allerdings zunächst nur für Männer. Neuseeland führte als eines der ersten Länder 1893 das Wahlrecht für Frauen ein. Europa und die USA machten nur langsam Fortschritte.

In England gründeten Emmeline Pankhurst und ihre Mitstreiterinnen 1903 eine Organisation zur Durchsetzung von Frauenrechten (Women's Social and Political Union, WSPU). Sie nannten sich »Suffragetten« und schreckten auch vor militanten Aktionen mit Brandstiftung und zivilem Ungehorsam nicht zurück. 1913 starb eine von ihnen, Emily Davison, nachdem sie sich beim Epson Derby vor das Rennpferd des Königs geworfen hatte. Auf den Hungerstreik gefangener Suffragetten wurde mit Zwangsernährung reagiert.

Emmeline Pankhurst wurde im Mai 1914 vor dem Buckingham Palast festgenommen. Die WSPU rief im Kampf um ihre Ziele zu direkten Aktionen auf.

Als Pankhurst später sagte, entweder würden Frauen getötet oder sie erhielten das Wahlrecht, forderte sie damit das Recht der Suffragetten ein, so zu kämpfen, wie sie es für richtig hielten. Und sie betonte mit allergrößter Entschiedenheit, den Kampf gewinnen zu wollen. Das Engagement der WSPU dauerte indes nur bis zum Ersten Weltkrieg im Jahr 1914 an, als sie ihre Aktivitäten aufgab, um bei den Kriegsvorbereitungen zu helfen. Nach Kriegsende erhielten Frauen über 30 das Wahlrecht, zehn Jahre später, 1928, durften alle erwachsenen Engländerinnen wählen. ■

Siehe auch: Mary Wollstonecraft 154–155 ▪ John Stuart Mill 174–181 ▪ Simone de Beauvoir 284–289 ▪ Shirin Ebadi 328

DIE EXISTENZ EINER JÜDISCHEN NATION ZU BESTREITEN, IST LÄCHERLICH

THEODOR HERZL (1860–1904)

IM KONTEXT

IDEENLEHRE
Zionismus

SCHWERPUNKT
Ein jüdischer Staat

FRÜHER
1783 Der Philosoph Moses Mendelssohn ruft in *Jerusalem oder Über religiöse Macht und Judentum* zu religiöser Toleranz in einem säkularen Staat auf.

1843 In *Die Judenfrage* sagt der Philosoph Bruno Bauer, um die politische Emanzipation zu erlangen, sollten Juden ihre Religion aufgeben.

SPÄTER
1933 Adolf Hitler wird deutscher Reichskanzler. Er propagiert Nationalismus und Antisemitismus.

1942 Bei der Wannseekonferenz diskutieren NS-Führer Pläne für die »Endlösung der Judenfrage«: die Ermordung der europäischen Juden.

1948 Der Staat Israel wird gegründet.

Die modernen Staaten versprechen **universelle, gleiche Rechte** für alle, …

… doch der **Antisemitismus** existiert weiterhin, **tief verwurzelt,** in der Gesellschaft.

Da der Antisemitismus **nicht aufhört** und **Assimilation** nicht funktionieren kann, …

… ist **die Gründung eines jüdischen Staates** die einzige Alternative.

Frankreichs Dritte Republik (ab 1871) versprach allen Bürgern gleiche Rechte. Diese durch die Verfassung garantierte Gleichheit stand im Dezember 1894 auf dem Prüfstand, als der junge Artillerieoffizier Alfred Dreyfus wegen Spionage für Deutschland zu lebenslanger Haft verurteilt wurde – und das, obwohl eindeutige Beweise gegen einen tatsächlichen Spion vorlagen und die gegen Dreyfus fingiert waren.

Über diesen Prozess berichtete der junge Journalist Theodor Herzl für eine österreichische Zeitung. Er war wie Dreyfus Jude und dieser Fall zeigte die tiefe Spaltung der französischen Gesellschaft: Die Dreyfus-Unterstützer sahen den Antisemitismus als zentrales Motiv für den Prozess gegen einen Unschuldigen. Für seine Freilassung sprachen sich unter anderem der Schriftsteller Émile Zola, Politiker und Gewerkschafter aus.

Für die Dreyfus-Gegner indes förderte der Fall anderes zutage – nämlich dass Frankreich sich vor seinen Feinden hüten müsse. Sie sahen Freiheit, Gleichheit und Brüderlichkeit als wahrhaft französische Werte an. Doch nicht alle, die in Frankreich lebten, sollten

Siehe auch: Johann Gottfried Herder 142–143 ▪ Marcus Garvey 252 ▪ Hannah Arendt 282–283 ▪ Adolf Hitler 337

als Franzosen gelten. Und so wurden Demonstrationen für Dreyfus mit Straßengesängen wie »Tod den Juden!« beantwortet. Erst 1906 wurde Dreyfus begnadigt.

Der Antisemitismus in Europa hatte schon zuvor eine lange und hässliche Geschichte, die Kombination aus offizieller Diskriminierung durch die Kirche und Vorurteilen im Volk hatten vielerorts und wiederholt zu ethnischen Säuberungen geführt. Aus vielen Ländern waren Juden vertrieben und ihnen andernorts die Bürgerrechte verwehrt worden. Doch zum Ende des 19. Jahrhunderts hatten viele Nationen, darunter Frankreich, im Zuge der Aufklärung die staatlichen Sanktionen für die Diskriminierung aus religiösen Gründen abgeschafft. Assimilation – die Vorstellung, dass Minoritäten sich vollends in eine Gesellschaft integrieren konnten – wurde zum Ideal.

Gegen Assimilation

Der Fall Dreyfus zeigte nach Herzls Ansicht, dass der Antisemitismus in der Gesellschaft nach wie vor tief verwurzelt war; alle Versuche, ihn zu besiegen, waren ebenso zum Scheitern verurteilt wie der Wunsch der Juden nach Assimilation. Stattdessen sollten Juden, so Herzl, sich einem anderen Konzept der Aufklärung zuwenden: dem Nationalismus. Herzl sah die Juden in der Welt als »ein Volk«. Es sollte sich in einem Staat vereinen und sich damit das Recht, als Juden zu leben, in den modernen Zeiten bewahren. Er warb für seine Idee eines jüdischen Staates, sammelte Geld dafür und suchte die Unterstützung europäischer Mächte, um ein Land zu finden, in dem die neue jüdische Heimat entstehen sollte.

Eine jüdische Heimat zu schaffen, in der Juden vereint leben konnten, das sah Herzl als zentrale Aufgabe an. Er glaubte, nur so könnten Juden antisemitischem Verhalten entkommen.

> »Wir haben überall ehrlich versucht, in der uns umgebenden Volksgemeinschaft unterzugehen und nur den Glauben unserer Väter zu bewahren. Man lässt es nicht zu.«
>
> **Theodor Herzl**

Herzls Idee verbreitete sich schnell, stieß aber bei den Juden auf heftigen Widerstand. Denn die meisten zogen als Lösung noch immer die Assimilation vor. Erst in den Jahrzehnten nach Herzls Tod erhielt die zionistische Bewegung starken Zulauf. Als Großbritannien im Jahr 1917 den Juden in Palästina eine neue Heimat zusicherte, wurde der Weg geebnet, 1948 – nicht zuletzt unter dem Eindruck des Holocaust – wurde der Staat Israel gegründet. ■

Theodor Herzl

Theodor Herzl wurde in Budapest in ein säkulares jüdisches Elternhaus hineingeboren. Mit 18 Jahren zog er nach Wien und studierte dort Jura. In der Wiener akademischen Burschenschaft *Albia* betätigte er sich erstmals politisch, verließ sie jedoch wegen des Antisemitismus bald wieder.

Herzl arbeitete nur kurz als Jurist, dann wandte er sich dem Journalismus zu und ging im Auftrag der *Neuen Freien Presse* nach Paris. Von dort berichtete er über die Dreyfus-Affäre. Der bösartige und in der französischen Gesellschaft weit verbreitete Antisemitismus, der sich dabei zeigte, zerstörte Herzls Glauben an echte Integration. So wurde er ein glühender Befürworter und Organisator der zionistischen Bewegung. Sein Buch *Der Judenstaat* rief heftige Kontroversen hervor. Ein Jahr später, 1897, übernahm er den Vorsitz beim ersten Zionistischen Weltkongress in Basel (Schweiz). Im Alter von 44 Jahren starb er an einem Herzinfarkt.

Hauptwerke

1896 *Der Judenstaat*
1902 *Altneuland*

NICHTS WIRD EINE NATION RETTEN, DEREN ARBEITER VERELENDET SIND

BEATRICE WEBB (1858–1943)

IM KONTEXT

IDEENLEHRE
Sozialismus

SCHWERPUNKT
Sozialfürsorge

FRÜHER
1848 In *Der Positivismus in seinem Wesen und seiner Bedeutung* empfiehlt der französische Philosoph Auguste Comte wissenschaftliche Sozialanalysen.

1869 Der englische Zweig der *Charity Organisation Society* wird gegründet, sie will für die »bedürftigen Armen« eintreten.

1889 Charles Booth stellt fest: Ein Drittel der Bevölkerung in London lebt in Armut.

SPÄTER
1911 In Großbritannien weitet der *National Insurance Act* die Sozialversicherung auf Arbeitslosigkeit und Krankheit aus.

1942 William Beveridges *Social Insurance and Allied Services* ist Basis des britischen Wohlfahrtsstaats.

Ende des 19. Jahrhunderts war der Industriekapitalismus in Großbritannien fest verankert, die Aufmerksamkeit der Öffentlichkeit richtete sich nun auf seine Auswirkungen. In den Industriestädten fanden sich zu Hauf Menschen, die arbeitslos und am Rande der Gesellschaft im Elend lebten.

Eine Königliche Kommission befasste sich 1905 mit diesem Problem, doch ihr 1909 veröffentlichter Bericht enthielt nur unzureichende Vorschläge. Beatrice Webb, ein Mitglied der Kommission und eine frühe Sozialforscherin, erstellte einen weitaus radikaleren »Minderheitsbericht«. Sie plädierte für einen Wohlfahrtsstaat, der bei Arbeitslosigkeit und Krankheit für Absicherung sorgt. Sie und ihr Ehemann, Sidney Webb, forderten eine vorausschauende Planung und soziale Verwaltung, durch die soziale Probleme zum Wohl aller gelöst werden sollten.

Die geplante Gesellschaft

Denen, die die Überlegenheit des ungeregelten Marktes betonten sowie auf Wohltätigkeit und Selbsthilfe der Armen vertrauten, hielten die Webbs ihre Vision einer geordneten Gesellschaft entgegen. Beatrice Webb hielt die Wünsche der Armen und deren Versuche, ihre Lebensbedingungen zu verbessern, für bedeutungslos. Sie glaubte daran, dass eine auf Rationalität gegründete Gesellschaft entstehen werde, in der die Mehrheit weise Entscheidungen der Planer akzeptiert. Zudem sah sie die Eugenik als Mittel an, um den »Bodensatz« der Gesellschaft zu verbessern. ■

» Es ist dringend notwendig, die ›Basis der Gesellschaft‹ zu einigen. «

Beatrice Webb

Siehe auch: Eduard Bernstein 202–203 ▪ Jane Addams 211 ▪ John Rawls 298–303 ▪ Michel Foucault 310–311

DIE SOZIALGESETZE IN AMERIKA SIND SCHÄNDLICH UNZUREICHEND

JANE ADDAMS (1860–1935)

IM KONTEXT

IDEENLEHRE
Progressive Bewegung

SCHWERPUNKT
Sozialreformen

FRÜHER
1880er-Jahre Otto von Bismarck führt in Deutschland ein Sozialversicherungsprogramm ein.

1884 In Whitechapel, im Osten Londons, wird für die Armen *Toynbee Hall* eröffnet. Jane Addams besucht die soziale Einrichtung im Jahr 1887.

SPÄTER
1912 In den USA wird das *Children's Bureau,* eine Dachorganisation der Sozialfürsorge für Kinder und Jugendliche, eingerichtet.

1931 Jane Addams erhält als erste Amerikanerin den Friedensnobelpreis.

1935 In den USA wird das erste bundesweite Sozialversicherungssystem eingeführt.

Um 1890 hatte sich Amerikas Selbstbild als einer von »Pioniergeist« getragenen Gesellschaft längst gefestigt. Den Mythos vom grenzenlosen Wachstum und unbegrenzten Möglichkeiten entzauberten Sozialreformer, indem sie auf das Elend und das Fehlen reeller Chancen für Amerikas Arme hinwiesen. Radikale Veränderungen waren nötig.

Als eine der ersten Sozialreformerinnen und Frauenrechtlerinnen in den USA gründete Jane Addams 1889 in Chicago *Hull House*, das erste »Siedlungshaus«, das für die Armen der Stadt – vor allem Frauen und Kinder – soziale Dienste bereitstellte. Mit ihrem Projekt, das durch Spenden Wohlhabender und ehrenamtliche Arbeit möglich wurde, wollte Addams zeigen, wie eine Kooperation verschiedener sozialer Schichten praktisch aussehen kann und sich auszahlt. Sie war überzeugt davon, dass sich das Verhalten insbesondere von Kindern und Jugendlichen verbessern lässt, indem deren Energie auf sinnvolle Tätigkeiten gelenkt werde. Damit würden auch die Probleme der Armut wie Krankheit und Kriminalität bekämpft.

Ohne Bildung keine Chancengleichheit – deshalb unterhielt *Hull House* einen Kindergarten, Jugendclubs und Abendklassen für Erwachsene.

Addams schrieb über die Rückständigkeit der USA bei Gesetzen zum Schutz von Frauen und Kindern in der Industrie. Wohltätigkeit von Einzelnen fand sie ineffektiv, nur gemeinsame öffentliche Anstrengungen konnten, von Gesetzen getragen, die sozialen Probleme lösen, so Addams. Sie half mit, soziale Arbeit als Tätigkeit zu definieren, mit der sich die Lebensbedingungen von Individuen und der Gesellschaft insgesamt verändern lässt. ■

Siehe auch: Beatrice Webb 210 ▪ Max Weber 214–215 ▪ John Rawls 298–303

LAND DEN BAUERN!

SUN YAT-SEN (1866–1925)

IM KONTEXT

IDEENLEHRE
Nationalismus

SCHWERPUNKT
Gerechte Landverteilung

FRÜHER
1842 Mit dem Vertrag von Nanjing gehen der Hafen Hongkong sowie Handelsrechte in China an Großbritannien.

1901 Der Boxeraufstand gegen die Fremdherrschaft in China wird niedergeschlagen und die Vereinigten acht Staaten nehmen Beijing ein.

SPÄTER
1925/26 Die erste chinesische Revolution wird von der Guomindang (GMD) niedergeschlagen und führt zum Rückzug der Kommunistischen Partei.

1932 Japan fällt in China ein. GMD und Kommunistische Partei führen den Widerstand an.

1949 Der Niederlage Japans folgt ein Bürgerkrieg, in dem die Kommunistische Partei Chinas siegt.

China war seit Gründung der Qing-Dynastie im Jahr 222 v. Chr. ein Staat. Doch in der ersten Hälfte des 19. Jahrhunderts teilten Europas Hauptmächte das Reich in den »Ungleichen Verträgen« auf: Die Abkommen wurden den chinesischen Herrschern aufgezwungen. In der Folge kam die Entwicklung des Landes zum Stillstand und die Bevölkerung verarmte. Chinas Unfähigkeit, sich zu verteidigen, zog eine lang anhaltende Krise nach sich. Je schlechter die Lebensbedingungen wurden, desto verhasster war das Regime; die Aufstände wurden häufiger und gewalttätiger.

Vor dem Hintergrund des sozialen Unfriedens und der Unter-

China wird von einem **schwachen und korrupten Kaiserhof** regiert und von fremden Mächten beherrscht.

Doch die **Hochachtung vor China** als großer Nation mit großartiger Geschichte …

… gepaart mit **»westlicher« Demokratie** …

… und **ökonomischer Entwicklung** sowie einer gerechten Landverteilung …

… werden **China** zu einer **modernen Republik** machen.

Siehe auch: Ito Hirobumi 195 ▪ José Martí 204–205 ▪ Emiliano Zapata 246 ▪ Mustafa Kemal Atatürk 248–249 ▪ Mao Zedong 260–265

Nach Suns *Drei Prinzipien des Volkes* sollten vor allem die vielen Bauern in China Land erhalten. Er glaubte, der ökonomische Fortschritt werde durch eine gerechte Landverteilung erzielt.

werfung durch westliche Mächte entwickelte sich der chinesische Nationalismus. Dessen Ziel bestand darin, China in eine moderne Gesellschaft zu verwandeln und die Niederlage des Kaiserreichs sowie die als rückständig betrachteten Bauernaufstände hinter sich zu lassen. Seit den 1880er-Jahren gehörte Sun Yat-sen zu den führenden nationalen Kräften, die einen Aufstand gegen die Regierung in Beijing herbeiführen wollten. Anders als viele seiner Zeitgenossen betonte er die Stärke der chinesischen Kultur. Er wollte den Respekt vor Chinas Geschichte bewahren und sich gleichzeitig »westliche« Werte aneignen.

Drei Prinzipien des Volkes

Suns Ideen wurden als die *Drei Prinzipien des Volkes* bekannt: Nationalismus, Demokratie und »die Lebensgrundlagen des Volkes«. Letztere bezogen sich auf die ökonomische Entwicklung Chinas. Auf der Basis einer gerechten Landverteilung – insbesondere für die Bauern – wollte Sun Erfolge für sein Land erzielen. Das korrupte System der Landbesitzer sowie das Kaisertum sollten abgeschafft werden, damit wäre der Weg hin zu einem modernen und demokratischen China frei.

In Chinas revolutionären Bewegungen wurde Sun Yat-sen zur vereinenden Figur. Er gründete die republikanische Guomindang (GMD), die nach dem Zusammenbruch der Qing-Dynastie 1911 zur dominierenden Kraft wurde und sich 1922 mit der Kommunistischen Partei zusammenschloss. Doch Warlords, die um einzelne Gebiete kämpften, und Regenten, die nachkamen, verhinderten eine Zentralregierung. In Shanghai wurde 1926 ein kommunistischer Aufstand von der GMD niedergeschlagen, danach trennten sich die beiden Gruppen. Der Sieg der Kommunisten 1949 zwang die GMD nach Taiwan ins Exil.

In jüngster Zeit erinnert sich das kommunistische China an das Erbe Sun Yat-sens und nutzt seine Ideen wiederholt als Inspirationsquelle für die Entwicklung hin zu einer marktorientierten Wirtschaft. ■

» Unsere Gesellschaft kann sich nicht frei entwickeln und dem Volk fehlt die Basis für den Broterwerb. «

Sun Yat-sen

Sun Yat-Sen

Sun Yat-sen wurde in Südchina geboren und ging mit 13 Jahren nach Honolulu. Dort lernte er Englisch und studierte. Nach einem weiteren Studium in Hongkong konvertierte er zum Christentum und wurde Arzt. Sun wandte sich dem Kampf für die Erneuerung Chinas zu und widmete sich später ausschließlich der Revolution.

Nach einer Serie erfolgloser Aufstände musste Sun Yat-Sen ins Exil gehen. Als sich der Aufstand in Wuchang im Oktober 1911 auf ganz Südchina ausweitete, wurde er zum provisorischen Präsidenten der Republik China gewählt. Er trat jedoch nach einem Abkommen mit Kräften der Qing-Dynastie im Norden zurück. Im Jahr 1912 half Sun, die chinesische Nationalpartei Guomindang (GMD) zu gründen, um den Kampf für eine vereinte chinesische Republik fortzusetzen. Zu dieser Zeit ging das Land einem Bürgerkrieg entgegen.

Hauptwerke

1922 *Chinas internationale Entwicklung*
1927 *San Min Chu I – Die drei nationalen Grundlehren*

DAS INDIVIDUUM IST EIN EINZELNES RAD IN EINEM SICH ENDLOS BEWEGENDEN MECHANISMUS

MAX WEBER (1864–1920)

IM KONTEXT

IDEENLEHRE
Liberalismus

SCHWERPUNKT
Gesellschaft

FRÜHER
1705 Der holländische Philosoph Bernard Mandeville schreibt *Die Bienenfabel*, darin stellt er kollektive Institutionen als Produkt individuellen Verhaltens dar.

1884 Der letzte Band von Karl Marx' *Das Kapital* wird unvollendet veröffentlicht.

SPÄTER
1937 Der amerikanische Soziologe Talcott Parsons veröffentlicht *The Structure of Social Action*. Er stellt darin Webers Werk einem internationalen Publikum vor.

1971 In *Capitalism and Modern Social Theory* sieht der britische Soziologe Anthony Giddens Strukturen als vorrangig im sozialem Handeln an.

Der Kapitalismus, der sich im 19. Jahrhundert etablierte, veränderte die Beziehungen der Menschen untereinander, zerstörte tradierte Lebensformen, trieb aber auch wissenschaftliche und technische Erkenntnisse enorm voran. Dabei wurde die Gesellschaft zum Objekt, das studiert und untersucht werden konnte.

Mit der Soziologie entwickelte Max Weber eine neue Art von Gesellschaftsbetrachtung. In *Wirtschaft und Gesellschaft* beschreibt er das Funktionieren der Gesellschaft und stellt eine Methode vor, um sie zu untersuchen. Diese beruht unter anderem auf dem abstrakten Begriff »Idealtypus«: Wie bei der Karikatur einer Person werden prägnante

Das Handeln der Individuen erfolgt auf der Basis ihrer **Sicht der Welt.**

Individuen **agieren** in komplexer Weise **kollektiv.**

Individuelle Ansichten fließen in **kollektivem Verstehen** – etwa in Religionen – zusammen.

Die **sozialen Strukturen** kollektiver Einsichten können jedoch **individuelle Freiheiten einschränken.**

Das Individuum ist ein einzelnes Rad in einem endlos sich bewegenden Mechanismus.

Siehe auch: Michail Bakunin 184–185 ▪ Karl Marx 188–193 ▪ Georges Sorel 200–201 ▪ Beatrice Webb 210

Feuerameisen leben in einer komplexen Gemeinschaft, in der das Individuum entscheidend zum Erfolg beiträgt. Analog sah Weber das Handeln des Individuums als Teil der Gesellschaft.

Wesensmerkmale hervorgehoben und weniger bedeutsame vernachlässigt, mit dem Ziel, die dahinterliegende Wahrheit hervortreten zu lassen. So lassen sich nach Weber komplexe Sachverhalte der Gesellschaft durch Vereinfachung verstehen. Die Rolle des Soziologen bestünde darin, auf der Basis von Wirklichkeitsbeobachtung Idealtypen zu konstruieren und sie zu analysieren. Dieses Vorgehen widersprach dem von Karl Marx und früheren Sozialtheoretikern, die das Funktionieren der Gesellschaft erklärt hatten, indem sie sich mit ihrer inneren Logik beschäftigten, und nicht, indem sie unmittelbare Beobachtungen heranzogen hatten.

Kollektives Verstehen

Die Gesellschaft könne einzig anhand ihrer Teile verstanden werden, das heißt in erster Linie anhand der Individuen. Kollektiv handelten diese in überaus komplexer Weise, die aber von Soziologen verstanden werden könne. Die Handlungen der Individuen basierten auf ihrer jeweiligen Weltsicht. Diese Sichtweisen treten als kollektives Verstehen zutage, etwa in Form von Religionen und politischen Systemen wie dem Kapitalismus, so Weber. In seinem Werk *Die protestantische Ethik und der Geist des Kapitalismus* zeigte Weber auf, wie die protestantische Ethik der Anhäufung von Kapital und der Marktgesellschaft den Weg bereitet hat. In *Wirtschaft und Gesellschaft* führte er seine Gedanken fort und untersuchte mehrere Glaubensrichtungen. Dabei analysierte er anhand der Strukturen, wie Individuen sozial agieren können.

Eingeschränktes Handeln

Sind soziale Strukturen erst einmal vorhanden, können sie, wie Weber zeigte, nicht nur Handlungsräume schaffen und die menschliche Freiheit erweitern, sondern sie auch einschränken. Deshalb sprach er von den Menschen als »Rad« in einer »Maschine«. Die Strukturen, die sie sich schaffen, begrenzen ihre Aktionsmöglichkeiten, was wiederum Folgen hat, wie Weber darlegte: Protestanten waren zur Arbeit angehalten und dazu, Konsum zu vermeiden – ihre Rücklagen ermöglichten den Kapitalismus. ■

» Für die Soziologie … jedenfalls gibt es … keine ›handelnde‹ Kollektivpersönlichkeit. «

Max Weber

Max Weber

Max Weber wurde in Erfurt geboren und studierte in Heidelberg Jura – zu einer Zeit, in der die Soziologie als akademisches Fach noch nicht existierte. Er arbeitete zu Themen der Rechtstheorie, Geschichte und Wirtschaft und wurde Professor für Nationalökonomie. In den 1890er-Jahren schrieb er über die polnische Immigration, engagierte sich im Nationalsozialen Verein (NSV) für Sozialreformen und machte sich als Theoretiker der Sozialpolitik einen Namen.

Wegen Depressionen lebte er ab 1899 als Privatgelehrter. Erst 1918 übernahm er wieder eine Professur in Wien, 1919 in München. Nach dem Ersten Weltkrieg wurde Weber Mitbegründer der Deutschen Demokratischen Partei (DDP).

Hauptwerke

1904/05 *Die protestantische Ethik und der Geist des Kapitalismus*
1921/22 *Wirtschaft und Gesellschaft*
1923 *Wirtschaftsgeschichte*

DER KAM
DER IDEO
1910–1945

PF
LOGIEN

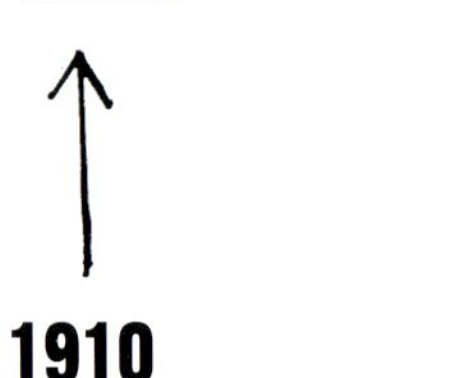

1910

Emiliano Zapata gründet die **Befreiungsarmee des Südens** (die »Zapatisten«) für den Revolutionskampf in Mexiko.

1912

Nach dem Sturz des letzten Qing-Kaisers wird Sun Yat-sen der erste Präsident der **Republik China.**

1914

Die **Ermordung des Erzherzogs Franz Ferdinand** von Österreich-Este in Sarajewo (heute Bosnien) löst den Ersten Weltkrieg aus.

1917

In Russland tritt nach der **Februarrevolution** Zar Nikolaus II. ab. Während der **Oktoberrevolution** errichtet Lenin die Herrschaft der Bolschewiki.

1918

Das Waffenstillstandsabkommen beendet die Kämpfe des Ersten Weltkriegs – doch formell wird der Krieg erst im folgenden Jahr durch den **Vertrag von Versailles** beendet.

1922

Josef Stalin wird Generalsekretär der **Kommunistischen Partei der Sowjetunion.**

1922

Beim **Marsch nach Rom** führt Benito Mussolini die Faschisten an und wird Italiens neuer Premierminister.

1923

Mustafa Kemal Atatürk, der im türkischen Unabhängigkeitskrieg die nationalistischen Kräfte erfolgreich geführt hat, wird Präsident der **Republik Türkei.**

In der ersten Hälfte des 20. Jahrhunderts zerfielen die alten imperialen Mächte und Republiken entstanden. Das führte in vielen Regionen – insbesondere in Europa – zu politischer Instabilität, es kam zu zwei Weltkriegen. Als die alte Ordnung abgelöst wurde, bildeten sich in Europa nationalistische und autoritäre Parteien. In Russland bereitete die bolschewistische Revolution von 1917 der kommunistischen Diktatur den Weg. Zeitgleich bewirkte die Weltwirtschaftskrise der frühen 1930er-Jahre in den USA eine Hinwendung zum ökonomischen und sozialen Liberalismus.

Auch die politischen Ideologien der Großmächte polarisierten sich gegen Ende der 1930er-Jahre – Faschismus, Kommunismus sowie die soziale Demokratie eines liberalen Kapitalismus der freien Märkte standen sich gegenüber.

Weltrevolutionen

Die Revolutionen, die diese Umbrüche im politischen Denken auslösten, fingen allerdings nicht in Europa an. 1910 hatte die zehn Jahre dauernde Mexikanische Revolution mit dem Fall des Regimes unter Porfirio Díaz begonnen. Und in China setzte 1911 die Xinhai-Revolution den letzten Qing-Kaiser ab. Ein Jahr später wurde Sun Yat-sen Übergangspräsident der Republik China. Die folgenreichsten Revolutionen aber ereigneten sich in Russland. Dort mündeten die politischen Unruhen von 1905 in eine zunächst erfolglose Revolution, die 1917 wieder auflebte und zum Sturz von Zar Nikolaus II. durch die Bolschewiki führte.

Der Optimismus vieler Menschen am Ende des Ersten Weltkriegs hielt nicht lang. Der Völkerbund, gegründet mit dem Ziel, den Frieden dauerhaft zu sichern, tat nur wenig, um den wachsenden Spannungen in Europa entgegenzuwirken. Reparationsforderungen und der ökonomische Nachkriegskollaps bescherten extremistischen Bewegungen immer mehr Zulauf.

Diktatur und Widerstand

Aus zunächst kleinen extremistischen Gruppierungen in Italien und Deutschland entstanden die Faschistische Partei Benito Mussolinis und die Nationalsozialistische Partei Adolf Hitlers. In Spanien kämpften Nationalisten unter Francisco Franco gegen die Zweite Spanische Republik. Und in Russland eliminierte nach Lenins Tod das

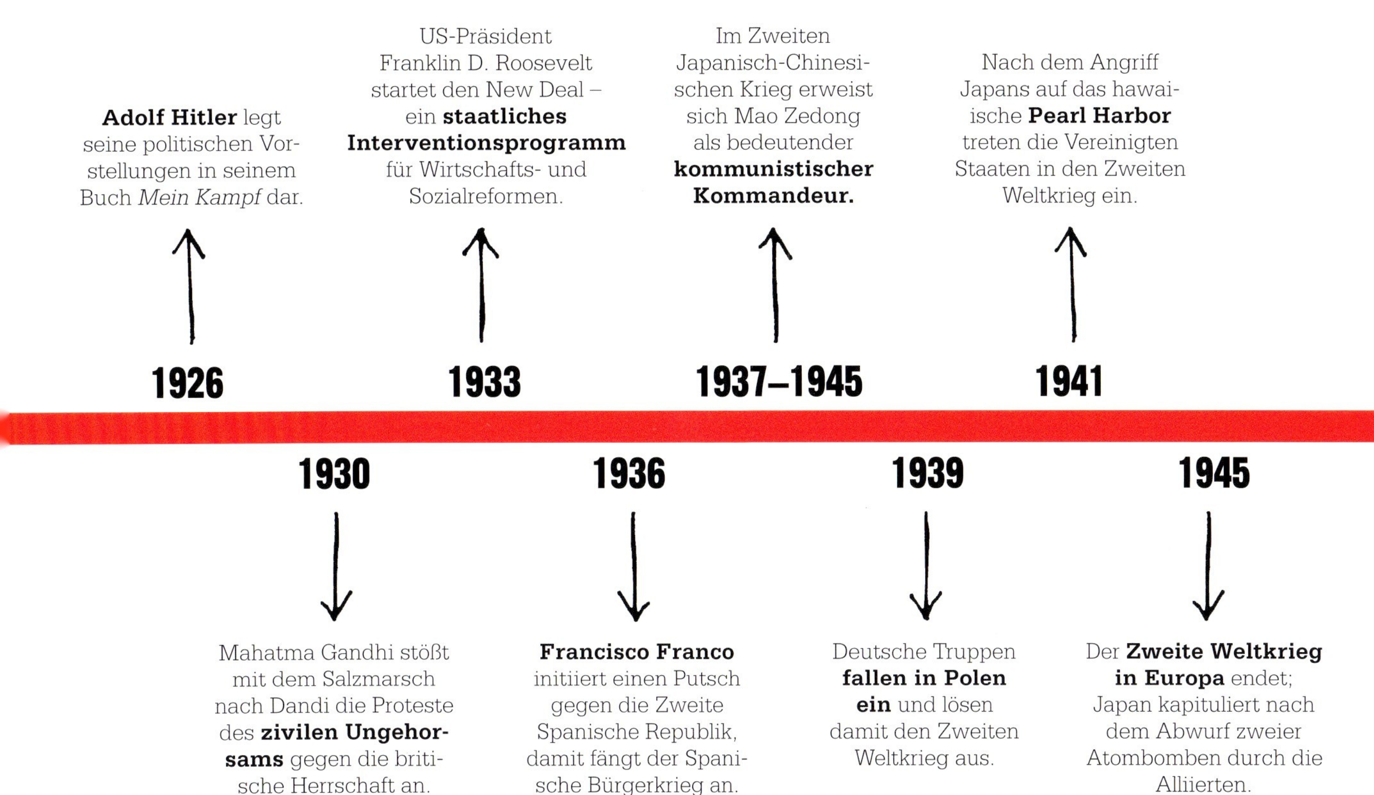

autokratische Regime Josef Stalins zunehmend seine Gegner und baute die Sowjetunion zur industriellen und militärischen Macht aus.

Während auf dem europäischen Kontinent die totalitären Regime mächtiger wurden, erlebte Großbritannien durch Unabhängigkeitsbewegungen in den Kolonien den Zusammenbruch seines Reiches – vor allem durch die von Mahatma Gandhi angeführten Proteste des zivilen Ungehorsams in Indien, aber auch in Afrika, wo Aktivisten wie Jomo Kenyatta in Kenia den Widerstand anführten.

Eintritt in den Krieg

1929 löste in den USA der New Yorker Börsenkrach die Weltwirtschaftskrise aus. Darauf reagierte Präsident Franklin D. Roosevelt 1933 mit dem *New Deal*, der zu einem neuen Liberalismus führte. Die USA wollten in Hinblick auf die Instabilität Europas neutral bleiben. Der Antisemitismus in NS-Deutschland trieb jedoch Zigtausende Intellektuelle aus Europa in die Emigration, darunter die Vertreter der »Frankfurter Schule«. Sie brachten neue Ideen mit, die Roosevelts Politik zum Teil infrage stellten.

Nicht nur Europa, sondern auch Asien erlebte politische Turbulenzen: 1937 führte der Militarismus in Japan zum zweiten Japanisch-Chinesischen Krieg. Darin trat Mao Zedong als bedeutender kommunistischer Führer in Erscheinung.

Großbritannien wollte, trotz der Bedrohung durch den Faschismus, ebenfalls Konflikte vermeiden – sogar noch zu Beginn des Spanischen Bürgerkriegs 1936, in dem Deutschland und Russland die sich bekämpfenden Parteien unterstützten. Doch wie in den USA wurde angesichts der Gebietsansprüche Hitlers auch hier Kritik an der Beschwichtigungspolitik laut. Als 1939 der Krieg begann, verstärkte sich die Allianz gegen Deutschland – nach dem Angriff Japans auf Pearl Harbor traten 1941 auch die USA in den Krieg ein.

Großbritannien, die USA und die Sowjetunion hatten im Zweiten Weltkrieg erfolgreich kooperiert. Doch nachdem der Faschismus besiegt worden war, wurden erneut die politischen Grenzen gezogen – zwischen dem kommunistischen Osten, dem kapitalistischen Westen und dem Rest Europas, der erst seinen Platz finden musste. So wurde dem Kalten Krieg die Bühne bereitet, der die Politik der Nachkriegszeit bestimmen sollte. ■

GEWALTLOSIGKEIT IST DER ERSTE ARTIKEL MEINES GLAUBENS

MAHATMA GANDHI (1869–1948)

IM KONTEXT

IDEENLEHRE
Antikolonialer Nationalismus

SCHWERPUNKT
Gewaltloser Widerstand

FRÜHER
6.–5. Jh. v. Chr. Der Jainismus in Indien lehrt Gewaltlosigkeit und Selbstdisziplin.

1849 Henri David Thoreaus *Über die Pflicht zum Ungehorsam gegen den Staat* erscheint. Er verteidigt darin den Widerstand aus Gewissensgründen gegen ungerechte Gesetze.

SPÄTER
1963 In seiner Rede »Ich habe einen Traum …« stellt Martin Luther King seine Vision des friedlichen Miteinanders von Schwarzen und Weißen vor.

2011 Friedliche Demonstrationen auf dem Tahrir Platz in Kairo führen zum Sturz des ägyptischen Präsidenten Husni Mubarak.

Gott ist **Wahrhaftigkeit** und **Liebe.**

Wahrhaftigkeit und Liebe enthalten keinerlei Gewalt und **können keinen Schaden anrichten.**

Wir sollten **unseren Feinden** mit Wahrhaftigkeit und Liebe **begegnen.**

Indem wir mutig Liebe und Wahrhaftigkeit zum Ausdruck bringen, finden unsere Gegner den Einklang mit der **Güte und Gerechtigkeit** in sich selbst.

Auf diese Weise kommen gegeneinander kämpfende Parteien zueinander und ein **Zustand des Friedens** wird erreicht.

Gewaltlosigkeit ist der erste Artikel meines Glaubens.

In den seit dem 16. Jahrhundert errichteten Weltreichen wurden die europäischen Imperialmächte am Ende selbst zum Vorbild für nationale Bewegungen, die sich gegen die Kolonialherrschaft richteten. Ihr ausgeprägtes Nationalbewusstsein und die Bedeutung, die sie ihrer territorialen Souveränität gaben, weckten bei den Menschen in den Kolonien den Wunsch nach nationaler Selbstbestimmung. Doch da sie weder auf finanzielle noch auf militärische Ressourcen zurückgreifen konnten, wählten viele antikolonialistische Bewegungen einen ganz eigenen, betont nichteuropäischen Weg des Widerstands.

Eine spirituelle Waffe

Indiens Unabhängigkeitskampf gegen Großbritannien hatte von Anfang an eine ganz eigene Prägung – nicht zuletzt durch die politische und moralische Philosophie ihres spirituellen Führers Mohandas Gandhi, bekannt unter dem Ehrentitel »Mahatma« (»Große Seele«). Er glaubte an eine starke Demokratie, die aber keinesfalls durch Gewalt errungen, geformt oder verteidigt werden konnte. Seine Ethik der bedingungslosen Gewaltlosigkeit und des zivilen Ungehorsams, die er *satyagraha* (Festhalten an der Wahrheit) nannte, verband den antikolonialen Nationalismus mit einer Moral, die die politische Landschaft im 20. Jahrhundert wesentlich verändern sollte. Seine Methode beschrieb Gandhi als eine »rein spirituelle Waffe«.

Gandhi glaubte an ein oberstes Prinzip des Universums – *sathya* (Wahrheit), für ihn war dies der Name des einen Gottes der Liebe und die Basis aller großen Weltreligionen. Da er alle Menschen als Ausstrahlungen dieses göttlichen Wesens ansah, glaubte Gandhi an

Siehe auch: Immanuel Kant 126–129 ▪ Henry David Thoreau 186–187 ▪ Pjotr Kropotkin 195 ▪ Arne Næss 290–293 ▪ Frantz Fanon 304–305 ▪ Martin Luther King 316–321

die Liebe als das wahre Prinzip, das allen menschlichen Beziehungen zugrunde liegt. Liebe verstand er als Respekt vor dem anderen und selbstlose, lebenslange Hingabe an das eine Ziel, »jede Träne aus jedem Auge zu wischen«. Für Gandhis Anhänger bedeutete dies auch *ahimsa*, ein Leben in Gewaltlosigkeit. Gandhi verband in seiner Moralphilosophie neben Prinzipien des Hinduismus Traditionen des Jainismus und Buddhismus sowie der christlich-pazifistischen Lehre des russischen Schriftstellers Leo Tolstoi, die alle die Nichtverletzung sämtlicher Lebewesen betonten.

Politische Ziele

Gandhis Lehre war der Versuch, Liebe als oberstes Prinzip auf alle Lebensbereiche zu übertragen. Er betrachtete die Erduldung von Leiden – das »Hinhalten der anderen Wange« bei Misshandlungen durch den Staat oder ein Individuum im Gegensatz zu gewalttätigem Widerstand und Vergeltungsaktionen – als Mittel und Weg, um politische wie spirituelle Ziele zu erreichen. Diese Art der Liebe ist Zeichen des der menschlichen Natur innewohnenden Gesetzes der Wahrheit, so Gandhi, sie kann den Gegner umstimmen und Versöhnung bewirken. Dies würde sich in der Gesellschaft, unter politischen Freunden wie Feinden, fortsetzen. Eine auf diesem friedlichen transzendentalen Prinzip beruhende Massenbewegung würde unweigerlich zur Selbstverwaltung Indiens führen.

Aktivist in Südafrika

Erste Erfahrungen im Widerstand gegen eine Kolonialherrschaft machte Gandhi in der britischen Kolonie Südafrika. Dort verteidigte er als Rechtsanwalt über 20 Jahre lang die Bürgerrechte indischer Einwanderer. In dieser Zeit entwickelte er ein »indisches Bewusstsein«, das alle Rassen-, Religions- und Kastenschranken überwand und die Vision einer vereinten indischen Nation nährte. In Südafrika erlebte er soziale Ungerechtigkeit, rassistische Gewalt und die koloniale Ausbeutung aus erster Hand. »

Gandhi war beeinflusst vom Jainismus, der unter anderem auf dem Prinzip beruht, kein Lebewesen zu töten. Jain-Mönche tragen einen Atemschutz, damit sie keine Insekten verschlucken.

Mahatma Gandhi

Gandhi wurde als jüngster Sohn einer prominenten Hindufamilie in der Hafenstadt Propandar (heute in Westgujarat) geboren. Sein Vater war Regierungsbeamter, seine Mutter gläubige Jaina.

Im Alter von 18 Jahren schickte sein Vater Gandhi zum Jurastudium nach London. Ab 1891 arbeitete er als Rechtsanwalt in Bombay, 1893 ging er nach Südafrika, um die Rechte der indischen Einwanderer zu verteidigen. Hier begann er mit *brahmacharya* – der Suche nach Weisheit und konsequenter Selbstdisziplin. Als er 1915 nach Indien zurückkehrte, legte er einen Armutseid ab und gründete einen Aschram. Vier Jahre später übernahm er den Vorsitz im Indischen Nationalkongress (INC). Gandhi wurde von einem extremistischen Hindu ermordet, der ihn für die Teilung Indiens und die Erschaffung des Staates Pakistan verantwortlich machte.

Hauptwerke

1909 *Indiens Freiheit oder Selbstregierung*
1929 *Eine Autobiographie oder: Die Geschichte meiner Experimente mit der Wahrheit*

Gandhi sah den Weg der Gewaltlosigkeit als ebenso wichtig an wie das Ziel, das damit erreicht werden soll. Seinen Gedanken verdeutlichte er mit dem Beispiel, wie man sich die Uhr eines anderen beschaffen kann.

Als Reaktion darauf entwickelte Gandhi auf Basis seiner pazifistischen Ideale eine praktisch umsetzbare Form des Widerstands. Als er im Jahr 1906 Tausende arme indische Siedler gegen repressive Meldegesetze zu Aktionen des zivilen Ungehorsams anleitete, zeigte sich zudem, dass er Führungstalent besaß. Nach sieben Jahren Kampf und gewalttätigen Repressionen, die von der Südafrikanischen Union ausgingen, wurde ein Kompromiss mit den Demonstranten ausgehandelt. Dies bestätigte die Wirksamkeit des gewaltlosen Widerstands: Zwar mochte der Weg zum Ziel lang sein, doch am Ende stand der Sieg und der Gegner war gezwungen, das Richtige zu tun.

In den Jahren danach konnte Gandhi seine Idee, dass gewaltloses Vorgehen die effektivste Form von Widerstand ist, erfolgreich weiterverbreiten. Als indischer Nationalist wurde ihm internationale Anerkennung zuteil. 1915 kehrte er nach Indien zurück und wurde wenige Jahre später Vorsitzender der politischen Unabhängigkeitsbewegung, des Indischen Nationalkongresses (INC).

Gandhi befürwortete den Boykott britischer Handelsgüter, vor allem von Textilien. Er rief dazu auf, selbst Wolle zu spinnen und daraus Kleidung, bevorzugt den *khadi* (ein traditionelles indisches Gewand), herzustellen, um die indische Ökonomie zu stärken und die Importabhängigkeiten zu verringern. Boykotte dieser Art sah er als logische Fortführung seiner friedlichen Verweigerung der Zusammenarbeit mit dem Gegner. Demgemäß forderte er die Inder auf, britische Schulen und Gerichte – und damit die Kolonialverwaltung – zu boykottieren und britische Titel sowie Ehrungen zu meiden. Im Lauf der Zeit entwickelte sich Gandhi zu einem scharfsinnigen Politiker, der die Macht der Medien kannte und sie zu nutzen wusste.

Tausende unterstützten Gandhis Protest gegen die Salzsteuern der Briten. Im Mai 1930 marschierten sie bei Dandi im Bundesstaat Gujarat zur Küste, um dort ihr eigenes Salz zu gewinnen.

Öffentlicher Widerstand

Als die britische Regierung sich 1930 weigerte, Gandhis Forderung nach der Selbstverwaltung Indiens nachzugeben, rief der INC Indiens Unabhängigkeit aus. Kurz darauf führte Gandhi eine weitere *sathyagraha* durch, und zwar gegen die britische Salzsteuer. Er rief Tausende Menschen dazu auf, ihm auf dem Marsch zur Küste zu folgen. Vor den Kameras der Welt griff er mit der Hand in das Salz, das am Strand auslag, und wurde verhaftet – dies führte den Kommentatoren überall auf der Welt die Ungerechtigkeit der britischen Herrschaft in Indien vor Augen. Und genau das sollte dieser gewissenhaft vorbereitete und durch-

» Eine Religion, die sich nicht um praktische Fragen kümmert und diese nicht lösen hilft, ist keine Religion. «

Mahatma Gandhi

dachte Akt des gewaltlosen Widerstands zeigen.

Berichte über Gandhis Proteste und seine Verhaftung erschienen in allen Zeitungen. Albert Einstein sagte über ihn: »Er hat ein ganz neues und humanes Mittel für den Befreiungskampf eines gedrückten Volkes ersonnen und mit größter Energie und Hingebung durchgeführt. Der moralische Einfluss, den es auf die bewusst denkenden Menschen der ganzen zivilisierten Welt ausgeübt hat, dürfte ein weit nachhaltigerer sein, als es in unserer Zeit mit ihrer Überschätzung brutaler Gewaltmittel den Anschein haben mag.«

Strikter Pazifismus

Gandhis absoluter Glaube an die Gewaltlosigkeit erschien, sobald er ihn auf andere Konflikte in der Welt übertrug, unausgewogen – das trug ihm Kritik ein. So schien das »Aushalten eigenen Leidens« nach Ansicht mancher auf einen Massenselbstmord hinauszulaufen. Das legte zumindest Gandhis Appell an den britischen Vizekönig von Indien nahe, die Briten sollten die Waffen niederlegen und den Nationalsozialisten einzig mit spiritueller Macht entgegentreten. Später kritisierte Gandhi Juden, die versucht hatten, dem Holocaust zu entkommen oder gegen das NS-Regime zu kämpfen, indem er sagte: »Die Juden hätten sich dem Messer des Schlächters ausliefern, sie hätten von der Klippe ins Meer springen sollen. … Das hätte die Welt und das deutsche Volk aufgerüttelt.« Der britische Premier Winston Churchill versuchte, Gandhi als »halbnackten Fakir« abzutun.

Auch wenn Gandhis Methoden in anderen Situationen an ihre Grenzen stießen – in Indien waren sie erfolgreich und bescherten dem Land 1947 die Unabhängigkeit. Er selbst war allerdings ein erbitterter Gegner der Teilung in zwei Staaten, in das vorwiegend hinduistische Indien und das muslimische Pakistan. Denn damit ging die Umsiedlung von Millionen Menschen einher. Kurz nach der Teilung wurde Gandhi ermordet – von einem nationalistischen Hindu, der ihm seine beschwichtigende Haltung gegenüber den Muslimen vorwarf.

Indien mit seiner schnell wachsenden Industrie ist heute weit entfernt von Gandhis Ideal ländlicher Romantik und echter Askese. Inzwischen zeigen die anhaltenden Spannungen mit dem Nachbarn Pakistan, dass Gandhis Glaube an eine indische Identität, die über die Religion hinausgeht, sich nicht bewahrheitet hat. Das Kastensystem, das er strikt ablehnte, hat bis heute einen festen Platz in der indischen Gesellschaft. Dennoch ist Indien ein säkularer, demokratischer Staat, der nach wie vor Gandhis fundamentaler Überzeugung folgt, dass sich ein gerechter Staat nur auf friedlichem Weg entwickeln kann. Gandhis Beispiel und seine Methoden wurden überall auf der Welt aufgegriffen – so auch von dem schwarzen Bürgerrechtler Martin Luther King: Ihm wurde Gandhi zur Inspirationsquelle für den Widerstand gegen die US-amerikanischen Rassengesetze der 1950er- und 1960er-Jahre. ■

» Jesus Christus gab uns das Ziel und Mahatma Gandhi die Taktik. «

Martin Luther King

Gewaltloser Widerstand – in Form von Straßenblockaden bis hin zum Konsumboykott – sind heute weit verbreitet und gelten als wirksame Methoden des zivilen Ungehorsams.

POLITIK BEGINNT DORT, WO DIE MASSEN SIND

WLADIMIR I. LENIN (1870–1924)

IM KONTEXT

IDEENLEHRE
Kommunismus

SCHWERPUNKT
Massenrevolution

FRÜHER

1793 Unter der Terrorherrschaft während der Französischen Revolution werden Tausende als »Feinde der Revolution« hingerichtet.

1830er-Jahre Der Revolutionär Louis-Auguste Blanqui lehrt, eine kleine konspirative Gruppe könne ohne Massenbasis die Revolution herbeiführen.

1848 Karl Marx und Friedrich Engels veröffentlichen *Das kommunistische Manifest.*

SPÄTER

1921 Die kommunistische Partei Chinas wird als leninistische Avantgardepartei gegründet.

1927 Stalin revidiert Lenins »Neue Ökonomische Politik« und kollektiviert die Landwirtschaft.

Zu Beginn des 20. Jahrhunderts war Russland ein schwerfälliger, ökonomisch weit hinter den industrialisierten Staaten Westeuropas zurückgebliebener, landwirtschaftlich geprägter Koloss. Seine Bevölkerung setzte sich aus zahlreichen Ethnien zusammen, darunter Russen, Ukrainer, Polen, Weißrussen, Juden, Finnen und Deutsche. Nur 40 Prozent der Menschen sprachen Russisch. Regiert wurde das Reich von einem absolutistischen Zaren, Nikolaus II., der eine strikte soziale Hierarchie erbarmungslos aufrechterhielt. Es gab keine freie Presse, keine Rede- oder Versammlungsfreiheit, keine Rechte für Minderheiten und kaum politische Rechte. Kein Wunder also, dass in dieser repressiven Atmosphäre die revolutionären Kräfte stärker wurden – am Ende trugen sie in der Oktoberrevolution von 1917 mit Unterstützung eines politischen Agitators namens Wladimir I. Lenin den Sieg davon.

Ein Gesetz der Geschichte

Im Lauf des 19. Jahrhunderts hatte sich der Sozialismus in Europa als Antwort auf die Not entwickelt, die das Leben der neu entstandenen Industriearbeiterklasse bestimmte. Die Arbeiter waren der Ausbeutung durch ihre neuen Arbeitergeber schutzlos ausgesetzt – ohne soziale Absicherungen oder Gewerkschaften. Als Reaktion auf diese Situation und im Glauben, der Klassenkonflikt trage die Dynamik sozialer Veränderung in sich, verkündeten Marx und Engels, dass die internationale Revolution gegen den Kapitalismus unvermeidlich sei. In *Das kommunistische Manifest* von 1848 riefen sie zum länderübergreifenden Zusammenschluss des Proletariats in ganz Europa auf.

Doch dass die Arbeiter mit dem Mehr an Sicherheit und den besseren Lebensbedingungen in den Industriegesellschaften Westeuropas danach streben würden, wie die Bourgeoisie zu werden, statt sie zu bekämpfen – damit hatten Marx und Engels nicht gerechnet. Die Sozialisten nutzen auch immer öfter verfassungs- und gesetzeskonforme Wege, um die Stimmen der Arbeiter zu gewinnen und Veränderungen durch demokratische Prozesse zu bewirken. Sie teilten sich in zwei Gruppen: Die einen wollten Reformen durch Wahlen durchsetzen, die anderen durch eine Revolution.

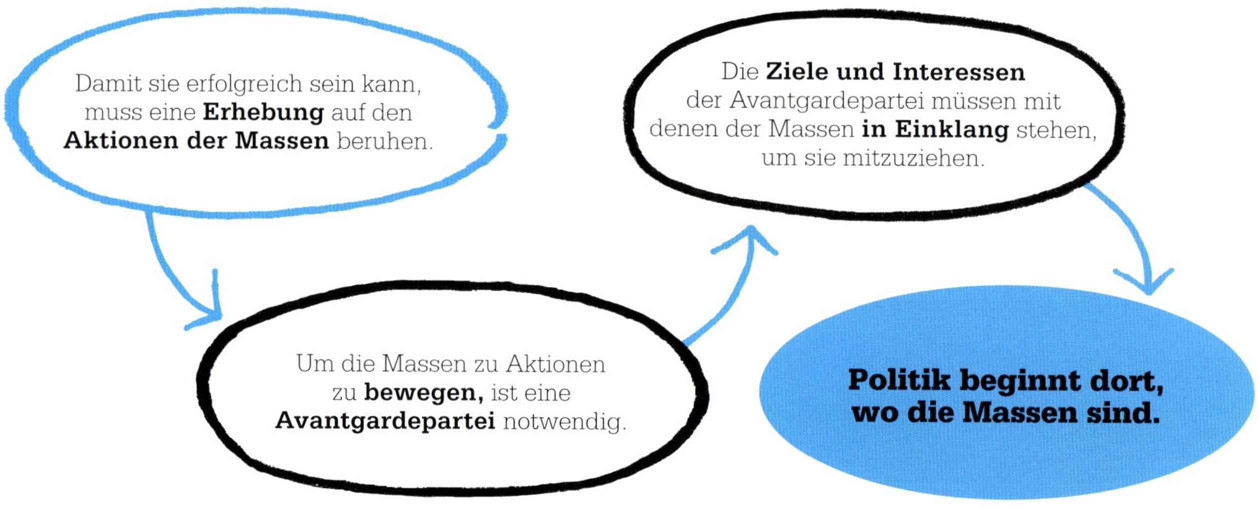

Damit sie erfolgreich sein kann, muss eine **Erhebung** auf den **Aktionen der Massen** beruhen.

Um die Massen zu Aktionen zu **bewegen,** ist eine **Avantgardepartei** notwendig.

Die **Ziele und Interessen** der Avantgardepartei müssen mit denen der Massen **in Einklang** stehen, um sie mitzuziehen.

Politik beginnt dort, wo die Massen sind.

Siehe auch: Karl Marx 188–193 ▪ Josef Stalin 240–241 ▪ Leo Trotzki 242–245 ▪ Mao Zedong 260–265

» Wir haben uns, nach frei gefasstem Beschluss, eben darum zusammengetan, weil wir gegen die Feinde kämpfen … wollen … «

Wladimir I. Lenin

Russische Verhältnisse

Russlands Industrialisierung hatte erst spät eingesetzt und selbst am Ende des 19. Jahrhunderts hatte die Arbeiterklasse dort den Arbeitgebern noch keine echten Zugeständnisse abringen können. Anders als im Westen hatte die Industrialisierung der russischen Bevölkerung bisher keine materiellen Vorteile gebracht. Um hieran etwas zu verändern, schmiedeten in den 1890er-Jahren russische Revolutionäre einen Komplott, unter ihnen der Jurastudent Wladimir I. Lenin. Ihre Aktivitäten richteten sich gegen den zunehmend repressiven Staat und seine Geheimpolizei und 1905 erschütterte eine Welle von Aufständen das Land. Diese erste Revolution scheiterte zwar bei dem Versuch, den Zar zu stürzen, brachte aber einige Zugeständnisse in Hinblick auf demokratische Grundsätze.

Doch noch immer mussten russische Arbeiter unter härtesten Bedingungen leben. So bereiteten Revolutionäre erneut eine Verschwörung vor, um das Zarenregime endgültig zu stürzen. Lenins Ziel war stets, die marxistische Theorie in praktische Politik umzusetzen. Indem er die Lage Russlands durch die Brille des Marxismus betrachtete, sah er, dass das Land den Weg vom Feudalismus zum Kapitalismus in Sprüngen vollzog. Dabei wertete er die bäuerliche Landwirtschaft als eine der Voraussetzungen für die Ausbeutung im Kapitalismus und kam zu dem Schluss: Wenn sie nicht mehr gegeben wäre, würde das kapitalistische System insgesamt zusammenbrechen.

Lenin wollte ursprünglich für die Revolution auch die Bauern gewinnen. Doch er kam zu dem Schluss, dass sie keine revolutionäre Klasse bilden könnten, da sie nach Landbesitz strebten.

Doch die Bauern wollten eigenes Land besitzen, das hatte Lenin erkannt, deshalb würden sie nicht die sozialistische Revolution herbeiführen. Deren erklärtes Ziel »

Wladimir I. Lenin

Wladimir Iljitsch Uljanow, der sich später »Lenin« nannte, wurde in Simbirsk (heute Uljanowsk, Russland) geboren. Er bekam eine klassische Bildung, dabei zeigte sich sein Talent für Griechisch und Latein. 1887 wurde sein Bruder Alexander wegen versuchten Mordes an Zar Alexander III. hingerichtet. Im selben Jahr schrieb sich Lenin für das Jurastudium an der Universität Kasan ein, wurde jedoch wegen der Teilnahme an Studentenprotesten ausgeschlossen. Als Autodidakt studierte er weiter, las Karl Marx und begann seine Karriere als Berufsrevolutionär.

Lenin wurde verhaftet und nach Sibirien verbannt. Später reiste er durch Europa, organisierte die bevorstehende Revolution und schrieb über sie. Sie machte ihn im Oktober 1917 zum Herrscher über Russland. 1918 überlebte er ein Attentat, jedoch erholte er sich zeitlebens von den Folgen nicht mehr.

Hauptwerke

1902 *Was tun?*
1917 *Der Imperialismus als höchstes Stadium des Kapitalismus*
1917 *Staat und Revolution*

war gerade die Abschaffung von Privateigentum. So wandte er sich der aufkeimenden Industriearbeiterklasse als treibende Kraft der Revolution zu.

Avantgardepartei

In der marxistischen Theorie ist die Bourgeoisie die Klasse der Produktionsmittelbesitzer (zum Beispiel der Fabriken), während sich das Proletariat aus denjenigen zusammensetzt, die ihre Arbeitskraft verkaufen müssen. In der ersten Gruppe gab es die Gebildeten, die – wie Lenin – die Ausbeutung des Proletariats ungerecht fanden und die Verhältnisse ändern wollten. Diese »revolutionären Angehörigen der Bourgeoisie« spielten bei vergangenen Revolutionen eine führende Rolle – so auch bei der Französischen Revolution von 1789. Die schnelle Industrialisierung Russlands wurde zum Teil mit ausländischem Kapital finanziert, denn im Land gab es nur wenige, die über die nötigen finanziellen Mittel verfügten. Und es gab auch nur wenige Revolutionäre.

Lenin begriff, dass für eine Revolution Führung und Organisation nötig war und übernahm Marx' und Engels' Idee der »Avantgarde« als eine Gruppe »entschlossener Individuen«, vornehmlich aus der Arbeiterklasse, mit klaren politischen Vorstellungen, die als Speerspitze der Revolution fungieren sollte. Sie würde die Arbeiter anleiten, eine »Klasse« zu werden, die die Vorherrschaft der Bourgeoisie beenden und eine demokratische »Diktatur des Proletariats« errichten würde. Lenin nannte diese Avantgarde Bolschewiki – daraus wurde am Ende die Kommunistische Partei der Sowjetunion.

Internationale Revolution

Wie Marx glaubte Lenin, ein vereintes Proletariat werde sich in einer revolutionären Welle erheben, dabei Grenzen und Nationalitäten sowie den Ethnozentrismus und die Religionen überwinden und schließlich einen grenzen- und klassenlosen Staat errichten: eine internationale Expansion der »Demokratie für die Armen«, die mit der zwangsweisen Unterdrückung der ausbeutenden und knechtenden Klasse einhergehe – sie werde von der neuen Demokratie ausgeschlossen. Diese Übergangsphase hielt Lenin für notwendig, um von der Demokratie zum Kommunismus zu gelangen – nach Marx dem letzten der Diktatur des Proletariats folgenden Stadium der Revolution. Im Kommunismus

Reiche Bankiers fliehen vor den Arbeitern, die rufen: »Lang lebe die internationale sozialistische Revolution!« Lenins Worte betonten die alle Grenzen überschreitende Solidarität.

Die rebellierende Armee, auch erschöpft wegen der entsetzlichen Erlebnisse im Ersten Weltkrieg, spielte beim Erfolg der Oktoberrevolution 1917 eine zentrale Rolle. Der Krieg hatte das alte Regime in Verruf gebracht.

schließlich würden die Klassengegensätze überwunden und das Privateigentum abgeschafft.

Für Lenin war die einzig wirksame revolutionäre Macht die Macht der Massen. Um dem schwerbewaffneten imperialistischen Staat entgegenzutreten, mussten die unzufriedenen und dem Staat entfremdeten Arbeiter also mitmachen. Nur wenn sie vereint und von Berufsrevolutionären organisiert auftreten, könnten sie es schaffen, das mit Waffen und Geld gut ausgestattete kapitalistische System zu zerstören. Unter der Zarenherrschaft hatten die Arbeiter und Bauern erlebt, dass ihre Interessen an die der Produktionsmittel- und Landbesitzer gekoppelt waren. Marx und Lenin wollten hingegen, dass ihre Rechte und ihr Wohlergehen einzig von ihrer eigenen sozialen Klasse abhängen. Die Massen waren durch ihr Leid zu einer politischen Einheit zusammengeschweißt worden, das wurde nun mit der Rhetorik der Bolschewiki verstärkt.

Lenin berichtete am 6. März 1918 – etwa ein Jahr nach der erfolgreichen Februarrevolution von 1917 – vor dem außerordentlichen siebten Parteitag der Kommunistischen Partei über die Revolution. Er bezeichnete sie als »wahre marxistische Untermauerung all unserer Entscheidungen«. Im Oktober übernahmen die Bolschewiki durch einen unblutigen Staatsstreich die Macht, damit waren sie die ersten erfolgreichen revolutionären Kommunisten der Welt. Russland war ein armes Land mit einem relativ schwachen Proletariat und einer noch schwächeren Bourgeoisie, dennoch wurde die städtische Arbeiterklasse mobilisiert, um diejenigen mit Besitz zu enteignen.

Zu diesem »leichten Sieg« der Revolution trug Russlands Lage im Ersten Weltkrieg wesentlich bei. Der Krieg hatte dem russischen Volk allein bis 1917 unsagbar große Not beschert, sodass selbst Todesschwadronen Truppenmeutereien und vielfaches Desertieren nicht verhindern konnten. So wurde aus dem »imperialistischen« Krieg ein Bürgerkrieg zwischen der Roten Armee der Bolschewiki und der antirevolutionären Weißen Armee. Für Lenin sah es so aus, dass dabei die überwältigende Mehrheit der Bevölkerung auf Seiten der Bolschewiki stand. Dies verbuchte er als einen Erfolg des Kommunismus. Überall sah er die Erfüllung der Marx'schen Prophezeiung, die »Frucht« der Massenrevolution werde – indem das Proletariat durch harte Erfahrungen lernte, dass eine Zusammenarbeit mit dem bourgeoisen Staat nicht möglich war – unwillkürlich »reifen«.

Doch es kamen noch andere Faktoren hinzu, die eine Rolle spielten. So verloren im Zuge der 1917er-Revolution die alten Mächte – die Armee, die Kirche und die lokalen Verwaltungen – ihren Einfluss. Außerdem brach »

» Nur der wird siegen …, der an das Volk glaubt, der bis auf den Grund der lebendigen Schöpferkraft des Volkes tauchen wird. «

Wladimir I. Lenin

sowohl die städtische als auch die Wirtschaft auf dem Land zusammen. Russlands erzwungener Rückzug aus dem Ersten Weltkrieg und der anschließende Bürgerkrieg führten dazu, dass die Versorgung der Bevölkerung mangelhaft war, was große Not verursachte. Für Lenin war klar, dass in diesem Chaos nur eine durchsetzungsstarke Kraft in der Lage wäre, eine neue Ordnung herzustellen. Die Partei der Bolschewiki sah er als Avantgarde an, doch keineswegs konnte sie der Kern der revolutionären Macht sein. Lenin dachte in der marxistischen Kategorie der Massen, die Arbeiter- und Bauernräte betrachtete er als elementare Substanz des neuen Staates. Unter dem Ruf: »Alle Macht den Räten!« vereinten sich die unterschiedlichen Gruppen. So entstand im Oktober 1917 der weltweit erste sozialistische Staat, die Russische Sozialistische Föderative Sowjetrepublik (RSFSR).

Kriegskommunismus

Auf die Revolution folgten drei Jahre sogenannter Kriegskommunismus. In dieser Zeit verhungerten Millionen russischer Bauern, denn die von ihnen produzierten Lebensmittel wurden konfisziert, um die bolschewistischen Armeen und Städte zu versorgen; auch im Bürgerkrieg gegen die antibolschewistische Weiße Armee wurden sie gebraucht. Die Lebensbedingungen waren so hart, dass sich die Aufstände der vielen Menschen, die Lenin und seine Politik unterstützt hatten, nun gegen ihn und die Bolschewiki richteten. Damit wurden die Ideale der neuen kommunistischen Regierung auf die Probe gestellt, sie sah sich am Rande eines Umsturzes durch diejenigen, deren Interessen sie angeblich repräsentierte.

Der Kriegskommunismus wirkte noch improvisiert, er fand unter den Bedingungen statt, die sich nach der Revolution zunächst ergeben hatten. Am Ende des Bürgerkriegs wurde er durch die »Neue Ökonomische Politik« Lenins ersetzt. In diesem »Staatskapitalismus« waren kleinere Privatunternehmen erlaubt, etwa in der Landwirtschaft, die ihren Mehrertrag verkaufen und den Gewinn daraus behalten konnten. Die großen Industrieunternehmen und die Banken blieben in der Hand des Staates. Diese neue Politik lehnten viele Bolschewiki ab, da die sozialistische Ökonomie kapitalistische Elemente aufwies, was sie aufweichte. Doch mit ihr konnte die Agrarproduktion gesteigert werden, da die Bauern ermutigt wurden, über den eigenen Bedarf hinaus zu produzieren. In den Jahren nach Lenins Tod wurde diese Politik von Stalins Zwangskollektivismus abgelöst, was in den 1930er-Jahren zu noch schlimmeren Hungersnöten führte.

»Dieser Kampf muss … von Berufsrevolutionären organisiert werden.«

Wladimir I. Lenin

Proletarische Macht

Inwieweit Lenins Oktoberrevolution als authentische sozialistische Revolution gelten kann, hängt davon ab, wie stark die Übereinstimmung der Massen mit den Bolschewiki gesehen wird. Hatte sich das notleidende Proletariat tatsächlich »von unten« selbst befreit? Oder hatten die Führer der Bolschewiki die marxistische Legende vom Sieg für die leidenden Massen genutzt, um an die Macht zu kommen? Und wie stark war

Im Bürgerkrieg, der auf die Revolution folgte, kämpften die Bolschewiki gegen die antirevolutionäre »Weiße Armee«. Notverordnungen sollten die Loyalität der Massen auf die Probe stellen.

Während Chinas Kulturrevolution bildeten die Roten Garden eine Avantgarde, sie gingen systematisch gegen antirevolutionäre Haltungen vor. Lenin glaubte, zur Führung einer Revolution sei die Avantgarde notwendig.

diese neue proletarische Macht der Massen, die Lenin begründet und immer wieder aufs Neue umrissen, erläutert und gepriesen hatte? Ein Zeitgenosse Lenins, der Sozialist und Kritiker der bolschewistischen Revolution Nikolai Suchanow, meinte, Lenin sei ein mächtiger Redner, der komplexe Dinge vereinfache und den Menschen ins Hirn hämmere, bis sie ihren Willen verloren hätten und er sie zu seinen Sklaven gemacht habe.

» Allein Lenin hätte Russland in den verzauberten Morast führen können; er allein hätte den Weg zurück zum Damm finden können. «

Winston Churchill

Arbeiteraristokratie

Die Bolschewiki bestanden darauf, ihre Parteidiktatur als wahren Arbeiterstaat zu betrachten. Doch viele Kritiker werteten dies als eine Rechtfertigung ihrer Dominanz über die Arbeiter. Lenin selbst erklärte seine elitäre Haltung damit, dass die Arbeiter ohne »Berufsrevolutionäre« nicht über ein »Gewerkschaftsbewusstsein« hinauskommen könnten. Sie seien nicht in der Lage, selbständig durch eine Allianz mit ihren unmittelbaren Arbeitskollegen ein umfassendes Klassenbewusstsein zu entwickeln. Hinzu kam für ihn, dass die Zugeständnisse, die Arbeiter in Teilen Westeuropas erreicht hatten, nicht die Situation der Arbeiterklasse insgesamt verbesserten – im Gegenteil: Nach Lenin entstand eine »Arbeiteraristokratie«, die wegen ihrer Vorteile die Loyalität ihrer Klasse gegenüber aufgegeben hatte. Um eine echte Veränderung herbeizuführen, sei jedoch ein »revolutionäres sozialistisches Bewusstsein« nötig, das die marxistischen Prinzipien der Klassenvereinigung anerkenne und das nur eine Avantgarde innerhalb der Arbeiterklasse erreichen könne. Diese Avantgarde war, so Lenin, die Partei der Bolschewiki.

Lenin glaubte bedingungslos an die Existenz einer absoluten Wahrheit und diese war für ihn der Marxismus – Einwände waren nicht erlaubt. Diese absolute Haltung gab dem Bolschewismus einen autoritären, antidemokratischen und elitären Charakter, der wie ein Widerspruch zum Glauben an die Demokratie von unten wirkte. Lenins Idee der Revolution, die von einer Avantgarde ausgeht, wurde quer durch das politische Spektrum kopiert – von der rechten, antikommunistischen Guomindang in Taiwan bis zur Kommunistischen Partei der Volksrepublik China. Einige Intellektuelle nennen sich bis heute »Leninisten«, darunter der slowenische Philosoph Slavoj Žižek, der Lenins Versuch, den Marxismus in die Praxis umzusetzen, und dessen Bereitschaft, »sich die Hände schmutzig zu machen«, bewundert. Sie betrachten die Globalisierung, bei der kapitalistische Ziele mithilfe billiger Arbeitskräfte in armen Ländern erreicht werden sollen, als Fortsetzung des Imperialismus im 19. Jahrhundert. Die Lösung des Problems sehen sie, wie einst Lenin, in einer internationalen Massenbewegung der Arbeiter. ■

DER GENERALSTREIK RESULTIERT AUS DEN SOZIALEN BEDINGUNGEN UND IST HISTORISCH UNVERMEIDLICH

ROSA LUXEMBURG (1871–1919)

IM KONTEXT

IDEENLEHRE
Revolutionärer Sozialismus

SCHWERPUNKT
Der Generalstreik

FRÜHER
1826 Großbritannien erlebt seinen ersten Generalstreik, als Bergwerkseigner versuchen, den Lohn der Bergarbeiter zu kürzen.

1848 Karl Marx entwickelt in *Das kommunistische Manifest* die Theorie der Revolution als Resultat des Konflikts zwischen einer herrschenden und einer unterdrückten Klasse.

SPÄTER
1937/38 Die Umwandlung der UdSSR in eine Industriemacht durch Stalin führt zur »Großen Säuberung« – bei der Tausende hingerichtet werden.

1989 Solidarność, eine polnische Gewerkschaft, siegt mit einer Koalitionsregierung unter Lech Wałęsa gegen die Kommunistische Partei.

In einer kapitalistischen Gesellschaft existieren **Ungleichheit und Unterdrückung.**

Die unterdrückten Arbeiter benötigen keine **Führer von außen,** …

… da sie sich **spontan erheben** werden, um sich aus der Unterdrückung zu befreien.

Der Generalstreik resultiert aus den sozialen Bedingungen und ist historisch unvermeidlich.

Die marxistische Theoretikerin Rosa Luxemburg entwickelte die Idee des Generalstreiks als Instrument der Revolution und betonte dessen organische Natur. Im Kampf der Arbeiter sah sie den politischen wie den ökonomischen Generalstreik als wichtigste Waffe an. Ihre Überlegungen formulierte sie zur Zeit der großen Arbeiterstreiks und des Petersburger Blutsonntags, auf den 1905 die erste russische Revolution folgte.

Eine soziale Revolution

Während Marx und Engels davon ausgingen, dass ein Generalstreik des Proletariats von einer Avantgarde, also »von oben«, angeführt werden sollte, nahmen anarchistische Theoretiker an, die Revolution werde durch Zerstörungsakte und Propaganda ausgelöst. Rosa Luxemburg sah verschiedene Dynamiken, die bei einer sozialen Revolution zusammenwirkten, und fand einen dritten Weg, um den Generalstreik zu verstehen und in Gang zu setzen.

In *Zur materialistischen Dialektik von Spontaneität und Organisation* erläuterte Rosa Luxemburg, dass sich die politische Organisation der Arbeiter von innen heraus und natürlich entwickeln konnte,

Siehe auch: Karl Marx 188–193 ▪ Eduard Bernstein 202–203 ▪ Wladimir I. Lenin 226–233 ▪ Josef Stalin 240–241 ▪ Leo Trotzki 242–245

Lech Wałęsa gründete die Solidarność 1980. Die unabhängige Gewerkschaft setzte Generalstreiks im Arbeitskampf ein und schob die politischen Veränderungen in Polen an.

indem sie an Lohnstreiks und an Streiks mit politischen Zielen teilnehmen. So würden die Massen die Revolution von selbst lernen. Führer sollten nicht mehr tun, als für die Ziele der Massen einzustehen – am Ende würden Generalstreiks eine neue Form des Sozialismus herbeiführen. Die Ereignisse 1905 in Russland hatten Rosa Luxemburg gezeigt, dass ein Generalstreik nicht durch zentralen Beschluss oder von Basisgruppen angestoßen wurde. Vielmehr war er ein natürlicher Ausdruck des proletarischen Bewusstseins – ein unausweichliches Resultat der sozialen Wirklichkeit, insbesondere der Not der Arbeiter, die gezwungen waren, schwere und unterbezahlte Arbeit in den neuen Industrieunternehmen in Zentraleuropa und Russland zu verrichten.

Der Vorstoß der Arbeiter

Luxemburg glaubte, die Unzufriedenheit der Arbeiter angesichts der militärischen Macht und der finanziellen Kontrolle des Staates werde sich in Form erfolgloser und erfolgreicher Streiks der Proletarier entladen – und schließlich zum spontanen Generalstreik führen. Dadurch würden die Ziele der Arbeiter zutage treten, die Führung der Partei würde sich verändern und zugleich die Revolution gegen den Kapitalismus vorangetrieben. Im Zuge dessen könnten die Arbeiter auch intellektuell wachsen, was ihre Weiterentwicklung garantiere.

» Der Massenstreik ist bloß die Form des revolutionären Kampfes … «

Rosa Luxemburg

Lenin hielt dem entgegen, dass dieser »revolutionären Spontaneität« im Vergleich zu der durch aufgeklärte Kommandeure angeführten Revolution die innere Disziplin und Planung fehle. Die Führungsrolle schrieb er den Bolschewiki zu. Luxemburg sah hierin die Gefahr der Diktatur und einer »Brutalisierung des öffentlichen Lebens«. Lenins roter Terror und Stalins mörderische Schreckensherrschaft sollten ihr Recht geben. ■

Rosa Luxemburg

Rosa Luxemburg, geboren in Zamość (heute Polen) engagierte sich seit ihrem 16. Lebensjahr für sozialistische Politik. 1898 wurde sie deutsche Staatsbürgerin und zog nach Berlin. Dort wurde sie Mitglied in der internationalen Arbeiterbewegung und der SPD. Sie schrieb über Fragen des Sozialismus, Frauenwahlrecht und Wirtschaftsthemen.

1907 traf sie Lenin bei einer Konferenz der russischen Sozialdemokraten in London. Nach längeren Haftstrafen war sie 1919 Mitbegründerin der Kommunistischen Partei Deutschlands, deren Programm sie verfasste. Sie wurde während der revolutionären Unruhen im Januar 1919 in Berlin ermordet – ihre Leiche wurde erst Monate später gefunden.

Hauptwerke

1904 *Organisationsfragen der russischen Sozialdemokratie*
1906 *Der Massenstreik*
1913 *Die Akkumulation des Kapitals*
1915 *Die Krise der deutschen Sozialdemokratie – die »Junius«-Broschüre*

EIN BESCHWICHTIGER IST JEMAND, DER EIN KROKODIL FÜTTERT UND HOFFT, ERST AM ENDE SELBST GEFRESSEN ZU WERDEN

WINSTON CHURCHILL (1874–1965)

IM KONTEXT

IDEENLEHRE
Konservatismus

SCHWERPUNKT
Antibeschwichtigungspolitik

FRÜHER
um 350 v. Chr. Demosthenes kritisiert die Athener, weil sie das Machtstreben Philipps von Makedonien nicht vorausgesehen haben.

1813 Die Mächte in Europa wollen ein Abkommen mit Napoleon. Doch seine fortgesetzten Angriffe führen zu seiner Niederlage in Leipzig.

SPÄTER
1982 Die britische Premierministerin Margaret Thatcher beruft sich auf Chamberlain, als sie wegen der Falklandinseln zu einem Kompromiss mit Argentinien gedrängt wird.

2003 Im Vorfeld des Irakkriegs warnen US-Präsident George W. Bush und der britische Premierminister Tony Blair vor einer Beschwichtigungspolitik.

Mitte der 1930er-Jahre hatte der Begriff »Appeasement« (Beschwichtigung) noch nicht den Beigeschmack von Feigheit und Schmach, die er durch spätere Ereignisse erhalten sollte. Nach dem Ersten Weltkrieg war die Versöhnungspolitik, mit der man dem Hass und den Gegensätzen in Europa politisch begegnen wollte, zur Norm geworden. Doch während die Weltwirtschaftskrise überall ihren Tribut forderte und in Deutschland Adolf Hitler an die Macht kam, erkannte neben anderen auch Winston Churchill, dass diese Form der Politik gefährlich werden konnte.

Wegen des wirtschaftlichen Einbruchs konnte Großbritannien nur auf einen begrenzten Verteidigungshaushalt zurückgreifen. Der Zwang zur Wiederbewaffnung gegen Hitler traf das Land in einer Zeit, als es sich vom Ersten Weltkrieg noch nicht erholt hatte und ein Großteil seiner Truppen an den Außenposten des britischen Reiches gebraucht wurde. Der konservative Premierminister Neville Chamberlain lehnte es ab, Deutschland erneut militärisch zu begegnen, um

Ein Beschwichtiger glaubt, er sei **nicht mächtig genug,** um einen Tyrannen zu besiegen.

↓

Um nicht in einen Krieg verwickelt zu werden, **macht er Zugeständnisse.**

↓ ↓

Seine Zugeständnisse **schwächen ihn.**

Seine Zugeständnisse **stärken den Tyrannen.**

Siehe auch: Mahatma Gandhi 220–225 ▪ Napoleon Bonaparte 335 ▪ Adolf Hitler 337

Churchill bezeichnete das Münchner Abkommen von 1938 zwischen Chamberlain und Hitler als »vollkommene, unverminderte Niederlage«.

Hitlers Vormarsch einzudämmen. Ihm erschien es angemessener, die zunehmenden Klagen des Diktators zu beschwichtigen.

Churchill wurde inoffiziell aus Armee- und Regierungskreisen über die Ziele der Nationalsozialisten informiert – auch über die mangelhafte Vorbereitung bei den britischen Truppen. 1933 warnte er das Parlament vor Hitlers Plänen und schlug angesichts dessen, was er als Selbstgefälligkeit wertete, in seinen Reden wiederholt Alarm. Dafür wurde er der Kriegstreiberei bezichtigt und auf die Hinterbänke verwiesen.

Das Münchner Abkommen

In der Politik Großbritanniens war der Gedanke des »Appeasement« tief verankert. Doch er bot Hitlers systematischer Verletzung des am Ende des Ersten Weltkriegs unterzeichneten Versailler Vertrags (unter anderem durch seine Remilitarisierung des Rheinlands), sowie seinen Gesetzen gegen die Juden keinerlei Gegenwehr.

Auf diese Weise ermutigt, annektierte Hitler 1938 Österreich und erzwang im selben Jahr in München, unter anderem von Chamberlain, die Eingliederung des Sudetenlands (heute ein Gebiet in Tschechien). Hitler hatte leichtes Spiel. Wollte er ursprünglich die Tschechoslowakei durch einen Überfall Prags zerschmettern, erhielt er das Land nun »von dessen Freunden regelrecht auf einem Teller serviert«.

Churchill lehnte das Münchner Abkommen mit dem Verweis ab,

> »Du erhältst die Wahl zwischen Krieg und Schmach. Du wählst die Schmach – und wirst Krieg bekommen.«
>
> **Winston Churchill**

die Nationalsozialisten mit solchen Zugeständnissen zu füttern, mache sie nur gieriger. Andere Politiker trauten Hitler und verurteilten Churchill. Er indes verweigerte jede Verhandlung mit Hitler oder dessen Vertretern. Radikal, aber durchdacht bildete dieser nicht verhandelbare Widerstand gegen die Tyrannei den Kern der Haltung, die den Nationalsozialismus schließlich stoppte. ■

Winston Churchill

Churchill, der Sohn eines englischen Lords und einer amerikanischen Millionärstochter, absolvierte die Harrow Public School und die Sandhurst Military Academy. Er diente als Kavallerist in Indien. In den 1890er-Jahren berichtete Churchill als Kriegskorrespondent über die kubanische Revolte gegen Spanien, über britische Feldzüge in Indien und im Sudan sowie über den Burenkrieg in Südafrika. Seine Laufbahn als Abgeordneter des britischen Unterhauses umfasst gut 60 Jahre. Zunächst war er Mitglied der Liberalen, später Abgeordneter der Konservativen *(Tories)*. Im Zweiten Weltkrieg übernahm er in einer Regierung der nationalen Einheit erstmals das Amt des Premierministers, nach dem Krieg 1951 ein zweites Mal. Churchill schrieb viel und erhielt 1953 den Nobelpreis für Literatur, vor allem für sein sechsbändiges Werk *Der Zweite Weltkrieg*.

Hauptwerke

1953 *Der Zweite Weltkrieg*
1958 *Geschichte der englischsprachigen Völker*
1974 *Reden in Zeiten des Krieges*

DAS FASCHISTISCHE KONZEPT DES STAATES IST ALLUMFASSEND

GIOVANNI GENTILE (1875–1944)

IM KONTEXT

IDEENLEHRE
Faschismus

SCHWERPUNKT
Staatsphilosophie

FRÜHER
27 v. Chr.–476 n. Chr. Das Römische Reich breitet sich von Europa bis nach Asien und Afrika aus.

1770–1831 G.W.F. Hegel entwickelt seine Idee der Einheit und des absoluten Idealismus, die Gentile für seine Theorie des allumfassenden Staates nutzt.

SPÄTER
1943–1945 Alliierte Truppen nehmen am Ende des Zweiten Weltkriegs Italien ein, der faschistische Staat kapituliert.

1940er–1960er-Jahre In Lateinamerika werden neofaschistische Bewegungen immer populärer.

Seit 1960 Neofaschistische Philosophien finden sich im Gedankengut zahlreicher nationaler Bewegungen wieder.

Am Ende des Ersten Weltkriegs 1918 erlebte Italien sozial und politisch unruhige Zeiten. Das Land musste Gebiete an Jugoslawien abtreten und litt unter den Folgen der schweren Kriegsverluste. Die Wirtschaft schrumpfte und die Arbeitslosigkeit stieg. Die etablierten Politiker schienen keine passenden Antworten zu finden, links- wie rechtsgerichtete Gruppen erhielten immer mehr Zuspruch aus den Reihen der Arbeiter und Bauern. Die National-Faschistische Partei warb mit einer ausgesprochen nationalistischen Rhetorik. Ihr Führer Benito Mussolini und dessen Berater Giovanni Gentile propagierten eine radikale soziale Neuordnung auf der Grundlage eines faschistischen Staates.

Mussolini besuchte 1922 die Ausstellung der faschistischen Revolution in Mailand. Mit dieser Propagandashow wollten Künstler und Intellektuelle, darunter Gentile, eine neue Ära einläuten.

Einheit durch Kollektivismus

Die Leitgedanken zum neuen italienischen Staat finden sich in *La dottrina del fascismo* (»Die Doktrin des Faschismus«), diesen Text soll Gentile für Mussolini geschrieben haben. Darin wird die Idee des Individuums verworfen und ein Kollektivismus propagiert, der den Menschen Sinn und dem Staat Kraft und Zusammenhalt verleiht.

Gentile beschreibt das Konzept des faschistischen Staates als eine Art Lebenshaltung, in der Individuen und Generationen durch ein übergeordnetes Gesetz und einen ebensolchen Willen organisiert werden: durch das Gesetz und den Willen der Nation. Wie der Kommunismus wollte der Faschismus Werte vermitteln – und wie Marx wollte Gentile

Siehe auch: G.W.F. Hegel 156–159 ▪ Karl Marx 188–193 ▪ Friedrich Nietzsche 196–199 ▪ Wladimir I. Lenin 226–233 ▪ Josef Stalin 240–241 ▪ Benito Mussolini 337

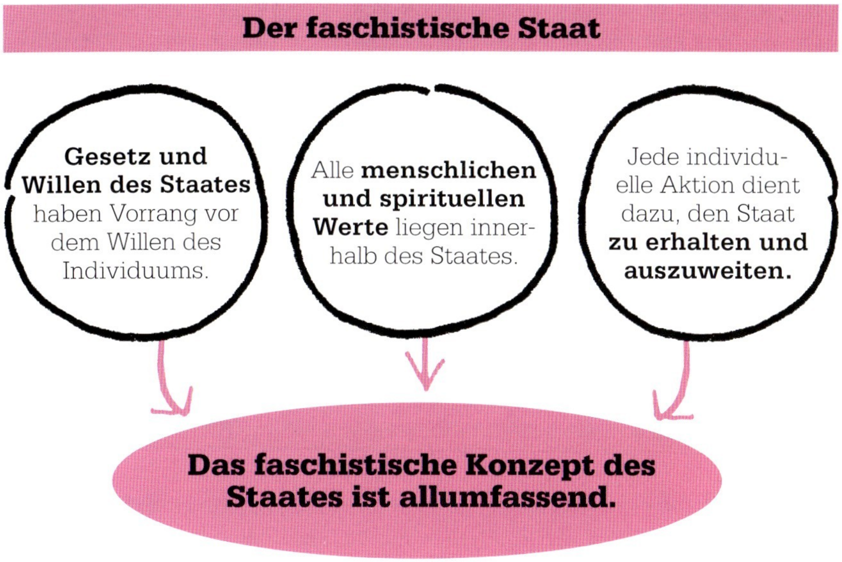

Der faschistische Staat

Gesetz und Willen des Staates haben Vorrang vor dem Willen des Individuums.

Alle **menschlichen und spirituellen Werte** liegen innerhalb des Staates.

Jede individuelle Aktion dient dazu, den Staat **zu erhalten und auszuweiten.**

Das faschistische Konzept des Staates ist allumfassend.

der neuen Staatsform seine Philosophie zugrunde legen. Zugleich widersprach er der Marx'schen Position, nach der die Gesellschaft in Klassen geteilt ist und der Gang der Geschichte durch Klassenkämpfe vorangetrieben wird. Gentile verwarf auch das Ideal der demokratischen Mehrheitsregierung, die den Willen der Nation dem Willen der Mehrheit unterordnet. Vor allem aber definierte Gentile den faschistischen Staat in Abgrenzung zum herrschenden politischen und wirtschaftlichen Liberalismus. Denn genau zu dieser Zeit erwies sich, dass er nicht geeignet war, politische Stabilität zu garantieren. Gentile hielt den Wunsch nach dauerhaftem Frieden für absurd, da dieser die gegensätzlichen Interessen verschiedener Nationen ignorierte, die Konflikte unvermeidbar machten.

Mit diesem neuen Verständnis des Staates gelang es, einen selbstbewussten und siegreichen »italienischen Geist« zu beschwören, der sich bis ins Römische Reich zurückverfolgen ließ. Mit Mussolini als »Il Duce« (»Der Führer«) würde sich Italien als Großmacht zurückmelden. Doch um einen solchen faschistischen Staat zu schaffen, musste der Wille aller Individuen zu einem werden. Alle Formen der Zivilgesellschaft jenseits des Staates wurden unterdrückt und sämtliche Lebensbereiche – ökonomische, soziale, kulturelle wie religiöse – wurden einem Staat untergeordnet. Gleichzeitig wollte sich der Staat durch koloniale Expansion, vor allem in Nordafrika, vergrößern.

Gentile war ein Vordenker des Faschismus. Als Mussolinis Erziehungsminister und Cheforganisator der faschistischen Kulturpolitik wurde er zur Schlüsselfigur bei der Konstruktion eines allumfassenden faschistischen Staates in Italien. ■

Giovanni Gentile

Giovanni Gentile kam im Westen Siziliens zur Welt. Nach seinem Schulabschluss erhielt er ein Stipendium der angesehenen Scuola Normale Superiore in Pisa. Dort studierte er Philosophie mit dem Schwerpunkt idealistische Traditionen Italiens. Später unterrichtete er an den Universitäten in Palermo, Pisa, Rom, Mailand sowie Neapel. Dort gründete er mit dem liberalen Philosophen Benedetto Croce die einflussreiche Zeitschrift *La Critica*. Später entwickelten sich Croce und Gentile auseinander: Croce wurde ein Kritiker des faschistischen Staates, in dem Gentile eine immer größere Rolle spielte.

Als Erziehungsminister in Mussolinis erstem Kabinett begann Gentile mit der *Riforma Gentile*, einer radikalen Reform der Oberschule mit den neuen Schwerpunkten Geschichte und Philosophie. Zudem war er treibende Kraft hinter der *Enciclopedia Italiana,* einem radikalen Versuch, die Geschichte Italiens neu zu schreiben. Gentile galt als Chefideologe des faschistischen Regimes.

1943 wurde er Präsident der Königlichen Akademie Italiens und unterstützte das Marionettenregime der Republik Salò, als die Alliierten das Königreich Italien einnahmen. Ein Jahr später wurde Gentile von einer kommunistischen Widerstandsgruppe ermordet.

Hauptwerke

1920 *La riforma dell'educazione*
1929 *Grundlagen des Faschismus*
1931 *Der aktuale Idealismus*

DEN REICHEN BAUERN MUSS DIE EXISTENZGRUNDLAGE ENTZOGEN WERDEN

JOSEF STALIN (1878–1953)

IM KONTEXT

IDEENLEHRE
Staatssozialismus

SCHWERPUNKT
Kollektivierung

FRÜHER
1566 Der Versuch von Iwan dem Schrecklichen, in Russland einen Zentralstaat zu errichten, führt zu sinkender Lebensmittelproduktion und zur Flucht der Bauern.

1793/94 Die Terrorherrschaft der Jakobiner in Frankreich beginnt.

SPÄTER
1956 Nikita Chruschtschow enthüllt den Mord an Tausenden loyalen Kommunisten bei den Stalin'schen Säuberungen.

1962 Alexander Solschenizyns *Ein Tag im Leben des Iwan Denissowitsch* erzählt vom Leben in einem russischen Arbeitslager.

1989 Michail Gorbatschow führt *Glasnost* (Offenheit) ein und sagt: »Ich hasse Lügen.«

Nach der Russischen Revolution von 1917 schufen Lenins Bolschewiki ein neues sozialistisches System, in dem privates Kapital und private Unternehmen verstaatlicht wurden. Lenins Nachfolger als Führer der Sowjetunion, Josef Stalin, beschleunigte ab 1929 diesen Prozess, in nur fünf Jahren wurde die Wirtschaft kollektiviert und industrialisiert.

Unter dem Deckmantel einer Modernisierung der Landwirtschaft ließ Stalin mit staatlicher Kontrolle Bauernhöfe in »sozialistisches Staatseigentum« übergehen. Wohlhabende Bauern (»Kulaken«) wurden gezwungen, ihr Land aufzugeben und auf den Kollektivhöfen zu arbeiten. Stalins Polizei beschlagnahmte Lebensmittel und brachte sie in die Städte. Die Bauern rächten sich, indem sie die Ernten in Brand steckten und Tiere töteten. Eine verheerende Hungersnot war die Folge. In der Ukraine, der »Kornkammer«

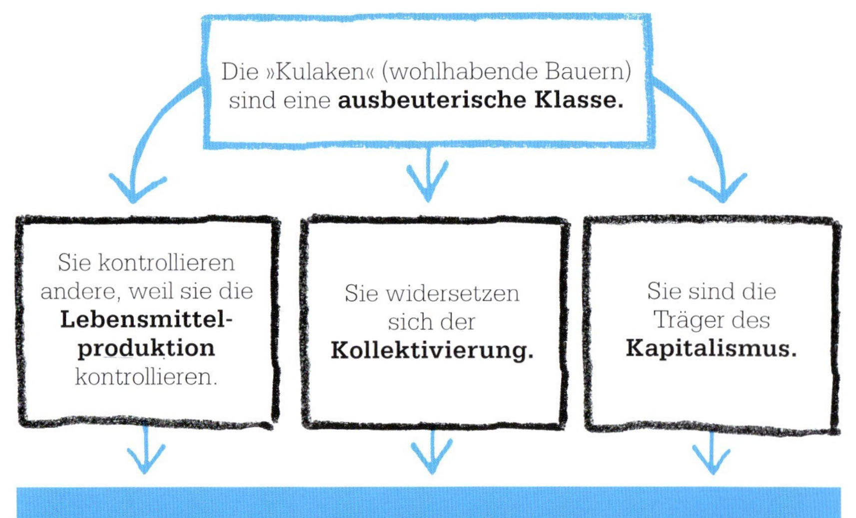

Siehe auch: Karl Marx 188–193 ▪ Wladimir I. Lenin 226–233 ▪ Leo Trotzki 242–245

des Landes, starben fünf Millionen Menschen durch Hunger, Erschießen oder Deportation. Bis 1934 verloren sieben Millionen »Kulaken« ihr Leben. Die Überlebenden arbeiteten auf den Staatshöfen unter Aufsicht von Regierungsbeamten.

Revolution von oben

Stalin sah die Kollektivierung als eine Grundform des Klassenkampfs an, als Teil einer Revolution »von oben«. Mit dieser Gleichsetzung rechtfertigte er seine Abweichung von Lenins Politik, die die Bauern hatte überzeugen wollen, sich in Kollektiven zu organisieren. Stalin schränkte zunächst die Handlungsspielräume der »Kulaken« ein, später verdrängte er sie von ihrem Land und löschte schließlich ihre gesamte Klasse aus. Lenin hatte gewarnt, der Klassenkampf müsse andauern, solange die Sowjetunion von kapitalistischen Ländern umringt war – und Stalin zitierte diesen Satz während seiner Zwangskollektivierung mehrere Male. Die individuelle Ökonomie des Bauern bringe den Kapitalismus hervor, so Stalin, deshalb bleibe, solange sie fortbestehe, in der Sowjetunion ein kapitalistisches Element erhalten.

Den Massenmord an Millionen von Menschen – der durchgeführt wurde, indem man »ihnen die Existenzgrundlagen entzog« – bezeichnete Stalin als »Liquidation« einer Klasse. Als die privaten Bauernhöfe zerstört waren, hielt er den Terror mit dem Argument aufrecht, die »Kulakenmentalität« sei noch nicht ausgemerzt und bedrohe weiterhin den kommunistischen Staat.

Während der Zwangskollektivierung der Landwirtschaft riefen Plakate die Bauern dazu auf, jeden Hektar Land zu bestellen. Dennoch verringerte sich die Lebensmittelproduktion drastisch.

Dem Terrorregime Stalins fielen neben den »Kulaken« vor allem seine Gegner – tatsächliche wie vermeintliche – zum Opfer. Darunter waren zum Beispiel alle überlebenden Mitglieder aus Lenins Politbüro. So entwickelte sich aus Lenins Revolution Stalins Diktatur. Und aus der Partei der Bolschewiki, die Lenin einst als »Avantgarde« zur Führung der Massen aufgebaut hatte, wurde ein schwerfälliger Staatspartei-Apparat, der im Regime Stalins die Rolle des Terrorinstruments übernahm. Stalin hatte zunächst mit der Verfolgung der »Kulaken« begonnen, doch Mitte der 1930er-Jahre war vor der staatlichen Terrormaschine kaum noch jemand sicher. ▪

Josef Stalin

Josef Stalin wurde als Iosseb Bessarionis dse Dschughaschwili in Gori (Georgien) geboren. Er besuchte zunächst die kirchliche Dorfschule und danach das theologische Seminar in Tiflis, wo er Marxist wurde. Stalins politische Karriere fing 1907 an, als er mit Lenin den fünften Kongress der Sozialdemokratischen Arbeiterpartei Russlands in London besuchte. Er war im Untergrund aktiv und wurde mehrfach nach Sibirien verbannt. Von 1913 an nannte er sich Stalin (nach dem russischen Wort *stal* für Stahl). Bis zur Revolution 1917 war er zu einer führenden Figur in der Partei der Bolschewiki geworden. Stalins erbarmungsloses Vorgehen im folgenden Bürgerkrieg kündigte bereits an, dass schlimmster Terror drohte, als er Lenins Nachfolge als Führer der Sowjetunion antrat.

Stalin hatte ein schwieriges Privatleben, sein erster Sohn und seine zweite Frau begingen Selbstmord.

Hauptwerke

1938 *Über Dialektischen und Historischen Materialismus*
1946 *Fragen des Leninismus*

WENN DAS ZIEL DIE MITTEL RECHTFERTIGT – WAS RECHTFERTIGT DAS ZIEL?

LEO TROTZKI (1879–1940)

IM KONTEXT

IDEENLEHRE
Kommunismus

SCHWERPUNKT
Permanente Revolution

FRÜHER
360 v. Chr. Platon beschreibt in *Der Staat* einen idealen Staat.

1794 Der französische Schriftsteller François Noël Babeuf propagiert eine kommunistische Gesellschaft ohne Privateigentum und mit garantiertem Lebensunterhalt für alle.

SPÄTER
1932 US-Präsident Roosevelt verspricht den Amerikanern einen *New Deal* und führt staatliche Interventionsmaßnahmen zur Regulierung der Wirtschaft ein.

2007 Präsident Hugo Chávez in Venezuela bezeichnet sich als Trotzkisten.

2012 Die russische Punkband Pussy Riot protestiert gegen Wladimir Putins »totalitäres System«.

Als Revolutionär suchte Leo Trotzki stets nach der wahren marxistischen Position. Er arbeitete eng mit Lenin zusammen und bemühte sich, während beide die bolschewistische Revolution von 1917 anführten, die Theorie von Karl Marx in die Praxis umzusetzen. Ihr zufolge sollte die Revolution von einer »Diktatur des Proletariats« abgelöst werden, in der die Arbeiter die Herrschaft über die Produktionsmittel übernahmen. Nach Lenins Tod 1924 hatte aufgrund Stalins absolutistischer Bürokratie eine solche Massenbe-

Siehe auch: Karl Marx 188–193 ▪ Wladimir I. Lenin 226–233 ▪ Josef Stalin 240–241 ▪ Mao Zedong 260–265

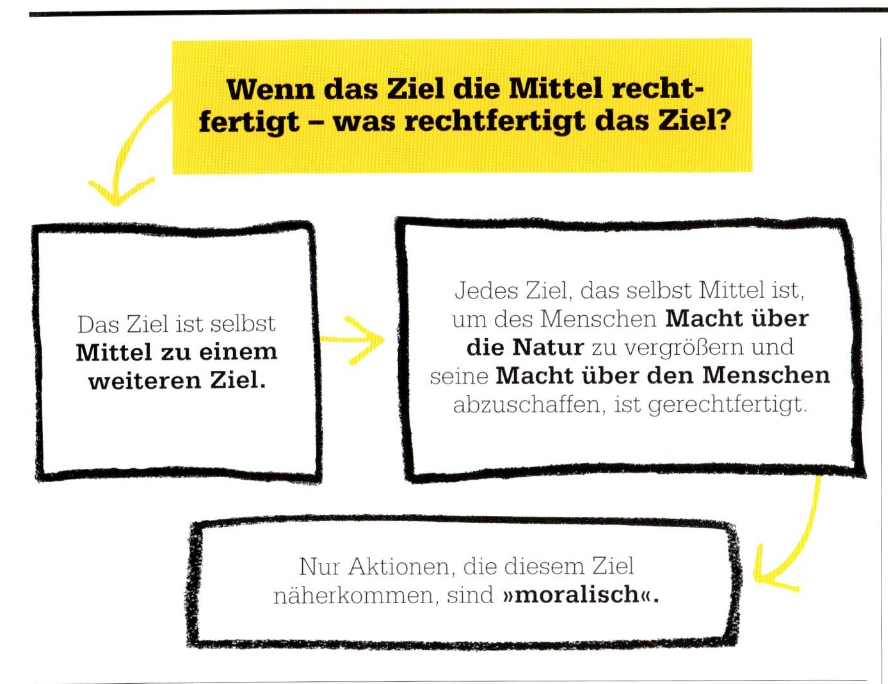

wegung keine Chance, stattdessen entstand eine Ein-Mann-Diktatur.

Trotzki hatte gehofft, die durch die Revolution erzielten Fortschritte durch eine Strategie der »permanenten Revolution« zu sichern. Sie sollte durch die fortwährende Unterstützung einer internationalen Arbeiterklasse verfolgt werden – dabei hatte er die Marx'sche Warnung im Kopf, der Sozialismus in einem Land, isoliert vom weltweiten Proletariat, habe nur wenig Hoffnung auf Erfolg. Daher müsse die Revolution fortgesetzt werden, »bis alle mehr oder weniger besitzenden Klassen aus ihren Herrschaftspositionen vertrieben sind … nicht nur in einem Land, sondern in allen führenden Nationen der Erde«. Lenin hielt daran fest, dass die sozialistische Revolution nur gelingen kann, wenn sie von den Arbeiterbewegungen in den wirtschaftlich fortgeschrittenen Ländern unterstützt wird. Trotzkisten haben seither immer wieder das Argument angeführt, das Fehlen solch massenhafter internationaler Unterstützung sei dafür verantwortlich gewesen, dass die Sowjetunion in Stalins Hände gefallen war.

Kommunismus unter Stalin

Nur vier Jahre nach Lenins Tod waren die Eckpfeiler des Bolschewismus – innerparteiliche Demokratie und das System der Räte – in den kommunistischen Parteien weltweit kein Thema mehr. In der Sowjetunion selbst unterband Stalins Doktrin des »Sozialismus in einem Land« weitergehende Vorstellungen von einer internationalen Arbeiterrevolution.

Als Trotzkis linke Opposition gegen Stalin scheiterte, wurde er aus der kommunistischen Partei ausgeschlossen und musste emigrieren. Bis 1937 hatte Stalin alle sogenannten Trotzkisten inhaftiert oder getötet. Trotzki selbst hielt sich in Mexiko auf und versteckte sich vor Stalins Auftragsmördern.

Gegen die Moral

Viele Linke reagierten auf Stalins Exzesse mit einem Ruck nach rechts. Sie lehnten den revolutionären Marxismus ab, indem sie universale Werte betonten und Positionen einnahmen, die Trotzki »moralistisch« nannte. Sie waren der Ansicht, der Bolschewismus – Lenins und Trotzkis zentralistisches System – habe Stalins Verbrechen erst ermöglicht. »

Stalin, Lenin und Trotzki waren führende Figuren in der bolschewistischen Revolution. Nach Lenins Tod kam Stalin an die Macht – und Trotzki auf die schwarze Liste.

Der alliierte Bombenangriff auf Dresden während des Zweiten Weltkriegs belegte Trotzkis Annahme, der liberale Kapitalismus werde in Kriegszeiten seine eigenen Regeln brechen.

In *Ihre Moral und unsere* beschrieb Trotzki dieses Argument als reaktionäre Zuckung des Klassenkampfs unter dem Deckmantel der Moral. Eine Hauptkritik gegen den Bolschewismus lautete, Lenins Glaube, das Ziel rechtfertige die Mittel, habe dazu geführt, Verrat, Brutalität und Massenmord als unmoralisch anzusehen. Vor diesen Gräueln könne allein die Moral schützen. Dem hielt Trotzki entgegen, dies sei, gewollt oder ungewollt, nur eine Verteidigung des Kapitalismus. Er glaubte, der Kapitalismus könne nicht »durch Gewalt allein« existieren, sondern »braucht den Zement der Moral«.

Trotzki kannte keine Moral im Sinne ewiger Werte, ohne einen sinnlichen oder materiellen Bezug. Für ihn war Verhalten, das seine Motivation nicht aus den sozialen Bedingungen oder dem Klassenkampf bezog, illegitim und nicht authentisch. Abstrakte Moralkonzepte ohne empirische Belege betrachtete er als Instrumente der herrschenden Klasse, um den Klassenkampf zu unterdrücken. Die herrschende Klasse lege der Gesellschaft »moralische« Pflichten auf, die sie selbst nicht einhalte und die nur dazu dienten, ihre Macht aufrechtzuerhalten.

Als Beispiel führte Trotzki die Moral des Krieges an: »Die meisten ›humanen‹ Regierungen, die in Friedenszeiten den Krieg ›verabscheuen‹, propagieren im Krieg, die höchste Pflicht ihrer Truppen sei die Auslöschung einer größtmöglichen Anzahl von Menschen«. Das Festhalten an Verhaltensnormen, die eine Religion vorschrieb, gehörte für ihn ebenfalls zu den Instrumenten des Klassenbetrugs – diesen Betrug aufzudecken, war erste Pflicht eines Revolutionärs.

> »Wir müssen uns ein für allemal von dem Geplapper der Quäker-Papisten über die Unantastbarkeit des menschlichen Lebens befreien.«
>
> **Leo Trotzki**

Die neue Aristokratie

Trotzki wollte zeigen, dass die Zentralisierungstendenz des Bolschewismus nicht zwangsläufig zum »Stalinismus« führen musste. Eine Zentralisierung war nur vorrübergehend nötig, um die Feinde des Bolschewismus zu besiegen, doch am Ende sollte eine dezentralisierte Diktatur des Proletariats entstehen, die mithilfe der Räte regiert. Trotzki sah den Stalinismus als »immense bürokratische Reaktion« auf das Voranschreiten der Revolution von 1917. Außerdem war der Stalinismus nach ihm mit schlimmsten absolutistischen Ansprüchen verbunden, erneuerte »den Fetisch der Macht« weit über Zarenträume hinaus und schuf eine »neue Aristokratie«. Trotzki sah die Verbrechen Stalins als Folgen des heftigsten aller Klassenkämpfe an – dem der »neuen Aristokratie gegen die an die Macht gekommenen Klassen«. Daher kritisierte er scharf die selbst ernannten Marxisten, die den Bolschewismus mit dem Stalinismus verbanden, indem sie die Immoralität beider Ansätze betonten. Trotzki sah sich von Anfang an als Gegner Stalins, seine Kritiker fanden indes erst nach Bekanntwerden von Stalins Gräueltaten ihre Positionen.

> »Rottet die Konterrevolutionäre gnadenlos aus, steckt verdächtige Charaktere in Konzentrationslager. Drückeberger werden erschossen – ohne Rücksicht auf ihre bisherigen Dienste.«
>
> **Leo Trotzki**

Kritiker des Marxismus äußern, die Vorstellung, das Ziel rechtfertige die Mittel, werde dazu genutzt, Mord und Barbarei zu rechtfertigen. Trotzki bestand aber darauf, dass dies ein Missverständnis sei – der Satz bedeute lediglich, dass es für die richtige Sache auch einen akzeptablen Weg gibt. So sei es zum Beispiel rechtens, einen tollwütigen Hund zu töten, der ein Kind bedrohe – ihn aber unnötigerweise oder ohne Grund zu töten, sei ein Verbrechen.

Das Endziel

Wie also lautet die Antwort auf die Frage, was wir tun dürfen und was nicht? Welches Ziel rechtfertigt die Mittel, um es zu erreichen? Für Trotzki ist ein Ziel erstrebenswert, wenn es dazu beiträgt, »des Menschen Macht über die Natur zu vergrößern und seine Macht über den Menschen abzuschaffen«. Das bedeutet, auch ein Ziel selbst kann als Mittel betrachtet werden, um zu diesem Endziel zu gelangen.

Meinte Trotzki damit, dass zur Befreiung der Arbeiterklasse jede Form von Zerstörung erlaubt sei? Diese Frage hätte er wohl nur im Zusammenhang mit dem Klassenkampf gestellt und alles andere als bedeutungslose Abstraktion abgetan. Bedeutsam war für ihn nur das, was das revolutionäre Proletariat vereinigte und als Klasse für den permanenten Kampf stärkte.

Während des russischen Bürgerkriegs in den Jahren 1917–1922 war es Trotzki, der die Kommandostrukturen innerhalb des »Kriegskommunismus« zentralisierte. Desillusionierte ehemalige Gefolgsleute kritisierten dieses Vorgehen, da sie sich – überzeugt von den Ergebnissen eigener Analysen und davon, das absolut Richtige zu tun, – kritischen Reflexionen widersetzten und keinen Widerspruch duldeten. Zudem kritisierten sie, dass in zentralisierten Strukturen eine kleine Führungsgruppe die Macht hatte, da mehr Zeit und Einsatz nötig waren, als Arbeiter aufbringen konnten, um ein auf eine Beteiligung der Massen angelegtes System zu entwickeln.

Der deutsche Rätekommunist, Ökonom und Autor Paul Mattick – der in den 1920er-Jahren in die USA emigrierte und dort seit den 1940er-Jahren eine Theorie der kapitalistischen Krise entwickelte – erklärte, die Russische Revolution sei in sich ebenso totalitär gewesen wie der Stalinismus; und das Erbe des Bolschewismus (Leninismus und Trotzkismus) habe »einzig als Ideologie zur Rechtfertigung des Aufstiegs eines modifiziert kapitalistischen, durch einen autoritären Staat beherrschten Systems« gedient. ■

Das unermessliche Gemetzel, das Trotzkis Rote Armee im russischen Bürgerkrieg anrichtete, brachte Kritiker dazu, den Bolschewismus mit Stalins Säuberungen gleichzusetzen.

Leo Trotzki

Lew Dawidowitsch Bronstein kam 1879 in einem jüdischen Elternhaus zur Welt und ging in Odessa zur Schule. Hier studierte er den Marxismus und begann seine Laufbahn als Revolutionär. Mit 18 Jahren wurde er erstmals verhaftet und nach Sibirien geschickt.

Dort nahm er den Namen seines Gefängniswächters an: Trotzki. Er floh später nach London, wo er zusammen mit Lenin die Revolutionszeitschrift *Iskra* herausbrachte. 1905 kehrte er wegen der Revolution nach Russland zurück. Er wurde erneut verhaftet und nach Sibirien verbannt, doch sein Mut machte ihn populär. Wieder floh er aus Sibirien und nahm an Lenins Seite an der erfolgreichen Revolution von 1917 teil. Während des russischen Bürgerkriegs führte Trotzki die Rote Armee an und hatte weitere Schlüsselpositionen inne. Nach Lenins Tod vertrieb Stalin ihn ins Exil. 1940 wurde Trotzki von einem Agenten Stalins in Mexiko-Stadt ermordet.

Hauptwerke

1936 *Verratene Revolution. Was ist die Sowjetunion und wohin treibt sie?*
1938 *Ihre Moral und unsere*

WIR WERDEN DIE MEXIKANER DURCH BÜRGSCHAFTEN FÜR DEN BAUERN UND DEN GESCHÄFTSMANN VEREINEN

EMILIANO ZAPATA (1879–1919)

IM KONTEXT

IDEENLEHRE
Anarchie

SCHWERPUNKT
Landreform

FRÜHER
1876 In Mexiko übernimmt Porfirio Díaz die Macht und vergrößert die Ungleichheit in der Bevölkerung in Sachen Landbesitz und sozialer Status.

1878 In Russland gibt sich eine Partei den Namen »Land und Freiheit« – den Slogan übernehmen in den 1990er-Jahren die Zapatisten in Mexiko.

SPÄTER
1920 Im Süden Mexikos wird gegen Ende des Krieges eine Landreform gewährt.

1994 Die Zapatistische Armee der Nationalen Befreiung startet aus Protest gegen die Misshandlung der indigenen Bevölkerung durch die mexikanische Regierung in Chiapas im Süden Mexikos einen bewaffneten Aufstand.

Im Zentrum der Mexikanischen Revolution zwischen 1910 und 1920 stand der Kampf um Land und soziale Rechte. Emiliano Zapata, Sohn eines Bauern, führte die Truppen der revolutionären Bewegung im Süden an. Er wollte den Konflikt mit einer Mischung aus Rechten, Bürgschaften und bewaffnetem Kampf lösen.

Zapatas Ideen basierten auf den anarchistischen Traditionen Mexikos und auf dem Prinzip des kommunalen Landeigentums, das in der indigenen Bevölkerung verhaftet war. Um die politische und ökonomische Entwicklung des Landes zu sichern, wollte Zapata das Monopol der *hacendados* (Plantagenbesitzer) brechen und die Bauern und Geschäftsleute durch eine Verwaltungsreform vereinen. Dabei sollten die Ressourcen Arbeit und Produktion genutzt werden, um die Unabhängigkeit des Landes im internationalen Zuammenhang zu gewährleisten.

Seine Vision formulierte Zapata 1911 in dem Plan von Avala, der freie Wahlen, das Ende der Dominanz der *hacendados* sowie die Übergabe von Eigentumsrechten an Städte und einzelne Bürger vorsah. Wie die meisten Führer der Revolution wurde Zapata noch vor dem Ende des Konflikts ermordet.

Zapatas Truppen während der Mexikanischen Revolution bestanden zum größten Teil aus indigenen Bauern – es gab auch reine Frauendivisionen.

Trotz der in den 1920er-Jahren durchgeführten Landreform blieben die großen Ungerechtigkeiten weiter bestehen. Zapatas Ideen wirkten in Mexiko fort und inspirierten seit Mitte der 1990er-Jahre die Zapatistenbewegung indigener Bauern in Südmexiko, die in Chiapas eine Art autonomer Region schufen. ■

Siehe auch: Pierre-Joseph Proudhon 183 ▪ Pjotr Kropotkin 206 ▪ Antonio Gramsci 259 ▪ José Carlos Mariátegui 337

KRIEG IST EIN UNLAUTERES GESCHÄFT

SMEDLEY D. BUTLER (1881–1940)

IM KONTEXT

IDEENLEHRE
Nichteinmischung

SCHWERPUNKT
Geschäfte mit dem Krieg

FRÜHER
1898–1934 Die »Bananenkriege« in Zentralamerika und der Karibik werden mit dem Ziel geführt, US-Geschäftsinteressen, vor allem die der United Fruit Company, zu sichern.

1904 Die US-Regierung finanziert den neuen Panamakanal und kontrolliert die Kanalzone.

SPÄTER
1934 US-Präsident Roosevelts »Politik der Guten Nachbarschaft« begrenzt die US-Interventionen in Lateinamerika.

1981 Contra-Rebellen beginnen mithilfe der USA einen Krieg gegen die Regierung der Sandinisten in Nicaragua.

2003 Der von den USA geleitete Einmarsch in den Irak führt zu Zugeständnissen gegenüber US-Unternehmen.

Durch die Industrialisierung des Westens veränderten sich der Handel und der Krieg grundlegend. Der Zusammenhang zwischen ökonomischen Interessen und Außenpolitik wirft bis heute Fragen zu den Motiven und Vorteilen bewaffneter Konflikte auf. Viele, darunter Smedley D. Butler, hinterfragten daher die Rolle des Militärs in der Außenpolitik.

Butler war mehrfach ausgezeichneter Generalmajor der US-Marine und nahm an vielen Kriegseinsätzen teil, vor allem in Zentralamerika.

> »Krieg wird zum Nutzen weniger geführt – auf Kosten einer Vielzahl.«
>
> **Smedley D. Butler**

In seinen 34 Dienstjahren lernte er, dass er – unter anderem in den sogenannten Bananenkriegen – auch als »Erpresser und Gangster für den Kapitalismus« fungierte, indem er den USA half, Geschäftsinteressen im Ausland zu sichern.

Neudefinition des gerechten Kriegs

Damit Militäraktionen nicht vorrangig dem Profit von Industriellen dienten, weil ausländische Gebiete für den Handel und für neue Investitionen erschlossen wurden, schlug Smedley vor, die Gründe für einen Krieg auf die Selbstverteidigung und den Schutz von Bürgerrechten zu beschränken. Im Ruhestand stellte er unter anderem in *War is a Racket (Krieg ist ein unlauteres Geschäft)* ein Programm vor, dass die Gewinne aus Kriegen begrenzte und die Möglichkeiten für Regierungen, Angriffskriege zu führen, einschränkte. Obwohl sein Buch bei Erscheinen 1935 kaum Beachtung fand, blieben Smedleys Ansichten über die Geschäfte mit dem Krieg und die US-Außenpolitik einflussreich. ■

Siehe auch: José Martí 204–205 ▪ Hannah Arendt 282–283 ▪ Noam Chomsky 314–315

SOUVERÄNITÄT WIRD NICHT VERLIEHEN – SIE WIRD ERRUNGEN

MUSTAFA KEMAL ATATÜRK (1881–1938)

IM KONTEXT

IDEENLEHRE
Nationalismus

SCHWERPUNKT
Repräsentative Demokratie

FRÜHER
1453 Mehmed II. erobert Konstantinopel. Die Stadt wird zum Zentrum des wachsenden Osmanisches Reiches.

1908 Nach der Revolution eröffnen die Jungtürken das von Sultan Abdülhamid 1878 suspendierte Parlament wieder.

1918 Im Ersten Weltkrieg wird das Osmanische Reich besiegt.

SPÄTER
1952 Die Türkei tritt der NATO bei und stellt sich im Kalten Krieg an die Seite des Westens.

1987 Die Türkei bewirbt sich um die Mitgliedschaft in der Europäischen Wirtschaftsgemeinschaft.

2011 Der Oberste Befehlshaber der Türkei übergibt erstmals einem Ministerpräsidenten die politische Kontrolle.

Nach der Niederlage im Ersten Weltkrieg verlor das Osmanische Reich mit dem Vertrag von Sèvres 1920 seine arabischen Provinzen. Zugleich wurde ein unabhängiger Staat Armenien geschaffen, den Kurden Autonomie zugesichert und die Westtürkei unter die Kontrolle Griechenlands gestellt. Unter der Führung Mustafa Kemal Atatürks erhob sich eine türkische Befreiungsarmee gegen die osmanische Armee und sie unterstützende Besatzungsmächte; damit begann der türkische Unabhängigkeitskrieg.

Mit Waffen und Geld von den russischen Bolschewiki besiegte Atatürk die Besatzer und der Sultan floh nach Malta. Drei Jahre nach dem Vertrag von Sèvres wurde im Vertrag von Lausanne die Unab-

Siehe auch: Jean-Jacques Rousseau 118–125 ▪ Ito Hirobumi 195 ▪ Sun Yat-sen 212–213

hängigkeit der Türkei anerkannt und Atatürk zu ihrem ersten Präsidenten gewählt.

Souveräner Wille des Volkes

Atatürk war entschlossen, aus den Ruinen des Osmanischen Reiches, das bis dahin kaum industrialisiert war, einen modernen Nationalstaat aufzubauen. Er war der Ansicht, eine ausgeglichene und gerechte Gesellschaft, die ihren Bürgern Freiheit und Gerechtigkeit garantierte, könne allein auf Grundlage der bedingungslosen Macht eines Staates, der sich selbst verwaltete, errichtet werden, also durch »die Souveränität des Volkes«. Diese Macht könne nicht gewährt oder verhandelt, sondern nur mit Gewalt errungen werden.

Gemäß Atatürks strikt säkularen Idealen ist es in den meisten türkischen Institutionen verboten, das muslimische Kopftuch zu tragen. Das Thema ist ein steter Anlass für Diskussionen.

Souveränität bedeutete zuallererst demokratische Selbstverwaltung, frei von jeder anderen Autorität, religiöser Einmischung oder ausländischen Einflüssen. Atatürks »kemalistischer« Nationalismus sah den Staat als eigenständige Einheit bezogen auf sein Territorium und sein Volk, das das Recht auf Unabhängigkeit aller anderen Nationen respektierte. Obwohl eine Allianz mit anderen »Zivilisationen« den neuen Staat fördern konnte, musste die türkische Nation sich politisch, kulturell und ökonomisch erst selbst erschaffen – und zwar, so Atatürk, durch revolutionäre Reformen.

Das Konzept der souveränen Macht des Volkes, den eigenen Staat zu reformieren, war der Masse fremd. In den armen ländlichen Gebieten betrachteten viele Atatürks Modernisierungsprogramm als Diktat einer säkularen urbanen Elite über eine Kultur, die von Analphabetismus geprägt und tief religiös war. Da es Atatürk gelang, die Armee einzubinden, konnte er die neue türkische Republik als säkularen, westlichen Nationalstaat gestalten. Doch die Spannungen zwischen ländlichen Islamisten, dem säkularen Militär und den urbanen Eliten dauern bis heute an. ■

» Es gibt nur eine Macht. Das ist die nationale Souveränität. Es gibt nur eine Autorität. Das ist die Gegenwart, das Gewissen und das Herz der Nation. «

Mustafa Kemal Atatürk

Mustafa Kemal Atatürk

Mustafa Kemal wurde 1881 in Saloniki (Griechenland) geboren. Er absolvierte die höhere Militärschule mit Auszeichnung und kam 1899 an die Militärakademie nach Istanbul. Hier begann seine militärische Laufbahn. Während des Ersten Weltkriegs erwarb er sich unter anderem Verdienste bei der Verteidigung Gallipolis.

Ab 1919 stand er an der Spitze der türkischen Befreiungsbewegung – zunächst gegen die Invasion der Griechen. Später führte er den Befreiungskrieg gegen die Besatzungsmächte (England, Frankreich und Russland) an und errang 1923 die Unabhängigkeit der Türkei. Er wurde der erste Präsident des neuen säkularen Staates und 1934 verlieh ihm das Parlament den Namen »Atatürk« (»Vater der Türken«). 1938 starb er an Leberzirrhose.

Hauptwerke

1927 *Nutuk (Transkript seiner mehr als 36-stündigen Rede vor den Delegierten des zweiten Parteitags der Republikanischen Volkspartei, CHP)*
1928 *Die nationale Revolution 1920–1927*

EUROPA BESITZT KEINEN MORALKODEX

JOSÉ ORTEGA Y GASSET (1883–1955)

IM KONTEXT

IDEENLEHRE
Liberalismus

SCHWERPUNKT
Pro-Intellektualismus

FRÜHER
380 v. Chr. Platon befürwortet die Herrschaft von Philosophenkönigen.

1917 Die Russische Revolution flößt Primo de Rivera in Spanien Angst ein. Daraufhin festigt er seine Macht und verstärkt die Kontrolle der Massen.

SPÄTER
1936–1939 Der Spanische Bürgerkrieg fordert mehr als 200 000 Tote.

1979 Der französische Philosoph Pierre Bourdieu analysiert, wie Macht und sozialer Status die Ästhetik beeinflussen.

2002 Der US-Historiker John Lukacs veröffentlicht *At the End of an Age (Am Ende eines Zeitalters)*. Darin stellt er fest, dass das moderne bürgerliche Zeitalter ausläuft.

José Ortega y Gasset wurde in den 1920er-Jahren bekannt. Als Folge der Unruhen in den spanischen Gebieten in Marokko hatte die Monarchie ihre Autorität eingebüßt und durch die Diktatur Miguel Primo de Riveras hatte sich der Riss zwischen rechten und linken Kräften vertieft. Dies sollte 1936 zum Bürgerkrieg führen.

Der Erste Weltkrieg bescherte Spanien einen wirtschaftlichen Aufschwung, da das neutrale Land beide Seiten des Konflikts belieferte. Eine Konsequenz daraus war die schnelle Industrialisierung des Landes. Die Arbeiter wurden mächtiger und errangen zahlreiche Zugeständnisse. So führte Spanien nach einem Streik in Barcelona 1919 als erstes Land den Achtstundentag ein.

Aufstieg der Massen

Die wachsende Macht der Arbeiter und das Thema soziale Klassen rückten ins Zentrum der philosophischen und soziologischen Debatten in Europa. Ortega y Gasset indes stellte die Annahme, dass soziale Klassen das Resultat ökonomischer Unterschiede seien, infrage. Stattdessen grenzte er, abhängig von der Loyalität gegenüber dem auf Traditionen beruhenden Moralkodex, die »Massenmenschen« von den »Edlen« ab. In *Der Aufstand der Massen* zitierte er Goethe: »Nach seinem Sinne leben, ist gemein; der Edle strebt nach Ordnung und Gesetz.«

Den Zugang der Massen zur Macht und die sich verstärkende Tendenz zur Rebellion in Form von Streiks und anderen Maßnahmen betrachtete Ortega y Gasset als höchst problematisch. Er erkannte eine der »größten Krisen, die den Menschen, Nationen und Zivilisationen zusetzen können«. Die Bedrohung durch die Massen sah er auch im Zusammenhang mit der Demoralisierung im Nachkriegseuropa, das seine Bestimmung in der Welt verloren hatte. Der Niedergang

» Der Europäer steht allein, ohne lebende Tote neben sich. «

José Ortega y Gasset

Siehe auch: Platon 34–39 ▪ Immanuel Kant 126–129 ▪ Friedrich Nietzsche 196–199 ▪ Michael Oakeshott 276–277

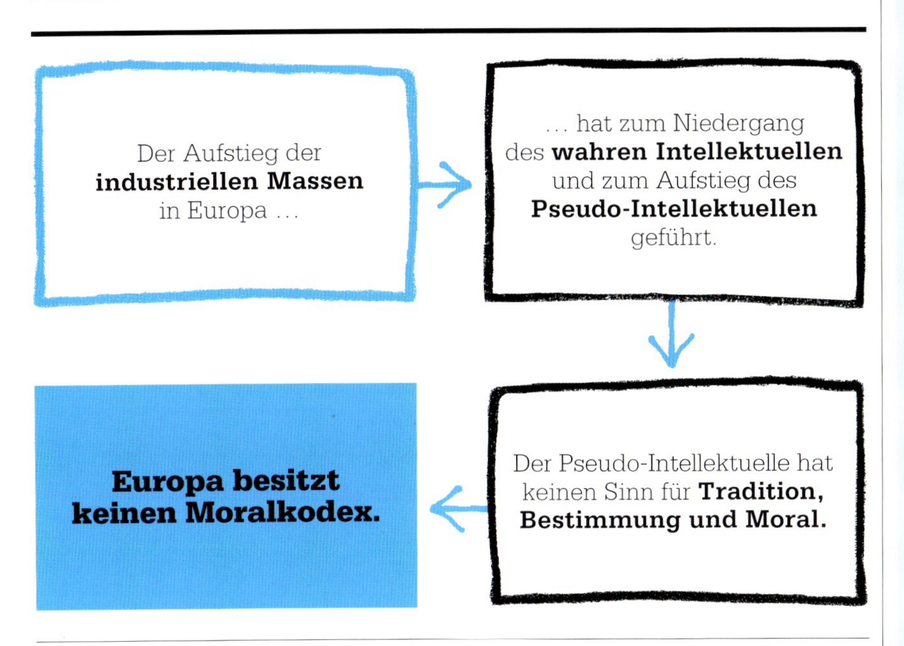

imperialer Macht und die Verwüstungen des Krieges hatten ein Europa hinterlassen, das nicht mehr an sich glaubte – obwohl es noch immer eine industrielle Macht war.

Pseudo-Intellektuelle

Ortega y Gasset meinte, dass der Aufstieg der Massen mit dem Niedergang des Intellektuellen verbunden ist. Das führe zum Triumph des Pseudo-Intellektuellen, des vulgären Menschen ohne Interesse an Traditionen und Moral, der sich selbst als überlegen betrachtete. Der Pseudo-Intellektuelle repräsentiere eine neue Kraft in der Geschichte: eine ohne Orientierung. Den Massen, so Ortega y Gasset, mangelte es an Bestimmung und Imagination – sie beschränkten sich auf Forderungen nach Teilhabe an den Früchten des Fortschritts, ohne die klassischen wissenschaftlichen Traditionen zu verstehen, die diese Erfolge erst ermöglicht hatten. Die Massen interessierten sich nicht für die Prinzipien der Zivilisation oder eine im echten Sinn öffentliche Meinung. Aus diesem Grund sah er sie auch als äußerst anfällig für Gewalt an. In seinen Augen lief ein Europa, dominiert von uninteressierten Massen und ohne wahre Intellektuelle, Gefahr, seinen Platz und seine Bedeutung in der Welt zu verlieren.

Ortega y Gassets Philosophie nimmt bis heute Einfluss. Seine Anhänger betonen den Zusammenhang zwischen gesellschaftlichen Klassen und Kultur. ■

Nach dem Ersten Weltkrieg errangen Arbeiter, wie diese streikenden Stahlarbeiter in Frankreich, wichtige Zugeständnisse und damit Einfluss.

José Ortega y Gasset

Ortega y Gasset kam in Madrid zur Welt und wurde in eine Familie mit liberalen Wurzeln hineingeboren. Der Familie seiner Mutter gehörte die Zeitung *El Imparcial,* die sein Vater herausgab. Er studierte in Spanien Philosophie und setzte später sein Studium in Leipzig, Nürnberg, Köln, Berlin und Marburg fort. Vor allem beeinflussten ihn die Neokantianer.

1910 wurde Ortega y Gasset in Madrid Professor für Metaphysik. Später gründete er die Zeitschrift *Revista de Occidente,* die Texte von einigen der einflussreichsten Philosophen seiner Zeit veröffentlichte. Nach dem Ende der Monarchie und Primo de Riveras Diktatur wurde er 1931 ins Parlament gewählt, zog sich aber bereits nach weniger als einem Jahr aus der Politik zurück. Zu Beginn des Bürgerkriegs verließ er Spanien und reiste nach Buenos Aires (Argentinien), 1942 kehrte er nach Europa zurück.

Hauptwerke

1921 *España invertebrada (Wirbelloses Spanien)*
1929 *Der Aufstand der Massen*
1966 *Der Mensch ist ein Fremder. Schriften zur Metaphysik und Lebensphilosophie*

WIR SIND 400 MILLIONEN MENSCHEN, DIE NACH FREIHEIT RUFEN

MARCUS GARVEY (1887–1940)

IM KONTEXT

IDEENLEHRE
Schwarzer Nationalismus

SCHWERPUNKT
Soziales Engagement

FRÜHER
16. Jh. *Maafa* (Swahili: große Katastrophe), der transatlantische Sklavenhandel beginnt.

1865 Das *13. Amendment* beendet die Sklaverei in den USA.

1917 Die Stadt East St. Louis/Illinois erlebt eine der schwersten Rassenunruhen in den USA.

SPÄTER
1960er-Jahre Die Bewegung »Black is Beautiful« wächst.

1963 Auf einer Bürgerrechtsdemonstration in Washington D.C. hält Martin Luther King seine berühmte Rede »Ich habe einen Traum«.

1965 Der US-Kongress verabschiedet den *Voting Rights Act,* damit verbietet er die Diskriminierung von Schwarzen durch Vorenthaltung ihres Wahlrechts.

Zu Beginn des 20. Jahrhunderts formulierte der jamaikanische Panafrikanist Marcus Garvey eine Antwort auf die Herrschaft der Weißen, die die Schwarzen in Amerika aufrüttelte. 1914 gründete er die Universal Negro Improvement Association (UNIA) und rief die »400 Millionen« Schwarzen weltweit zur Befreiung des afrikanischen Kontinents auf. Zwei Jahre später ging er in die USA, wo er nur Schwarze in seinen diversen Unternehmen einstellte.

Schwarze können überall – ob auf kulturellem, politischem oder intellektuellem Gebiet – Erfolg haben, sagte Garvey und stellte die Rasse an oberste Stelle noch vor der Entschlossenheit des Einzelnen und einer schwarzen nationalen Einheit. Seine Vision der Vereinigten Staaten von Afrika war von einem nahezu religiösen Verständnis rassischer Erlösung geprägt. Das »Neue-Neger«-Bewusstsein sollte von bestehenden intellektuellen Traditionen inspiriert sein, gleichzeitig aber ein eigenes rassisches Verständnis internationaler Politik finden. Unter dem Begriff »afrikanischer Fundamentalismus« propagierte Garvey ein Selbstverständnis, das sich auf untergegangene afrikanische Zivilisationen berief. Seine radikale Botschaft und das Missmanagement in seinen vielen Unternehmen erregten den Zorn rivalisierender schwarzer Führer, aber auch der US-Regierung. Gleichwohl war er der Erste, der die »Black Power« und die Befreiung Afrikas propagierte und damit afrikanische Nationalbewegungen bis heute beeinflusst. ■

> »Ich stehe in nichts dem Weißen nach – und ich will, dass du genauso denkst.«
>
> **Marcus Garvey**

Siehe auch: John C. Calhoun 161 ▪ Jomo Kenyatta 258 ▪ Nelson Mandela 294–295 ▪ Malcolm X 308–309 ▪ Martin Luther King 316–321

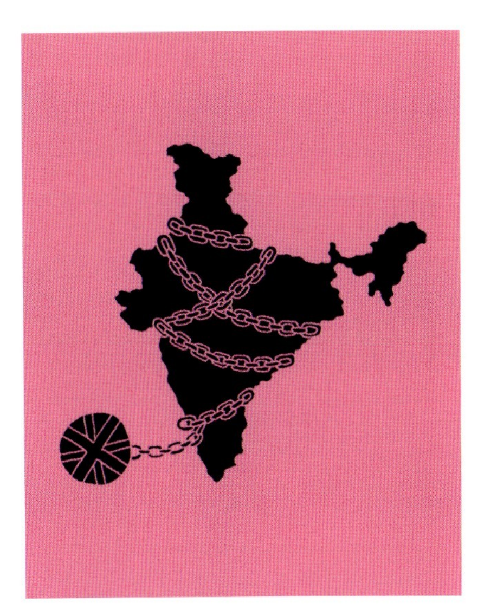

SOLANGE INDIEN SICH NICHT VOM BRITISCHEN REICH TRENNT, KANN ES NICHT FREI SEIN

MANABENDRA NATH ROY (1887–1954)

IM KONTEXT

IDEENLEHRE
Revolutionärer Sozialismus

SCHWERPUNKT
Permanente Revolution

FRÜHER
1617 Indien gestattet der englischen East India Company den Handel im Land.

1776 Die Unabhängigkeitserklärung der USA berechtigt das Volk, sich selbst zu regieren.

1858 Nach dem Aufstand in Indien steht das Land unter der Kontrolle der britischen Krone.

1921 Mahatma Gandhi wird zum Führer des INC gewählt und fordert zum gewaltlosen Ungehorsam auf.

SPÄTER
1947 Der *Indian Independence Act* beendet die Herrschaft Großbritanniens über Indien.

1961 Frantz Fanon analysiert in *Die Verdammten dieser Erde* die Gewalt des Kolonialismus und spricht sich für den bewaffneten Widerstand aus.

Als der indische Revolutionär Manabendra Nath Roy nach seiner Reise in mehrere kommunistische Länder der Welt 1931 nach Indien zurückkehrte, wurde er wegen Spionage angeklagt. Ohne ordentliches Gerichtsverfahren, ohne das Recht auf selbstverteidigende Aussagen sowie ohne Zeugen und Jury wurde er zu zwölf Jahren Gefängnis verurteilt.

Ironischerweise stützte Roy in seinen Schriften über die britische Herrschaft in Indien seine Argumente stets auf die britischen Rechtsprinzipien. Dem Vorwurf, zu Gewalt aufzurufen, hielt Roy entgegen, Gewalt anzuwenden sei ehrenhaft, wenn sie zur Verteidigung der verarmten Massen gegen ein despotisches Regime eingesetzt werde, aber unehrenhaft, wenn sie der Unterdrückung der Massen diene. Über einen Zeitraum von 300 Jahren hatten die Briten ihr »Juwel« Indien mithilfe eines »ruhigen« Machttransfers gesichert und schließlich der britischen Krone direkt unterstellt. Die Entwicklung verlief weg von einem schwächer werdenden Mogulreich hin zur East India Company, deren Verwaltung ein großes Heer unterstützte.

Nach Roys Auffassung war die britische Herrschaft in Indien nicht errichtet worden, um den Menschen im Land Fortschritt und Entwicklung zu bringen, sondern einzig zum Vorteil einer »plutokratischen Diktatur«. Die Interessen des indischen Volks könnten daher, so Roy, nur durch eine absolute Trennung von den Briten durchgesetzt werden – wenn nötig mit Gewalt. ■

» Wenn wir erst bewusst unseren Fuß auf den richtigen Weg gesetzt haben, kann uns nichts mehr einschüchtern. «

Manabendra Nath Roy

Siehe auch: Mahatma Gandhi 220–225 ▪ Paulo Freire 297 ▪ Frantz Fanon 304–307

SOUVERÄN IST, WER ÜBER DIE AUSNAHME ENTSCHEIDET

CARL SCHMITT (1888–1985)

IM KONTEXT

IDEENLEHRE
Konservatismus

SCHWERPUNKT
Außergerichtliche Macht

FRÜHER
1532 Niccolò Machiavelli legt in *Der Fürst* die Prinzipien der Herrschaft dar.

1651 Thomas Hobbes rechtfertigt in *Leviathan* die Macht des Herrschers mit dem Konzept des Gesellschaftsvertrags.

1934 In Deutschland kommt Adolf Hitler an die Macht.

SPÄTER
2001 John Mearsheimer verwendet Schmitts Theorien, um den »offensiven Realismus«, nach dem Staaten permanent für den Krieg gerüstet sind, zu rechtfertigen.

2001 Die USA schaffen mit dem *USA Patriot Act* ein Gesetz für dauerhafte Kriegsrecht- und Notstandsverordnungen.

Der politische Theoretiker sowie Staats- und Verfassungsrechtler Carl Schmitt wurde zu einem führenden Kritiker des Liberalismus und der parlamentarischen Demokratie. Er betrachtete die Ausnahme, den »Ernstfall«, als Charakteristikum des politischen Lebens und widersprach der liberalen Idee, das Gesetz sei der wichtigste Garant individueller Freiheit. Während in »normalen« Zeiten das Gesetz den Handlungsrahmen vorgibt, hielt Schmitt dies unter außergewöhnlichen Umständen – einem Staatsstreich, einer Revolution oder einem Krieg – für nicht ausreichend. Die Rechtstheorie hatte sich nach seiner Ansicht zu weit von der Pra-

Siehe auch: Niccolò Machiavelli 74–81 ▪ Thomas Hobbes 96–103 ▪ Giovanni Gentile 238–239 ▪ José Ortega y Gasset 250–251 ▪ Adolf Hitler 337

Das **politische Leben** eines Landes umfasst stets auch außergewöhnliche Umstände.

Gerichtsurteile basieren auf historischen Präzedenzfällen und können daher nur unter **»normalen« Umständen** angewendet werden.

Tritt eine **Ausnahmesituation** ein, …

… muss **eine Person** in der Lage sein, jenseits des Gesetzes zu agieren, das heißt, das Gesetz außer Kraft setzen und alle Schritte zur **Sicherung des Staates** einleiten zu können.

Die einzige Person, die dazu in der Lage ist, ist der Souverän. Souverän ist, wer über die Ausnahme entscheidet.

xis und den sich wandelnden sozialen Gegebenheiten entfernt. Sie lieferte keine adäquaten Antworten mehr auf die unerwarteten Wendungen der Geschichte, die häufig die Existenz des Staates gefährdeten. Ein Präsident, so Schmitt, sei eher in der Lage, die Verfassung eines Landes zu schützen als ein Gericht – folglich müsse er über dem Gesetz stehen. In Ausnahmezuständen müsse der Herrscher zum Gesetzgeber werden.

Ein permanenter Kampf

Schmitts Liberalismuskritik war eng verbunden mit seinem Verständnis »des Politischen« als permanente Möglichkeit, dass ein Kampf entsteht, und zwar zwischen Freunden wie Feinden. Dies galt für ihn auf internationaler (zwischen verfeindeten Nationen) und auf nationaler (zwischen Individuen) Ebene. Schmitt widersprach aber Thomas Hobbes' Verständnis der Natur als Kampf »aller gegen alle« und dessen Folgerung, ohne Gesetz sei Koexistenz nicht machbar. Zugleich betonte er, der Liberalismus habe mit seiner Idee, dass es eine dauerhaft friedliche Welt geben könne, der Menschheit und dem Nationalstaat keinen Dienst erwiesen. Er betrachtete den Ersten Weltkrieg als Folge des gescheiterten Liberalismus, der sich weigerte, Feindschaft als möglich anzuerkennen, und warf den »

Carl Schmitt

Carl Schmitt wurde in eine katholische Familie in Plettenberg hineingeboren, er distanzierte sich jedoch vom Katholizismus. Dennoch weist sein Werk Elemente eines katholischen Verständnisses vom Göttlichen auf. Er studierte Geschichte und lehrte an diversen Universitäten. 1933 wurde Schmitt Mitglied der NSDAP und zum Preußischen Staatsrat ernannt. Nach Opportunismusvorwürfen verlor er im Jahr 1936 alle Parteiämter, arbeitete aber als Universitätsprofessor weiter in Berlin.

1945 wurde Schmitt wegen seiner Verbindungen zum Naziregime für zwei Jahre interniert. Von der internationalen Gemeinschaft gemieden, kehrte er in seinen Heimatort zurück und starb dort im Alter von 97 Jahren.

Hauptwerke

1922 *Politische Theologie. Vier Kapitel zur Lehre von der Souveränität*
1932 *Der Begriff des Politischen*
1932 *Legalität und Legitimität*

» Die Ausnahme ist interessanter als der Normalfall. Das Normale beweist nichts, die Ausnahme beweist alles … «

Carl Schmitt

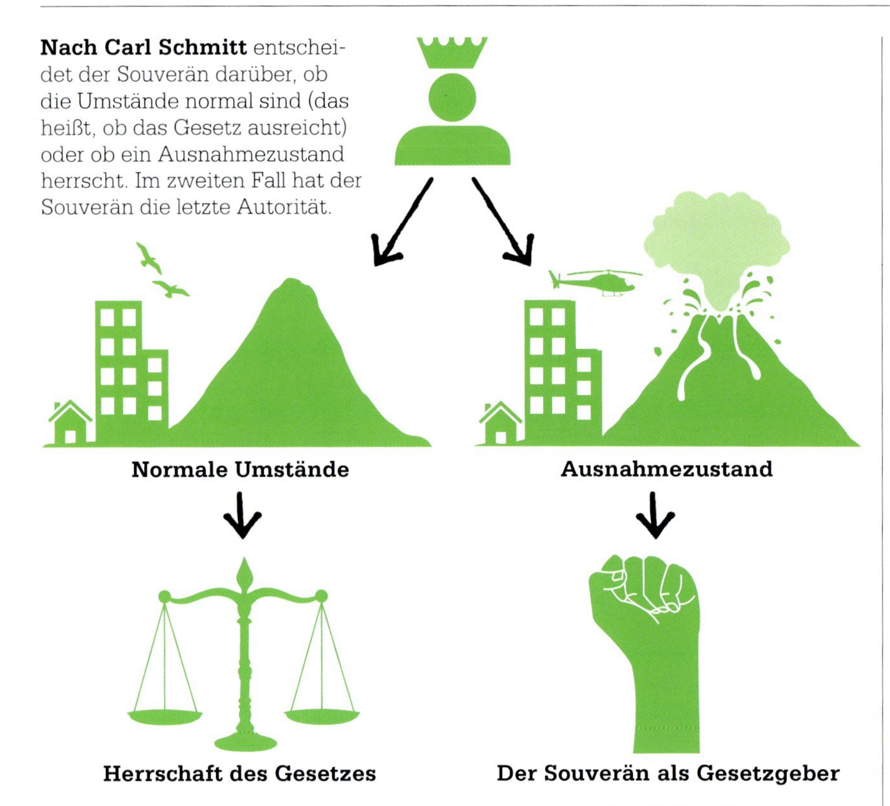

Nach Carl Schmitt entscheidet der Souverän darüber, ob die Umstände normal sind (das heißt, ob das Gesetz ausreicht) oder ob ein Ausnahmezustand herrscht. Im zweiten Fall hat der Souverän die letzte Autorität.

Liberalen Unverständnis in Bezug auf die wahre Natur der Politik und Heuchelei hinsichtlich der wahren Natur des Politischen vor. Die Annahme permanenter Friedfertigkeit, erklärte Schmitt, bereite Staaten zu wenig für den Ausnahmezustand vor, was das Leben der Bürger gefährde.

Schmitt ging stattdessen davon aus, dass Feindschaft stets neben Verbundenheit oder Neutralität existieren könne. Das Individuum betrachtete er als potenziell gefährlich und daraus ergaben sich permanente politische Gefahren – bis hin zum Krieg. An diesem Gedanken, so Schmitt, müsse der Souverän sich orientieren und allzeit vorbereitet sein. Die Politik sah er als eine Welt mit vielen Beteiligten und nicht als abgegrenzten, eigenständigen Bereich, hier interagierten die Bürger wie in der Zivilgesellschaft oder im Handel. Unter normalen Umständen funktioniert das Gesetz durch die Gerichte und Verwaltungen, erläuterte Schmitt. Doch in der Politik könnten sich Ausnahmezustände bis hin zum Chaos einstellen und dann wären die Gerichte nicht in der Lage, gute und schnelle Urteile zu fällen. Jemand müsse berechtigt sein, das Gesetz in solchen Situationen außer Kraft zu setzen. Für Schmitt war dies eine Aufgabe des Souveräns: Er besaß die absolute Autorität zu entscheiden, wann eine Situation »normal« und wann sie »außergewöhnlich« war, und konnte diktieren, wann bestimmte Gesetze galten und wann nicht.

Schmitt gab der Existenz den Vorrang vor der Freiheit, nach ihm legitimiert sich der Souverän nicht dadurch, das er das Gesetz anwendet, sondern dadurch, dass er den Staat und seine Bürger schützt. Die wahre Macht eines Herrschers zeigte sich in außergewöhnlichen Situationen, wenn Entscheidungen auf völlig neuer Grundlage zu treffen waren. Erst dann wäre der Souverän ein echter Gesetz-Geber (kein Gesetz-Wahrer) und könne die Bevölkerung gegen den Feind mobilisieren. Die Macht des Souveräns, so schlussfolgerte Schmitt, erforderte letztlich auch, dass er im Ernstfall Gewalt ausübt.

Die Verteidigung Hitlers

Die Grenzen seiner Theorie wurden sichtbar, als Schmitt die Politik Hitlers verteidigte. Er rechtfertigte »die Nacht der langen Messer«, in der rund 85 politische Gegner Hitlers ermordet wurden, als »die höchste Form der Rechtsprechung«. In seinen Augen hatte Hitler als wahrer Souverän gehandelt, denn er hatte unter außergewöhnlichen Umständen, die die Existenz des deutschen Staates bedrohten, die Dinge selbst in die Hand genommen. Die vermeintliche Bedrohung für den Staat durch den linken Flügel der Nationalsozialisten und die Juden rechtfertigte in Schmitts Augen Gewalt. Seine persönliche Unterstützung des Naziregimes legt nahe, dass ihm das Überleben des Staates wichtiger war als die individuelle Freiheit – und sogar wichtiger als das Leben der Staatsbürger. Die Erhaltung des Staates um jeden Preis als oberste Priorität lässt jedoch außer Acht, dass auch der Staat sich verändert. Er kann – viele würden sagen, er sollte – jederzeit infrage gestellt werden.

Gegenwärtige Ausnahmen

Schmitts Unvermögen zu erkennen, wie radikal seine Theorie in letzter Konsequenz war und dass Völkermord keine akzeptable Form von Gewalt ist, führte dazu, dass die akademische und intellektuelle Gemeinschaft sich von ihm abwendete. Am Ende des 20. Jahrhunderts

»Der Ausnahmezustand ist keine Diktatur …, sondern ein rechtsfreier Raum.«

Giorgio Agamben

indes lebte das Interesse an seinem Werk bei einigen Autoren wieder auf. Sie sahen Schmitts Beitrag zur politischen Philosophie und Rechtsphilosophie als bedeutsam an – trotz seines Begriffs vom »Politischen« sowie seiner Freund-Feind-Unterscheidung – und benutzten seine Kategorie der »Ausnahme«, um besser zu verstehen, unter welchen Bedingungen der moderne Staat agiert und politische Führer Entscheidungen treffen.

Der US-amerikanische Philosoph Leo Strauss beispielsweise baute auf Schmitts Kritik des Liberalismus auf. Er stellte fest, dass der Liberalismus, indem er die Realität ignoriert, zu einem extremen Relativismus und Nihilismus tendiert und sich darauf konzentriert, was sein soll, und nicht auf das, was ist. Strauss unterschied zwei Arten des Nihilismus: Zum einen sah er die »brutale« Form, wie sie die Nazis und marxistische Regime zum Ausdruck brachten, indem sie sämtliche Traditionen, die Geschichte und moralische Werte zu vernichten suchten. Zum anderen beschrieb er den zaghaften Nihilismus der westlichen Demokratien mit ihrer wertefreien und ziellosen Gleichmacherei. Nach Strauss waren beide Ansätze gleich gefährlich: Sie zerstörten die Möglichkeit menschlicher Exzellenz.

Der italienische Philosoph Giorgio Agamben sieht Schmitts Ausnahmezustand nicht als Situation, in der das Gesetz außer Kraft gesetzt ist und auf seine Wiederanwendung wartet. Vielmehr betrachtet er ihn als einen insgesamt gesetzlosen Zustand, in dem der Souverän die Autorität hat, über das Leben der Bürger zu bestimmen. Mit Blick auf die Konzentrationslager der Nazis argumentiert Agamben, die Gefangenen in diesen Lagern hätten sämtliche menschlichen Eigenschaften verloren und wären zu »nacktem Leben« verkommen – zwar lebendig, doch aller menschlichen und zivilen Rechte beraubt. Einen Ausnahmezustand zu schaffen sieht er daher als besonders gefährlich an, da nicht absehbar ist, wie sich dies auswirkt: Es bleibt niemals beim »zeitweisen« Außerkraftsetzen des Gesetzes, denn damit sind Folgen verbunden, die mit der Wiedereinsetzung des Gesetzes nicht ungeschehen gemacht werden können.

Der Begriff »Ausnahme« wurde nach dem 11. September 2001 erneut relevant, als Konservative wie Linke ihn benutzten, um Anti-Terrorgesetze der USA zu rechtfertigen oder abzulehnen. Konservative Theoretiker beriefen sich auf die Idee des Außergewöhnlichen, um Einschränkungen persönlicher Freiheitsrechte, verschärfte Beobachtungen oder längere Haftzeiten ohne Gerichtsverfahren zu rechtfertigen. Linke argumentierten dagegen und wiesen auf die Gefahren hin, die mit der Aufhebung des Schutzes von Menschenrechten einhergehen.

Lager wie das in Guantànamo Bay zeigen die Gefahren, die die Einschätzung eines Ereignisses als »Ausnahme« und das Zulassen außergewöhnlicher Maßnahmen (etwa die Neuregelungen durch die Exekutive ohne Untersuchungen) mit sich bringen. Mehr als zehn Jahre lang ist der nach dem 11. September erklärte Ausnahmezustand nun mehr oder weniger in Kraft – und die besorgniserregenden Folgen halten unvermindert an. ■

Führende Nationalsozialisten wurden nach dem Zweiten Weltkrieg in den Nürnberger Prozessen vor Gericht gestellt. Auch Carl Schmitt wurde dort wegen seiner Rolle als Propagandist für das Naziregime verhört.

KOMMUNISMUS IST SO SCHLECHT WIE IMPERIALISMUS

JOMO KENYATTA (1894–1978)

IM KONTEXT

IDEENLEHRE
Postkolonialismus

SCHWERPUNKT
Konservativer Panafrikanismus

FRÜHER
1895 Die britische Regierung ernennt das Verwaltungsgebiet der Imperial British East Africa Company zum Protektorat Britisch-Ostafrika.

1952–1959 Während der Mau-Mau-Aufstände für die Unabhängigkeit des Landes ist Kenia im Ausnahmezustand.

1961 In Belgrad (heute Serbien) gründen Staaten, die im Kalten Krieg unabhängig und neutral sein wollen, die Bewegung der Blockfreien Staaten.

SPÄTER
1963 Die Organisation für Afrikanische Einheit gegen den Kolonialismus wird gegründet.

1968 Die letzten britischen Kolonien in Afrika werden unabhängig.

Jomo Kenyatta war eine der führenden Figuren in Kenias Unabhängigkeitsbewegung – er wurde der erste Premierminister des Landes und 1964 erster Staatspräsident der Republik Kenia. Er war politisch moderat und wollte einen Weg des schrittweisen Wandels einschlagen.

Bedrohung von außen

Kenyatta verband Antikolonialismus mit Antikommunismus. Er war ein strikter Gegner der Herrschaft der Weißen in Afrika und betrieb Kenias Unabhängigkeit durch die Bildung der Kenia Afrikanische Nationalunion (KANU). Durch eine gemischte Marktwirtschaft und die Öffnung für ausländische Investitionen entwickelte das Land eine prowestliche Außenpolitik.

Für postkoloniale Länder, so fürchtete Kenyatta, bestand die Gefahr, von ausländischen Mächten ausgebeutet zu werden, die damit ihre Position in der Weltpolitik stärken wollen. Um echte Unabhängigkeit zu wahren, durften die betreffenden Staaten deshalb keinerlei Einfluss von außen dulden, auch nicht den, der vom sowjetischen Kommunismus ausging. In diesem Sinne sah Kenyatta die Unabhängigkeit Kenias durch den Kommunismus ebenso bedroht wie durch die Kolonialherrschaft. ■

Führer der neuen unabhängigen Staaten in Ostafrika – hier Julius Nyerere (Tansania), Milton Obote (Uganda) und Kenyatta – trafen sich 1964 in Nairobi, um über die postkoloniale Zukunft zu diskutieren.

Siehe auch: Manabendra Nath Roy 253 ▪ Nelson Mandela 294–295 ▪ Frantz Fanon 304–307 ▪ Che Guevara 312–313

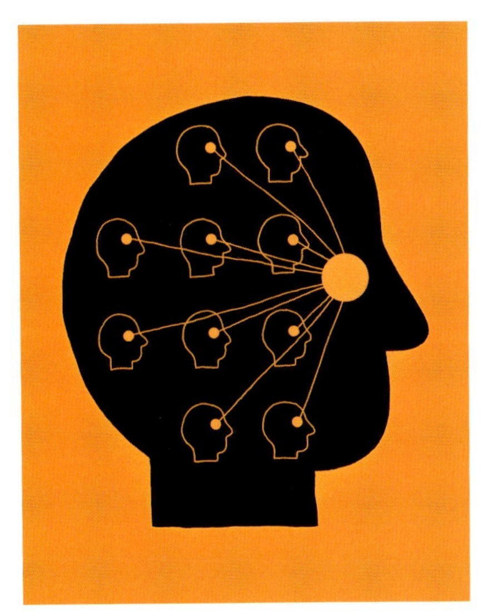

DER STAAT MUSS ALS ERZIEHER BETRACHTET WERDEN

ANTONIO GRAMSCI (1891–1937)

IM KONTEXT

IDEENLEHRE
Marxismus

SCHWERPUNKT
Kulturelle Hegemonie

FRÜHER
1867 Karl Marx vollendet den ersten Band von *Das Kapital.* Darin analysiert er das kapitalistische System und die Art und Weise, in der die arbeitenden Massen ausgebeutet werden.

1929 José Ortega y Gasset beklagt den Untergang des Intellektuellen im Zuge des Aufstiegs der Arbeiterklasse.

SPÄTER
1980 Michel Foucault beschreibt, wie über die Institutionen, zum Beispiel Schule und Familie, quer durch die Gesellschaft Macht ausgeübt wird.

1991 Die Lega Nord wird gegründet, sie tritt für mehr Unabhängigkeit des industrialisierten Nordens vom Rest Italiens ein.

Der marxistische Theoretiker Antonio Gramsci beleuchtete das Ungleichgewicht zwischen dem industrialisierten Norden Italiens und dem ländlichen Süden und erkannte, dass der Dominanz der herrschenden Klasse nicht nur mit einem revolutionären, sondern auch mit einem kulturellen Kampf zu begegnen war. Gramsci prägte den Begriff der »kulturellen Hegemonie« und meinte damit eine ideologische und kulturelle Herrschaft der Arbeiterklasse, die mit der Entwicklung von Denksystemen einhergeht und die Position der Mächtigen durch Zustimmung untermauerte.

Die Rolle der Intellektuellen

Nach Gramsci konnte keine Regierung allein durch Gewalt ihre Macht aufrechterhalten, auch Legitimation und öffentlicher Konsens waren nötig. Indem er die Funktionen des Staates als Instrumente betrachtete, um die Menschen zur Unterwürfigkeit zu erziehen und zu indoktrinieren, veränderte er das marxistische Denken grundlegend. Um kulturelle Hegemonie zu erlangen, so Gramsci, war Bildung unerlässlich und den Intellektuellen kam eine besondere Rolle zu. Diese könnte es auf allen Ebenen der Gesellschaft geben, nicht nur in den traditionellen Eliten. Um die Überlegenheit der herrschenden Klasse zu begegnen, war es daher erforderlich, die intellektuellen Fähigkeiten der Arbeiterklasse zu entwickeln. ■

» Eine menschliche Masse ›unterscheidet‹ sich nicht und wird nicht ›per se‹ unabhängig, ohne sich … zu organisieren, und es gibt keine Organisation ohne Intellektuelle … «

Antonio Gramsci

Siehe auch: Karl Marx 188–193 ▪ Wladimir I. Lenin 226–233 ▪ Rosa Luxemburg 234–235 ▪ Michel Foucault 310–311

DIE POLITISCHE MACHT KOMMT AUS DEN GEWEHRLÄUFEN

MAO ZEDONG (1893–1976)

IM KONTEXT

IDEENLEHRE
Marxismus/Leninismus

SCHWERPUNKT
Modernisierung Chinas

FRÜHER
1912 Die Errichtung der Republik China beendet 2000 Jahre Kaiserherrschaft.

1919 Die Bewegung des Vierten Mai politisiert das Land und führt 1921 zur Gründung der Kommunistischen Partei Chinas.

SPÄTER
1966–1976 Maos Kulturrevolution, die Verfolgung vermeintlich kapitalistischer, traditioneller und kultureller Elemente in China, führt zu Fraktionskämpfen und fordert eine unermessliche Zahl von Menschenleben.

1977 Deng Xiaoping leitet ein Programm zur wirtschaftlichen Liberalisierung ein, das zu rapidem Wachstum führt.

Chinesische Studenten und Intellektuelle, darunter der junge Mao Zedong, begannen zu Anfang des 20. Jahrhunderts, die sozialistischen Theorien aus Europa zu studieren. Zunächst erschien ihnen der Marxismus nicht so bestechend wie Michail Bakunins Theorie des Anarchismus und andere utopisch sozialistische Ansätze. Die Marx'sche Theorie erforderte ein solides kapitalistisches System als Basis für die sozialistische Revolution, doch China war noch feudal und landwirtschaftlich geprägt – ohne moderne Industrie und städtische Arbeiterklasse.

Revolutionäre Impulse

Vor der Russischen Revolution von 1917 konnte Marx' Meinung, die kapitalistische Produktion müsse erst voll entwickelt sein, bevor eine Arbeiterrevolution gelingen konnte, unzufriedene Intellektuelle in China kaum überzeugen. Als Mao später auf die enormen Veränderungen zurückblickte, die er in China bewirkt hatte, sagte er, die Erhebung der Bolschewiki habe die politisch Denkenden in China wie ein »Blitz« getroffen. Wegen der angenommenen Ähnlichkeiten zwischen den beiden Nachzüglergiganten waren die Ereignisse in Russland aus der Perspektive Chinas von höchstem Interesse.

Mao ging nach Beijing und wurde dort Assistent des Universitätsbibliothekars Li Dazhao, eines Kommunisten, der Seminare abhielt und über die Revolution in Russland schrieb. Mithilfe der marxistisch-leninistischen Theorie wollte Mao die Idee einer Arbeiterrevolution auf ein Land mit Bauern übertragen. In Lenins Imperialismustheorie steckte die Vision eines sich in den Entwicklungsländern ausbreitenden Kommunismus, der den kapitalistischen Westen langsam einkreiste. Mao glaubte aber, feudale Länder könnten die Etappe kapitalistischer Entwicklung überspringen und direkt auf den Sozialismus zusteuern. Eine Avantgarde mit hohem »Klassenbewusstsein« sollte der Bauernschaft revolutionäre Werte und eine proletarische Identität beibringen.

Politisierung des Volkes

Die Begeisterung für die Russische Revolution wäre wohl nicht über die universitären Debattierklubs hinausgegangen, hätten die westlichen

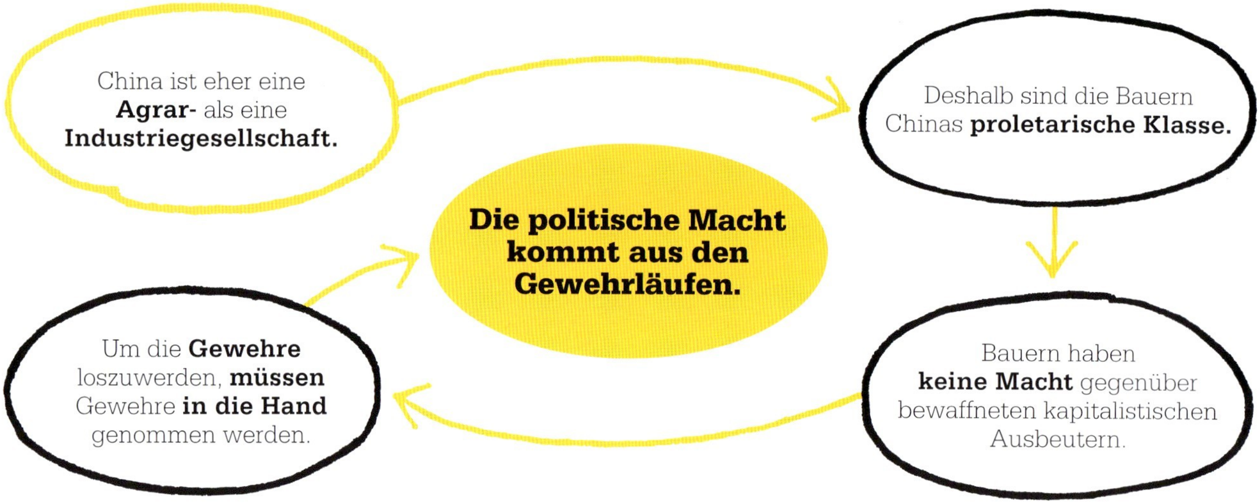

China ist eher eine **Agrar-** als eine **Industriegesellschaft.**

Deshalb sind die Bauern Chinas **proletarische Klasse.**

Bauern haben **keine Macht** gegenüber bewaffneten kapitalistischen Ausbeutern.

Um die **Gewehre** loszuwerden, **müssen** Gewehre **in die Hand** genommen werden.

Die politische Macht kommt aus den Gewehrläufen.

Siehe auch: Karl Marx 188–193 ▪ Sun Yat-sen 212–213 ▪ Wladimir I. Lenin 226–233 ▪ Josef Stalin 240–241 ▪ Leo Trotzki 242–245 ▪ Che Guevara 312–313 ▪ Ho Chi Minh 337

Die (Reis-)Bauern übergaben während des Kollektivierungsprogramms, das eine Schlüsselrolle bei Maos Versuch spielte, die Landwirtschaft Chinas zu reformieren, ihr Land den Kooperativen.

Alliierten China nach dem Ersten Weltkrieg nicht betrogen. Mehr als 140 000 chinesische Arbeiter waren zur Kriegsunterstützung der Triple Entente (Frankreich, Großbritannien und Russland) nach Frankreich verschifft worden, unter anderem mit der Zusage, das deutsche Protektorat Shandong an Chinas Nordostküste werde dem Land nach dem Krieg zurückgegeben. Stattdessen sprachen die Alliierten 1919 auf der Versailler Friedenskonferenz das Gebiet Japan zu.

Überall im Land protestierten Studenten gegen Chinas »rückgratlose« Kapitulation, Arbeiter und Geschäftsleute in Shanghai unterstützten sie. Am Ende schlossen sich verschiedene Gruppen zur Bewegung des Vierten Mai zusammen, die der Regierung ihre Forderungen aufzwang. Chinas Vertreter in Versailles weigerte sich daraufhin, den Friedensvertrag zu unterzeichnen. Doch die Einsprüche Chinas zeigten keine Wirkung bei den Alliierten. Die wahre Bedeutung der Bewegung des Vierten Mai lag allerdings darin, dass sehr viele Chinesen erstmals über ihre prekären Lebensverhältnisse nachdachten und darüber, wie verwundbar ihr Land durch Bedrohungen von außen war. Dies führte zu einem Wendepunkt im politischen Denken der Chinesen und dazu, dass die liberale Demokratie westlichen Stils an Attraktivität verlor, während marxistisch-leninistische Konzepte an Zugkraft gewannen.

» Für die arbeitenden Menschen ist es sehr schwer … zu begreifen, wie wichtig es ist, in den eigenen Händen Gewehre zu haben. «

Mao Zedong

Mao gehörte zu den radikalen Intellektuellen dieser Zeit, er begann, die Arbeiter und Bauern in der kommunistischen Partei zu organisieren. Die Shandong-Lektion vergaß er nie: Aus einer Position der Schwäche heraus zu verhandeln, bedeutete zu verlieren; die oberste Macht in der Politik war die Macht der Waffen. So wollte Mao die Macht übernehmen und er war bereit, dafür Waffen einzusetzen. Mao nahm 1921 am ersten Kongress der Kommunistischen Partei Chinas (KPC) in Shanghai teil. 1923 wurde er in das Zentralkomitee gewählt und verbrachte die folgenden Jahre damit, Arbeiterstreiks zu organisieren. Bald war ihm klar, dass in China das ländliche Proletariat die Revolution durchführen musste.

Feuerprobe des Kommunismus

Die KPC und die Guomindang (GMD) – Chinas nationalistische und antimonarchistische Partei unter Sun Yat-sen mit Verbindungen zu Sowjetrussland – teilten die marxistisch-leninistische Weltanschauung und hatten beide die nationale Vereinigung zum Ziel. Die kommunistische Massenbewegung der Arbeiter und Bauern war der GMD indes zu radikal. Ab 1927 kämpfte sie offen gegen die KPC. Der gewalttätige Konflikt wurde zur Feuerprobe für die Doktrin des »Maoismus«, einer ländlichen revolutionär-marxistischen Guerillastrategie.

In den Jahren 1934 und 1935 zementierte Mao seine während »

Der Personenkult um Mao wurde mithilfe von Massendemonstrationen, bei denen die Menge Poster ihres Führers und die *Mao-Bibel* mit seinen Zitaten bei sich trug, unermüdlich betrieben.

» Ohne eine Armee für das Volk gibt es nichts für das Volk. «

Mao Zedong

des »Langen Marsches« gefestigte Führungsposition. Dieser erste in einer Reihe von Märschen – bei dem die Kommunisten 9600 Kilometer zurücklegten – wurde vorgeblich unternommen, um die japanische Invasion zurückzuschlagen. Doch er diente gleichzeitig dem militärischen Rückzug der kommunistischen Roten Armee vor den nationalistischen Truppen Chiang Kai-sheks. Die Marschroute führte über 18 Gebirgsketten und 24 große Flüsse. Nur ein Zehntel der 80 000 Soldaten und Arbeiter, die sich im Oktober 1934 in Jiangxi auf den Weg gemacht hatten, erreichte nach über einem Jahr Schanghai. Damit war Maos Überlegenheit besiegelt und im November 1935 wurde er der Führer der KPC. Nach der Niederlage Japans am Ende des Zweiten Weltkriegs, der Wiederaufnahme des Bürgerkriegs in China und schließlich der Kapitulation der nationalistischen Truppen wurde 1949 die kommunistische Volksrepublik China gegründet – mit Mao am Steuer.

» Politik ist Krieg ohne Blutvergießen – während Krieg Politik mit Blutvergießen ist. «

Mao Zedong

Der große Steuermann

In seiner Schlussrede der sechsten Plenarsitzung des sechsten Zentralkomitees der KPC legte Mao seine Revolutionstheorie dar. Er erklärte, aufgrund der noch immer halbfeudalen Struktur Chinas seien die Bauern die wahre revolutionäre Klasse und nur ein militärischer Kampf könne der Revolution zum Sieg verhelfen. Gestützt von einem mächtigen und bewaffneten Bauernproletariat setzte Mao – »der große Steuermann« – eine Reihe positiver Veränderungen in Gang. So verbot er arrangierte Ehen und förderte den Status der Frauen, verdoppelte die Zahl der Schulabsolventen, bekämpfte Analphabetismus und schuf Wohnraum für alle. Maos Bewunderung für Stalin, seine Vernarrtheit in die marxistische Revolutionstheorie und der Wille zur Macht hatte jedoch auch die brutale Tötung Zigtausender Menschen zur Folge. Und weitere Millionen Tote folgten im Zuge der gewaltsamen Unterdrückung derer, die als Feinde Chinas abgestempelt wurden, sowie durch Vernachlässigung. Im Lauf von drei Jahrzehnten erreichte Mao eine fast vollständige Selbstversorgung, jedoch auf Kosten unsagbar vieler Menschenleben sowie des Wohlstands, der Freiheit und der Gesundheit im Land.

Mit dem Fünfjahresplan von 1953 wurde ein spektakuläres Produktionswachstum erzielt, ihm folgte 1958 die Kampagne »der große Sprung nach vorn«. Mit ihr wollte Mao die chinesische Wirtschaft durch Massenarbeitsprojekte in der Landwirtschaft und Industrie sowie den Ausbau der Infrastruktur auf westliches Niveau bringen. Doch er löste damit eine der größten Katastrophen der Menschheitsgeschichte aus. Zwischen 1958 und 1962 starben in China mindestens 45 Millionen Menschen, die meisten Bauern, durch Erschöpfung, Hunger, Folter und Totschlag – fast so viele wie im Zweiten Weltkrieg.

Die Gräueltaten dieser Zeit wurden sorgfältig dokumentiert und sind in den wiedereröffneten Archiven der kommunistischen Partei gelagert. Die Aufzeichnungen zeigen, dass die Angehörigen der »wahren revolutionären Klasse« – Maos auserwähltes Volk im großen Kampf um soziale Gerechtigkeit – ihm und der Partei in Wirklichkeit als gesichtslose und entbehrliche Objekte gedient hatten. Im Gegensatz zu Marx' Überzeugung, nach der der Sozialismus aus den materiellen und kulturellen Errungenschaften des Kapitalismus unweigerlich entstehen würde, verband Mao die Armut in China mit einer moralischen Reinheit, die, so glaubte er, in ein sozialistisches Utopia führen würde. Und so begann 1966 die Kulturrevolution mit dem Ziel, China von allen »bürgerlichen« Einflüssen zu reinigen: Tausende wurden hingerichtet, Millionen durch Zwangsarbeit »umerzogen«.

Mao im modernen China

Die Politik, die nach Mao »aus den Gewehrläufen« kam, stellte sich als totalitärer Terror heraus. Anlässlich seines Todes erklärte die KPC seine Ideen zur »dauerhaften Leitlinie des Handelns«. Nachdem die Gesellschaft sich entwickelt und das Bewusstsein in Hinblick auf die schrecklichen Verbrechen wächst, wird Maos Einfluss auf das chinesische Denken aber schließlich wohl doch abgeschüttelt werden. ■

In China hergestellte Traktoren sollten auch Maos Politik der »Unabhängigkeit und des Vertrauens in unsere eigenen Anstrengungen« symbolisieren.

Mao Zedong

Mao Zedong wurde im Jahr 1893 als Sohn eines Bauern in Shaoshan, einer Stadt in der chinesischen Provinz Hunan geboren. Maos Vater war streng und schlug seine Kinder oft, während seine Mutter versuchte, ihn zu besänftigen.

Nach seiner Ausbildung zum Lehrer ging Mao nach Beijing und arbeitete dort in einer Universitätsbibliothek. Er studierte Marxismus und nahm 1921 am ersten Kongress der Kommunistischen Partei Chinas teil. Nach Jahren des Bürgerkriegs, aus dem die Kommunisten siegreich hervorgingen, gründeten sie unter Maos Führung 1949 die Volksrepublik China.

Mao setzte durch sein Massenarbeitsprogramm »Großer Sprung nach vorn« (1958–1961) und später die Kulturrevolution (1966–1976) eine rücksichtslose Modernisierung in Gang. Beides scheiterte und forderte Millionen von Menschenleben. Mao selbst starb 1976.

Hauptwerke

1937 *Über den Guerillakrieg*
1964 *Worte des Vorsitzenden Mao Zedong*

POLITIK NACH DE WELTKRI
1945 BIS HEUT

N
EGEN
E

1945

Deutschland kapituliert, Japan folgt – damit endet der Zweite Weltkrieg. **Europa wird** zwischen Ost und West **aufgeteilt.**

1945

In Großbritannien wird eine Labour-Regierung gewählt. Sie führt Reformen zur Entwicklung eines **modernen Wohlfahrtsstaats** durch.

1949

Simone de Beauvoir veröffentlicht *Das andere Geschlecht*. Der Text wird eine der theoretischen **Grundlagen der neuen Frauenbewegung.**

1950–1953

Im **Koreakrieg** kämpfen Truppen der Westmächte gegen die des kommunistischen Nordkorea und der Volksrepublik China.

1962

Die **Kubakrise** führt beinahe zur militärischen Konfrontation zwischen der Sowjetunion und den USA.

1963

Kenia ruft seine **Unabhängigkeit** aus und folgt damit vielen anderen ehemaligen europäischen Kolonien in Afrika.

1963

US-Präsident John F. Kennedy wird **ermordet.**

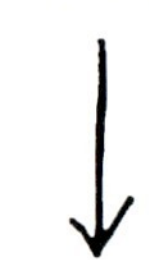

1963

Martin Luther King führt den **Marsch nach Washington für Arbeit und Freiheit** an.

Die Zeit nach dem Zweiten Weltkrieg war von immensen industriellen und sozialen Veränderungen geprägt. Die großen Anstrengungen des Krieges, der Niedergang der Kolonialmächte und die ideologischen Auseinandersetzungen zwischen dem Kommunismus und dem Kapitalismus der freien Marktwirtschaft, all dies hatte grundlegenden Einfluss auf die politischen Theorien der Nachkriegszeit. Die Menschen auf der ganzen Welt, die sich gerade von einer ungeheuren Tragödie erholten, benötigten dringend ein neues Selbstverständnis und neue Ansätze für ihre Entwicklung und für die Organisation ihrer Gesellschaften.

In Westeuropa entstand eine Mischwirtschaft, die neben den privaten staatliche Unternehmen förderte. Zugleich wurden überall Forderungen nach mehr Menschen- und Bürgerrechten laut und in den europäischen Kolonien erhielten die Unabhängigkeitsbewegungen Auftrieb.

Krieg und der Staat

Die weltweiten Konflikte hatten viele Fragen aufgeworfen, mit denen sich die politischen Theoretiker nun befassten. Der Zweite Weltkrieg war mit einem unermesslichen materiellen Aufwand betrieben worden, was dramatische Folgen für die Industrien der Großmächte hatte. Die veränderten Rahmenbedingungen schufen die Voraussetzungen für die Konfrontation zwischen den Ideologien in Ost und West – so waren der Korea- und der Vietnamkrieg wie zahllose weniger dramatische Ereignisse in vielerlei Hinsicht Stellvertreterkonflikte zwischen den USA und der Sowjetunion.

Am Ende des Weltkriegs kam mit den Atombomben eine neue Dimension in der Kriegsführung auf die Menschheit zu, die sie bis aufs Äußerte bedrohte. Viele Menschen dachten über die Ethik von Kriegen neu nach. Theoretiker wie Michael Walzer untersuchten die moralischen Verwicklungen und nahmen Ideen wie die von Augustinus von Hippo und Thomas von Aquin wieder auf.

Andere Autoren, darunter Noam Chomsky und Smedley D. Butler, beschäftigten sich mit den Mächteverhältnissen, die dem neuen militärisch-industriellen Komplex zugrunde liegen. Die Entwicklung des globalen Terrorismus und die damit verbundenen Geschehnisse in Irak und Afghanistan werfen auf diese Debatten ein neues Licht.

Martin Luther King wird ermordet. In den USA wird der ***Civil Rights Act*** (Bürgerrechtsgesetz) verabschiedet.

1968

1973

Unter andauernden öffentlichen Protesten **ziehen die USA** ihre Bodentruppen **aus Vietnam ab.**

Die Islamische Revolution führt eine Reihe **fundamentalistischer Gesetze** ein und institutionalisiert eine autoritäre Herrschaft im Iran.

1979

1989

Im Zuge der Serie von Revolutionen in Osteuropa **fällt die Berliner Mauer,** das markiert den Niedergang der Sowjetunion.

Nelson Mandela wird **aus dem Gefängnis entlassen,** das beschleunigt den Fall des Apartheidregimes in Südafrika.

1990

2001

Die Angriffe auf das World Trade Center und ein Pentagon-Gebäude in den USA am 11. September führen zum weltweiten **»Krieg gegen den Terror«.**

Eine Koalition unter Führung der USA beginnt mit der **Invasion im Irak.**

2003

2005

Robert Pape bezeichnet in seiner Analyse *Dying to Win (Sterben, um zu gewinnen)* **Selbstmordattentate** als »bedarfsgesteuertes Phänomen«.

Zudem kam in den Nachkriegsjahren die zentrale Frage auf, wie die Rolle des Staates aussehen könnte. In den europäischen Demokratien wurden die Fundamente für Wohlfahrtsstaaten gelegt, während sich in Osteuropa der Kommunismus festigte. Theoretiker untersuchten, was diese Entwicklungen bedeuteten, insbesondere in Hinblick auf die Freiheit des Individuums. Autoren wie Friedrich von Hayek, John Rawls und Robert Nozick entwickelten ein neues Verständnis von Freiheit und Gerechtigkeit und überdachten die Beziehung zwischen Staat und Individuum.

Feminismus und Bürgerrechte

Zudem trieben seit den 1960er-Jahren Autorinnen wie Simone de Beauvoir die politische Strömung des Feminismus voran. Im Mittelpunkt stand hier die Position von Frauen in Politik und Gesellschaft.

Etwa zur gleichen Zeit erhielt der Kampf um Bürgerrechte neue Kraft, nicht zuletzt durch den Niedergang des Kolonialismus in Afrika und die Protestbewegung gegen rassische Diskriminierung in den USA, die durch Autoren wie Frantz Fanon und mitreißende Aktivisten wie Nelson Mandela und Martin Luther King angetrieben wurden.

Globale Themen

In den 1970er-Jahren entwickelte sich eine neue politische Kraft, die grüne Bewegung, die sich vor allem um die Umwelt sorgte. Dabei spielten auch die Ideen zur »Tiefenökologie« des norwegischen Philosophen Arne Næss eine Rolle. Themen wie der Klimawandel, der Umgang mit Ressourcen und das Ende niedriger Ölpreise sind heute im Bewusstsein der meisten Menschen verankert.

In der islamischen Welt fragen Politiker und Denker danach, welche Rolle die Religion in der Politik spielen soll. Die Bandbreite reicht hier von Maududis Vision eines islamischen Staates über Schirin Ebadis Betrachtungen über die Rolle der Frauen im Islam und den Aufstieg al-Qaidas bis hin zu den Hoffnungen des »arabischen Frühlings«.

Die Herausforderungen einer globalisierten Welt mit Industrien, Kulturen und Kommunikationstechnologien, die nationale Grenzen überschreiten, bringen neue politische Probleme mit sich. Insbesondere die Finanzkrise des Jahres 2007 ließ Theoretiker ihre Positionen überdenken und neue Lösungen für die aktuellen Probleme suchen. ■

DAS HAUPTÜBEL IST EIN GRENZENLOSER STAAT

FRIEDRICH VON HAYEK (1899–1992)

IM KONTEXT

IDEENLEHRE
Neoliberalismus

SCHWERPUNKT
Freie Marktwirtschaft

FRÜHER

1840 Pierre-Joseph Proudhon befürwortet eine Gesellschaft mit natürlicher Ordnung ohne Autorität, dabei setzt er Kapital mit Autorität gleich.

1922 Der österreichische Ökonom Ludwig von Mises kritisiert zentrale Planwirtschaften.

1936 John Maynard Keynes befürwortet Staatsausgaben als Schlüsselinstrument zur Überwindung von Wirtschaftskrisen.

SPÄTER

1962 Der US-amerikanische Wirtschaftswissenschaftler Milton Friedman sieht den Wettbewerbskapitalismus als Garanten für politische Freiheit.

1975 Die britische Politikerin Margaret Thatcher begrüßt von Hayeks Ideen.

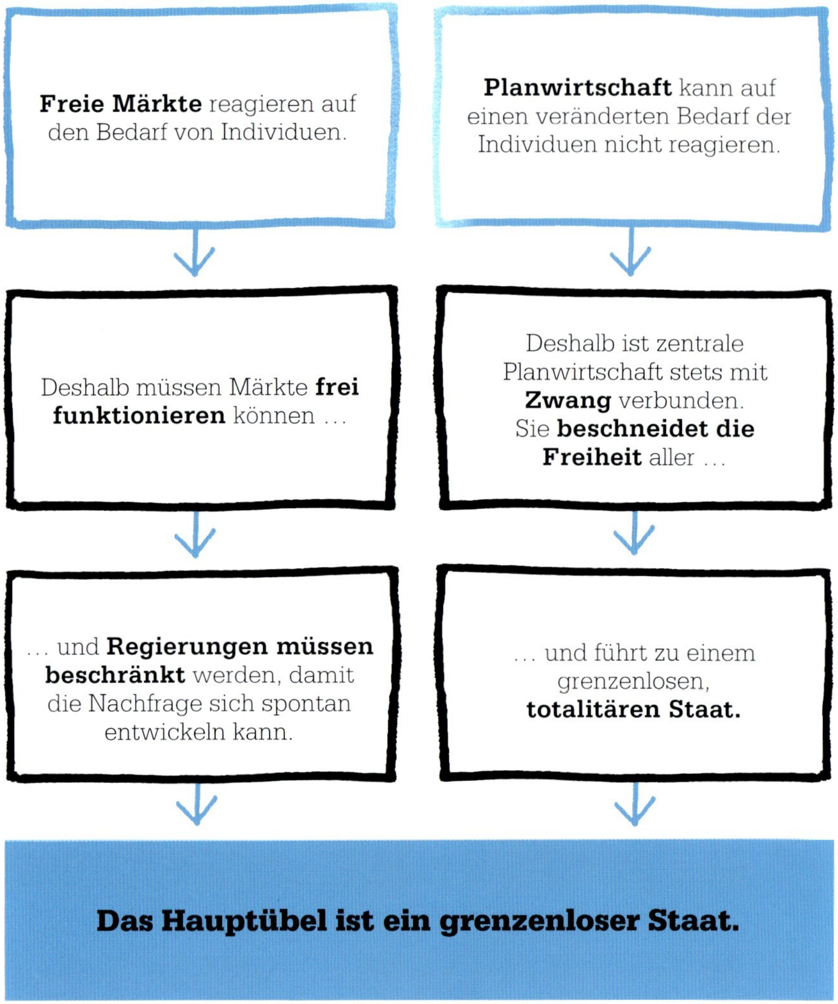

Freie Märkte reagieren auf den Bedarf von Individuen.

Deshalb müssen Märkte **frei funktionieren** können …

… und **Regierungen müssen beschränkt** werden, damit die Nachfrage sich spontan entwickeln kann.

Planwirtschaft kann auf einen veränderten Bedarf der Individuen nicht reagieren.

Deshalb ist zentrale Planwirtschaft stets mit **Zwang** verbunden. Sie **beschneidet die Freiheit** aller …

… und führt zu einem grenzenlosen, **totalitären Staat.**

Das Hauptübel ist ein grenzenloser Staat.

Unter der Überschrift »Warum ich kein Konservativer bin« veröffentlichte Friedrich von Hayek 1960 im Nachwort zu *Die Verfassung der Freiheit* seine Warnung vor einem grenzenlosen Staat. Dieses Buch warf 1975 die neu gewählte Führerin der Konservativen Partei in Großbritannien, Margaret Thatcher, auf den Tisch und erklärte: »Hier steht, was wir glauben.«

Thatcher war nicht die einzige konservative Politikerin, die von Hayeks Ideen bewunderte, im rechten politischen Lager wurde er vielfach zu einer Art Held. Vor diesem Hintergrund mag es seltsam erscheinen, dass er so nachdrücklich betonte, dass er kein Konservativer war. Und tatsächlich ist seine Position so mehrdeutig, dass viele Kommentatoren den Begriff »neoliberal« vorziehen, wenn sie von Hayek und auch andere beschreiben, die – wie Margaret Thatcher oder US-Präsident Ronald Reagan – die Idee eines uneingeschränkten freien Marktes befürworten.

Von Hayek versus Keynes

Von Hayek ging es, wenn er vom »Hauptübel« eines grenzenlosen Staates sprach, vor allem um das Prinzip des freien Marktes. Bekannt wurde er in den 1930er-Jahren, als er die Ideen seines britischen Kollegen John Maynard Keynes zur Wirtschaftskrise infrage stellte. Keynes empfahl öffentliche Investitionen und Staatsinterventionen in großem Maßstab als Rezept gegen die Abwärtsspirale aus Arbeitslosigkeit und trägem Konsumverhalten. Von Hayek sah als Konsequenz daraus die Inflation und argumentierte, dass periodische wirtschaftliche Einbrüche unvermeidliche – ja, notwendige – Phasen eines Kon-

Siehe auch: Immanuel Kant 126–129 ▪ John Stuart Mill 174–181 ▪ Pierre-Joseph Proudhon 183 ▪ Ayn Rand 280–281 ▪ Michail Gorbatschow 322 ▪ Robert Nozick 326–327

Nach von Hayek stimmt der freie Markt die Verfügbarkeit von Ressourcen spontan über Angebot und Nachfrage mit dem Bedarf ab. Die Fähigkeit, solche Anpassungen absichtlich herbeizuführen, geht weit über die Möglichkeiten eines Einzelnen hinaus.

Wenn die **Nachfrage** für ein Produkt **größer ist als das Angebot,** …

… **steigt** sein Preis.

Konsumenten fällt es schwerer, das Produkt zu finden, und sie werden **höhere Preise** zahlen müssen.

Um die Gewinne zu steigern, wird **mehr** produziert.

Ist das **Angebot** des Produkts **größer als die Nachfrage,** …

… **sinkt** der Preis.

Konsumenten finden das Produkt leicht und können es unter Umständen zu **Discountpreisen** kaufen.

Anbieter produzieren **weniger Produkte.**

junkturzyklus seien. Seinerzeit übernahmen Politiker gern die Gedankengänge Keynes'.

Von Hayek ließ sich dadurch allerdings nicht davon abhalten, seine Theorien weiterzuentwickeln. Sein zentrales Argument lautete: Eine Planwirtschaft ist zum Scheitern verurteilt, da Planer niemals über alle erforderlichen Informationen über den sich verändernden individuellen Bedarf verfügen. Bei der Planung fehlen stets Informationen, so von Hayek, und hier kommen die freien Märkte ins Spiel. Individuen hätten Kenntnisse über Ressourcen (wie Arbeit, Kapital, Boden, Rohstoffe) und über ihren Bedarf, die sich zentrale Planer niemals verschaffen könnten. Für von Hayek präsentierte der freie Markt dieses Wissen perfekt und permanent, und zwar durch sich verändernde Preise, die das Verhältnis von Angebot und Nachfrage anzeigten: Steigende Preise kündigen einen Engpass beim Angebot an, fallende Preise weisen auf ein Überangebot hin. Zudem böte der Markt Anreize, auf diese Informationen zu reagieren, etwa durch eine Steigerung der Produktion gefragter Güter, um Extraprofite zu erlangen. Von Hayek sah in diesem Preismechanismus keine bewusste Erfindung des Menschen, sondern ein sich spontan entwickelndes Ordnungselement in der Gesellschaft (ähnlich wie Sprache).

Der Verlust von Freiheit

Mit der Zeit sah von Hayek, dass die Unterschiede zwischen Planwirtschaft und freiem Markt nicht nur eine Frage der Wirtschaftspolitik, sondern ein Grundthema politischer Freiheit waren. Planwirtschaft bedeutete, das Leben der Menschen zu kontrollieren. 1944 schrieb er in seiner Wahlheimat Großbritannien sein berühmtes Buch *Der Weg zur Knechtschaft,* um vor den Gefahren des Sozialismus zu warnen. Darin erläuterte er, dass staatliche Kontrolle über die Wirtschaft in Totalitarismus münde und alle »

» … ein Anspruch auf Gleichheit der materiellen Position [kann] nur durch eine Regierung mit totalitären Gewalten erfüllt werden. «

Friedrich von Hayek

»Wirtschaftliches Kommando ist nicht nur das Kommando über einen Sektor des menschlichen Lebens, der von den übrigen getrennt werden kann; es ist die Herrschaft über die Mittel für alle unsere Ziele.«

Friedrich von Hayek

zu Knechten mache. Damit stellte von Hayek die sozialistische Planwirtschaft mit dem Faschismus der Nazis auf eine Stufe, wie sehr sich die politischen Intentionen dahinter auch unterscheiden mochten.

Von Hayek sah es so: Um einen ökonomischen Gesamtplan umzusetzen – sogar einen, der allen nutzen sollte –, müssten so viele politische Schlüsselfragen an nicht gewählte Technokraten delegiert werden, dass die Zustände am Ende unweigerlich undemokratisch würden. Darüber hinaus ließ ein umfassender Wirtschaftsplan keinerlei Spielraum für individuelle Entscheidungen.

Der Staat braucht Grenzen

In *Die Verfassung der Freiheit* legte von Hayek seine Argumentation zum Zusammenhang zwischen freien Märkten und politischer Freiheit ausführlich dar. Sein Festhalten am freien Markt als primärem Ordnungsmechanismus einer Gesellschaft bedeutete indes nicht die völlige Abkehr vom Staat. Dessen zentrale Aufgabe bestand nach Hayek darin, die Rechtsstaatlichkeit zu wahren, und das mit so wenig Einmischung in das Leben der Menschen wie möglich. Die Rolle wäre also die einer »Bürgervereinigung«, die den Rahmen bereitstellt, in dem die Individuen ihre eigenen Projekte verfolgen können.

Grundlage des Gesetzes seien gemeinsame Verhaltensregeln, die dem Staat vorausgingen und sich jeweils im Moment entwickelten. In diesem Sinne verstand von Hayek den Richter als Institution einer spontanen Ordnung. Hier wird deutlich, warum von Hayek sich nicht als konservativ ansah: Konservative hatten Angst vor der Demokratie und machten deren Aufstieg für das Böse ihrer Zeit verantwortlich; sie fürchteten sich vor Veränderungen. Von Hayek hatte aber weder Probleme mit der Demokratie noch mit Veränderungen, sein Problem war ein unbegrenzter und unkontrollierter Staat. Nach von Hayek war niemand qualifiziert genug, um grenzenlose Macht handhaben zu können – auch das Volk nicht. Allerdings räumte er ein, die Macht der modernen Demokratie sei noch weniger in den Händen einer kleinen Elite zu dulden.

Von Hayek sah vor allem solche Gesetze kritisch, die die individuelle Freiheit eingrenzen sollten, und meinte, der Staat dürfe nur ein Minimum an Zwang auf die Gesellschaft ausüben. Noch kritischer war für ihn der Gedanke einer »sozialen Gerechtigkeit«. Er betrachtete den Markt als Spiel, in dem es nicht darum ging, ob das Ergebnis gerecht oder ungerecht ist, der Begriff »soziale Gerechtigkeit« blieb für ihn eine leere Phrase. Versuche, den Wohlstand umzuverteilen – etwa durch Steuererhöhung zur Finanzierung von Sozialhilfe – bedrohten in seinen Augen die Freiheit. Was er indes für notwendig hielt, war ein Sicherungsnetz, das Bedürftige vor Verzweiflungstaten schützte.

Lange Zeit hatten von Hayeks Ideen kaum Anhänger, in der Nachkriegszeit wurde die Politik westlicher Regierungen mehrheitlich von Keynes' Theorien bestimmt. Viele Länder wurden trotz von Hayeks Warnungen zu Wohlfahrtsstaaten. Doch angesichts der schwächelnden Wirtschaft und der Ölkrise

Im Nachkriegseuropa setzten sich John Maynard Keynes' Ideen gegen die Friedrich von Hayeks durch. Schlüsselindustrien wie der Schienenverkehr waren in der Hand von Staatsunternehmen.

Ronald Reagan und Margaret Thatcher nahmen von Hayeks Vorstellung von einer Staatsschrumpfung durch das Kürzen von Steuern und staatlichen Leistungen begeistert auf.

in den 1970er-Jahren sahen sich einige von Hayeks Theorien noch einmal genauer an. 1974 erhielt er, zur Überraschung vieler, den Wirtschaftsnobelpreis.

Von da an waren für die Befürworter von ungeregelten freien Märkten als Weg hin zu ökonomischem Wachstum und individueller Freiheit von Hayeks Ideen die gemeinsame Basis. Reagan und Thatcher etwa verfolgten in den 1980er-Jahren eine Politik der Steuerminderung und Deregulierung, der Wohlfahrtsstaat verlor an Bedeutung. Auch viele Führer der Revolutionen gegen den Kommunismus ließen sich von von Hayek inspirieren.

Schockpolitik

Dass sich von Hayek als liberal bezeichnete, stieß auf Kritik, auch bei David Steel, dem früheren Führer der britischen Liberal Party. Für ihn kann Freiheit nur durch soziale Gerechtigkeit und eine Verteilung von Wohlstand und Macht entstehen, was ein gewisses Maß an Staatsinterventionen notwendig macht. Aus liberaler Sicht noch unpassender ist es, die Ideen von Hayeks mit dem zu verbinden, was die kanadische Journalistin Naomi Klein als »Schock-Strategie« bezeichnet: Demnach würden Gesellschaften nach einem Schock (wie einem wirtschaftlichen Kollaps oder einer militärischen Niederlage) »zum eigenen höchsten Wohl« dazu überredet, eine Reihe »marktradikaler« Maßnahmen zu akzeptieren – etwa schnelle Deregulierung, den Verkauf staatseigener Industrien und hohe Arbeitslosenzahlen.

Von Hayeks Ideen zum freien Markt wurden auch mit einer Reihe südamerikanischer Militärdiktaturen in Verbindung gebracht, allen voran der von Augusto Pinochet in Chile; doch diese Art von Totalitarismus hatte er stets abgelehnt.

Bis heute werden die Theorien von Hayeks kontrovers diskutiert: Marktbefürworter und viele Politiker im rechten Lager sehen ihn als Verteidiger der Freiheit, während viele Linke ihn ablehnen, weil er in ihren Augen dem »Hardliner«-Kapitalismus, der rund um den Globus viele ins Elend gestürzt und die Schere zwischen Arm und Reich vergrößert hat, Vorschub leistet. ■

» Eine Regierung, die mächtig genug ist, um dir alles zu geben, was du willst, ist stark genug, um dir alles zu nehmen, was du hast. «

Gerald Ford

Friedrich von Hayek

Friedrich August von Hayek, geboren 1899 in Wien, schrieb sich nach dem Ersten Weltkrieg an der Universität Wien für das Fach Jura ein, begeisterte sich jedoch mehr für Psychologie und Volkswirtschaft. Die Armut im Wien der Nachkriegszeit ließ ihn zunächst nach sozialistischen Lösungsansätzen suchen.

Nach der Lektüre von Ludwig von Mises' *Die Gemeinwirtschaft,* einer vernichtenden Kritik der Planwirtschaft, besuchte er 1922 Mises' Volkswirtschaftsseminar und ging 1931 an die London School of Economics. Dort hielt er Vorlesungen über von Mises' Theorie der Konjunkturzyklen und stellte sich gegen Keynes' Theorie zu den Ursachen der Wirtschaftskrise. 1947 wurde von Hayek Mitbegründer der Mont Pelerin Society. Drei Jahre später ging er an die University of Chicago, wo auch Milton Friedman lehrte. Bei seinem Tod im Jahr 1992 hatten seine Ideen prägenden Einfluss hinterlassen.

Hauptwerke

1943 *Der Weg zur Knechtschaft*
1960 *Die Verfassung der Freiheit*

PARLAMENTARISMUS UND RATIONALISMUS GEHÖREN NICHT DEMSELBEN SYSTEM AN

MICHAEL OAKESHOTT (1901–1990)

IM KONTEXT

IDEENLEHRE
Konservatismus

SCHWERPUNKT
Praktische Erfahrung

FRÜHER
1532 Macchiavellis *Der Fürst* beschreibt, dass Menschen politische Macht gewaltsam erobern, halten und verlieren.

1689 In England begrenzt die *Bill of Rights* die Macht der Monarchie.

1848 *Das kommunistische Manifest* von Marx und Engels erscheint, laut Oakeshott wird es gedankenlos als »Regelwerk« für politische Aktionen benutzt.

SPÄTER
1975 In Kambodscha proklamiert Pol Pot das »Jahr Null«. Sein Regime tötet in drei Jahren zwei Millionen Menschen.

1997 Mit Chinas Prinzip »ein Land, zwei Systeme« besteht Hongkongs freie Marktwirtschaft weiter, nachdem China das Gebiet zurückerhalten hat.

Parlamentarische Institutionen entstehen durch die **praktische Kunst des Regierens.**

↓

Sie existieren seit Generationen und regieren **auf** der Basis von **Erfahrungen und Geschichte.**

Rationalistische Politik basiert auf **Ideologie und abstrakten Ideen.**

↓

Sie ist der **Zerstörung** und der **Schaffung einer neuen Ordnung** verpflichtet.

↓

Parlamentarismus und Rationalismus gehören nicht demselben System an.

Der politische Extremismus im 20. Jahrhundert – verkörpert durch Hitler in Deutschland, Stalin in Russland und Mao in China – stieß Michael Oakeshotts lebenslange Auseinandersetzung mit politischen Ideologien an. Für ihn hatte die marxistischen und faschistischen Führer das Denken politischer Theoretiker »wie ein Infekt« ergriffen – mit verheerenden Folgen für Millionen. Oakeshott nannte diese ansteckende Krankheit »Rationalismus«.

Oakeshott blickte auf die parlamentarischen Institutionen Großbritanniens zurück, und zwar bis in die »am wenigsten rationalistische

Siehe auch: Niccolò Machiavelli 74–81 ▪ Thomas Hobbes 96–103 ▪ Edmund Burke 130–133 ▪ G.W.F. Hegel 156–159 ▪ Karl Marx 188–193

Periode der Politik – ins Mittelalter. So zeigte er auf, dass das Parlament damals nicht einem rationalistischen oder ideologischen Kurs gefolgt war. Stattdessen galt das Gebot, die politische Macht zu begrenzen und vor Tyrannei zu bewahren, was das Land gegen rationalistische Absolutismen schützte, die den europäischen Kontinent im Griff hielten.

Starre Überzeugungen

Oakeshott sah den Rationalismus als Nebel, der die Wirklichkeit und die praktischen Alltäglichkeiten, die jeder Politiker und jede Partei zu bewältigen hat, verhüllt. Der Rationalist handelt gemäß starren Überzeugungen, so Oakeshott, und richtet sich nicht nach objektiven und »praktischen« Erfahrungen. Er müsse vor allem sein Regelwerk kennen – etwa *Das kommunistische Manifest* –, bevor er tätig werden könne. So löse er sich von der Wirklichkeit und operiere in einem Nebel aus abstrakten Theorien.

Oakeshott verglich die Politik mit einem Schiff auf stürmischer See. Es ist unmöglich, die Form der Wellen exakt vorherzusagen, daher ist für das Manövrieren durch den Sturm Erfahrung nötig.

» Im politischen Leben segeln die Menschen auf einem grenzen- und bodenlosen Meer. «

Michael Oakeshott

Die Menschen segeln, so formulierte es Oakeshott, »auf einem grenzen- und bodenlosen Meer«. Er beschrieb damit die schwer auszulotende Welt sowie die Versuche, im Verhalten einer Gesellschaft Sinn zu erkennen, was unweigerlich zur Verzerrung der Tatsachen führt. Er misstraute allen Ideologien, für ihn waren sie abstrakte, starre Überzeugungen, die erklären wollten, was unerklärlich ist. Da sie Unsicherheit nicht vertrügen, vereinfachten sie komplexe Zusammenhänge zu simplen Formeln.

Ein rationalistischer Politiker agiere »aus der Autorität des eigenen Verstandes heraus«, der einzigen Autorität, die er anerkenne. Er verhalte sich, als verstünde er die Welt und könne erkennen, wie sie verändert werden müsse. Sich in der Politik an Ideologien statt an realen Erfahrungen zu orientieren, fand Oakeshott daher gefährlich.

Obwohl er als konservativer Theoretiker galt und Aspekte des heutigen Konservatismus auf seinen Gedanken fußen, lehnte Oakeshott diese Etikettierung ab. Er ließ sich nicht für konservative Parteipolitik einspannen. ■

Michael Oakeshott

Michael Oakeshott, geboren 1901 in London, schloss 1925 an der University of Cambridge sein Geschichtsstudium ab. Die nächsten 50 Jahre verbrachte er in der akademischen Welt (Ausnahme: der Dienst in einer Aufklärungseinheit in Belgien und Frankreich während des Zweiten Weltkriegs).

Oakeshott unterrichtete in Cambridge und Oxford, bevor er 1951 als Professor für politische Wissenschaften an die London School of Economics berufen wurde. Er veröffentlichte viele Werke über Philosophie, Geschichte, Religion, Ästhetik sowie Rechts- und Politikwissenschaft. Sein Einfluss auf die britischen Konservativen führte dazu, dass Margaret Thatcher ihn für den Adelstitel vorschlug. Er lehnte das ab, da er seine Arbeit nicht als parteipolitisch betrachtete. Er trat 1968 in den Ruhestand und starb 1990.

Hauptwerke

1933 *Experience and Its Modes*
1962 *Rationalismus in der Politik und andere Essays*
1975 *On Human Conduct*

ZIEL DES ISLAMISCHEN DSCHIHAD IST ES, DIE HERRSCHAFT EINES UNISLAMISCHEN SYSTEMS ZU ELIMINIEREN

ABUL ALA MAUDUDI (1903–1979)

IM KONTEXT

IDEENLEHRE
Islamischer Fundamentalismus

SCHWERPUNKT
Dschihad

FRÜHER
622–632 Unter Mohammed bildet sich in Medina ein erster muslimischer Staatenbund, der verschiedene Stämme in einem Glauben vereinigt.

1906 Unter Mitwirkung Aga Khans III. wird die Indische Muslimliga gegründet.

SPÄTER
1979 General Zia-ul-Haq setzt in Pakistan Maududis Ideen um und führt auf der islamischen Scharia basierende Strafen für Kriminelle ein.

1988 Osama bin Laden gründet al-Quaida und ruft zum globalen *Dschihad* sowie zur weltweiten Einführung der Scharia auf.

1990 Die Kairoer Erklärung der Menschenrechte im Islam nennt nur eine Quelle: die Scharia.

Der Islam ist **nicht nur eine Religion,** sondern ein **revolutionäres Programm** des Lebens.

↓

Muslime müssen nach diesem revolutionären Programm **leben.**

↓

Dschihad ist der **revolutionäre Kampf,** den die islamistische Partei zur Erreichung ihrer Ziele führt.

↓

Ziel des islamischen Dschihad ist es, die Herrschaft eines unislamischen Systems zu eliminieren.

Als Grund für die weltweite Wiederbelebung des Islam im 20. Jahrhundert wird häufig die Ablehnung des europäischen Kolonialismus und der westlichen Dekadenz in Afrika und Asien genannt. Sie ist jedoch auch mit anderen politischen Themen verbunden – zum Beispiel mit der muslimischen Identität, der Machtdynamik in multiethnischen und multireligiösen Gesellschaften und, wie in Indien, der Nationalität.

1941 gründete Maududi in Indien die Partei Jama'at-i-Islami als Avantgarde der muslimischen Wiedererweckung. Er wollte den Islam aus einem anderen Blickwinkel betrachten, um den Niedergang muslimischer Macht umzukehren

Siehe auch: Mohammed 56–57 ▪ Karl Marx 188–193 ▪ Theodor Herzl 208–209 ▪ Mahatma Gandhi 220–225 ▪ Ali Schariati 323 ▪ Shirin Ebadi 328

und eine globale Bruderschaft zu gründen, mit der er intellektueller Unsicherheit und politischen Ängsten bei den Muslimen in Indien begegnen wollte.

Der islamische Staat

Maududi war Gelehrter und *mudschaddid* (Reformer) und hielt sich von konkreten politischen sowie sozialen Themen fern. Er konzentrierte sich auf die Verbreitung seiner Vision eines idealen islamischen Staates. Darin bekam jedes Element seine Bestimmung »von oben«, durch die Gesetze der *din,* der Religion. Dieser islamische Staat wäre von Haus aus demokratisch, da er den Willen Allahs unmittelbar reflektiere.

Die heilige Gemeinschaft könne nur zustande kommen, wenn ihre Mitglieder Ignoranz und Irrtum hinter sich ließen und zu einem kompromisslosen und reinen Verständnis des Islam als Lebensweg geführt würden. Maududi hatte die europäischen Sozialisten studiert, die die Arbeitermassen in jedem Land als ihre »Basis« ansahen, für ihn war diese die muslimische Weltbevölkerung. Wären Muslime erst einmal ideologisch vereint, könne sie nichts mehr trennen, säkulare Nationalstaaten hätten ausgedient. Der islamische *dschihad,* der heilige Kampf, galt neben der spirituellen Entwicklung als Weg, um die islamische Ideologie umfassend politisch umzusetzen. Wenn der Islam alle staatlichen Mittel kontrolliert, so Maududi, kann Gottes Königreich auf Erden errichtet werden.

Mit der Gründung Pakistans und Indiens endete 1947 die britische Herrschaft dort. Obwohl seine Partei die Teilung nicht unterstützte – die Politik der neuen Staatsführung war nicht islamisch genug –, ging Maududi nach Pakistan. Er war fest entschlossen, aus dem Land einen islamischen Staat zu machen.

Kritik des Ansatzes

Westliche Kritiker lehnen Maududis Forderung nach einer islamischen Weltordnung ab. Der Islam sehe die eigene Geschichte als Weg des Niedergangs von einem idealen Anfang aus und nicht als Weiterentwicklung von Zivilisation und Vernunft. Gleichzeitig betrachten fundamentalistische Muslime im Windschatten Maududis die fortwährende Einmischung westlicher Länder im Nahen Osten als die Fortsetzung kolonialer Dominanz an. Sie glauben, nur ein islamischer Staat, in dem die Scharia gilt – das auf dem Koran fußende kanonische Gesetz, wie es von den muslimischen Geistlichen interpretiert wird –, könne die Menschheit regieren. ■

Die Islamische Revolution im Iran führte 1979 zur ersten islamischen Republik unter Ruhollah Khomeini. Maududis Ziel war ein Staat, der komplett auf den religiösen Gesetzen des Islam beruht.

Abul Ala Maududi

Maududi, geboren in Aurangabad (Indien), stammte aus einer Familie, die der Cishtiyya, einem islamischen Sufi-Orden angehörte. Der politische Philosoph, Reformer und Theologe wurde von seinem religiösen Vater zu Hause erzogen und wurde Journalist. 1928 veröffentlichte er *Zum Verständnis des Islam (Risala al Dinyat),* damit begründete er seinen Ruf als islamischer Philosoph. Zunächst unterstützte er Gandhis indischen Nationalismus, forderte aber bald die indischen Muslime auf, einzig den Islam anzuerkennen.

1941 ging Maududi nach Pakistan und sprach sich für einen islamischen Staat aus. Er wurde verhaftet und 1953 wegen Aufwiegelung zum Tode verurteilt, später jedoch begnadigt. Er starb 1979 in Buffalo, New York.

Hauptwerke

1928 *Risala al Dinyat* (»Zum Verständnis des Islam«)
1940 *Als Muslim leben*
1972 *Tafhim ul-Quran* (»Die Bedeutung des Korans«)

» Der Islam beabsichtigt nicht, sein Gesetz auf nur einen Staat oder eine Handvoll Länder zu begrenzen. Sein Ziel ist die Herbeiführung einer universellen Revolution. «

Abul Ala Maududi

ES GIBT NICHTS, DAS EINEM MENSCHEN DIE FREIHEIT RAUBT – AUSSER ANDERE MENSCHEN

AYN RAND (1905–1982)

IM KONTEXT

IDEENLEHRE
Objektivismus

SCHWERPUNKT
Individuelle Freiheit

FRÜHER
1917 Die junge Ayn Rand erlebt in Russland die Oktoberrevolution.

1930er-Jahre In Europa erstarkt der Faschismus und eine Reihe autoritärer Staaten zentralisiert die Staatsmacht.

SPÄTER
1980er-Jahre Konservative Regierungen der freien Marktwirtschaft werden bei Wahlen bestätigt, so in Großbritannien unter Margaret Thatcher und in den USA unter Ronald Reagan.

2009 Die rechte, konservative Tea-Party-Bewegung in den USA wirbt mit Steuerminderungen um Wählerstimmen.

Um 2010 Nach der weltweiten Finanzkrise erwacht das Interesse an den Werken Rands wieder.

Mitte des 20. Jahrhunderts hinterfragten angesichts des Faschismus und des Kommunismus viele Menschen im Westen die ethische Basis der Einmischung des Staates in das Leben von Individuen. Die russisch-amerikanische Philosophin und Romanautorin Ayn Rand glaubte an einen ethischen Individualismus, der besagte: Wer seinen eigenen Interessen nachgeht, handelt moralisch rechtmäßig. Alle Versuche, durch Regeln das Handeln anderer zu kontrollieren, nahmen in ihren Augen dem Individuum die Möglichkeit, frei als produktives Mitglied der Gesellschaft zu arbeiten. Daher galt es, die Freiheit des Menschen vor der Einmischung anderer zu bewahren. Rand sah vor allem das staatliche Gewaltmonopol als unmo-

Siehe auch: Aristoteles 40–43 ▪ Friedrich Nietzsche 196–199 ▪ Friedrich von Hayek 270–275 ▪ Robert Nozick 326–327

» Der Mensch – jeder Mensch – ist ein Ziel in sich und kein Mittel für Ziele anderer. «

Ayn Rand

ralisch an, weil es die praktische Vernunft des Individuums zerstörte. Das Steuersystem sowie staatliche Verordnungen für Unternehmen und andere Bereiche des öffentlichen Lebens verurteilte sie ebenfalls.

Objektivismus

Rand nannte ihre politische Doktrin »Objektivismus«: eine praktische Philosophie und Prinzipiensammlung, die alle Aspekte des Lebens regelte – auch Politik, Ökonomie, Kunst und Beziehungen. Sie gründete auf Vernunft und Rationalität als einzige absolute Kategorien im menschlichen Leben. Andere Formen des »Wissen«, die auf Glauben und Instinkt beruhten, zum Beispiel Religion, stellten keine adäquate Grundlage für die menschliche Existenz dar. Rand hielt den ungehinderten Kapitalismus für das einzige System sozialer Organisation, das mit der rationalen Natur des Menschen in Einklang war, und meinte, staatliches Handeln führe zur Begrenzung menschlicher Fähigkeiten.

Atlas wirft die Welt ab, das einflussreichste Werk Rands, zeigt ihre Haltung: Der Roman spielt in einer Variante der USA, die durch Staatsinterventionen und korrupte Unternehmen gelähmt ist. Die Helden sind Industrielle und Unternehmer, die mit ihrer Produktivität die Gesellschaft tragen und deren Kooperation die Zivilisation aufrechterhält.

Atlas trägt die Welt auf seinen Schultern – wie in dieser Skulptur am Rockefeller Center in New York. Rand glaubte, die Unternehmer tragen in gleicher Weise die Nation.

Heute finden sich Rands Ideen in libertären und konservativen Bewegungen, die eine Staatsschrumpfung befürworten. Andere weisen darauf hin, dass zum Beispiel Maßnahmen fehlen, die die Schwachen der Gesellschaft vor der Ausbeutung durch die Starken schützen. ■

Ayn Rand

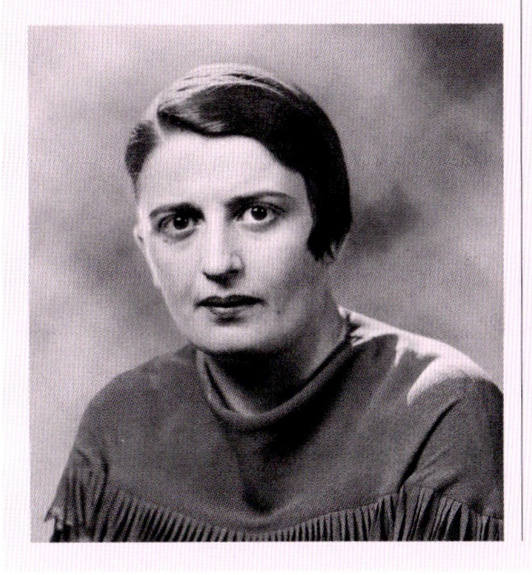

Ayn Rand wurde als Alissa Sinowjewna Rosenbaum in St. Petersburg (Russland) geboren. Im Zuge der Oktoberrevolution von 1917 wurde ihre Familie enteignet. Ihr Studium der Geschichte, Philosophie und des Films beendete sie in Russland, bevor sie in die USA ging.

Zunächst arbeitete Rand als Drehbuchautorin in Hollywood, in den 1930er-Jahren veröffentlichte sie dann erste literarische Werke. Ihr Roman mit dem Titel *Der ewige Quell* erschien 1943 und machte sie berühmt. Doch zum wahren Vermächtnis wurde ihr letztes Werk, *Atlas wirft die Welt ab.* Rand schrieb auch Sachbücher und lehrte Philosophie, dabei propagierte sie einen Objektivismus im modernen Leben. Seit ihrem Tod ist der Einfluss ihres Werkes gewachsen und sie wurde zur philosophischen Untermauerung moderner rechtslibertärer und konservativer Strömungen wiederholt zitiert.

Hauptwerke

1943 *Der ewige Quell*
1957 *Atlas wirft die Welt ab*
1964 *The Virtue of Selfishness*

JEDE BEKANNTE UND ERWIESENE TATSACHE KANN GELEUGNET WERDEN

HANNAH ARENDT (1906–1975)

IM KONTEXT

IDEENLEHRE
Antitotalitarismus

SCHWERPUNKT
Wahrheit und Mythos

FRÜHER
1882 Der französische Historiker Ernest Renan sagt, nationale Identität beruhe auf selektiver und verzerrter Erinnerung.

1960 Hans-Georg Gadamer setzt sich in *Wahrheit und Methode* mit der Bedeutung der Erschaffung kollektiver Wahrheiten auseinander.

SPÄTER
1992 Der britische Historiker Eric Hobsbawn meint, kein ernsthafter Historiker kann überzeugter Nationalist sein.

1995 Der britische Philosoph David W. Miller sagt, Mythen erfüllen eine wertvolle sozialintegrative Funktion – auch wenn sie nicht wahr sind.

1999 Jürgen Habermas kritisiert in *Wahrheit und Rechtfertigung* Arendts Haltung.

Die deutsche Philosophin Hannah Arendt beschäftigte sich in einer äußerst turbulenten Zeit mit der Natur des Politischen: Sie erlebte den Aufstieg und Fall des Naziregimes, den Vietnamkrieg, die Studentenunruhen in Paris sowie die Ermordung von US-Präsident John F. Kennedy und Martin Luther King. Als deutsche Jüdin, die ins besetzte Frankreich floh und später in die USA ging, erlebte sie all dies unmittelbar. Ihre politische Philosophie fußt auf diesen Ereignissen und darauf, wie sie öffentlich dargestellt wurden.

In ihrem Essay *Wahrheit und Politik* von 1967 beschäftigte Arendt sich mit der Frage, wie historische Tatsachen oft verzerrt und politisch instrumentalisiert werden, um politische Entscheidungen zu rechtfertigen. Das war in der Politik nichts Neues, Lügen spielten seit jeher eine Rolle in Diplomatie und Außenpolitik. Doch das Ausmaß, in dem dies geschah, veränderte sich seit den 1960er Jahren. Arendt wies nach, dass es um mehr ging als um das Bewahren von Staatsgeheimnissen. Fakten, die jedermann bekannt waren, wurden nach und nach gezielt ausgelöscht und durch eine konstruierte Version der historischen »Realität« ersetzt.

Diese Art der Manipulation von Fakten und Meinungen betrieben, so Arendt, nicht länger nur totalitäre Regime, in denen die Menschen offensichtlich unterdrückt wurden und wachsam gegenüber permanenter Propaganda sein mochten. Arendt meinte, dass sie zunehmend auch in liberalen Demokratien wie den USA stattfand, wo gefälschte Berichte und absichtliche Fehlinformationen dazu dienten, militärische Interventionen wie die im Vietnamkrieg 1954–1975 zu rechtfertigen. In freien Ländern würden unbequeme

Im Vietnamkrieg verbreiteten die USA falsche Informationen in der Öffentlichkeit und verzerrten Tatsachen so, wie Hannah Arendt es beschreibt, um den Militäreinsatz zu rechtfertigen.

Siehe auch: Ibn Khaldun 72–73 ▪ Karl Marx 188–193 ▪ José Ortega y Gasset 250–251 ▪ Michel Foucault 310–311 ▪ Noam Chomsky 314–315

historische Wahrheiten häufig in bloße Meinungen umgemünzt und verloren so ihre Faktizität – als wäre zum Beispiel die Politik Frankreichs und des Vatikans während des Zweiten Weltkriegs, so Arendt, weniger eine Sache historischer Belege als die bloßer Ansichten.

Eine alternative Realität

Das Umschreiben von Zeitgeschichte unter den Augen derer, die sie erlebt hatten, indem bekannte und belegte Tatsachen verleugnet oder vernachlässigt wurden, führt nicht nur dazu, dass eine schmeichelhaftere, den politischen Interessen dienende Wirklichkeit dargestellt wird, sondern es entsteht zugleich eine Ersatzrealität, die mit der tatsächlichen Wahrheit nichts mehr zu tun hat. Das aber, so Arendts Argument, ist besonders gefährlich, die konstruierte Ersatzrealität, die im Naziregime den Massenmord rechtfertigte, sah sie als Beispiel dafür. Denn dabei stünde die kollektive und tatsächliche Wirklichkeit auf dem Spiel.

Diejenigen, die Hannah Arendts Auffassung folgen, weisen auf die Invasion der USA und ihrer Alliierten 2003 in den Irak als vergleichbares Phänomen hin. Und Julian Assange, der Gründer von WikiLeaks, bezieht sich auf sie, indem er die Herausgabe geheimer Dokumente über Ereignisse rund um die Welt rechtfertigt, die offiziellen Regierungsversionen widersprechen. ■

Hannah Arendt

Hannah Arendt wurde im Jahr 1906 in eine säkulare jüdische Familie in Linden hineingeboren und wuchs in Königsberg und Berlin auf. Sie entschied sich für ein Studium der Philosophie an der Universität Marburg bei Martin Heidegger. Zwischen den beiden entwickelte sich eine intellektuelle und romantische Beziehung, die schwierig wurde, als Heidegger die Nationalsozialisten unterstützte.

Arendt bekam, weil sie Jüdin war, in der Nazizeit keine Arbeitsstelle an einer deutschen Universität. Aus diesem Grund floh sie nach Paris und später in die USA, wo sie Mitglied eines lebendigen intellektuellen Zirkels wurde. Sie veröffentlichte zahlreiche einflussreiche Werke und lehrte an den Universitäten in Berkeley, Chicago, Princeton – hier als erste weibliche Dozentin – und Yale. 1975 starb sie an den Folgen eines Herzinfarkts.

Hauptwerke

1951 *Elemente und Ursprünge totaler Herrschaft*
1958 *Vita activa oder vom täglichen Leben*
1963 *Über die Revolution*

WAS IST EINE FRAU?

SIMONE DE BEAUVOIR (1908–1986)

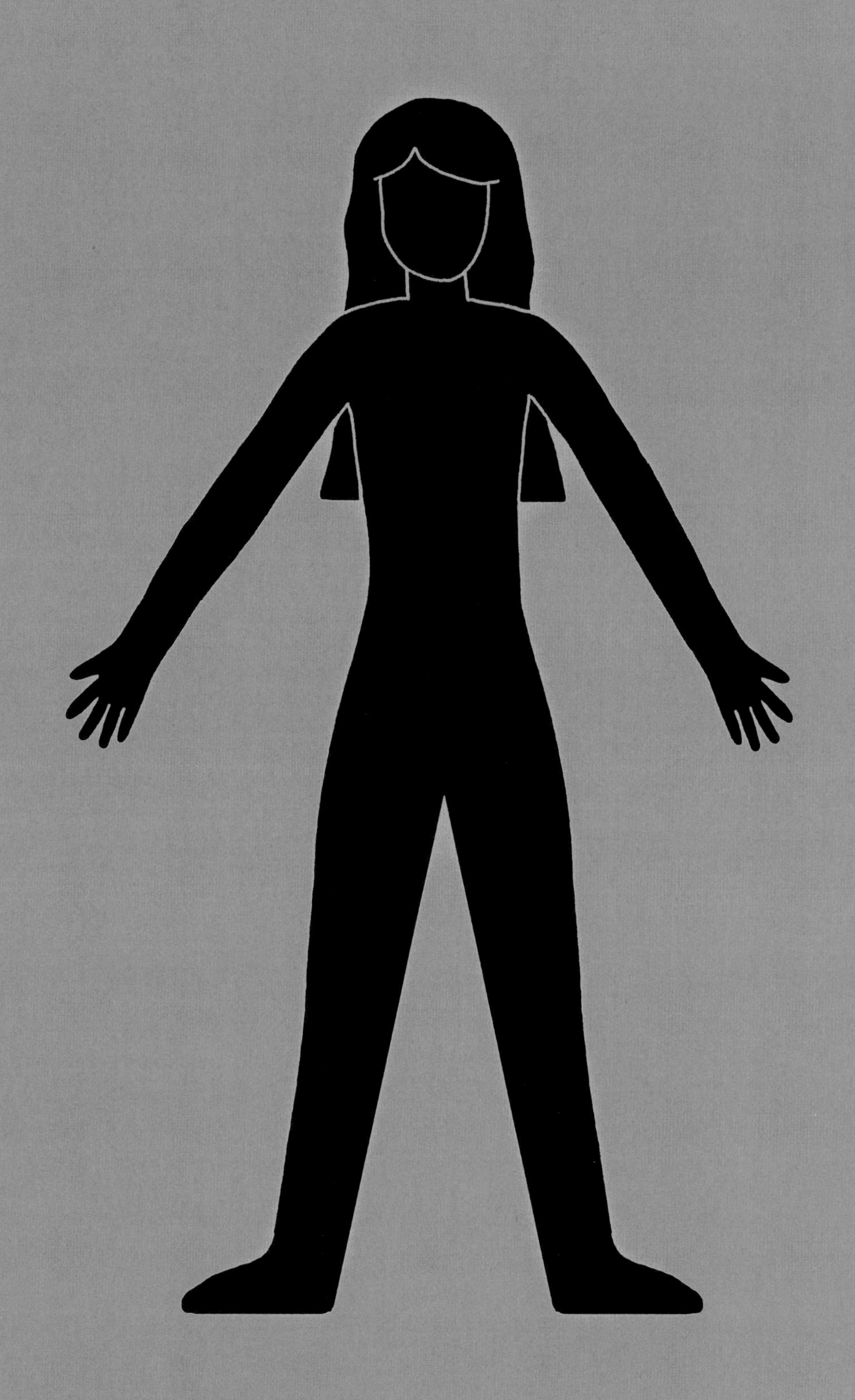

IM KONTEXT

IDEENLEHRE
Existenzialistischer Feminismus

SCHWERPUNKT
Freiheit der Wahl

FRÜHER
1791 Olympe de Gouges schreibt die *Erklärung der Rechte der Frau und Bürgerin.*

1880 Eugénie Potonié-Pierre und Leonie Rouzade gründen die Union des Femmes (Frauenverband).

1944 In Frankreich bekommen Frauen das Wahlrecht.

SPÄTER
1963 Betty Friedan veröffentlicht *Der Weiblichkeitswahn* und teilt darin viele Gedanken Simone de Beauvoirs einer breiteren Öffentlichkeit mit.

1970 Die australische Autorin Germaine Greer untersucht in *Der weibliche Eunuch* die Begrenzungen der Frau in Konsumgesellschaften.

Überall in der Welt erhalten Frauen niedrigere Löhne als Männer, haben sie weniger Rechte und werden kulturell unterdrückt. Diesbezüglich lieferten feministische Interpretationen gesellschaftlicher Zusammenhänge wichtige Beiträge zur politischen Theorie und inspirierten Generationen von Denkern.

Im 19. Jahrhundert erstarkte der Feminismus, wenngleich die einzelnen feministischen Gruppen große Unterschiede aufwiesen. Einige vertraten das Konzept der »Gleichheit durch Differenz«: Sie akzeptierten die natürlichen Unterschiede zwischen Männern und Frauen und betrachteten diese als Stärke. Andere wollten Frauen nicht anders behandelt sehen als Männer, sie konzentrierten sich auf das Frauenwahlrecht und auf politische Rechte. Ihr Kampf um die rechtliche Gleichstellung der Frau wurde als »erste Welle des Feminismus« bekannt. Anders wird die »zweite Welle des Feminismus« betrachtet, die weitergehende politische Ziele verfolgte und sich in den 1960er-Jahren weltweit entwickelte. Diese neue Bewegung setzte sich mit der Diskriminierung von Frauen am Arbeitsplatz und zu Hause auseinander sowie mit den oft subtilen Erscheinungsformen unbewusster Vorurteile, denen durch Gesetzesänderungen allein nicht beizukommen war. Ihre intellektuelle Inspiration bezog diese Strömung zum großen Teil aus dem Werk der französischen Philosophin Simone de Beauvoir.

> »Er ist das Subjekt, er ist das Absolute. Sie ist das Andere.«
>
> **Simone de Beauvoir**

Den Feminismus überwinden

Obwohl sie bisweilen als »Mutter der modernen Frauenbewegung« bezeichnet wird, sah sich de Beauvoir, als sie um 1949 an ihrem

Simone de Beauvoir

Simone Lucie-Ernestine-Marie Bertrand de Beauvoir wurde 1908 als ältere von zwei Töchtern einer wohlhabenden Familie in Paris geboren und studierte an der Sorbonne Philosophie. Dort traf sie Jean-Paul Sartre, der ihr Lebenspartner und philosophisches Gegenüber werden sollte.

De Beauvoir erklärte sich bereits als Teenager zur Atheistin; ihre Ablehnung der Kirche führte auch dazu, dass sie sich weigerte, Sartre zu heiraten. Neben den persönlichen Erfahrungen in Paris fand sich die Auseinandersetzung mit politischen Themen wie dem internationalen Erstarken des Kommunismus in zahlreichen ihrer Bücher wieder. Darüber hinaus schrieb sie eine Reihe von Romanen.

Nach Sartres Tod im Jahr 1980 begann de Beauvoir unter gesundheitlichen Problemen zu leiden. Sie starb sechs Jahre später und wurde im selben Grab wie Sartre beerdigt.

Hauptwerke

1943 *Sie kam und blieb*
1949 *Das andere Geschlecht*
1954 *Die Mandarins von Paris*

Siehe auch: Mary Wollstonecraft 154–155 ▪ G.W.F. Hegel 156–159 ▪ John Stuart Mill 174–181 ▪ Emmeline Pankhurst 207 ▪ Shirin Ebadi 328

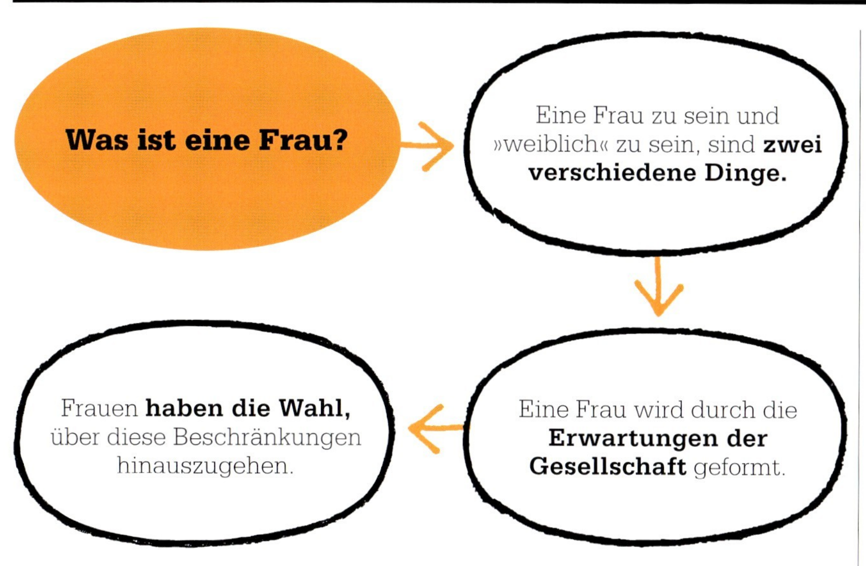

bahnbrechenden Werk *Das andere Geschlecht* arbeitete, nicht in erster Linie als »Feministin«. Diese Kategorisierung wollte sie überwinden, da sich der Feminismus ihrer Ansicht nach oft durch seine Argumentation selbst blockierte. Stattdessen erarbeitete sie sich eine eigene Sichtweise, indem sie feministische Argumente mit ihrer existenzialistischen Weltsicht kombinierte. Später unterstützte sie indes die zweite Welle der feministischen Bewegung – in den 1970er-Jahren auch durch ihre Romane, in denen sie untersuchte, welche Bedingungen für Frauen in der Gesellschaft herrschten.

Bei dem Versuch, sich selbst zu definieren, kam de Beauvoir stets als erster Satz in den Sinn: »Ich bin eine Frau.« Diese Aussage und ihre tiefere Bedeutung zu durchleuchten bildete die Grundlage ihres gesamten Werkes. Ihr ging es darum, zwischen Frau-Sein und Weiblich-Sein zu unterscheiden. Schließlich fand sie eine Definition: »ein menschliches Wesen in weiblicher Prägung«. De Beauvoir lehnte die Theorie des »ewig Weiblichen« – die mysteriöse Essenz von Weiblichkeit – ab, da sie diese für geeignet hielt, Ungleichheit zu rechtfertigen. In ihrem Buch *Das andere Geschlecht* zeigte sich, dass allein die Frage »Was ist eine Frau?« bedeutsam war, weil sie die vorhandene »Andersartigkeit« von Frauen im Vergleich zu Männern in der Gesellschaft sichtbar machte. De Beauvoir gehörte zu den Ersten, die das, was »Sexismus« in der Gesellschaft bedeutete, definierten: Annahmen und Vorurteile über Frauen. Auch stellte sie die Frage, ob Frauen als Frauen geboren oder durch gesellschaftliche Vorurteile, inklusive religiöser Strukturen, Bildungserwartungen und historischer Vorbilder, dazu gemacht werden. Um aufzuzeigen, wie sich die Vorurteile und Annahmen auswirkten, untersuchte sie, wie Frauen in der Psychoanalyse, Geschichte und Biologie dargestellt wurden. Dabei zog sie eine Fülle von Quellen heran – literarische, wissenschaftliche und anekdotische.

Bei der Beantwortung der Frage »Was ist eine Frau?« ließ sich de Beauvoir vom Existenzialismus leiten, der sich der Entdeckung des Selbst durch die Freiheit der individuellen Wahl innerhalb der »

Das traditionelle Bild von der Frau als Ehegattin, Hausfrau und Mutter hält sie nach de Beauvoir gefangen. In dieser Rolle wird sie vom Ehemann definiert und von anderen Frauen ferngehalten.

De Beauvoir hatte eine lebenslange Beziehung mit Jean-Paul Sartre – die beiden heirateten aber nie. Sie betrachtete ihre offene Beziehung als Beispiel für die Entscheidungsfreiheit der Frau.

Gesellschaft widmete. In diesem Bereich sah sie die Freiheit der Frau in besonderer Weise eingeschränkt. Diese philosophische Denkrichtung entwickelte sie während ihrer Beziehung mit Jean-Paul Sartre weiter, den sie 1929 an der Sorbonne traf. Er war einer der führenden Köpfe des Existenzialismus. Die beiden führten einen anhaltenden und fruchtbaren intellektuellen Dialog – und eine vielgestaltige und langjährige Beziehung.

De Beauvoirs Position ist darüber hinaus mit linken Überzeugungen verbunden. Sie verstand die Kämpfe der Frauen als Teil des Klassenkampfs und begriff, dass ihr als »Tochter aus gutem Hause« Möglichkeiten offenstanden, die andere Frauen aus niederen Schichten nicht hatten. Sie wollte erreichen, dass diese Freiheit für alle Frauen galt – schließlich sogar für alle Menschen aller Klassen. Sie zog Parallelen zwischen der physischen Einengung der Frau – in eine »Küche oder ein Boudoir« – und den intellektuellen Beschränkungen, die ihr auferlegt wurden. Diese würden bewirken, dass Frauen ihre Mittelmäßigkeit akzeptieren, und verhindern, dass sie sich selbst mehr zutrauen. Diese Begrenztheit bezeichnete de Beauvoir als »Immanenz«, damit meinte sie die Beschränkung der Frauen durch und auf ihre unmittelbare Erfahrung in der Welt. Demgegenüber beschrieb sie die Situation der Männer als »Transzendenz«, die es ihnen erlaubt, jede selbst gewählte Position einzunehmen, unabhängig von den Grenzen unmittelbarer Erfahrungen. So bezeichnete sie Männer als »Subjekte«, die sich selbst definierten – während Frauen »das Andere« waren und von Männern definiert wurden.

> »Welches Unglück, ein Weib zu sein! Und doch liegt das größte Unglück darin, dass das Weib es nicht fasst.«
>
> **Sören Kierkegaard**

De Beauvoir fragte sich, warum Frauen in der Regel diese Zuordnung akzeptierten. Sie wollte die Gründe dafür herausfinden, warum sie sich den von Männern gesetzten Prämissen unterwarfen. Dabei machte sie deutlich, dass »Immanenz« kein »moralischer Fehler« von Frauen war. Stattdessen beschrieb sie das, was sie als inhärenten Widerspruch bezeichnete und dem Frauen ausgesetzt waren: die Unmöglichkeit, angesichts der fundamentalen Unterschiede zwischen Mann und Frau sich selbst als umfassend gleichberechtigten Bestandteil der menschlichen Rasse zu betrachten.

Wahlfreiheit

Viele Aspekte in *Das andere Geschlecht* wurden sehr kontrovers diskutiert, darunter der freie Diskurs über lesbische Liebe und die offene Verachtung der Ehe – beide Aspekte fanden in de Beauvoirs Leben einen tiefen Nachhall. Sie wollte die Ehe mit Sartre nicht, weil sie ihre Beziehung aus Prinzip nicht durch eine männliche Institution eingeschränkt sehen wollte. Für sie war die Ehe der Kern weiblicher Abhängigkeit vom Mann, die die Frau an den Mann band und sie von ihren Geschlechtsgenossinnen trennte. Nur wenn Frauen autonom blieben, so de Beauvoir, waren sie fähig, sich gegen ihre Unterdrückung zu wehren. Nur wenn Mädchen dazu erzogen würden, »einen Kameraden, einen Freund, einen Partner« statt »einen Halbgott« zu

» … in der menschlichen Kollektivität [gibt es] nichts, was natürlich wäre, und … auch die Frau [ist] ein Produkt der Zivilisation. «

Simone de Beauvoir

finden, könnten sie eine Beziehung auf Basis von mehr Gleichheit eingehen und erhalten.

Als zentraler Gedanke in de Beauvoirs Thesen erwies sich das auf dem Existenzialismus beruhende Konzept, Frauen die »Wahl« ihrer gesellschaftlichen Position zu ermöglichen. Wenn die Frau sich als das Unwesentliche entdeckt und niemals zum Wesentlichen werden kann, so führte de Beauvoir aus, lag das daran, dass sie selbst diese Transformation nicht herbeiführt. Anders gesagt: Frauen konnten sich nur selbst befreien, nicht aber von den Männern befreit werden. Die Verantwortung, eine schwierige Wahl selbst zu treffen, gehörte zu den existenzialistischen Kerngedanken de Beauvoirs. Und wie sie ihre eigene Beziehung gestaltete, war in den 1920er-Jahren alles andere als leicht, gingen damit doch die Ablehnung der Werte ihrer eigenen Erziehung und die Missachtung gesellschaftlicher Normen einher.

Manche Leser interpretierten die Aussagen in *Das andere Geschlecht* dahingehend, dass de Beauvoir Frauen auffordert, wie Männer zu werden, das heißt, die »Weiblichkeit«, die ihnen aufgezwungen wird, und damit ihre Unterschiede zu den Männern zu ignorieren. Ihre Hauptthese indes besagte, erst die Zusammenarbeit von Männern und Frauen werde die Konflikte, die die akzeptierten Positionen des Mannes als Subjekt und der Frau als Objekt mit sich brachten, lösen. In ihrer Beziehung mit Sartre lotete sie diese Möglichkeit aus und sie versuchte, vieles, was sie in ihren Texten geschrieben hatte, selbst zu leben.

De Beauvoir wurde vorgeworfen, gleichermaßen gegen Mutterschaft wie gegen die Ehe zu sein. Sie lehnte Mutterschaft jedoch nicht grundsätzlich ab, erkannte aber, dass die Gesellschaft Frauen nicht die Wahl ließ, mit Kind weiterhin zu arbeiten oder außerhalb der Ehe Kinder zu haben. Sie sah, wie Frauen die Mutterschaft als Flucht nutzten, da sie ihnen einen Sinn im Leben gab, und sich schließlich als gefangen darin erlebten. Deshalb betonte sie allem voran die Bedeutung echter Wahlmöglichkeiten und die freie Entscheidung.

Neugestaltung feministischer Politik

Die weltweite Popularität von *Das andere Geschlecht* machte das Werk zu einem Meilenstein in der feministischen Theorie. De Beauvoirs Analyse der Rolle der Frau in der Gesellschaft sowie der Konsequenzen daraus sowohl für die Frau als auch für den Mann traf auf Resonanz in der westlichen Welt und wurde zur Initialzündung für die zweite Welle der Frauenbewegung. 1963 griff die US-amerikanische Autorin Betty Friedan de Beauvoirs Argument auf, das weibliche Potenzial bleibe in patriarchalen Gesellschaften ungenutzt. Es sollte zum Fundament des politisch-feministischen Denkens in den 1960er- und 1970er-Jahren werden. ■

De Beauvoir glaubte, dass die Männer in der Gesellschaft die akzeptierte Position von »Subjekten« innehatten, während die Frauen als »das Andere« eingestuft wurden.

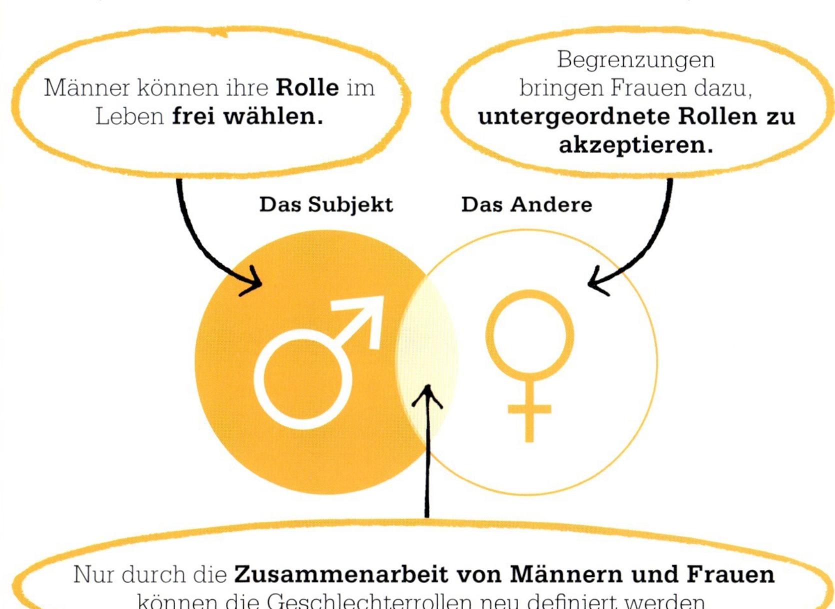

KEIN NATÜRLICHES OBJEKT IST NUR EINE RESSOURCE

ARNE NÆSS (1912–2009)

IM KONTEXT

IDEENLEHRE
Radikaler Umweltschutz

SCHWERPUNKT
Tiefenökologie

FRÜHER
1949 Aldo Leopolds »Landethik«-Essay wird posthum veröffentlicht. Darin ruft er zu einer neuen Naturschutz-Ethik auf.

1962 Rachel Carson schreibt *Der stumme Frühling.* Dieser Text wird zur Initialzündung der Ökologiebewegung in den USA.

SPÄTER
1992 Der erste Erdgipfel in Rio de Janeiro (Brasilien) führt dazu, dass Umweltprobleme weltweit anerkannt werden.

1998 In Deutschland kommt eine rot-grüne Koalition an die Macht. Damit wurde zum ersten Mal eine Ökopartei in die Regierung eines Landes gewählt.

Die ökonomischen, gesellschaftlichen und politischen Herausforderungen des Klimawandels haben es in den vergangenen Jahrzehnten unumgänglich gemacht, dass neue politische Ideen entwickelt werden müssen. Seit den 1960er-Jahren gilt der Umweltschutz als politisches Projekt, er ist heute als Aufgabe der Politik nicht mehr wegzudenken. Inzwischen hat die grüne Bewegung eine Reihe von Ablegern und Denkrichtungen hervorgebracht.

Die ersten Umweltschützer

Bereits im 19. Jahrhundert beschäftigten sich Denker, darunter die englischen Kritiker John Ruskin und

Siehe auch: John Locke 104–109 ▪ Henry David Thoreau 186–187 ▪ Karl Marx 188–193

Die Menschheit stellt einen Teil des **fragilen Ökosystems** dar.

Das Handeln des Menschen **führt zu irreparablen Schäden** im Ökosystem.

Oberflächenökologie geht davon aus, dass sich mit derzeitigen ökonomischen und gesellschaftlichen Strukturen **Umweltprobleme lösen** lassen.

Tiefenökologie geht davon aus, dass nur grundlegende soziale und politische Veränderungen **eine Umweltkrise verhindern** können.

William Morris, mit der Industrialisierung und ihren Folgen für die natürliche Umwelt. Doch erst nach dem Ersten Weltkrieg kam eine wissenschaftliche Betrachtung der vom Menschen verursachten Umweltschäden in Gang. Die US-amerikanische Meeresbiologin Rachel Carson veröffentlichte 1962 *Der stumme Frühling (Silent Spring)* – eine Darstellung diverser Umweltschäden, die durch Pestizide verursacht wurden. Darin wies die Autorin nach, dass sich der ungeregelte Gebrauch von Pestiziden wie DDT auf die Umwelt verheerend auswirkte. Carson lieferte zudem einen Bericht über die Auswirkungen der Pestizide auf den Menschen und band ihn so in das Ökosystem mit ein, statt ihn als außerhalb der Natur stehend zu betrachten.

In den USA war Carsons Buch der Auslöser für den Einzug der Ökologiebewegung in die Politik. Zugleich regte es den norwegischen Philosophen und Ökologen Arne Næss an, den Umweltschutz philosophisch zu untermauern. Næss war ein bekannter Sprachphilosoph an der Universität Oslo. In den 1970er-Jahren zog er sich aus dem Wissenschaftsbetrieb zurück und widmete sich von da »

» Die Erde gehört den Menschen nicht. «

Arne Næss

Arne Næss

Arne Næss wurde 1912 in der Nähe von Oslo (Norwegen) geboren. Er studierte Philosophie und wurde im Alter von 27 Jahren einer der jüngsten Philosophieprofessoren der Universität Oslo. Der bedeutende Wissenschaftler beschäftigte sich vor allem mit Sprache und Semantik. 1969 verließ er den Wissenschaftsbetrieb, widmete sich von da an dem Studium der ethischen Ökologie und propagierte praktische Maßnahmen gegen die Umweltverschmutzung. Er schrieb insgesamt über 400 Artikel und zahlreiche Bücher.

Außerdem war Næss ein passionierter Bergsteiger und hatte sich bereits mit 19 Jahren einen bedeutenden Ruf als Kletterer erarbeitet. Er lebte viele Jahre in einer einsamen Berghütte, wo er den größten Teil seines Spätwerks verfasste.

Hauptwerke

1973 *The Shallow and the Deep, Long-Range Ecology Movements: A Summary*
1989 *Ecology, Community and Lifestyle*

Die Industrielle Revolution veränderte das Denken der Menschen über die Umwelt. Sie weiterhin nur als Ressource zu betrachten und sie deshalb auszubeuten, könnte, so Næss, zur Zerstörung der Menschheit führen.

an ökologischen Themen. Næss wurde zu einem praktischen Philosophen und entwickelte eine Umweltethik mit neuen Wegen, um den jüngst erkannten ökologischen Problemen zu begegnen. Dabei forderte er vor allem ein neues Verständnis der Beziehung zwischen Mensch und Natur.

Als grundlegend erwies sich Næss' Gedanke, die Erde nicht einfach als eine von den Menschen zu nutzende Ressource zu betrachten. Wir müssten uns als Teil eines komplexen Ökosystems verstehen statt als Konsumenten der Naturgüter und zudem ein Mitgefühl für alle nicht menschlichen Lebewesen entwickeln. Andernfalls, so Næss, riskiert der Mensch durch engstirniges und selbstsüchtiges Verhalten die Zerstörung der natürlichen Umwelt.

Næss skizzierte die Rahmenbedingungen für eine ökologische Theorie, die Lösungen für gesellschaftliche Probleme bereitstellen sollte, er nannte sie »Ökosophie T« (»T« stand für Tvergastein, den Ort in den südnorwegischen Bergen, wo Næss wohnte). Ökosophie T beruht auf dem Gedanken, zu akzeptieren, dass alle Lebewesen – ob menschliche, animalische oder vegetative – das gleiche Recht auf Leben haben. Indem der Mensch sich als Teil eines untereinander verbundenen Ganzen begreift, werden die Auswirkungen seines Handelns für die Umwelt offenbar. Dort, wo die Konsequenzen menschlichen Handelns unbekannt sind, ist Nichthandeln die einzig ethische Option, so Næss.

Tiefenökologie

Später entwickelte Næss die Begriffe »Oberflächen-« und »Tiefenökologie« und stellte sie einander gegenüber, um die Unzulänglichkeiten vieler Ansätze zum Thema aufzuzeigen. Oberflächenökologie basiert nach ihm auf dem Glauben, Umweltprobleme ließen sich durch Kapitalismus, Industrie und menschliche Eingriffe in die Natur lösen. Diese Denkrichtung geht davon aus, dass die Strukturen der Gesellschaft geeignet sind, um darin ökologische Probleme zu lösen; die Umwelt sieht er aus einer Perspektive, bei der der Mensch das Zentrum bildet. Aus Næss' Sicht ist Oberflächenökologie nicht wertlos, tendiert jedoch dazu, sich nur auf das oberflächliche Beheben von Umweltproblemen zu konzentrieren. Diese Theorie sieht den Menschen als überlegenes Lebewesen innerhalb des Ökosystems und erkennt nicht die Notwendigkeit für grundlegende gesellschaftliche Reformen. Die tieferen sozialen, philosophischen und politischen Wurzeln der Probleme bleiben so ungelöst, da den unmittelbaren Interessen der Menschen ein Vorrang vor der Natur als Ganzes eingeräumt wird.

Die Tiefenökologie geht hingegen davon aus, dass die Erde ohne tiefgreifende Reformen des menschlichen Verhaltens irreparablen Schaden erleidet. Der rasante Fortschritt des Menschen und der Gesellschaft hat das empfindliche Gleichgewicht der Natur gestört, mit dem Resultat, dass nicht nur die Natur geschädigt wird, sondern auch die Menschheit sich, als Teil

» Die Verfechter der Oberflächenökologie glauben, die Reform der menschlichen Beziehungen zur Natur könnte innerhalb der bestehenden Gesellschaftsstrukturen erfolgen. «

Arne Næss

Der Ansatz, Umweltprobleme innerhalb der bestehenden politischen, ökonomischen und gesellschaftlichen Systeme lösen zu wollen, ist Arne Næss zufolge zum Scheitern verurteilt. Es bedarf einer neuen Weltsicht, die den Menschen als Teil des Ökosystems betrachtet.

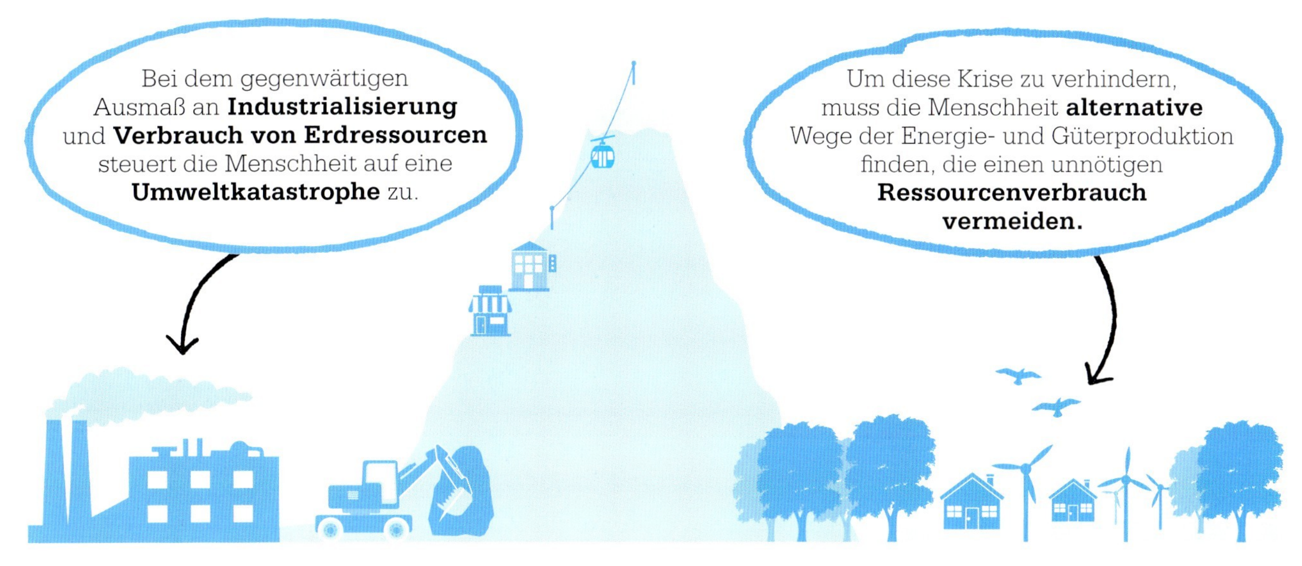

der Umwelt, in Richtung Selbstzerstörung bewegt.

Um den Wert der Natur unabhängig vom Menschen zu verstehen, so Næss, muss eine spirituelle Erkenntnis erfolgen, die ein Verständnis von der Bedeutung und der Verbindung allen Lebens voraussetzt. Die Menschen müssen begreifen, dass sie die Erde bewohnen, sie aber nicht besitzen – und dass Ressourcen nicht über das nötige Maß hinaus genutzt werden dürfen.

Direkte Aktion

Næss verband seine Bemühungen um eine ökologische Theorie mit dem Engagement für direkte Aktionen. Einmal kettete er sich an einen Felsen nahe dem Mardalfossen (ein Wasserfall in einem Fjord in Norwegen) und protestierte damit erfolgreich gegen den Bau eines Staudamms. Die mit der tiefenökologischen Perspektive einhergehende Erkenntnis sollte nach Næss dazu genutzt werden, einen ethischen und verantwortlichen Umgang mit der Natur zu erreichen. Im Rahmen eines weitreichenden Reformprogramms trat er für weniger Konsum und eine Absenkung des materiellen Lebensstandards in den reichen Ländern ein. Gleichwohl war er gegen fundamentalistische Strömungen in der Umweltbewegung und glaubte, es diene auch dem Erhalt einer stabilen Gesellschaft, einige natürliche Ressourcen zu nutzen.

Næss' Einfluss

Obwohl er für schrittweise Veränderungen eintrat und fundamentalistische Strategien ablehnte, übernahmen vor allem radikalere Umweltaktivisten Næss' Ideen. »Earth First!«, ein internationales Netzwerk radikaler Umweltgruppen, die mit direkten Aktionen auf sich aufmerksam machen, entwickelte ein eigenes Verständnis von der Theorie der Tiefenökologie, mit der Aktionen des zivilen Ungehorsams sowie Sabotageakte gerechtfertigt werden.

Mit dem wachsenden Bewusstsein für ökologische Fragen werden auch in der Politik die Ideen von Næss' verstärkt aufgegriffen. Umweltprobleme machen vor Ländergrenzen nicht Halt und sie werfen bei Theoretikern wie Praktikern ein komplexes Geflecht von Fragen auf. Die grüne Bewegung ist längst fester Bestandteil der Politik – sei es innerhalb von Parteien oder Interessenverbänden wie »Greenpeace« und »Friends oft the Earth« oder BUND. Næss' Arbeiten dienen bis heute als wichtiger Beitrag, um die Zielsetzungen auch philosophisch zu untermauern. Dennoch lösten seine Ideen Kontroversen aus und riefen Kritik von allen Seiten hervor bis hin zu dem Vorwurf, sie ließen sozioökonomische Fakten außer Acht und tendierten zu einem gewissen Mystizismus. Die politischen Fragen, die Umweltschützer aufwerfen, und die Rolle der Tiefenökologie haben aber mehr denn je beträchtliche Relevanz – und das wird auch so bleiben. ■

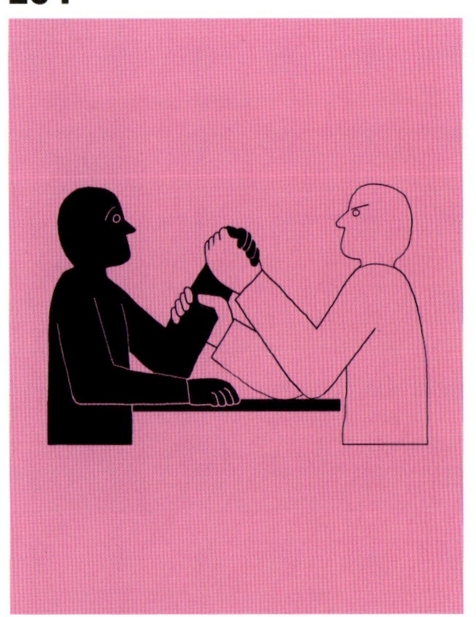

WIR SIND NICHT GEGEN WEISSE, WIR SIND GEGEN DIE VORHERRSCHAFT DER WEISSEN

NELSON MANDELA (1918–2013)

IM KONTEXT

IDEENLEHRE
Rassengleichheit

SCHWERPUNKT
Ziviler Ungehorsam

FRÜHER
1948 In Südafrika kommt die von Afrikaanern dominierte Nationale Partei (NP) an die Macht und führt ein Regime der Apartheid ein.

1961 Frantz Fanon schreibt *Die Verdammten dieser Erde* und skizziert darin einen bewaffneten Kampf gegen einen Unterdrücker.

1963 Martin Luther King hält in Washington D.C. seine berühmte Rede »Ich habe einen Traum …«.

SPÄTER
1993 Mandela erhält den Friedensnobelpreis.

1994 Bei den ersten freien Wahlen, an der alle Rassen teilnehmen, wird Mandela zum ersten schwarzen Präsidenten Südafrikas gewählt.

Der Kampf gegen das Apartheidregime in Südafrika zählt zu den wichtigen politischen Auseinandersetzungen am Ende des 20. Jahrhunderts. Mit dem Wahlsieg der Nationalen Partei begann dort 1948 eine Periode der Unterdrückung durch die weiße Minderheit. Nelson Mandela stand mit an der Spitze des Widerstands, er organisierte Demonstrationen und mobilisierte als Mitglied im Afrikanischen Nationalkongress (ANC) weitere Unterstützung. 1950 wurde der Widerstand gegen die Apartheidgesetze zu einer breiten Bewegung, die ihre Impulse von Bürgerrechtlern wie Martin Luther King und Mahatma Gandhi bezog.

Für Freiheit

Die Strategie des ANC zielte darauf ab, durch zivilen Ungehorsam, massenhafte Arbeitsverweigerung und Demonstrationen den Staat lahmzulegen. 1955 hielten der ANC und andere Gruppen der Anti-Apartheid-Bewegung in einer »Freiheits-Charta« ihre Forderungen nach Demokratie, politischer Teilhabe, Freizügigkeit und freier Meinungsäußerung fest. Diese Charta betrachtete die Regierung als einen Akt des Landesverrats.

Siehe auch: Mahatma Gandhi 220–225 ▪ Marcus Garvey 252 ▪ Frantz Fanon 304–307 ▪ Martin Luther King 316–321

Vom Protest zur Gewalt

Der Widerstand gegen das Apartheidregime zeigte zunächst nur langsam, aber deutlich Wirkung. In den 1950er-Jahren hatten, obwohl noch immer den meisten Nichtweißen die Teilnahme an demokratischen Prozessen verwehrt blieb, einige politische Parteien damit begonnen, sich wenigstens teilweise für die Rechte der Schwarzen in Südafrika einzusetzen. Dies war von entscheidender Bedeutung, denn die Unterstützung durch einige engagierte Weiße zeigte, dass die Anti-Apartheid-Bewegung nicht entlang der Rassengrenzen agierte. Das entsprach Mandelas Vision eines neu gestalteten Südafrikas. Er betonte, dass die primäre Motivation für den Protest und den Kampf die rassistische Ungerechtigkeit und die weiße Vorherrschaft sei – und nicht darin bestand, die weiße Minorität anzugreifen.

Trotz gut organisierter Proteste des ANC wurden entscheidende Reformen nicht verwirklicht, die Forderung nach einem umfassenden Wahlrecht für alle blieb ungehört. Stattdessen eskalierten mit dem sich vestärkenden Protest die gewaltsamen Reaktionen des Staates. Sie gipfelten in dem Massaker von Sharpeville im Jahr 1960, bei dem die Polizei 69 Demonstranten erschoss. Sie hatten gegen Gesetze protestiert, nach denen Schwarze Pässe mit sich führen mussten.

Der Kampf gegen Apartheid war kein Angriff auf die weiße Bevölkerung in Südafrika, das versicherte Mandela, sondern gegen die Ungerechtigkeit. Er rief zu umfassenden Veränderungen auf.

> »Ich habe gegen weiße Vorherrschaft und gegen schwarze Vorherrschaft gekämpft. Ich habe am Ideal einer demokratischen und freien Gesellschaft festgehalten.«
>
> **Nelson Mandela**

Doch auch der Widerstand der Anti-Apartheid-Bewegung blieb nicht restlos friedlich. Wie andere Revolutionäre vor ihm kam auch Mandela zu dem Schluss, der einzig erfolgreiche Weg gegen das Apartheidregime führe über den bewaffneten Kampf. Und so gründeten er und einige Mitstreiter 1961 den bewaffneten Arm des ANC – *Umkhonto we Sizwe (Speer der Nation)*. Das und andere Aktionen brachten Mandela eine lebenslange Haftstrafe ein. Zugleich erhielt er für seinen gewaltlosen Protest und sein Festhalten daran, die weiße Bevölkerung des Landes einzubeziehen, weltweite Unterstützung. Schließlich, nach vielen Jahren Kampf, wurde er aus der Haft entlassen und die Apartheid in Südafrika abgeschafft. ▪

Nelson Mandela

Nelson Rolihlahla Mandela wurde 1918 in der Transkei (Südafrika) geboren. Sein Vater war Berater des Königs der Thembu, eines Stammes im Volk der Xhosa. Mandela ging als junger Mann nach Johannesburg, studierte dort Jura und wurde 1944 Mitglied des Afrikanischen Nationalkongresses (ANC). Seit 1948 engagierte er sich im aktiven Widerstand gegen die Politik der Apartheid und wurde 1961 Anführer des bewaffneten Armes des ANC, *Umkhonto we Sizwe (Speer der Nation)*. Drei Jahre später wurde er zu lebenslanger Haft verurteilt. Bis zu seiner Freilassung 1990 verbrachte er insgesamt 18 Jahre auf der Gefängnisinsel Robben Island.

Danach übernahm Mandela eine wichtige Rolle bei der Demontage des Apartheidregimes. 1993 erhielt er den Friedensnobelpreis und wurde 1994 der erste schwarze Präsident Südafrikas. Nach seinem Rückzug aus der Politik im Jahr 1999 engagierte er sich unter anderem im Kampf gegen AIDS.

Hauptwerk

1994 *Der lange Weg zur Freiheit*

NUR UNENTSCHLOSSENE GLAUBEN, POLITIK SEI EIN ORT DER ZUSAMMENARBEIT

GIANFRANCO MIGLIO (1918–2001)

IM KONTEXT

IDEENLEHRE
Föderalismus

SCHWERPUNKT
Regionalisierung

FRÜHER
1532 Niccolò Machiavellis geht in *Der Fürst* davon aus, dass Italien eines Tages vereint wird.

1870 Mit der Einnahme der Stadt Rom durch die Armee von König Viktor Emanuel II. wird die Vereinigung Italiens vollendet.

SPÄTER
1993 Der US-amerikanische Politikwissenschaftler Robert Putnam veröffentlicht das Buch *Making Democracy Work* und untersucht darin verschiedene Bereiche des politischen und zivilen Lebens in Italien.

1994 Die Separatistenpartei Lega Nord (Liga Nord) stellt sich zum ersten Mal bei einer Wahl in Italien auf.

Die Geschichte Italiens ist von politischen Konflikten geprägt. Vor der nationalen Vereinigung von 1870 bestand Italien aus einer losen Koalition von Stadtstaaten. Angesichts der langen Geschichte der Ungleichheit und des Streits zwischen dem industrialisierten Norden und dem landwirtschaftlichen Süden denken viele im Norden, die Vereinigung des Landes habe dem Süden ökonomische Vorteile, ihnen selbst jedoch nur Nachteile gebracht.

Der Politologe und Politiker Gianfranco Miglio untersuchte in seinen Arbeiten die Strukturen der politischen Macht. Unter Bezug auf Max Weber und Carl Schmitt argumentierte er gegen eine Zentralisierung politischer Ressourcen in Italien. Dies habe, so Miglio, den Interessen des Nordens geschadet und ihm die Identität genommen.

Separatismus des Nordens

Miglio sah die Zusammenarbeit zwischen den verschiedenen Landesteilen weder als wünschenswerte Form der Politik an, noch dachte er, dass dies tatsächlich möglich sei. Die Interessenkonflikte der verschiedenen Regionen Italiens ließen sich nach Miglio nicht durch Kompromisse und Diskussionen lösen, sondern nur durch die Dominanz der Stärkeren. Seine Ideen führten ihn schließlich in die Politik. In den 1990er-Jahren wurde er als Mitglied der neu gegründeten radikalen, separatistischen Lega Nord in den Senat gewählt. ■

Große Unternehmen wie Fiat trugen zu Norditaliens Wohlstand bei. Aus Miglios Sicht war es ungerecht, diesen Wohlstand mit dem armen Süden des Landes zu teilen.

Siehe auch: Niccolò Machiavelli 74–81 ▪ Max Weber 214–215 ▪ Carl Schmitt 254–257

ZU BEGINN DES KAMPFES TENDIEREN DIE UNTERDRÜCKTEN DAZU, UNTERDRÜCKER ZU WERDEN

PAULO FREIRE (1921–1997)

IM KONTEXT

IDEENLEHRE
Radikalismus

SCHWERPUNKT
Reform der Erziehung

FRÜHER
1929–1934 Antonio Gramsci legt in den *Gefängnisheften* seine marxistische Philosophie dar.

1930er-Jahre Brasilien leidet während der Weltwirtschaftskrise unter extremer Armut und hoher Arbeitslosigkeit. Der Kaffeeexport sinkt stark.

SPÄTER
1960er-Jahre Paulo Freire entwickelt als Professor für Geschichte und Philosophie an der Universität von Recife (Brasilien) ein Programm gegen den Analphabetismus.

1970er-Jahre Freire arbeitet fast ein Jahrzehnt mit dem Weltkirchenrat zusammen. Dabei betätigt er sich als Berater für pädagogische Reformen in zahlreichen Ländern auf der ganzen Welt.

Politische Autoren haben immer wieder versucht, den Kampf gegen politische Unterdrückung zu verstehen. Philosophen wie Karl Marx und Antonio Gramsci sahen sie als Verhältnis zweier Gruppen von Akteuren: den Unterdrückern und denen, die sich unterdrücken lassen. Der brasilianische Pädagoge Paulo Freire befasste sich damit, welche Bedingungen nötig sind, um diesen Kreislauf zu durchbrechen. Er glaubte, der Akt der Unterdrückung entmenschlicht beide Seiten und sind sie erst einmal befreit, bleibt die Gefahr, dass Einzelne die erfahrene Ungerechtigkeit wiederholen. So gesehen, konnten Unterdrückte selbst zu Unterdrückern werden.

Echte Befreiung

Demnach, so Freire, war mehr als nur ein Rollenwechsel erforderlich, um Unterdrückung abzuschaffen und einen echten Befreiungsprozess zu beginnen. Er meinte, dass sich Menschlichkeit durch Erziehung wiederherstellen lässt und eine Reform der Erziehung Menschen hervorbringen kann, die ihr Leben neu betrachteten. Die Unterdrücker würden die anderen dann nicht mehr als abstrakte Gruppe sehen, sondern als Individuen, die Ungerechtigkeit erfahren haben. In diesem Sinne sah Freire die Erziehung als politischen Akt, in dem Lehrer und Schüler ihre Rollen reflektierten und die Umgebung, in der Erziehung stattfand, wertschätzten. Sein Werk beeinflusste viele politische Theoretiker. ■

» Das also ist die große humanistische und geschichtliche Aufgabe der Unterdrückten: sich selbst ebenso wie ihre Unterdrücker zu befreien. «

Paulo Freire

Siehe auch: G.W.F. Hegel 156–159 ▪ Karl Marx 188–193 ▪ Antonio Gramsci 259

GERECHTIGKEIT IST DIE ERSTE TUGEND SOZIALER INSTITUTIONEN

JOHN RAWLS (1921–2002)

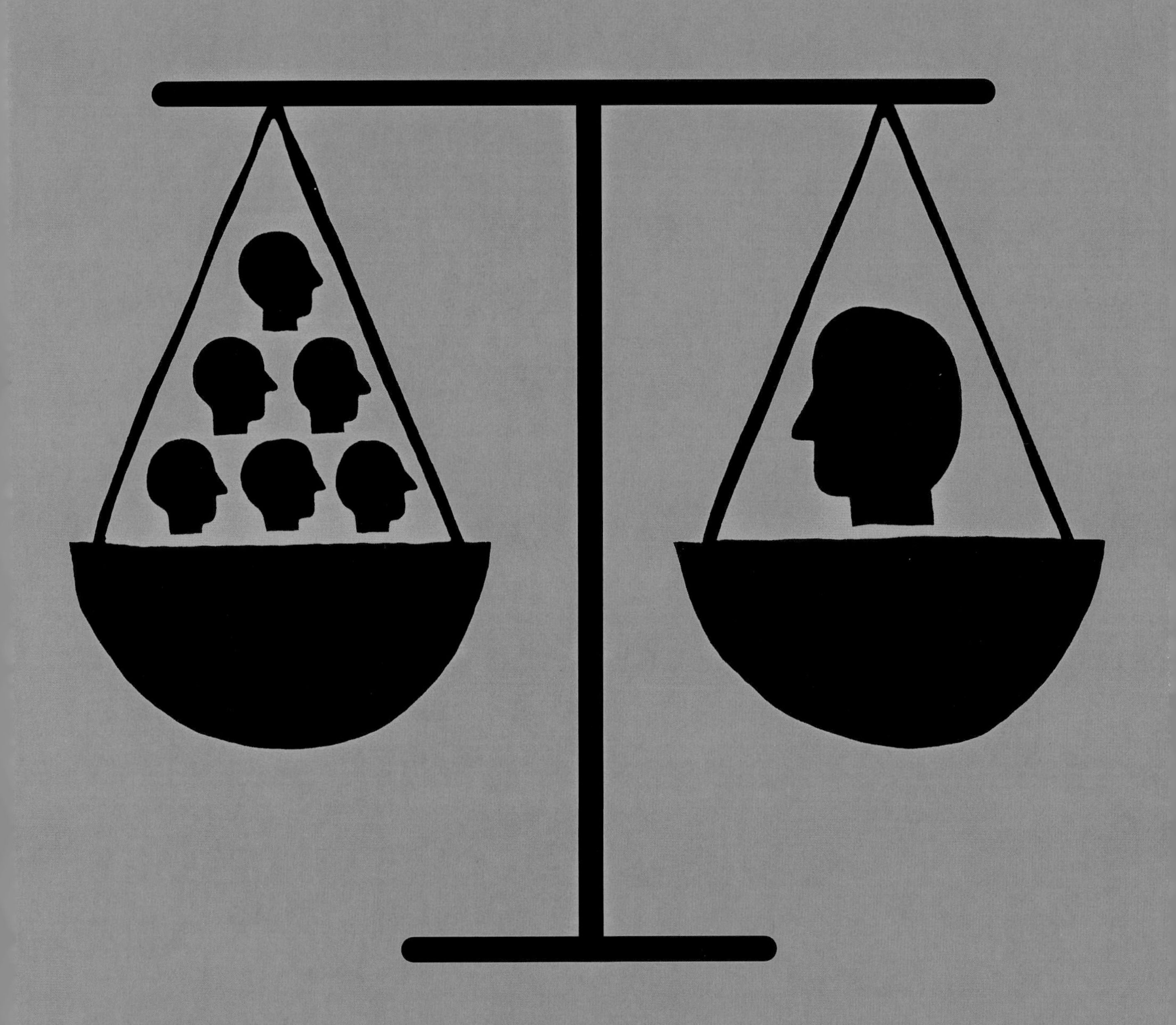

IM KONTEXT

IDEENLEHRE
Liberalismus

SCHWERPUNKT
Soziale Gerechtigkeit

FRÜHER
1762 Jean-Jacques Rousseau diskutiert in seinem Traktat *Vom Gesellschaftsvertrag* die Rechtmäßigkeit von Autorität.

1935 Der US-Amerikaner Frank Knight legt in *Ökonomische Theorie und Nationalismus* die Basis für Rawls' Verständnis zum Umgang mit öffentlichen Angelegenheiten.

SPÄTER
1974 Robert Nozick veröffentlicht mit *Anarchie, Staat, Utopia* eine Kritik zu Rawls' *Eine Theorie der Gerechtigkeit.*

1995 Gerald Cohen veröffentlicht eine marxistische Kritik an Rawls.

2009 Amartya Sen widmet sein Werk *Die Idee der Gerechtigkeit* John Rawls.

Gedanken über Gerechtigkeit, Fairness und Ungleichheit machte sich der US-amerikanische Philosoph John Rawls seit seinen Erfahrungen der Rassentrennung während seiner Jugend in Baltimore und in der Armee. Später beschäftigte er sich damit, wie ein allgemeiner Rahmen aussehen könnte, der die moralischen Prinzipien vorgibt, anhand derer individuelle moralische Urteile getroffen werden können. Dabei könnten nur allgemein akzeptierte Verfahren der Entscheidungsfindung zum Tragen kommen, damit diese generellen moralischen Prinzipien gerechtfertigt seien und angenommen würden. Solche Verfahren betrachtete Rawls als Schlüssel für den demokratischen Prozess. Für ihn machten die Debatten und die Meinungsbildung vor einer Wahl den eigentlichen Wert der Demokratie aus, nicht der Akt der Wahl selbst.

Ungleichheit im Wohlstand

Rawls wollte zeigen, dass es nicht ausreicht, wenn die Prinzipien der Gerechtigkeit auf den Moralvorstellungen eines Einzelnen beruhen. Vielmehr ging es ihm darum, wie diese in den sozialen Institutionen sichtbar wurden – im Bildungs- oder Gesundheitssystem etwa oder im Steuer- und Wahlsystem. Er untersuchte, wie sich die ungleiche Verteilung von Wohlstand auf die politische Einflussnahme auswirkte und kam zu dem Schluss, dass in den Strukturen sozialer und politischer Institutionen grundsätzlich wohlhabende Individuen und Unternehmen bevorzugt werden.

Rawls schrieb unter dem Einfluss des in seinen Augen ungerechten Vietnamkriegs und er meinte, ziviler

Siehe auch: John Locke 104–109 ▪ Jean-Jacques Rousseau 118–125 ▪ Immanuel Kant 126–129 ▪ John Stuart Mill 174–181 ▪ Karl Marx 188–193 ▪ Robert Nozick 326–327

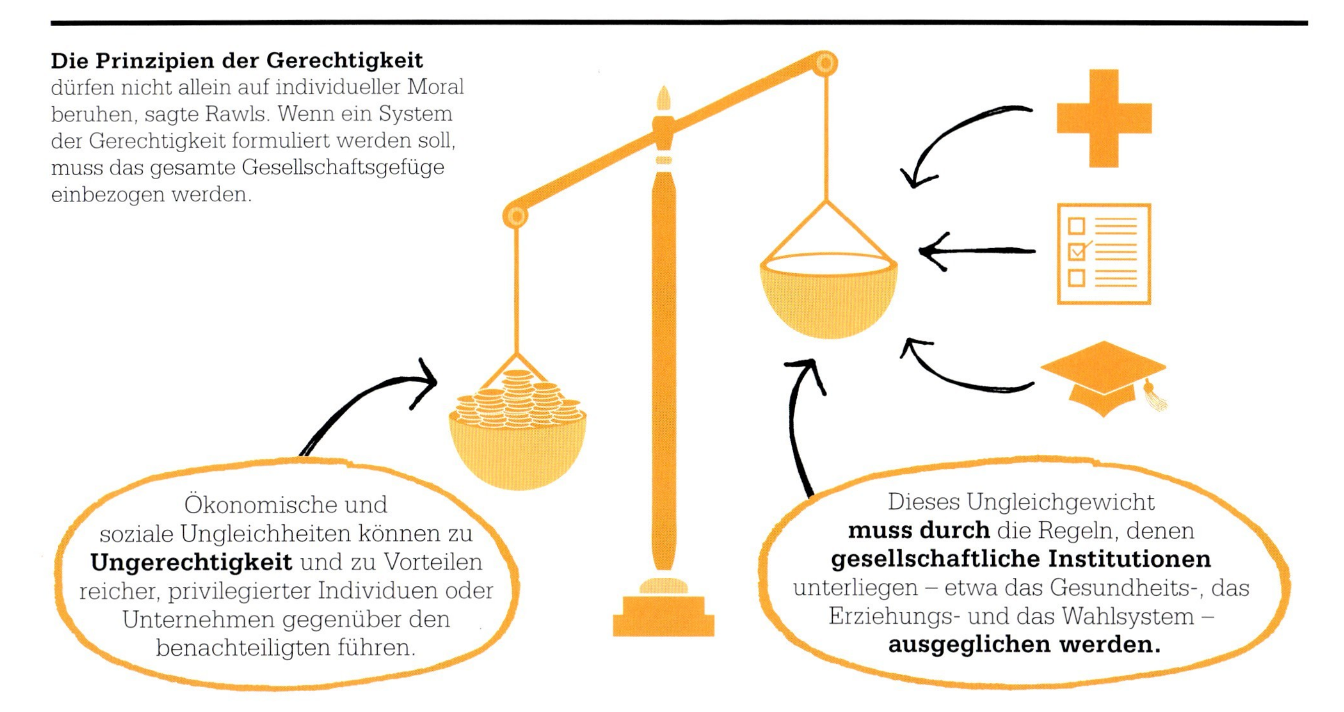

Die Prinzipien der Gerechtigkeit dürfen nicht allein auf individueller Moral beruhen, sagte Rawls. Wenn ein System der Gerechtigkeit formuliert werden soll, muss das gesamte Gesellschaftsgefüge einbezogen werden.

Ungehorsam müsse als notwendige Aktion einer Minderheit und als Appell an das Gewissen der Mehrheit verstanden werden. Er argumentierte zum Beispiel gegen die Einberufungsregularien der US-Regierung, die es wohlhabenden Studenten ermöglichten, sich der Wehrpflicht zu entziehen, während ärmere Studenten oft zur Armee mussten, wenn sie einen Abschluss nicht schafften. Diese Auswirkungen von Wohlstandsunterschieden bei der Wehrpflicht erfüllten ihn mit großer Sorge.

> »… in der Theorie der Gerechtigkeit als Fairness [ist] der Begriff des Rechten dem des Guten vorgeordnet.«
>
> **John Rawls**

Gerechtigkeitsprinzipien

Für Rawls hatte Gerechtigkeit mit Fairness zu tun. In seiner Theorie der »Gerechtigkeit als Fairness« entwickelte er daher zwei grundlegende Prinzipien. Erstens: Jeder hat den gleichen Anspruch auf Grundfreiheiten. Zweitens: Mit sozialen und ökonomischen Ungleichheiten muss so umgegangen werden, dass nach vernünftigen Erwartungen jedermann Vorteile hat und zudem allen die gleichen Positionen und Ämter offenstehen.

Dabei gab Rawls dem ersten – dem Freiheitsprinzip – Vorrang vor dem zweiten – dem »Differenzprinzip«. Dies rechtfertigte er mit dem Argument, dass mit der Verbesserung ökonomischer Bedingungen im Zuge des Zivilisationsfortschritts Fragen der Freiheit immer wichtiger werden.

Rawls identifizierte bestimmte soziale und ökonomische Vorteile als »Drohvorteile« und nannte sie de facto politische Macht, Wohlstand oder Ausstattung von Geburt an. Sie würden es den betreffenden Personen ermöglichen, mehr zu nehmen, als ihnen zustünde – so wie ein tyrannischer Schüler von seinen Mitschülern Geld erpresst, weil er größer und stärker ist als sie. Ungleichheit und die Vorteile, die sich daraus ergeben, könnten daher, so Rawls, nie die Grundlage für Prinzipien oder Theorien der Gerechtigkeit bilden. Da Ungleichheiten aber zur Wirklichkeit in jeder Gesellschaft gehörten, schloss Rawls, musste die Willkür der Welt durch Anpassung der Umstände in der Ausgangsvertragssituation korrigiert werden. »

Mit dem Begriff »Vertragssituation« meinte Rawls den Gesellschaftsvertrag der sowohl zwischen den Individuen selbst als auch zwischen ihnen und den Institutionen des Staates einschließlich der Familie besteht. Dieser Gesellschaftsvertrag fußt auf der Zustimmung des Einzelnen mit ungleichen Ausgangslagen. Da der Staat allen Bürgern gegenüber die gleiche Verantwortung hat, kann Gerechtigkeit nur sichergestellt werden, indem diese Ungleichheit an den Wurzeln gepackt wird.

Rawls sah hierfür die sozialen Institutionen als Schlüsselinstrumente an, wenn dafür gesorgt würde, dass alle Individuen den gleichen Zugang zu ihnen hätten, und Umverteilungsmechanismen zu jedermanns Vorteil entwickelt würden. Rawls hielt die liberale Demokratie für das am besten geeignete politische System, um diese Umverteilung auf faire Weise vorzunehmen. Auch der Kapitalismus könnte, ausgestattet mit starken sozialen Institutionen, ein faires System mit dem Ziel Gerechtigkeit sicherstellen. Wo er, sich selbst überlassen, unfaire Resultate hervorbrachte, konnten soziale und von einem ausgeprägten Sinn für Gerechtigkeit durchdrungene Institutionen für Korrektur sorgen, so argumentierte Rawls.

Multikulturelle Gesellschaft

Eine weitere Aufgabe der sozialen Institutionen sah Rawls darin, die Gesellschaft stärker zu integrieren. Eine der wichtigsten Erkenntnisse der Moderne bestand für ihn darin, dass es möglich war, nach gemeinsamen Regeln miteinander zu leben, ohne denselben Moralkodex zu befolgen, solange sich alle Individuen gegenüber der Struktur der Gesellschaft moralisch verpflichtet fühlten. Würden sich die Menschen darin einig sein, dass die Gesellschaft fair sei, wären sie zufrieden – selbst wenn manche von ihnen nach vollkommen anderen Moralvorstellungen lebten. Rawls sah hierin die beste Basis für pluralistische, multikulturelle Gesellschaften. Die sozialen Institutionen erfüllten eine Schlüsselfunktion in solch komplexen Systemen, indem sie für Fairness sorgten.

Schleier der Unwissenheit

Doch zunächst mussten hinter einem »Schleier der Unwissenheit«, wie Rawls sagte, Prinzipien für die Umverteilung festgelegt werden. Dafür stellte er sich eine Situation vor, in der von denjenigen, die über die Struktur einer idealen Gesellschaft entscheiden sollten, noch niemand seinen Platz in dieser Gesellschaft gefunden hat.

» ... durch den Neid [stehen] alle Menschen im Allgemeinen schlechter da. «

John Rawls

Der »Schleier der Unwissenheit« bedeutete laut Rawls, dass keiner seine soziale Stellung, seine persönliche Doktrin, seine intellektuellen oder körperlichen Eigenschaften vorab kannte. Jeder könne jedem Geschlecht, jeder Rasse oder Klasse angehören. So garantiere der Schleier der Unwissenheit jedem Einzelnen Gerechtigkeit und dass der Gesellschaftsvertrag unweigerlich so ausfallen würde, dass den Ärmsten der Gesellschaft geholfen würde. Denn schließlich, so Rawls, hatte jeder Angst davor, arm zu sein, und wünschte sich soziale Einrichtungen, die ihn davor schützten.

Rawls akzeptierte, dass gesellschaftliche Unterschiede wahrscheinlich fortbestehen würden, die fairen Gerechtigkeitsprinzipien würden den Benachteiligten in der Gesellschaft den größten Nutzen bieten. Andere Theoretiker wie der indische Ökonom Amartya Sen und der kanadische Marxist Gerald Cohen bezweifelten Rawls' Vorstellung, der liberale Kapitalismus könne dafür sorgen, dass an diesen

In einer fairen Gesellschaft müssen alle Zugang zu den Institutionen haben, zum Beispiel zu den Bibliotheken, sagt Rawls, damit jeder, unabhängig von seinem Platz in der Gesellschaft, dieselben Lebenschancen erhält.

Prinzipien festgehalten würde. Auch sahen sie die Vorteile eines »Schleiers der Unwissenheit« in modernen Gesellschaften kritisch, da die Ungleichheiten tief in den sozialen Einrichtungen verankert seien. Er sei nur dann von Wert, meinen viele, wenn man von Null beginnen könne.

Kritik an Rawls

Sen glaubt, Rawls habe eine falsche Unterscheidung zwischen politischen und ökonomischen Rechten vorgenommen. Nach Sen entstehen Ungleichheit und Entbehrung vor allem dort, wo Rechte auf bestimmte Güter – und weniger die Güter selbst – fehlen. Als Beispiel führt er die Hungersnot von 1943 in Bengalen an, die durch den Anstieg der Lebensmittelpreise aufgrund der Urbanisierung – und nicht durch den Mangel an Lebensmitteln – hervorgerufen worden war. Die Güter, hier Lebensmittel, stellten keinen Vorteil an und für sich dar, vielmehr wurde der Vorteil durch die Beziehung zwischen Mensch und Gut definiert: dadurch, wer sich die Lebensmittel zu dem höheren Preis leisten konnte und wer nicht. Der Gesellschaftsvertrag nach Rawls' Definition weist in Sens Augen Fehler auf, da er voraussetzt, dass der Vertrag nur zwischen den direkt Beteiligten zustande kommt. Der Vertrag werde aber auch im Interesse einer Reihe von Gruppen ausgehandelt, die nicht direkte Vertragspartner sind – etwa im Interesse der Ausländer, zukünftiger Generationen oder der Natur.

Immanente Ungleichheit

Gerald Cohen indes hinterfragt Rawls' Vertrauen in den Liberalismus und sagt, dessen Vorstellung, den Eigennutz zu maximieren, ist mit einer staatlichen Politik, die nach Gleichheit durch Umverteilung strebt, nicht kompatibel. Ungleichheit ist kapitalismusimmanent, so Cohen, und nicht nur das Resultat unfairer staatlicher Verteilung. Kapitalismus und Liberalismus könnten daher die »faire« Lösung, nach der Rawls sucht, niemals herbeiführen.

Ungeachtet dieser Kritik bleibt Rawls' *Theorie der Gerechtigkeit* eines der einflussreichsten zeitgenössischen Werke politischer Theorie. Seine Ideen haben in aller Welt eine Debatte über die

Der Hunger in Bengalen zum Beispiel entstand aufgrund wirtschaftlich ungleicher Verhältnisse der Menschen. Solche Katastrophen scheint Rawls' System, das eher auf politischen als auf ökonomischen Strukturen fußt, nicht zu erklären.

Umstrukturierung moderner Wohlfahrtsysteme in Gang gesetzt. Und viele seiner ehemaligen Studenten, wie Sen, führen diese Debatte heute weiter. In Anerkennung seiner Leistungen in Bezug auf die politische und Gesellschaftstheorie insgesamt verlieh der damalige US-Präsident Bill Clinton Rawls 1999 die *National Humanities Medal*. Er sagte, dass Rawls' Werk geholfen habe, den Glauben an die Demokratie wiederzubeleben. ■

John Rawls

Rawls wurde als Sohn des prominenten Anwalts William Lee Rawls und seiner Frau, Anna Abell Stump, in Baltimore (USA) geboren. Seine Kindheit wurde durch den Tod zweier Brüder, die an Diphterie starben, überschattet. Rawls – ein introvertierter junger Mann, der stotterte – studierte Philosophie an der Princeton University. Nach seinem Abschluss ging er zur Armee und diente im Zweiten Weltkrieg im Pazifik (in Neuguinea, auf den Philippinen und in Japan). Später kehrte er zurück an die Princeton University und reichte 1950 seine Doktorarbeit über Grundlagen ethischer Erkenntnis ein. Rawls verbrachte ein Jahr an der Universität in Oxford (England), wo ihn H.L.A. Hart und Isaiah Berlin sehr beeinflussten. Im Lauf seiner langjährigen akademischen Karriere unterrichtete er zahlreiche führende Persönlichkeiten in politischer Philosophie.

Hauptwerke

1971 *Eine Theorie der Gerechtigkeit*
1999 *Das Recht der Völker*
2001 *Gerechtigkeit als Fairness: Ein Neuentwurf*

KOLONIALISMUS IST GEWALT IM NATURZUSTAND

FRANTZ FANON (1925–1961)

IM KONTEXT

IDEENLEHRE
Antikolonialismus

SCHWERPUNKT
Entkolonisierung

FRÜHER
1813 Simón Bolívar wird als »Befreier« gefeiert, nachdem seine Armee den Spaniern Caracas (Venezuela) genommen hat.

1947 Gandhis gewaltlose Proteste führen schließlich zu Indiens Unabhängigkeit.

1954 In Algerien beginnt der Unabhängigkeitskrieg gegen Frankreich.

SPÄTER
1964 Che Guevara sagt bei einem Treffen der Vereinten Nationen, Lateinamerika habe noch nicht vollständige Unabhängigkeit erlangt.

1965 Malcolm X ruft Schwarze dazu auf, ihre Rechte »mit allen notwendigen Mitteln« zu erringen.

Mitte des 20. Jahrhunderts befand sich der europäische Kolonialismus im Niedergang. Durch die sozialen Veränderungen im Zuge der Industrialisierung und die zwei Weltkriege hatte sich der Druck der Kolonialmächte auf ihre Kolonien verringert.

In der Nachkriegszeit entwickelten sich auch in Afrika Graswurzelbewegungen, die Unabhängigkeit forderten. So wurde die britische Kolonialmacht durch das Erstarken der Kenia Afrikanische Nationalunion (KANU) erschüttert und in Südafrika verband sich das Aufbegehren gegen die Kolonialherrschaft eng mit dem lang andau-

Siehe auch: Simón Bolívar 162–163 ▪ Mahatma Gandhi 220–225 ▪ Manabendra Nath Roy 253 ▪ Jomo Kenyatta 258 ▪ Nelson Mandela 294–295 ▪ Paulo Freire 297 ▪ Malcolm X 308–309

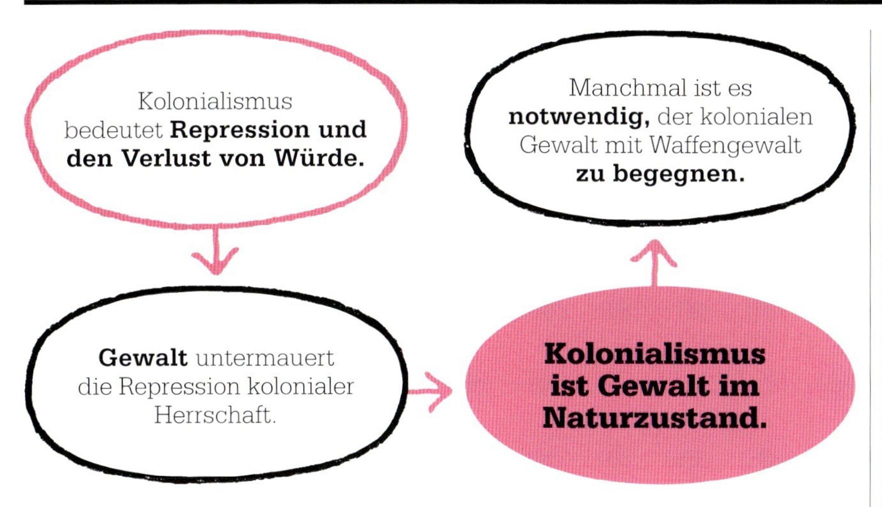

Der Krieg in Algerien, in dem französische Truppen versuchten, die Unabhängigkeitsbewegung des Landes zu unterdrücken, dauerte von 1954 bis 1962. Fanon wurde zum Fürsprecher der algerischen Sache.

ernden Kampf gegen die Apartheid. Zudem wurden Fragen laut, wie sich die postkolonialen Länder gestalten und wie sie mit dem Erbe der Gewalt und der Repressionen während der Kolonialherrschaft umgehen sollten.

Postkoloniales Denken

Der politische Schriftsteller Frantz Fanon setzte sich mit den Folgen des Kolonialismus und den Reaktionen der unterdrückten Völker auf das Ende der europäischen Herrschaft auseinander. Dabei bezog er sich zunächst auf die Ansichten von Karl Marx und G.W.F. Hegel, entwickelte jedoch bald eine eigene Analyse des Rassismus und Kolonialismus. In seinen Schriften beschäftigte er sich sowohl mit Sprache und Kultur als auch mit Politik. Häufig thematisierte er die Beziehungen zwischen beiden Sphären, indem er zum Beispiel darlegte, wie Sprache und Kultur durch Rassismus und Vorurteile geprägt werden. Als wohl einflussreichster Theoretiker der Entkolonisierung – der Emanzipation von kolonialer Herrschaft – hatte Fanon großen Einfluss auf das antiimperialistische Denken insgesamt, seine Werke werden bis heute gelesen.

Fanon untersuchte die Auswirkungen und das Erbe des Kolonialismus. Seine Sicht war sehr eng mit der Dominanz der Weißen und einem starken Egalitarismus verbunden, der sich gegen die Unterdrückung und den Verlust der Menschenwürde unter kolonialer Herrschaft richtete. In dem Buch *Aspekte der algerischen Revolution* wird diese Sicht und auch Fanons Rolle als Teilnehmer im Kampf gegen Unterdrückung in Teilen sichtbar. Er beschrieb darin den algerischen Kampf um Unabhängigkeit von der französischen Kolonialmacht in Form eines Augenzeugenberichts, der den Verlauf des bewaffneten Kampfes und den Weg zur unabhängigen Nation nachzeichnet. Er legte die Strategie und Ideologie des bewaffneten Aufstands ausführlich dar und analysierte detailliert die Taktiken beider Seiten.

> »Es kommt nicht mehr darauf an, die Welt zu erkennen, sondern sie zu verändern.«
>
> **Frantz Fanon**

Das System der Unterdrückung

Fanons Beitrag zur Entkolonisierung war in erster Linie theoretischer Art. Er beschrieb die Strukturen, die in kolonialen Systemen am Werk waren. Dabei untersuchte er die ethnischen Hierarchien als Rückgrat kolonialer Unterdrückung und zeigte, wie sie ein striktes System von Privilegien und damit kulturelle wie politische Unterschiede festigten. In Algerien, aber auch in »

Der Mau-Mau-Aufstand in Kenia wurde von den britischen Kolonialherren mit Gewalt unterdrückt. Das führte zu einer Spaltung der Bevölkerungsmehrheit der Kikuyu, von denen einige für die Briten kämpften.

anderen Ländern, beispielsweise in Haiti, wurde eine postkoloniale Ordnung geschaffen, die diese Art von Dominanz bewusst zu umgehen suchte.

Die Vision Fanons von der Entkolonisierung umfasste allerdings ein ambivalentes Verhältnis zur Gewalt. Jean-Paul Sartre betonte in seinem berühmten Vorwort zu *Die Verdammten dieser Erde* die Rolle der Gewalt im Kampf gegen den Kolonialismus. Er verstand den Text als einen Ruf zu den Waffen, indem er »die Mordlust« als Ausdruck des »kollektiven Unterbewusstsein[s]« der Unterdrückten und als direkte Antwort auf Jahre der Tyrannei beschrieb.

Kolonialer Rassismus

Sich allein auf den revolutionären Aspekt in Fanons Werk zu konzentrieren, wird der Komplexität seiner Gedanken indes nicht gerecht. Denn für ihn gründete die Gewalt gegen den Kolonialismus in der Gewalt des Kolonialismus, der Gewalt im Naturzustand, die sich auf verschiedene Weise äußerte: mal offen brutal, mal durch stereotype und gesellschaftliche Ansichten aufgrund einer rassistischen Weltsicht, die Fanon als grundlegend für das koloniale Leben ausmachte. Die Dominanz der Kultur weißer Europäer im Kolonialsystem bedeutete nach ihm, dass alle anderen Identitäten als negativ angesehen wurden. Die Trennung zwischen Kolonisatoren und dem Volk, das sie beherrschten, basierte auf der vermeintlichen Minderwertigkeit seiner Kultur.

Fanon sah Gewalt als wesentlichen Bestandteil kolonialer Herrschaft an, sein Werk enthält daher auch eine vernichtende Anklage der Gewalt, die von den Kolonialmächten ausging. Die Legitimation kolonialer Unterdrückung stützte sich einzig auf militärische Macht, so Fanon, und die Gewalt richtete sich gegen die Kolonisierten, um deren Duldung zu erzwingen. Unterdrückte Völker standen demnach vor der Entscheidung, entweder ein Leben in Unterwerfung zu akzeptieren oder sich zu erheben. Jede Antwort auf den Kolonialismus muss sich notwendigerweise gegen die Anmaßungen der Kolonialherrschaft richten, so Fanon weiter, doch gleichzeitig unabhängig davon bleiben, um neue Identitäten und Werte zu schaffen, die nicht von Europa definiert sind. Bewaffnete Aufstände und eine gewaltsame Revolution könnten nötig sein, würden jedoch fehlschlagen, wenn sie nicht zu einer echten Entkolonisierung führten.

Entkolonisierung

Fanon formuliert in seinem Hauptwerk *Die Verdammten dieser Erde* eine Theorie, wie sich Individuen und Völker aus der Würdelosigkeit kolonialer Herrschaft freimachen könnten. Dazu überprüfte er die Annahmen in Bezug auf die kulturelle Überlegenheit. Mithilfe einer fast forensischen Analyse entwickelte Fanon ein Verständnis, wie die Unterdrückung funktionierte: Sie zwang der ganzen Gesellschaft die Werte der weißen Minorität auf. Fanon war es daher wichtig, den schwierigen Prozess der Entkolonisierung gemeinsam mit den Weißen zu gehen. Seine Ideen beruhten auf der Würde und dem Wert aller Menschen – unabhängig von Rasse

> »Der Kolonialherr hält beim Kolonisierten eine Wut aufrecht, die er am Ausbrechen hindert. Der Kolonisierte ist in die engen Maschen des Kolonialismus eingezwängt.«
>
> **Frantz Fanon**

> »Ich bin nicht der Sklave der Versklavung, die meine Väter entmenschlicht hat.«
>
> **Frantz Fanon**

und kulturellem Hintergrund. Er betonte, alle Rassen und Schichten könnten von der Entkolonisierung profitieren.

Für Fanon war jeder Reformversuch, der auf Verhandlungen zwischen einer privilegierten, den Entkolonisierungsprozess anführenden Elite und den Kolonialherren basierte, nicht zielführend, da dadurch die alten Ungerechtigkeiten gefestigt würden. Ein solcher Versuch müsse vor allem deshalb fehlschlagen, weil Unterdrückte dazu tendierten, das Verhalten herrschender Eliten zu kopieren. Dieses Phänomen zeige sich vor allem in den Mittel- und Oberschichten, die aufgrund ihrer Bildung und ihres relativen Wohlstands in der Lage waren, sich den Kolonialherren in kultureller Hinsicht anzunähern. Die Überwindung des Kolonialismus müsse die Massen einbeziehen, zudem sei ein nachhaltiger Schritt hin zu einer nationalen Identität nötig. Denn erst mit dem nationalen Selbstbewusstsein würden sich eine neue Kunst und Literatur entwickeln, die den Widerstand gegen die Tyrannei der Kolonialmacht offenbarten, zugleich aber Ausdruck einer eigenständigen Kultur seien.

Fanons Einfluss

Fanons Gedanken über die Gewalt des Kolonialismus und die Bedeutung der Identität bei der Gestaltung der zukünftigen politischen und sozialen Ordnung einer Nation wirkten unmittelbar auf die Revolutionäre im Kampf gegen koloniale Mächte. In diesem Sinne liest sich *Die Verdammten dieser Erde* wie der Entwurf einer bewaffneten Revolution. Außerdem hinterlässt Fanons Versuch, zu verstehen, wie der Kolonialismus funktioniert, ein bleibendes Erbe. Seine Einsichten zu den rassistischen Argumenten, die den Kolonialismus rechtfertigen sollten, und vor allem seine Überlegungen dazu, wie ein erfolgreicher Entkolonisierungsprozess aussehen könnte, beeinflussten die Untersuchungen der Armut und von Phänomenen der Globalisierung sehr. ■

12 Pages

Le Petit Journal

HEBDOMADAIRE
61, rue Lafayette, Paris

illustré

PRIX : 0 fr. 30
9 Décembre 1923

La Voix Mystérieuse

Les concerts par T. S. F. ne ravissent pas seulement les mélomanes de France. Les ondes sonores s'étendent maintenant au delà des mers et des saharas. C'est vraiment une musique céleste que les nègres du Centre-Africain écoutent avec un effarement presque comique, sous le regard amusé des Européens.

In Frankreich wurden Kolonialherren wie zivilisierte Europäer dargestellt, die den wilden Eingeborenen Ordnung beibrachten. Diese rassistische Haltung diente zur Rechtfertigung von Unterdrückung und Gewalt.

Frantz Fanon

Frantz Fanon wurde 1925 auf der Insel Martinique geboren. Im Zweiten Weltkrieg kämpfte er in der französischen Armee, anschließend studierte er Medizin und Psychiatrie in Lyon. Hier erlebte er den Rassismus, gegen den er in seinen frühen Werken anschrieb.

Nach dem Studium ging er nach Algerien, um dort als Psychiater zu arbeiten, und wurde zum Fürsprecher der Unabhängigkeitsbewegung. Er bildete für die FLN (Front de Libération National) Krankenschwestern aus, berichtete in Zeitungen über die Revolution und unterstützte die Unabhängigkeitsbewegung, bis er des Landes verwiesen wurde. Am Ende des Krieges wurde Fanon zum Botschafter für Ghana ernannt, erkrankte aber kurz darauf und starb 1961 an Leukämie. Kurz zuvor hatte er sein wichtigstes Werk, *Die Verdammten dieser Erde,* vollendet.

Hauptwerke

1952 *Schwarze Haut, weiße Masken*
1959 *Aspekte der algerischen Revolution*
1961 *Die Verdammten dieser Erde*

WAHL ODER WAFFE

MALCOLM X (1925–1965)

IM KONTEXT

IDEENLEHRE
Bürgerrechte und -gleichheit

SCHWERPUNKT
Selbstbestimmung

FRÜHER
1947 Gandhis Kampagnen für die Unabhängigkeit Indiens führen zum Abzug der Briten.

1955 Die schwarze Amerikanerin Rosa Parks weigert sich, in einem Bus den für Weiße reservierten Sitz freizugeben – und Martin Luther King ruft zu weiteren direkten Aktionen auf.

SPÄTER
1965 Die Ermordung von Malcolm X führt zur Gründung der Black Panther Party, einer militanten Black-Power-Bewegung in den USA.

1965 Die Verabschiedung des *Voting Rights Acts* garantiert allen US-Bürgern gleiches Wahlrecht und löst ein Gesetz ab, nach dem Bürger vor der Wahl einen Lese- und Schreibtest absolvieren mussten.

Schwarze US-Amerikaner sollten **an Wahlen teilnehmen.**

Schwarze Wähler sollten nur Kandidaten wählen, die versprechen, **sich für ihre Rechte einzusetzen.**

Oft aber **halten** Politiker **ihre Wahlversprechen nicht,** wenn sie erst einmal im Amt sind.

Wenn Politiker die **Bürgergleichheit nicht herstellen,** dies aber während der Wahlen versprochen haben, sollten Schwarze **zur Gewalt** greifen, um ihre Ziele zu erreichen.

Wahl oder Waffe!

Die Bürgerrechtsbewegung in den USA nach dem Zweiten Weltkrieg zählt zu den wichtigen Phänomenen im Kampf um soziale und politische Gleichstellung. Wie diese Ziele erreicht werden sollten, war damals keineswegs gewiss. Bürgerrechtler wie Martin Luther King bezogen sich auf Gandhis gewaltlosen Protest in Indien und starteten eine ähnliche Bewegung, die von vielen Menschen in der ganzen Gesellschaft begrüßt wurde. Doch die langsamen Fortschritte und die anhaltende Unterdrückung schwarzer US-Amerikaner führten dazu, dass so mancher diesen Weg ablehnte.

Malcolm X gehörte zu den Leitfiguren der Nation of Islam (NOI), einer Organisation, die Rassentrennung und schwarzen Nationalismus propagierte. Seine Ansichten zum Kampf um Bürgerrechte unterschieden sich erheblich von der Mehrheitsmeinung um Martin Luther King, vor allem beim Thema Gewalt. Nach Malcolm X war Gleichstellung eng mit der Möglichkeit zur Selbstbestimmung verbunden. Deshalb sollte auf alle Versuche, diese Rechte zu beschneiden, mit direkten Aktionen reagiert werden, falls nötig auch gewaltsam.

Siehe auch: José Martí 204–205 ▪ Emmeline Pankhurst 207 ▪ Emiliano Zapata 246 ▪ Marcus Garvey 252 ▪ Mao Zedong 260–265 ▪ Nelson Mandela 294–295 ▪ Che Guevara 312–313 ▪ Martin Luther King 316–321

» Wir wollen Freiheit um jeden Preis. Wir wollen Gerechtigkeit um jeden Preis. Wir wollen Gleichheit um jeden Preis. «

Malcolm X

Die NOI verbot es ihren Mitgliedern, sich am politischen Prozess zu beteiligen. Als Malcolm X 1964 die Organisation verließ, gründete er eine eigene, die gleiches Wahlrecht für alle Bürger forderte und die Teilnahme an Wahlen propagierte. Ihm schwebte ein schwarzer Wahlblock vor, der echte Veränderungen fordern und auch weiße Politiker wählen sollte, die sich für soziale und politische Gleichstellung aussprachen. Doch Malcolm sah es als unwahrscheinlich an, allein dadurch tiefgreifende Veränderungen in der Gesellschaft herbeizuführen – nicht zuletzt weil zwischen den Worten der Politiker im Wahlkampf und ihren Taten, sobald sie in der Regierung saßen, große Unterschiede bestanden.

Das Jahr der Taten

Malcolm X' Rede in Detroit im Jahr 1964 enthielt eine ernste Warnung an die Politiker: Wenn die Forderungen der schwarzen Bevölkerung nicht angemessen erfüllt würden, wäre sie gezwungen, die Sache selbst in die Hand zu nehmen – und das würde zu Gewalt führen. Die junge Generation sei unzufrieden, ihre Frustration verlange nach Taten. Sie sei nicht länger bereit, den Status zweiter Klasse zu akzeptieren. Die schwarzen Amerikaner hätten allzu lange den Lügen und falschen Versprechungen der Weißen zugehört und ihre Tricks nicht durchschaut. Wenn das politische System nicht auf die Forderungen der schwarzen Wähler eingeht, so Malcolm X weiter, gibt es kaum eine Alternative: Statt zur Wahl zu gehen würde man zur Waffe greifen.

Afroamerikaner tragen einen Sarg und ein Schild mit der Aufschrift »Hier liegt Jim Crow«. Das Foto entstand bei einer Demonstration gegen das »Jim-Crow«-Gesetz von 1944, das Rassismus gegen Schwarze legalisierte.

Trotz seiner großen Bedeutung zu Lebzeiten hinterließ Malcolm X wenig Schriftliches. Seine Ideen indes finden sich bis heute auf der Bürgerrechtsagenda, dazu gehört auch die Rückbesinnung schwarzer US-Amerikaner auf ihr afrikanisches Erbe. ■

Malcolm X

Macolm X kam 1925 als Malcolm Little in Ohama, Nebraska (USA) zur Welt. In seiner Kindheit erlebte er Rassismus gegenüber seiner Familie. Durch den Tod seines Vaters, eines Laienpredigers, im Jahr 1931 brach die Familie auseinander. Malcolms Mutter kam in die Psychiatrie und er selbst in eine Pflegefamilie.

Malcolm Little rutschte ins kriminelle Milieu ab und wurde 1946 wegen Diebstahls verhaftet und zu einer Haftstrafe verurteilt. Während er diese verbüßte, bildete er sich weiter und kam in Kontakt mit der Nation of Islam (NOI). Bei seiner Entlassung nahm er den Namen Malcolm X an und war fortan eine prominente Figur des schwarzen Nationalismus in den USA.

Im Jahr 1964 verließ Malcolm X die NOI und konvertierte zum Islam. Er pilgerte nach Mekka und hielt Vorträge in Afrika, Europa und den USA. Im Jahr 1965 wurde er von drei Mitgliedern der NOI erschossen.

Hauptwerk

1964 *Malcolm X. Die Biografie (zusammen mit Alex Haley)*

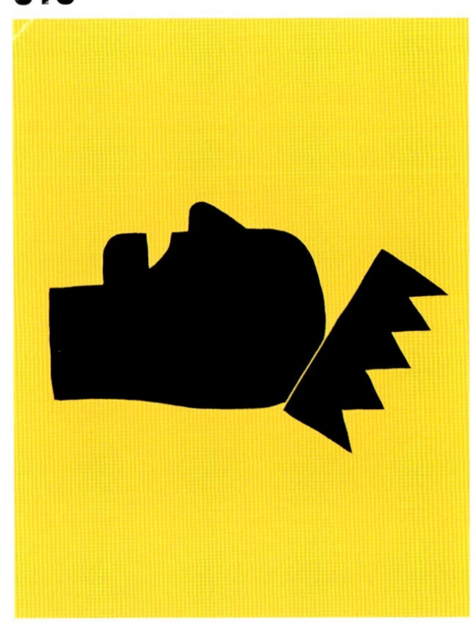

MAN MUSS DEM KÖNIG DEN KOPF ABSCHLAGEN

MICHEL FOUCAULT (1926–1984)

IM KONTEXT

IDEENLEHRE
Strukturalismus

SCHWERPUNKT
Macht

FRÜHER
1532 Machiavelli veröffentlicht sein Werk *Der Fürst* und analysiert darin den Gebrauch von Macht durch Individuen und den Staat.

1651 Thomas Hobbes vollendet *Leviathan*, einen Kommentar zur Rolle des Souveräns und der korrupten Natur des Menschen.

SPÄTER
1990er-Jahre Grüne Theoretiker benutzen Foucaults Ideen, um zu erklären, wie Regierungen zusammen mit Experten eine ökologische Politik entwickelt können.

2009 Die australische Wissenschaftlerin Elaine Jeffrey untersucht mithilfe der Theorien Foucaults die Machtstrukturen in China und hebt die Rationalität der chinesischen Gesellschaft hervor.

Das politische Denken kreist seit Langem um die Frage, wo in der Gesellschaft sich die Quelle der Macht befindet und wie sie sich definieren lässt. In bedeutenden Werken wird der mächtige Staat als Zentrum legitimierter politischer Autorität beschrieben. So sah Machiavelli in *Der Fürst* das grobe Ausüben von Macht durch die Interessen des Staates gerechtfertigt. Und Hobbes betrachtete in *Leviathan* den mächtigen Monarchen als Gegenpol zum einzelnen Menschen mit korruptem Geist. Diese beiden und andere Denker lieferten Ausgangspunkte für die politische Wissenschaft und für die Analyse der Macht des Staates – sie ist bis heute ein wichtiges Thema geblieben.

Der französische Philosoph Michel Foucault sah Macht weniger auf den Staat beschränkt; vielmehr verteilt sie sich in zahlreichen »Mikrostrukturen« quer durch die Gesellschaft. Er kritisierte, dass sich die politische Philosophie immer wieder auf die Vorstellung einer formalen Autorität berief und bei ihren Analysen an einem Wesen, genannt »Staat«, festhielt. Für ihn war der Staat Ausdruck der Strukturen und der Gestaltung von Macht in der Gesellschaft und keine eigenständige Einheit, die Macht über die Individuen ausübt. Sah man aber den Staat als »Praxis« und nicht als »Ding an sich«, musste zunächst eine breit angelegte Analyse vorgenommen werden, um die Machtstrukturen innerhalb der Gesellschaft überhaupt verstehen zu können.

Foucault schaute sich daher die Natur der Herrschaft genauer an, die politische Theorie sollte sich nicht mehr mit der Macht eines einzelnen Souveräns beschäftigen, der Gesetze erließ und diejenigen bestrafte, die es brachen. Die Gesellschaft hatte sich seit

» Die Macht ist nicht eine Institution, ist nicht eine Struktur, ist nicht eine Mächtigkeit einiger Mächtigen. «

Michel Foucault

Siehe auch: Niccolò Machiavelli 74–81 ▪ Karl Marx 188–193 ▪ Paulo Freire 297 ▪ Noam Chomsky 314–315

Die **Natur** der Gesellschaft hat sich **verändert.**

Macht liegt nicht mehr allein **in den Händen des Staates** oder einer **einzelnen Autorität.**

Macht existiert auch in **»Mikrostrukturen«** quer durch die Gesellschaft, etwa in Schulen, am Arbeitsplatz und in Familien.

Die Macht des Staates kann **nicht länger** von der Macht in der Gesellschaft **getrennt** werden.

Um die Wirkungsweise der Macht zu verstehen, muss man in der politischen Theorie dem König den Kopf abschlagen.

dem 16. Jahrhundert verändert, so Foucault, damals war die Frage zentral, wie ein einzelner Monarch Macht errang und sie behielt. In der Gegenwart könne die Macht des Staates nicht mehr losgelöst von allen anderen Formen der Macht in der Gesellschaft betrachtet werden. Von den politischen Theoretikern verlangte Foucault deshalb, »dem König den Kopf abzuschlagen«, um zu einem Verständnis der Macht zu gelangen, das diese Veränderungen berücksichtigt.

»Gouvernmentalität«

In seinen Vorlesungen am Collège de France entwickelte Foucault seine Theorien, unter anderem auch den Begriff »Gouvernmentalität«. Darunter verstand er die Herrschaft als Kunst, mithilfe von diversen Techniken Kontrolle auszuüben und Disziplin durchzusetzen. Dies könne zum Beispiel in der Familie, am Arbeitsplatz oder in der Schule geschehen. Indem er den Begriff der Macht ausweitete, beleuchtete Foucault deren verschiedene Ausprägungen in der Gesellschaft – bis hin zur Macht durch Wissen und Statistiken. Seine Analyse vertiefte er, indem er die Felder Sprache, Sexualität und Strafe untersuchte. ▪

Das Klassenzimmer ist nach Foucault eine »Mikrostruktur« politischer Macht. Strukturen wie diese haben heute, jenseits der traditionellen Staatsgewalt, die Macht in der Gesellschaft.

Michel Foucault

Foucault kam in Poitier (Frankreich) zur Welt und machte sich schon früh einen Namen als Philosoph. 1969 wurde er Leiter der Philosophieabteilung der Reformuniversität Paris VIII in Vincennes, die aus den Studentenunruhen von 1968 hervorgegangen war. Er wurde bekannt für seine Unterstützung der Proteste bis hin zur Teilnahme an Auseinandersetzungen mit der Polizei. 1970 wurde er zum Professor der Geschichte der Denksysteme am angesehenen Collège de France berufen.

Foucault engagierte sich häufig öffentlich und verbrachte seine letzten Jahren zeitweise in den USA. Er schrieb und publizierte zu zahlreichen Themen und gilt als bedeutende Persönlichkeit in der Philosophie und den Sozialwissenschaften. 1984 starb er an den Folgen der Immunschwäche AIDS.

Hauptwerke

1963 *Wahnsinn und Gesellschaft*
1963 *Die Geburt der Klinik*
1966 *Die Ordnung der Dinge*
1975 *Überwachen und Strafen*
1976–1984 *Sexualität und Wahrheit*

BEFREIER GIBT ES NICHT. DAS VOLK BEFREIT SICH SELBST

CHE GUEVARA (1928–1967)

IM KONTEXT

IDEENLEHRE
Revolutionärer Sozialismus

SCHWERPUNKT
Guerillakrieg

FRÜHER
1762 Jean-Jacques Rousseau beginnt sein Werk *Vom Gesellschaftsvertrag* mit »Der Mensch ist frei geboren und überall liegt er in Ketten«.

1848 Karl Marx und Friedrich Engels veröffentlichen *Das kommunistische Manifest.*

1917 Die Revolutionen in Russland stürzen das Zarentum und etablieren das kommunistische Regime der Bolschewiki.

SPÄTER
1967 Der französische Philosoph Régis Debray formuliert auf der Basis von Che Guevaras Guerillakrieg die »Fokustheorie«.

1979 Somozas Diktatur in Nicaragua wird mithilfe von Guerillataktiken gestürzt.

Wegen seiner Teilnahme an den Revolutionen in Kuba, im Kongo (Kinshasa) und in Bolivien wird Che Guevara üblicherweise als »Mann der Tat« angesehen – und weniger als politischer Theoretiker. Seine Einführungen in Guerillataktiken gelten dennoch als wichtiger Beitrag zur Entwicklung des revolutionären Sozialismus. Nachdem er in den US-unterstützten Diktaturen Südamerikas Armut und Unterdrückung aus nächster Nähe erlebt hatte, war er überzeugt, der Kontinent könne nur durch eine antikapitalistische Revolution, wie Marx sie vorsah, gerettet werden.

Guevaras Umsetzung der Revolution in die Praxis war jedoch politischer und militanter als die Marx'sche Wirtschaftsanalyse, die sich gegen die kapitalistischen Staaten in Europa gerichtet hatte. Im Vergleich zu den tyrannischen Regimen in Südamerika wirkten die

Die Kräfte des Volkes können Bedingungen herbeiführen, die eine **Revolution** möglich machen.

Militante Gruppen haben in **ländlichen Gebieten** stets einen Vorteil.

Guerillagruppen, die Angriffe auf dem Land starten, können zu Unruhen aufrufen und so eine **Volksfront** gegen das Regime errichten.

Befreier gibt es nicht. Das Volk befreit sich selbst.

Siehe auch: Karl Marx 188–193 ▪ Wladimir I. Lenin 226–233 ▪ Leo Trotzki 242–245 ▪ Antonio Gramsci 259 ▪ Mao Zedong 260–265

Die Armee des Volkes führte die Revolution in Kuba zum Sieg über das staatliche Militär. Che Guevaras Lehren für den Guerillakrieg erwiesen sich als Schlüssel für den Erfolg der Revolution.

europäischen Staaten harmlos und Guevara erkannte für sich, dass der einzige Weg zum Umsturz der bewaffneten Kampf war. Statt aber abzuwarten, bis die Bedingungen für eine erfolgreiche Revolution gegeben waren, glaubte er, diese durch einen Guerillakrieg herbeiführen und damit das ganze Volk zur Rebellion ermuntern zu können.

Die Macht dem Volke

In *Der Partisanenkrieg* und *Kubanisches Tagebuch* schrieb Guevara, wie sehr der Erfolg der Revolution in Kuba 1956 mit der Mobilisierung einer Volksfront verbunden gewesen war. Statt die Revolution als Befreier des Volkes zu sehen, betrachtete er sie als Graswurzelbewegung, mit der das Volk sich selbst befreit. Der Ausgangspunkt für eine Revolution lag ihm zufolge jedoch nicht in den großen Städten, sondern in ländlichen Gebieten. Dort könnten bewaffnete Rebellen maximale Wirkung gegen Truppen des Staates erzielen. Diese begrenzten Erhebungen bündelten die allgemeine Unzufriedenheit, sodass die Unterstützung für die Rebellen nach und nach vom ganzen Volk ausging, so Guevara. Am Ende bilde sich eine Volksfront, von der wiederum die umfassende Revolution ausgehen würde.

Nach dem Erfolg in Kuba erklärte sich Guevara mit den revolutionären Kämpfern in China, Vietnam und Algerien solidarisch, später kämpfte er in den erfolglosen Revolutionen im Kongo (Kinshasa) und in Bolivien mit. Der Guerillakrieg wurde zum Schlüssel seiner »Fokustheorie« der Revolution, aus der viele Bewegungen entsprechende Taktiken übernahmen, so der ANC in Südafrika im Kampf gegen die Apartheid und die Taliban in Afghanistan.

Che Guevara war auch ein fähiger Staatsmann. Als Minister der sozialistischen Regierung Kubas half er mit, dem Land eine führende Rolle unter den sozialistischen Staaten zu sichern. Und er setzte in der Industrie, Bildung und bei den Finanzen eine Politik um, die die Befreiung des kubanischen Volkes vorantreiben sollte, indem sie Kennzeichen des Kapitalismus wie Egoismus und Gier ausmerzte. Er hinterließ eine Reihe von Schriften, darunter seine Tagebücher, die bis heute sozialistische Ideen beeinflussen. ■

» Wenn du bei jeder Ungerechtigkeit vor Empörung zitterst, dann bist du mein Genosse. «

Che Guevara

Che Guevara

Ernesto Che (Freund) Guevara wurde in Rosario (Argentinien) geboren und studierte in Buenos Aires Medizin. Während ausgedehnter Motorradreisen durch Lateinamerika sah er sich mit Armut, Krankheiten und verheerenden Arbeitsbedingungen konfrontiert. Diese Erfahrungen prägten seine politischen Anschauungen nachhaltig.

Nach dem Studium fuhr er 1953 erneut durch Lateinamerika und wurde Zeuge, als das demokratische Regime in Guatemala durch US-unterstützte Truppen gestürzt wurde. Ein Jahr später traf er in Mexiko Fidel Castro, mit ihm zusammen führte er die kubanischen Rebellen erfolgreich durch die Revolution. 1965 verließ er Kuba, um die Rebellen im Kongo (Kinshasa) zu unterstützen, im Jahr darauf kämpfte er in Bolivien. Am 8. Oktober 1967 wurde er von CIA-unterstützten Soldaten gefangen genommen und, gegen den Willen der USA, am Tag darauf hingerichtet.

Hauptwerke

1952 *Lateinamerika-Reise (mit Alberto Granado)*
1961 *Der Partisanenkrieg*
1963 *Kubanisches Tagebuch*

ALLE MÜSSEN DAFÜR SORGEN, DASS DIE REICHEN GLÜCKLICH SIND

NOAM CHOMSKY (GEB. 1928)

IM KONTEXT

IDEENLEHRE
Libertärer Sozialismus

SCHWERPUNKT
Macht und Kontrolle

FRÜHER
1850er-Jahre Karl Marx sagt, eine gesellschaftliche Klasse halte die ganze politische und ökonomische Macht in Händen.

1920er-Jahre Nach Max Weber bilden Bürokraten Eliten, die die Gesellschaft verwalten.

1956 In *Die amerikanische Elite* schreibt der US-amerikanische Soziologe Charles W. Ellis, bedeutende Politik entstehe durch große Geschäfte, das Militär und nur wenige Politiker.

SPÄTER
1978 Der tschechische Dramatiker Václav Havel veröffentlicht seinen Essay *Die Macht der Ohnmächtigen*.

1986 Der britische Soziologe Michael Mann sagt, die Gesellschaft bestehe aus sich überlagernden Machtnetzwerken.

Die **mächtigen Institutionen** der Gesellschaft wie Medien und Banken werden von einer kleinen **reichen Minderheit** kontrolliert.

↓

Diese Minderheit leitet die Institutionen **gemäß den eigenen Interessen.**

↓

Jeder **Versuch einer Reform** führt zu Investitionskürzungen, die der **Wirtschaft schaden.**

↓

Um die Wirtschaft gesund zu erhalten, müssen alle, selbst die Armen, ein System **unterstützen**, das **den Interessen der Reichen** dient.

↓

Alle müssen dafür sorgen, dass die Reichen glücklich sind.

Eine Frage hat politische Denker und Politiker zu allen Zeiten beschäftigt: Wo in einer Gesellschaft konzentriert sich die Macht? Viele verschiedene Menschen und soziale Institutionen wirken am Fortschritt mit und im Lauf der Zeit hat sich ein Netzwerk von Machtbeziehungen entwickelt, das den gesamten Globus überzieht. Bedeutet dies, dass Macht sich in der Gesellschaft verteilt oder vielmehr, dass sie in den Händen weniger, das heißt einer privilegierten Elite, liegt?

Nach Noam Chomskys Auffassung kontrolliert in den meisten Ländern eine kleine reiche Minderheit die sozialen und politischen Schlüsselbereiche – etwa die Massenmedien und das Finanzsystem – und stellt damit sicher, dass die moderne Gesellschaft im Dienst einer mächtigen Elite funktioniert. Widerspruch und grundlegende Veränderung sind demnach nahezu unmöglich, da die herrschenden institutionellen Strukturen der Gesellschaft von den Zeitungen bis hin zu den Banken darauf ausgerichtet sind, deren Positionen im gegenseitigen Interesse zu stützen. Soziale Eliten sind nicht nur aufgrund ihres Reichtums und ihrer

Siehe auch: Platon 34–39 ▪ Karl Marx 188–193 ▪ Friedrich von Hayek 270–275 ▪ Paulo Freire 297 ▪ Michel Foucault 310–311

» Macht konzentriert sich zunehmend in unverantwortlichen Institutionen. «

Noam Chomsky

Position im Vorteil, sie sitzen zudem an der Spitze der Gesellschaft, sie werden weiterhin bevorzugt.

Jeder weitreichende Reformversuch hätte nach Chomsky negative Folgen: Entweder würde ein Militärputsch die Macht weniger Individuen wiederherstellen oder die drastischen Kürzungen von Investitionenen würden der Ökonomie beträchtlichen Schaden zufügen. Letzteres stelle zugleich sicher, dass alle Mitglieder der Gesellschaft ihren Teil zum Erhalt der Privilegien der Reichsten beitragen. Demnach müssten alle dafür sorgen, dass die Reichen glücklich sind, um eine gesunde Wirtschaft zu erhalten.

Anhaltende Profite

Die Machtkonzentration hat strukturelle Gründe und ist nicht etwa Ergebnis einer Verschwörung. Interessen großer Unternehmen, Investoren und der Regierung sorgen dafür, dass öffentliche Entscheidungen von denen getroffen werden, deren Abhängigkeit untereinander radikale Veränderungen verhindert. Stattdessen ist ein Netzwerk sich gegenseitig unterstützender Institutionen am Werk, das vorgeblich zum Nutzen aller ein stabiles ökonomisches System am Laufen hält. Chomsky hält fest, dass vieles vom »Nutzen« dieses Systems gut für Profite ist, aber nicht für die Menschen – was bedeutet, dass es stattdessen um den Nutzen für die Ökonomie im technischen Sinne geht. Chomsky sieht in den reichsten Ländern der Erde auch Eliten, die die Sicherheit und Ressourcen kleiner und wenig entwickelter Länder bedrohen. Er weist aber auch darauf hin, dass imperiale Machtprinzipien sich zwar kaum verändert haben, es aber schwieriger geworden ist, sie umzusetzen, da die Macht sich in einer wandelnden Welt breiter verteilt. ■

Großbanken wie die französische Société Générale zeigen ihren Reichtum mit teuren Gebäuden. Nach Chomsky dient die Gesellschaft dazu, solche Organisationen glücklich zu machen.

Noam Chomsky

Avram Noam Chomsky wurde 1928 in Philadelphia (USA) geboren. Er studierte in Harvard sowie an der Universität von Pennsylvania und lehrt seit über 50 Jahren am Massachusetts Institute of Technology (MIT).

Im Lauf der Zeit hat sich Chomsky nicht nur als Sprachwissenschaftler einen Namen gemacht, sondern auch als engagierter Intellektueller, der sich zu vielen zeitpolitisch wichtigen Themen äußert. Bereits mit zwölf Jahren veröffentlichte er eine Kritik des Faschismus und hat sich seither immer wieder in die politische Diskussion eingemischt, vor allem wenn es um das Thema Macht und den weltweiten Einfluss der USA geht. Sein bedeutendes und in vielen Fragen einflussreiches Werk wird weithin kontrovers diskutiert und wurde mit einer Reihe von Preisen und viel Anerkennungen bedacht. Er hat weltweit Vorträge gehalten und über 100 Bücher geschrieben.

Hauptwerke

1988 *Sprache und Politik*
1999 *Neue Weltordnungen*
2003 *Media Control*

NICHTS AUF DIESER WELT IST GEFÄHRLICHER ALS **AUFRICHTIGE IGNORANZ**

MARTIN LUTHER KING (1929–1968)

IM KONTEXT

IDEENLEHRE
Soziale Gerechtigkeit

SCHWERPUNKT
Ziviler Ungehorsam

FRÜHER
1876–1965 In den Südstaaten der USA werden die Jim-Crow-Gesetze erlassen, sie erlauben rassistisches diskriminierendes Verhalten.

1954 Die Sammelklage »Brown v. Board of Education« endet damit, dass der Oberste Gerichtshof der USA die Rassentrennung an Schulen für verfassungswidrig erklärt.

SPÄTER
1964–1968 In den USA werden mehrere Gesetze verabschiedet, die Diskriminierung verbieten und Minderheiten das Wahlrecht zusichern.

1973 Unter dem Eindruck der Proteste gegen den Krieg im eigenen Land ziehen die USA ihre Bodentruppen aus Vietnam ab.

In den 1960er-Jahren erreichte der Kampf um Bürgerrechte in den USA seine Endphase. Seitdem die Südstaaten im Anschluss an den Bürgerkrieg wieder in die USA eingegliedert waren, verfolgten sie ganz offen eine Politik der Aberkennung wichtiger Bürgerrechte sowie der Segregation der schwarzen Bevölkerung. Diese Vorhaben wurden mit den sogenannten Jim-Crow-Gesetzen – einer Sammlung lokaler und regionaler Vorschriften – umgesetzt. Der Kampf um Bürgerrechte hatte mit dem Ende des Bürgerkriegs begonnen, seit Mitte der 1950er-Jahre hatten sich daraus Massenproteste und ziviler Ungehorsam entwickelt.

Kampf gegen Ignoranz

An vorderster Front der Bewegung stand Dr. Martin Luther King, ein Bürgerrechtsaktivist der Nationalen Organisation für die Förderung farbiger Menschen. Ermutigt durch Bürgerrechtler andernorts und vor allem durch Gandhis gewaltlose Proteste gegen die britische Herrschaft in Indien wurde King zur bedeutendsten Persönlichkeit in diesem Kampf. Zusammen mit anderen schwarzen religiösen Führern hatte er 1957 eine breite Koalition aus schwarzen Kirchen gegründet, die die Bürgerrechtsbewegung erweiterte und nun zum ersten Mal landesweite Proteste organisierte.

King charakterisierte den Kampf um die Bürgerrechte der Schwarzen als einen Akt der Aufklärung. Der in den Südstaaten anhaltende Glaube an die Überlegenheit der weißen Bevölkerung hatte ein politisches System hervorgebracht, das Schwarze und andere Minoritäten ausschloss. King sah, dass die Mächtigen inbrünstig daran festhielten und dass diese »aufrichtige

» Der Unterdrücker [gewährt] nie freiwillig Freiheit; sie muss von den Unterdrückten eingefordert werden. «

Martin Luther King

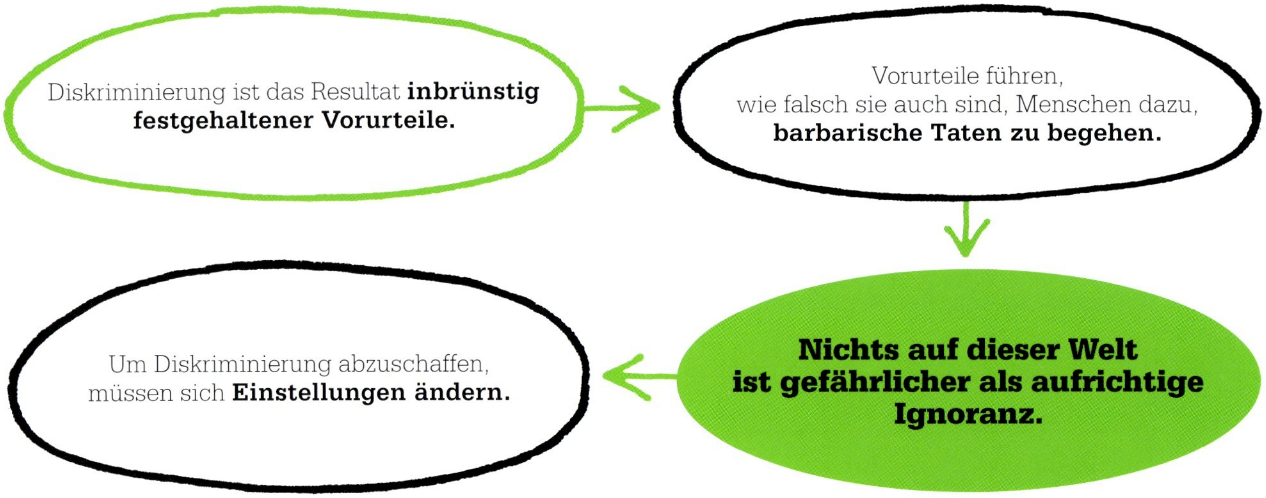

Diskriminierung ist das Resultat **inbrünstig festgehaltener Vorurteile.**

Vorurteile führen, wie falsch sie auch sind, Menschen dazu, **barbarische Taten zu begehen.**

Nichts auf dieser Welt ist gefährlicher als aufrichtige Ignoranz.

Um Diskriminierung abzuschaffen, müssen sich **Einstellungen ändern.**

Siehe auch: Henry David Thoreau 186–187 ▪ Mahatma Gandhi 220–225 ▪ Nelson Mandela 294–295 ▪ Frantz Fanon 304–307 ▪ Malcolm X 308–309

Ignoranz« die Wurzel der bestehenden Ungleichheit war. Deshalb mussten alle Versuche, das Problem einzig mit politischen Mitteln anzugehen, zwangsläufig scheitern. Deshalb war King der Meinung, dass politische Aktionen nötig waren, um die Politik zu reformieren und gleiche Teilhabe an und gleichen Zugang zu demokratischen Institutionen für alle zu erlangen. Um eine dauerhafte Veränderung zu erreichen, müsse die Bürgerrechtsbewegung auch gegen die unterschwelligen Vorurteile der Mehrheit gegenüber Minderheiten vorgehen.

Gewaltloser Protest

Im Gegensatz zu anderen Führern der Bürgerrechtsbewegung wie Malcolm X oder Stokely Carmichael hielt King an der Gewaltlosigkeit als grundlegendem Prinzip im Kampf für die Gleichheit fest. Er sah, dass dafür angesichts extremer Provokation äußerste moralische Entschiedenheit gefragt war, doch Gandhi hatte gezeigt, was sich damit erreichen ließ. Gandhi meinte, das moralische Ziel des Protests könnte an Bedeutung und die öffentliche Unterstützung verlieren, wenn der Widerstand gewalttätig würde. Deshalb bemühte sich King stets darum, sicherzustellen, dass sein Engagement in der Bürgerrechtsbewegung nicht zu Gewalt führte. Er sagte sogar öffentliche Reden und Demonstrationen ab, wenn er befürchtete, sie könnten zu gewaltsamen Aktionen seitens der Demonstranten führen. Gleichzeitig reagierte er, wenn Bürgerrechtler auf Einschüchterung und Gewalt stießen, mit furchtloser Entschiedenheit. Bei Demonstrationen ging er oft in der ersten Reihe mit, dabei wurde er mehr als einmal verwundet und außerdem bei mehreren Gelegenheiten verhaftet. Die Bilder, die die Brutalität der Polizei gegenüber den Bürgerrechtsaktivisten belegten, bewirkten landesweite Unterstützung für deren Anliegen.

Auch Kings Widerstand gegen den Vietnamkrieg war von Gewaltlosigkeit geprägt. 1967 hielt er seine berühmte Rede »Jenseits von Vietnam«, in der er das amerikanische Abenteuertum brandmarkte und sich gegen die hohen Militärausgaben aussprach. King hielt den Krieg für moralisch zweifelhaft, da er riesige Summen verschlang, die besser für die Linderung der Armut verwendet worden wären. Stattdessen bescherte der Krieg in seinen Augen der armen Bevölkerung Vietnams nur zusätzliches Leid.

Die unterschiedlichen Positionen derer, die Gewaltlosigkeit befürworten, und jener, die im Kampf um Bürgerrechte zur Gewalt bereit sind, bestimmen auch heute noch die Diskussionen über den zivilen Ungehorsam. In seinem *Brief aus dem Gefängnis in Birmingham* formulierte King seine Strategie gegen die Ignoranz des Rassismus in den USA so: »Gewaltfreie direkte Aktion sucht eine Krise herbeizuführen »

> »Gewaltlosigkeit bedeutet nicht nur, auf externe physische Gewalt zu verzichten, sondern auch, die interne Gewaltbereitschaft unseres Geistes zu vermeiden. Man weigert sich nicht nur, einen anderen Menschen zu erschießen, man weigert sich auch, ihn zu hassen.«
>
> **Martin Luther King**

Neun schwarze Studenten protestierten 1957 an der nur für Weiße zugelassenen Little Rock Central High School: Sie durften nicht ins Gebäude, Soldaten mussten für ihre Sicherheit sorgen.

Ziviler Ungehorsam nahm ihm Kampf für Bürgerrechte zahllose Formen an. Zum Beispiel weigerten sich Schwarze, sich in Bussen nur auf die für »Farbige« gekennzeichneten hinteren Bänke zu setzen.

und solche Spannungen zu nähren, dass eine Gemeinschaft, die sich permanent weigert zu verhandeln, dazu gezwungen wird, sich dem Thema zu stellen.« Kritiker innerhalb der Bewegung fanden, die Veränderungen würden nicht schnell genug kommen. Sie betrachteten es als ein Gebot der Moral, Gewalt und Einschüchterung mit gleichen Mitteln zu begegnen.

Gegen jede Ungleichheit

Im Lauf der 1960er-Jahre erweiterte sich Kings Vision von der Bewegung. Sie sollte gegen alle Formen der Ungleichheit protestieren und neben rassistischen auch ökonomischen Ungerechtigkeiten begegnen. 1968 initiierte er die »Poor People's Campaign«, eine Reihe von »Arme-Leute-Aktionen« zu Themen wie Einkommen, Mieten und Armut, mit denen die US-Regierung bewegt werden sollte, mehr Investitionen zu tätigen. Gefordert wurden insbesondere ein garantiertes Mindesteinkommen, höhere Ausgaben für den sozialen Wohnungsbau und die staatliche Zusage, für Vollbeschäftigung zu sorgen. Die Aktionen sollten von Anfang an Angehörige aller Rassen einbeziehen und sich auf gemeinsame Probleme der Armut konzentrieren. Doch King starb, bevor diese Aktion richtig anlief. Trotz einer breit angekündigten Demonstration und einer Reihe von Maßnahmen wurde der Protest nicht so erfolgreich wie der für die Bürgerrechte.

Armut und Rassismus zu verbinden, war seit Langem ein Anliegen der Bürgerrechtsbewegung, diese Kombination bildete einen Schwerpunkt bei Kings Aktivitäten. Bei dem »Marsch nach Washington für Arbeit und Freiheit« im Jahr 1963 stand zwar der Kampf gegen Rassismus im Vordergrund, aber es ging zudem um die Forderung nach mehr wirtschaftlichen Rechten. Kings Haltung gegen den Vietnamkrieg hatte ausdrücklich auch damit zu tun, dass die USA deshalb weniger Aufmerksamkeit und finanzielle Mittel für die Bekämpfung der Armut im eigenen Land einsetzten. Die Forderung nach einer Ausweitung der Sozialfürsorge war bei Kings Aktionen im Verbund mit der Koalition schwarzer Kirchen ebenfalls ein Thema.

Mit dem Problem der Armut wollte King eine weitere Facette der Ignoranz bekämpfen, die ihm bei seinen Bemühungen um Rassengleichheit aufgefallen war. So schrieb er in seinem letzten Buch *Wohin führt unser Weg? Chaos oder Gemeinschaft* darüber, dass sich die Haltung gegenüber den Armen verändern müsse. Teil des Armutsproblems war nach King das Vorurteil, arme Leute seien faul. Fähigkeiten und Talente eines Individuums würden am wirtschaftlichen Status gemessen und das Fehlen materiellen Wohlstands wäre ein Indiz für den Mangel an Fleiß und Arbeitsmoral. Wenn Armut wirksam bekämpft werden

» Diskriminierung ist ein Höllenhund, der in jedem wachen Moment im Leben eines Negers an ihm nagt und ihn daran erinnert, dass die Lüge seiner Minderwertigkeit als Wahrheit akzeptiert wird. «

Martin Luther King

solle, müssten diese unterschwelligen Unterstellungen aufhören.

Kings Vermächtnis

King zählt zu den einflussreichsten Bürgerrechtlern der Moderne. Seine Rhetorik ist zeitlos – sie fand Eingang in die moderne Alltagssprache – und sein Werk hat Bürgerrechtler in den USA wie in aller Welt inspiriert. Am deutlichsten aber lässt sich sein Einfluss an den Bürgerrechtsreformen ablesen, sie sind ein Erfolg der Bewegung, die er anführte. Der *Voting Rights Act* (Wahlgesetz) von 1965 und der *Civil Rights Act* (Bürgerrechtsgesetz) von 1968 markierten das Ende der berüchtigten Jim-Crow-Gesetze und beendeten die offene Diskriminierung in den Südstaaten. Die letzte große Ungerechtigkeit indes, gegen die King vorging – das Problem der Armut – besteht bis heute fort. ■

»Wenn ein Individuum gegen die Weigerung der Gesellschaft protestiert, seine Menschenwürde anzuerkennen, verleiht just dieser Protest sie ihm.«

Bayard Rustin

King rechnete mit einem Mordanschlag. Das hielt ihn nicht davon ab, die Bürgerrechtsbewegung in vorderster Reihe anzuführen. Nur wenige Tage nach seinem Tod wurde der *Civil Rights Act* (Bürgerrechtsgesetz) verabschiedet.

Martin Luther King

Martin Luther King Jr., geboren in Atlanta, Georgia, studierte an der Universität in Boston. Er wurde Pfarrer und ein Führer in der Nationalen Organisation für die Förderung farbiger Menschen. In dieser Funktion stieß er zur Bürgerrechtsbewegung, die Proteste in den Südstaaten organisierte – so auch 1955 den Boykott des Bussystems in Montgomery. Im April 1963 wurde er bei einer Demonstration in Birmingham, Alabama, verhaftet und kurzzeitig eingesperrt. Im August führte King den Marsch nach Washington an und hielt dort seine berühmte Rede »Ich habe einen Traum …«.

1964 erhielt er den Friedensnobelpreis und führte die Proteste zur Rücknahme der Jim-Crow-Gesetze an. Im März 1968 wurde King während eines Besuchs zur Unterstützung der streikenden Arbeiter der Müllabfuhr in Memphis, Tennessee, ermordet.

Hauptwerke

1963 *Warum wir nicht warten können*
1967 *Wohin führt unser Weg? Chaos oder Gemeinschaft*
1968 *Aufruf zum zivilen Ungehorsam*

PERESTROIKA VEREINT SOZIALISMUS MIT DEMOKRATIE

MICHAIL GORBATSCHOW (GEB. 1931)

IM KONTEXT

IDEENLEHRE
Leninismus

SCHWERPUNKT
Perestroika

FRÜHER
1909 Lenin veröffentlicht sein Buch *Materialismus und Empiriokritizismus*. Dieses Werk wird in der Sowjetunion zur Pflichtlektüre in höheren Schulen.

1941 Stalin wird Regierungschef der Sowjetunion und regiert das Land mit eiserner Hand.

SPÄTER
1991 Die UdSSR löst sich offiziell auf, dadurch entstehen 15 unabhängige Einzelstaaten. Mit diesem Ereignis endet der Kalte Krieg.

1991–1999 Boris Jelzin wird zum ersten Präsidenten der Russischen Föderation gewählt. Er beginnt damit, die Zentralwirtschaft des Landes in eine Marktwirtschaft umzuwandeln.

Michail Gorbatschow plante in den 1980er-Jahren als Generalsekretär der Kommunistischen Partei der Sowjetunion Reformen, um der maroden Wirtschaft neuen Auftrieb zu geben. Er sah die Stagnation als Ergebnis ungerechter Wohlstandsverteilung, unflexibler Strukturen – die die Massen daran hinderten, ihre Kreativität zu entfalten – und der anmaßenden Autorität des Staates. Sein Reformprogramm bestand aus zwei Komponenten: *Perestroika* (Umgestaltung) umfasste das Überdenken der Prinzipien des demokratischen Zentralismus, die Einbeziehung wissenschaftlicher Methoden und die Einsetzung universeller Prinzipien sozialer Gerechtigkeit. *Glasnost* (Offenheit) bedeutete mehr Transparenz auf sozialem und politischem Gebiet sowie Redefreiheit.

Diese Demokratisierung war jedoch keine Absage an den Sozialismus. Der wahre Geist Lenins, so Gorbatschow, verstand den Sozialismus nicht als theoretisches Programm, sondern als permanenten Veränderungsprozess. Sozialismus und Demokratie bildeten darin eine echte Einheit, wenngleich Gorbatschow unter Demokratie nur die Freiheit der arbeitenden Massen, an die Macht zu kommen, verstand.

Unglücklicherweise führten Gorbatschows wirtschaftliche Reformen zu einer tiefen Rezession – und seine sozialen Reformen beschleunigten den Zusammenbruch des Sowjetsystems. ■

Gorbatschows demokratische Agenda beinhaltete auch, mit US-Präsident Ronald Reagan über ein Ende des Kalten Krieges zu verhandeln.

Siehe auch: Karl Marx 188–193 ▪ Wladimir I. Lenin 226–233 ▪ Leo Trotzki 242–245 ▪ Antonio Gramsci 259 ▪ Mao Zedong 260–265

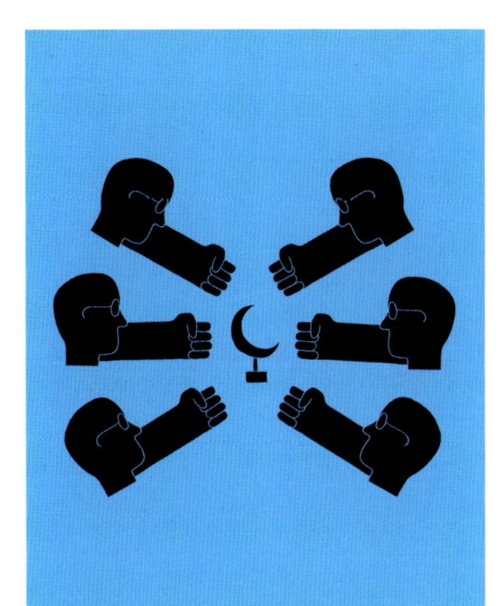

DIE INTELLEKTUELLEN BEKÄMPFTEN FÄLSCHLICHERWEISE DEN ISLAM

ALI SCHARIATI (1933–1977)

IM KONTEXT

IDEENLEHRE
Islamismus

SCHWERPUNKT
Islamische Unabhängigkeit

FRÜHER
1941 Sowjetische und britische Truppen fallen im Iran ein, um sich den Zugang zu den Ölreserven des Landes zu sichern.

1962 Jalal Al-e-Ahmad veröffentlicht *Gharbzadegi* (»Geplagt vom Westen«), eine Kritik der westlichen Zivilisation.

SPÄTER
1978 Die Iranische Revolution bringt Ayatollah Ruhollah Khomeini an die Macht.

1980 Von den Westmächten ermutigt, beginnt der Irak einen Krieg mit dem Iran. Er dauert acht Jahre und hat schlimme Folgen für beide Seiten.

2005 Mahmud Ahmadinedschad wird Irans Präsident. Er nimmt frühere Reformen zurück und schlägt einen streng religiösen Regierungskurs ein.

Islamischer Puritanismus, Marxismus und postkoloniale Philosophien beeinflussten den iranischen Religionssoziologen Ali Schariati. Er verteidigte das islamische Denken und den Glauben als Säulen der islamischen Gesellschaft und propagierte die Unabhängigkeit von westlicher Dominanz.

Schariati verteidigte den Islam und wollte Missverständnisse klären, die für ihn Resultat einer ungesunden Trennung zwischen den gebildeten Klassen und den Massen im Iran waren. Er unterschied Intellektuelle von Aufgeklärten, Letztere bräuchten keinen Hochschulabschluss, sondern ein Bewusstsein in Bezug auf Tradition, Religion und die Bedürfnisse des Menschen.

Der islamische Geist

Bei dem Versuch, moderne europäische Entwicklungsmodelle auf den Iran anzuwenden, ließen die Intellektuellen, so Schariati, die besonderen Bedingungen im Iran außer Acht. Sie weigerten sich, den islamischen Geist anzuerkennen, der die iranische Kultur durchdrang, und machten die Religion für materielle Probleme verantwortlich. Die Emanzipation des Iran sei nur durch die Anerkennung seiner islamischen Wurzeln möglich – und durch ein auf Gleichheit ausgerichtetes Sozialsystem, das an religiösen Normen festhielt. Während die Massen mehr Selbstbewusstsein benötigten, fehle den Intellektuellen ein stärkerer »Glaube«. Schariati lehnte Modernität nicht strikt ab, er sah den Islam als zentrales Instrument seines Landes auf dem Weg dorthin. ■

» Es gibt keine so fortschrittliche, mächtige und bewusste Prophezeiung wie die Mohammeds. «

Ali Schariati

Siehe auch: Mohammed 56–57 ▪ Mahatma Gandhi 220–225 ▪ Mustafa Kemal Atatürk 248–249 ▪ Abul Ala Maududi 278–279

DIE ABSCHEULICHKEIT DES KRIEGES BRINGT UNS DAZU, JEDE ZURÜCKHALTUNG AUFZUGEBEN

MICHAEL WALZER (GEB. 1935)

IM KONTEXT

IDEENLEHRE
Kommunitarismus

SCHWERPUNKT
Theorie des gerechten Krieges

FRÜHER
1274 Thomas von Aquin legt die moralischen Prinzipien eines gerechten Krieges dar.

14.–15. Jh. Gelehrte in Salamanca nennen einen Krieg gerecht, wenn er dazu dient, größere Übel zu vermeiden.

1965 Die USA starten einen Bodenkrieg in Vietnam. Ihre spätere Niederlage und die Proteste in den USA führen zu einer Neubewertung der moralischen Grenzen eines Krieges.

SPÄTER
1990 US-Präsident George Bush beruft sich vor dem Zweiten Golfkrieg auf Theorien eines gerechten Krieges.

2001 Nach den Terrorangriffen vom 11. September beginnt die Invasion in Afghanistan.

Die **Ethik des Krieges** gerät aufgrund veränderter Konfliktursachen unter Druck, etwa …

… bei einem **Guerillakrieg.**

… bei **komplexen Beziehungen zwischen den Staaten.**

… infolge **militärischer Industrialisierung,** vor allem eines Atomwaffeneinsatzes.

Um solchen Schwierigkeiten zu begegnen, muss das **Konzept eines gerechten Krieges** überdacht und neu bewertet werden.

Eine Neubewertung ergibt, dass unter bestimmten Bedingungen **Kriege weiterhin notwendig sind** – allerdings mit Einschränkungen.

Obwohl ein Krieg abscheulich ist, **darf alle Zurückhaltung fallen,** wenn er dadurch schnell beendet wird.

Die Abscheulichkeit des Krieges bringt uns dazu, jede Zurückhaltung aufzugeben.

Siehe auch: Sunzi 28–31 ▪ Augustinus von Hippo 54–55 ▪ Thomas von Aquin 62–69 ▪ Niccolò Machiavelli 74–81 ▪ Smedley D. Butler 247 ▪ Robert Nozick 326–327

Wann ist ein Krieg gerechtfertigt? Welches Verhalten ist auf dem Schlachtfeld erlaubt? Fragen wie diese beschäftigen politische Philosophen, seit Menschen Kriege führen. Augustinus von Hippo befasste sich als einer der Ersten damit und befand, sich selbst und andere, die in Not sind, zu verteidigen, sei nicht nur eine moralische Rechtfertigung des Krieges, sondern ein Gebot. Später schuf Thomas von Aquin die Basis für eine moderne Theorie des gerechten Krieges. Er forderte, ein Krieg dürfe nicht zum persönlichen Vorteil und nur von einer legitimierten Institution geführt werden. Darüber hinaus sei als Motiv einzig die Sicherung des Friedens zulässig.

Die rasanten Fortschritte in der Militärindustrie, komplexe Beziehungen zwischen Staaten und das Aufkommen von Guerillakriegen forderten jedoch eine neue Auseinandersetzung mit der Ethik bewaffneter Konflikte. Zu den bedeutendsten zeitgenössischen Theoretikern in Hinblick auf diese Frage gehört der politische Philosoph Michael Walzer. Sein Werk hat die Debatte um gerechte Kriege wieder belebt und lieferte Anstöße für neue Perspektiven auf die Vielschichtigkeit bewaffneter Kämpfe. Walzer meint, es könnte sein, dass ein gerechter und notwendiger Krieg mit allen zur Verfügung stehenden Mitteln geführt werden muss – wie furchtbar dies auch sei. Wenn zum Beispiel absehbar sei, dass die Tötung von Zivilisten einen Krieg frühzeitig beenden würde, könnte dies gerechtfertigt sein. Allerdings, so Walzer, müssen die kriegführenden Organe strengen moralischen Vorgaben folgen.

Der Einsatz von Atomwaffen wirkte tiefgreifend auf Walzers Denken. Wegen der immensen Zerstörungskräfte dieser Waffen drängte er auf eine Neubewertung der Ethik des Krieges.

Gerechte und ungerechte Kriege

Walzer sprach sich in *Just und Unjust Wars* (»Gerechte und ungerechte Kriege«) dafür aus, dass in einem notwendigen Krieg strenge ethische Grundsätze einzuhalten sind. Einen moralischen Absolutismus, der bestimmte Taten grundsätzlich nicht erlaubt, lehnte er ab. Die schmutzige Dynamik, die sich heute auf dem Schlachtfeld entwickeln kann, und die komplexen moralischen Fragen, so Walzer, erfordern ein ethisches Denken. So seien Entscheidungen nicht immer leicht, wie er an dem Beispiel der Bombardierung Dresdens im Zweiten Weltkrieg zeigte. Atomwaffen sind für Walzer besonders besorgniserregend. Mit ihnen habe sich die moralische Grenze so drastisch verschoben, dass ein ethischer Rahmen für Kriegsführung kaum zu definieren sei. Als letzter Ausweg könnten jedoch auch extremste Mittel gerechtfertigt sein. ■

Michael Walzer

Michael Walzer wurde in New York geboren und absolvierte die Brandeis University in Boston sowie die Cambridge University (Großbritannien), bevor er 1961 in Harvard promovierte. Dort unterrichtete er in den 1970er-Jahren zusammen mit Robert Nozick als Tandempartner. Aus ihren Seminaren gingen zwei wichtige Werke hervor: Nozicks *Anarchie, Staat, Utopia* sowie Walzers *Sphären der Gerechtigkeit.*

Der Einfluss von Walzers Werken wird unter anderem bei den Theorien zum gerechten Krieg sowie zu Gleichheit, Liberalismus und Gerechtigkeit sichtbar. Als Befürworter selbstverantwortlicher Gemeinschaften beschäftigt er sich mit der zivilen Gesellschaft und der Rolle des Wohlfahrtsstaats. Er gilt als einer der führenden Intellektuellen der USA und viele zeitgenössische Politiker und Militärs nahmen Bezug auf seine Arbeiten.

Hauptwerke

1977 *Just and Unjust Wars*
1983 *Sphären der Gerechtigkeit*
2003 *Erklärte Kriege – Kriegserklärungen*

KEIN STAAT AUSSER DEM MINIMALSTAAT KANN GERECHTFERTIGT WERDEN

ROBERT NOZICK (1938–2002)

IM KONTEXT

IDEENLEHRE
Libertarismus

SCHWERPUNKT
Libertäre Gerechtigkeitstheorie

FRÜHER
1689 John Locke schreibt *Zwei Abhandlungen über die Regierung* und umreißt darin einen Gesellschaftsvertrag.

1944 Friedrich von Hayek verurteilt in *Der Weg zur Knechtschaft* staatliche Kontrolle durch zentrale Planung.

1971 Rawls befürwortet in *Eine Theorie der Gerechtigkeit* einen Staat, der gesellschaftliche Ungerechtigkeiten ausgleicht.

SPÄTER
1983 Walzer untersucht in *Sphären der Gerechtigkeit,* wie die Gesellschaft »soziale Güter« wie Bildung und Arbeit verteilt.

1995 Gerald Cohen äußert in *Selbsteigentum, Freiheit und Gleichheit* eine marxistische Kritik an Rawls und Nozick.

Der Staat sollte **Grundrechte** wie den Schutz der Bevölkerung vor Gewalt garantieren.

Wenn er sich anderen Aufgaben widmet, **fängt er an,** die Rechte der Bevölkerung **zu verletzen.**

Kein Staat außer dem Minimalstaat kann gerechtfertigt werden.

Individuelle Rechte in Zeiten starker Staaten und komplexer öffentlicher Einrichtungen – das ist ein ergiebiges Feld für politische Theorien. Ein prominenter Vertreter auf diesem Gebiet war der Philosoph Robert Nozick, dessen Werk unter anderem als Reaktion auf Ideen von John Locke und John Rawls zu verstehen ist.

Locke formulierte in seinen *Zwei Abhandlungen über die Regierung* von 1689 die Grundlagen für eine Theorie des modernen Staates. Darin beschrieb er Rechte von Individuen, die jedoch von einem Staat durchgesetzt werden mussten. Hieraus entwickelte sich die Idee vom Gesellschaftsvertrag, wie Rousseau ihn skizzierte – Individuen geben einen Teil ihrer Freiheit für den Schutz durch den Staat auf.

John Rawls baute mit seinem 1971 verfassten Buch *Eine Theorie der Gerechtigkeit* darauf auf, indem er eine Variante des Gesellschaftsvertrags vorschlug, der mit Lockes Ideen der Freiheit und Gleichheit in Einklang stand. Er beschrieb Rahmenbedingungen, die es Indi-

Siehe auch: John Locke 104–109 ▪ Immanuel Kant 126–129 ▪ Henry David Thoreau 186–187 ▪ John Rawls 298–303 ▪ Michael Walzer 324–325

» Die Menschen haben Rechte und einiges darf ihnen kein Mensch und keine Gruppe antun. «

Robert Nozick

viduen erlaubten, eine kollektive Vereinbarung über Gerechtigkeit zu treffen, die auf Fairness und Gleichheit gründet statt auf Einzelinteressen. Damit wären die Grundlagen für eine soziale Demokratie geschaffen. Nozick entdeckte in den von Rawls beschriebenen Kooperationsformen eine Reihe von Gefahren – er bezog sich dabei auf Locke und Kant – und belebte den Libertarismus neu, der den Einfluss der Staaten so klein wie möglich halten wollte.

Nozick vertrat den Gedanken, dass keine Staatsform außer der eines Minimalstaats mit den Individualrechten kompatibel und somit gerechtfertigt ist. Dort, wo der Staat sich anderen Aufgaben widmete als den grundlegendsten, nämlich dem »Schutz vor Gewalt, Diebstahl, Betrug, der Durchsetzung von Verträgen usw.«, verletze er die Rechte, die Rawls schützen wollte.

Anarchie, Staat, Utopia

In *Anarchie, Staat, Utopia* lieferte Nozick die anschauliche Beschreibung eines Minimalstaats und damit direkte Antworten auf Rawls' Forderungen. Er entwickelte das Buch während eines Kurses, den er in Form einer Debatte zusammen mit dem Politologen Michael Walzer in Harvard gab. Später wurde Walzer einer der wichtigsten Kritiker der Argumente in diesem Buch.

Nozicks wohl berühmteste Schlussfolgerung besagt, dass das Steuersystem moderner Staaten zur Umverteilung von Einkommen und Finanzierung öffentlicher Träger moralisch nicht zu vertreten sei. Denn dadurch würde eine Form von Zwangsarbeit entstehen, bei der ein Pflichtteil der Arbeit einer Person anderen zugute komme. Nozick ging sogar so weit, dies als eine Art Sklaverei zu betrachten, in der jedes Mitglied einer Gesellschaft einen gewissen Eigentumsanspruch auf die Arbeit der anderen Individuen hat.

Anarchie, Staat, Utopia erwies sich als überaus einflussreich und half mit, die aktuellen Grenzen in der Debatte zwischen libertären Ideen und dem Liberalismus zu definieren. Zusammen mit Rawls' *Eine Theorie der Gerechtigkeit* gehört Nozicks Werk zu den wichtigsten Beiträgen der aktuellen politischen Philosophie. ■

Das Steuersystem beschreibt Nozick als eine Art von Sklaverei: Mitglieder der Gesellschaft fordern einen Anteil an der individuellen Arbeit ein, die damit zur Zwangsbeschäftigung wird.

Robert Nozick

Robert Nozick wurde 1938 in New York geboren. Er studierte an den Universitäten in Columbia, Oxford und Princeton. Zunächst von linken Theorien angezogen, verlagerte er nach der Lektüre der Werke von Friedrich von Hayek, Ayn Rand und anderen Denkern, die sich mit dem freien Markt befassten, seinen Standpunkt hin zum Libertarismus. Er lehrte vor allem in Harvard, wo er einer der führenden Köpfe des Libertarismus wurde – und dafür bekannt, keinen seiner Kurse öfter als zweimal abzuhalten.

Nozicks wichtigster Beitrag zur politischen Theorie war sein erstes Buch, *Anarchie, Staat, Utopia,* obwohl er im Lauf seiner Karriere zu einer ganzen Reihe weiterer Themen publizierte und sich nicht auf die politische Philosophie beschränkte. In seinen letzten Jahren lehnte er extrem libertäre Positionen ab und befürwortete eine Begrenzung beim Erbrecht.

Hauptwerke

1974 *Anarchie, Staat, Utopia*
1981 *Philosophical Explanations*
1993 *The Nature of Rationality*

KEIN GESETZ IM ISLAM RUFT ZUR MISSACHTUNG DER RECHTE DER FRAUEN AUF

SHIRIN EBADI (GEB. 1947)

IM KONTEXT

IDEENLEHRE
Islam

SCHWERPUNKT
Menschenrechte

FRÜHER
1953 Ein von der CIA unterstützter Staatsstreich stürzt den demokratisch gewählten Premierminister Mohammad Mossadegh im Iran.

1979 Die Islamische Revolution unter Führung Ayatollah Khomeinis schafft die autokratische Monarchie ab und errichtet im Iran eine islamische Republik mit repressiven Gesetzen.

SPÄTER
2006 In Teheran (Iran) werden friedliche Demonstrationen für die Rechte der Frauen aufgelöst, mehrere Demonstrantinnen werden zu Haft- und Prügelstrafen verurteilt.

2011 Der »Arabische Frühling« bewirkt in einer Reihe von Staaten in Nordafrika und im Nahen Osten soziale und politische Veränderungen.

Die Situation der Menschenrechte in islamischen Staaten wirft wichtige Fragen auf, die die politische Theorie stark beeinflussen. Der Fundamentalismus hat insbesondere die Rechte der Frauen in der Öffentlichkeit durch ihre Diskriminierung aufgrund rückschrittlicher Gesetze beschnitten. Fragen nach der richtigen Reaktion darauf und vor allem nach der Rolle des Westens kennzeichnen die Debatte zwischen muslimischen Theoretikern.

Die iranische Menschenrechtsaktivistin und Friedensnobelpreisträgerin Shirin Ebadi war vor 1979 erste Richterin in ihrem Land. Nach der Islamischen Revolution zwangen neue Gesetze sie dazu, ihren Beruf aufzugeben. Dennoch hält Ebadi die Rechte der Frauen und den Islam für grundsätzlich vereinbar und meint, die einstige starke Position der Frauen in der iranischen Gesellschaft zeige, dass das Problem beim Regime und nicht beim islamischen Gesetz liege.

Geht es um die Verteidigung der Menschrechte, sind sowohl die Rolle des Westens als auch seine Werte heftig umstritten. Ebadi ist strikt gegen eine Einmischung des Westens und hält Einflüsse von außen für alles andere als hilfreich, und das trotz der Missachtung der Menschenrechte und der Diskriminierung von Frauen durch das Regime und fehlender Demokratie im Land. Die Veränderung muss von innen kommen, sagt sie, und verweist auf die relativ starke Frauenbewegung im Iran. ■

Iranische Frauen demonstrieren 1979 gegen neue Gesetze, die sie zur Verschleierung in der Öffentlichkeit zwingen. Ebadi sagt, dass nur die Iraner selbst die Unterdrückung durch das Regime abschaffen könnten.

Siehe auch: Emmeline Pankhurst 207 ▪ Abul Ala Maududi 278–279 ▪ Simone de Beauvoir 284–289 ▪ Ali Schariati 323

SELBSTMORDATTENTATE SIND VOR ALLEM EINE REAKTION AUF FREMDE BESATZUNG

ROBERT PAPE (GEB. 1960)

IM KONTEXT

IDEENLEHRE
Kriegsuntersuchungen

SCHWERPUNKT
Empirische Politikwissenschaft

FRÜHER
1881 Der russische Zar Alexander II. wird von einem Selbstmordattentäter getötet.

1983 Der Islamische Dschihad bekennt sich zu Bombenattentaten auf Gebäude der multinationalen Streitkräfte in Beirut.

2001 Die Terrorangriffe der al-Qaida vom 11. September führen zu Invasionen im Irak und in Afghanistan.

SPÄTER
2005 Bei Selbstmordattentaten auf Busse und U-Bahnen in London sterben 52 Menschen.

2009 Am Ende des Bürgerkriegs in Sri Lanka gehen 273 Selbstmordattentate auf das Konto der Tamil Eelam.

2011 Die USA ziehen sich aus dem Irak zurück.

Selbstmordattentate werden weithin als Ausdruck eines religiösen Fundamentalismus betrachtet. Der US-amerikanische Politikwissenschaftler Robert Pape hat jedoch Belege zusammengetragen, nach denen der Selbstmordterrorismus eher säkulare und weniger religiöse Taktik ist. Zudem sei er Teil einer breit angelegten Strategie, um Besatzungsmächte aus einem Gebiet zu vertreiben, das die Täter als ihre Heimat sehen.

»Zwischen Selbstmordattentaten und islamischem Fundamentalismus – oder irgendeiner anderen Weltreligion – gibt es nur wenige Verbindungen.«

Robert Pape

Eine strategische Antwort

Pape veröffentlichte 2005 seine Studie *Dying to Win* (»Sterben, um zu gewinnen«). Darin analysierte er 315 Selbstmordattentate aus der Zeit zwischen 1980 und 2003. Er fand heraus, dass dabei weder individuelle Motive noch Glaubensbekenntnisse eine Rolle gespielt hatten, und sah kaum Verbindungen zwischen Selbstmordattentaten und Religion. Vielmehr machte er eine »kausale Logik der Selbstmordattentate« aus, die nahelegte, dass diese Aktionen eine strategische Antwort auf die Besatzung durch eine demokratische Macht waren. Papes Untersuchungen zufolge hatten alle Terrorakte und mehr als 95 Prozent aller Selbstmordattentate die nationale Befreiung zum Ziel.

Seine Schlussfolgerung: Die militärische Gewalt fremder Mächte zur Unterwerfung oder Reform von Gesellschaften bringt eine wachsende Zahl von Selbstmordattentätern hervor. Diese Art von Terrorismus, so Pape, entstammt nicht dem Fanatismus, sondern ist ein »bedarfsgesteuertes Phänomen«. ■

Siehe auch: Abul Ala Maududi 278–279 ▪ Frantz Fanon 304–307 ▪ Ali Schariati 323 ▪ Michael Walzer 324–325

ANHANG

WEITERE POLITISCHE DENKER

In diesem Buch werden einige wichtige politische Ideen sowie einige bedeutende politische Denker vorgestellt. Naturgemäß fehlt es aber an Platz, um all diejenigen aufzunehmen, die im Lauf der Jahrhunderte das politische Denken weltweit beeinflusst haben. Dieses Verzeichnis ist nicht erschöpfend, doch es informiert über einige Persönlichkeiten, die an anderer Stelle nicht vorkommen: Es benennt ihre Leistungen und ihre bekanntesten Ideen. Außerdem sind Verweise auf andere Seiten im Buch enthalten, wo die Ideen, Bewegungen und Denker diskutiert werden, mit denen diese Persönlichkeiten in Verbindung standen, die ihr Denken beeinflussten und die von ihnen inspiriert wurden.

MENZIUS
um 372–289 v. Chr.

Der chinesische Philosoph Menzius soll bei einem Enkel von Konfuzius in die Schule gegangen sein. Seine Interpretation des Konfuzianismus trug erheblich dazu bei, diesen als Regierungsmodell zu etablieren. Anders als Konfuzius betonte Menzius das Gute im Menschen, das von der Gesellschaft korrumpiert werden könne. Die öffentliche Moral müsse durch Bildung verbessert werden. Er hatte auch weniger Respekt vor Staatsoberhäuptern und glaubte, sie sollten vom Volk abgesetzt werden, wenn sie nicht gerecht herrschten.
Siehe auch: Konfuzius 20–27 ▪ Mozi 32–33 ▪ Han Feizi 48

ALEXANDER DER GROSSE
um 356–323 v. Chr.

Als Sohn von König Philipp II. von Makedonien wurde Alexander auf dem Höhepunkt des klassischen griechischen Zeitalters geboren. In seiner Jugend soll er von Aristoteles unterrichtet worden sein. Nachdem er seinem Vater auf den Thron gefolgt war, machte er sich daran, das Reich zu erweitern. Er marschierte erfolgreich nach Kleinasien ein und eroberte von dort aus das übrige persische Reich unter Darius III. Am Ende erstreckte sich sein Machtbereich bis Nordindien. Bei seinen Feldzügen brachte er die griechische Kultur nach Afrika und Asien, wo zahlreiche hellenistische Städte nach dem Vorbild der griechischen Stadtstaaten gegründet wurden.
Siehe auch: Aristoteles 40–43 ▪ Chanakya 44–47

BARTOLOMÉ DE LAS CASAS
1484–1566

Der spanische Priester und Historiker emigrierte 1502 nach Hispaniola. Er nahm an der Eroberung Kubas als Geistlicher teil. Die Brutalität, mit der die einheimischen Taíno behandelt wurden, erschreckte ihn so sehr, dass er zum Anwalt der Indios wurde. Er ging als dominikanischer Mönch in ein Kloster auf Santo Domingo und reiste durch Zentralamerika. Schließlich wurde er Bischof von Chipas in Mexiko und »Beschützer der Indios«, ehe er 1547 nach Spanien zurückkehrte. Seine Schriften über die Grausamkeiten bei der Kolonisierung Amerikas sind ein frühes Plädoyer für die Menschenrechte.
Siehe auch: Francisco de Vitoria 86–87 ▪ Nelson Mandela 294–295 ▪ Martin Luther King 316–321

AKBAR DER GROSSE
1542–1605

Als dritter Mogulkaiser Indiens weitete Akbar sein Reich aus, bis es den Großteil Zentral- und Nordindiens bedeckte. In der ethnisch vielfältigen Bevölkerung führte er eine Kultur der religiösen Toleranz ein und organisierte die Regierung neu. Anstatt in den einzelnen Regionen stellvertretende Herrscher einzusetzen, ließ er sie von Militärgouverneuren verwalten, die unter einer Zentralregierung standen. Diese bestand aus verschiedenen Abteilungen, die sich um Angelegenheiten wie Steuern, Rechtssprechung und Militär kümmerten. Auf diese Weise vereinigte Akbar die ganz unterschiedlichen Teile seines

Reichs zu einem großen Ganzen, in dem Wohlstand und Frieden herrschten.
Siehe auch: Chanakya 44–47 ▪ Mahatma Gandhi 220–225 ▪ Manabendra Nath Roy 253

TOKUGAWA IEYASU
1543–1616

Der japanische Führer und Staatsmann Tokugawa Ieyasu war der Sohn des Herrschers in der Provinz Mikawa. Er wurde während eines Bürgerkriegs geboren. Ieyasu übernahm die Position seines Vaters und erhielt die Allianz mit dem benachbarten Herrscher Toyotomi Hideyoshi zunächst aufrecht. Doch nach dem Tod Hideyoshis besiegte Ieyasu den Toyotomi-Clan und richtete seine Hauptstadt in Edo, dem heutigen Tokio, ein. 1603 wurde Tokugawa Ieyasu von Kaiser Go-Yozei zum Shogun (Militärgouverneur) ernannt. Damit wurde er praktisch zum Herrscher über ganz Japan und zum Begründer der Tokugawa-Dynastie. Er teilte das Land auf die regionalen Führer auf und ließ sie nach strengen Vorschriften herrschen. Mit diesem Vorgehen konnte er seine Machtbasis erhalten und für Stabilität im Land sorgen.
Siehe auch: Sunzi 28–31 ▪ Niccolò Machiavelli 74–81 ▪ Ito Hirobumi 195

OLIVER CROMWELL
1599–1658

Oliver Cromwell war zunächst ein eher unbedeutendes Parlamentsmitglied, doch während des englischen Bürgerkriegs gewann er an Einfluss. Er bewies seine Fähigkeiten als Anführer des parlamentarischen Heeres und gehörte zu denen, die das Todesurteil für König Karl I unterzeichnet haben. Cromwells Beteiligung an der Absetzung des Monarchen war religiös und politisch motiviert, genau wie seine spätere Besetzung Irlands. Politische Macht erlangte er während des *Commonwealth of England* (der republikanischen Periode von 1649 bis 1660). 1653 wurde er zum *Lord Protector* von England, Wales, Schottland und Irland ernannt. Manche sahen ihn als einen rücksichtslosen Diktator an, anderen gilt Cromwell als Befreier von einer dekadenten Monarchie.
Siehe auch: Barone des Königs Johann 60–61 ▪ John Lilburne 333

JOHN LILBURNE
1614–1657

Der englische Politiker widmete sein Leben dem Kampf um das, was er »Freeborn Rights« nannte. Sie bestanden für ihn neben den Rechten, die gesetzlich garantiert waren. In den 1630er-Jahren wurde er inhaftiert, weil er illegale Flugschriften verbreitet hatte, und bei Beginn des englischen Bürgerkriegs trat er in die Armee der Parlamentarier ein. 1645 verließ er die Armee wieder, weil er das Gefühl hatte, nicht für die Art von Freiheit zu kämpfen, wie er sie erreichen wollte. Lilburne stand in Verbindung mit den *Levellers*, einer Bewegung für Gleichheit vor dem Gesetz, und plädierte für gleiche Menschenrechte für alle. 1649 wurde er wegen Hochverrats verurteilt, aber ins Exil geschickt. Bei seiner Rückkehr nach England wurde er 1653 erneut verurteilt und blieb bis zu seinem Tod 1657 im Gefängnis.
Siehe auch: Thomas Paine 134–139 ▪ Oliver Cromwell 333

SAMUEL VON PUFENDORF
1632–1694

Samuel von Pufendorf war der Sohn eines lutherischen Pastors aus Sachsen. Zunächst studierte er Theologie in Leipzig, ging dann aber nach Jena, um Jura zu studieren. Dort entdeckte er die Werke von Grotius und Hobbes. Einen Ruf erwarb er sich für seine Ideen zum Weltgesetz. 1661 wurde er zum Professor für Natur- und Völkerrecht an der Universität Heidelberg ernannt, wo er die Theorie des Naturrechts erweiterte und den Weg für Rousseaus Vorstellung vom Gesellschaftsvertrag bereitete. Er schlug ein religionsunabhängiges System des internationalen Rechts vor. Später zog er als Historiker an den königlichen Hof nach Schweden und entwickelte eine Theorie der Kirchenregierung, die den Unterschied zwischen kirchlichen und staatlichen Gesetzen betont.
Siehe auch: Hugo Grotius 94–95 ▪ Thomas Hobbes 96–103 ▪ Jean-Jacques Rousseau 118–125

JUANA INÉS DE LA CRUZ
1651–1695

Juana Inés de Asbaje y Ramirez de Santillana wurde in der Nähe von Mexiko-Stadt geboren. Sehr früh lernte sie Lesen und Schreiben. Da das Studieren den Männern vorbehalten war, bat sie ihre Familie, man möge sie als Junge verkleiden, damit sie studieren könne. Am Ende brachte sie sich ihre klassische Bildung selbst bei. 1669 wurde sie Mitglied in einem Kloster der Hieronymiten. Dort blieb sie bis zu ihrem Tod. Sie schrieb zahlreiche Gedichte und als Reaktion auf die Kritik an ihren Schriften, die von der Kirche ausging, wurde sie zu einer entschiedenen Fürsprecherin für das Recht der Frauen auf Bildung. Sie meinte, es schade der Gesellschaft, wenn die Frauen dumm blieben, und stellte die Frage, was an Schaden hätte vermieden werden können, wenn schon die Frauen der früheren Generationen gebildet gewesen wären.

Siehe auch: Mary Wollstonecraft 154–155 ▪ Emmeline Pankhurst 207 ▪ Simone de Beauvoir 284–289 ▪ Shirin Ebadi 328

GEORGE WASHINGTON
1732–1799

George Washington war Oberbefehlshaber der Kontinentalarmee im Amerikanischen Unabhängigkeitskrieg, einer der Gründerväter der Vereinigten Staaten von Amerika und der erste Präsident des Landes. Er gehörte keiner politischen Partei an und warnte vor der Entzweiung durch Parteipolitik. Während seiner zwei Amtszeiten führte er Maßnahmen ein, die das Land in Form einer Republik unter der Herrschaft einer Bundesregierung einen sollten. Und er unternahm praktische Schritte, um das Wohlergehen des ganzen Landes und den Handel zu fördern. So führte er ein gerechteres Steuersystem ein, um die Staatsschulden zu verringern, während er in der Außenpolitik für Neutralität plädierte, um zu vermeiden, dass man in einen europäischen Krieg hineingezogen wurde. Viele Rituale der US-Regierung wie die Antrittsrede des Präsidenten wurden von Washington etabliert.

Siehe auch: Benjamin Franklin 112–113 ▪ Thomas Paine 134–139 ▪ Thomas Jefferson 140–141

JOSEPH DE MAISTRE
1753–1826

Joseph Marie, Comte de Maistre, war ein Anführer der konservativen Gegenbewegung zur Französischen Revolution. Die Revolution sah er als das Ergebnis atheistischen, aufgeklärten Denkens an; die anschließende Herrschaft des Terrors sei eine zwangsläufige Folge der Ablehnung des Christentums. Er floh vor der Revolution in die Schweiz und lebte später in Italien. Auf Rationalität gründende Regierungssysteme, so glaubte er, führten unausweichlich zu einem gewaltsamen Ende; die einzig stabile Regierungsform sei eine Monarchie von Gottes Gnaden mit dem Papst als oberste Autorität.

Siehe auch: Thomas von Aquin 62–69 ▪ Edmund Burke 130–133

MAXIMILIEN ROBESPIERRE
1758–1794

Robespierre war eine Leitfigur der Französischen Revolution, seine Anhänger betrachteten ihn als unbestechlichen Hüter der revolutionären Prinzipien. In Erinnerung geblieben ist er als skrupelloser Diktator. Er studierte Jura in Paris, wo er erstmals auf die Schriften von Jean-Jacques Rousseau stieß. Später praktizierte er als Anwalt in Arras, ehe er in die Politik ging. In der konstituierenden Versammlung trat er für gleiche Rechte und die Errichtung einer Republik ein. Nach der Hinrichtung Ludwigs XVI. stand er dem Wohlfahrtsausschuss vor, der die Gefahr einer Konterrevolution durch eine Herrschaft des Terrors bannen wollte. Später wurde er selbst inhaftiert und hingerichtet.

Siehe auch: Montesquieu 110–111 ▪ Jean-Jacques Rousseau 118–125 ▪ Gracchus Babeuf 334

GRACCHUS BABEUF
1760–1797

François-Noël Babeuf wurde trotz seiner unzureichenden Schulbildung Schriftsteller und Journalist. Nach dem Beginn der Französischen Revolution veröffentlichte er Propaganda unter den Pseudonymen »Gracchus« und »Tribune« Babeuf – zu Ehren der römischen Gracchus-Brüder. Seine Ansichten waren selbst für die revolutionären Behörden zu radikal. Mit der Veröffentlichung seiner Zeitung *Le Tribun du Peuple* unterstütze er die Herrschaft des Terrors und gewann eine Anhängerschaft, die als »Verschwörung der Gleichen« bekannt wurde. Seine Organisation wurde unterwandert und es kam zu einer Anklage wegen angeblicher Verschwörung. Babeuf und zahlreiche andere Agitatoren wurden hingerichtet.

Siehe auch: Jean-Jacques Rousseau 118–125 ▪ Maximilien Robespierre 334

JOHANN FICHTE
1762–1814

Fichte ist in erster Linie als Philosoph bekannt, er gilt aber auch als ein Vertreter des Nationalismus in Deutschland. Nach der französischen Revolution annektierte Frankreich zahlreiche westdeutsche Staaten und führte im Zuge dessen freiheitliche Vorstellungen und Bürgerrechte ein. Das führte dazu, dass sich eine nationale Bewegung entwickelte. Fichte forderte die Deutschen auf, sich dem französischen

Einfluss entgegenzustellen. Seine judenfeindlichen Äußerungen gelten als frühe Zeugnisse des modernen Antisemitismus (gegenüber dem christlichen Antijudaismus des Mittelalters) und wurden von Hitlers nationalsozialistischer Bewegung aufgegriffen. Fichte glaubte auch, Frauen hätten keinerlei Anspruch auf Bürgerrechte.
Siehe auch: Johann Gottfried Herder 142–143 ▪ Georg Hegel 156–159 ▪ Adolf Hitler 337

NAPOLEON BONAPARTE
1769–1821

Napoleon war Korse italienischer Abstammung. Er studierte an einer Militärakademie in Frankreich und diente in der französischen Armee; dabei blieb er stets korsischer Nationalist. Wegen seiner politischen Einstellungen durfte er gegen Ende der Französischen Revolution den republikanischen Streitkräften beitreten. Per Staatsstreich machte er sich 1799 zum Ersten Konsul der Republik und führte den *Code Napoléon* ein. Dadurch wurde eine meritokratische Regierung etabliert, die Geburtsprivilegien ausschloss und Maßnahmen einführte, um religiöse Emanzipation zu erreichen. Außerdem unterzeichnete Napoleon ein Konkordat mit Papst Pius VII. 1804 erklärte er sich zum Kaiser. Er führte mehrere Eroberungskriege, die schließlich seinen Untergang bedeuteten. Er dankte ab und ging 1813 nach Elba ins Exil. Bald kehrte er jedoch an die Macht zurück, um 1815 von den Briten bei Waterloo geschlagen zu werden. Bis zu seinem Tod blieb er danach auf der Insel St. Helena gefangen.
Siehe auch: Friedrich Nietzsche 196–199 ▪ Maximilien Robespierre 334

ROBERT OWEN
1771–1817

Owen stammte aus bescheidenen walisischen Verhältnissen und zog als Teenager nach Manchester (England), um Arbeit zu suchen. Er erwarb sich einen Namen im Textilgeschäft und wurde im Alter von 19 Jahren Leiter einer Baumwollspinnerei. Seine Vorstellungen einer Sozialreform legte er in seinem Buch *A New View of Society* dar. Seine utopische sozialistische Philosophie beruhte auf Verbesserungen im Lebensumfeld der Arbeiter (Wohnung, Bildung). In New Lanark (Schottland) und an anderen Orten in Großbritannien sowie in New Harmony (Indiana) richtete er Kooperativen ein. Seine Gemeinschaften waren eine Inspiration für die soziale Reformbewegung in Großbritannien.
Siehe auch: Thomas Paine 134–139 ▪ Jeremy Bentham 144–149 ▪ Karl Marx 188–193 ▪ Beatrice Webb 210

CHARLES FOURIER
1772–1837

Fourier wurde als Sohn eines Kaufmanns in Besançon (Frankreich) geboren und übte auf seinen Reisen durch Europa verschiedene Tätigkeiten aus. Anders als andere sozialistische Denker seiner Zeit sah er die Armut – und weniger die Ungleichheit – als Ursache für die Probleme in der Gesellschaft an und entwickelte eine Art libertären Sozialismus. Statt Handel und Wettbewerb, die er als üble Praktiken der Juden betrachtete, propagierte er ein Kooperationssystem. Fouriers Utopien sollten in »Phalansterium« genannten Genossenschaften verwirklicht werden, in denen Arbeiter je nach ihrem Beitrag entlohnt und weniger beliebte Arbeiten besser bezahlt wurden. Die Pariser Kommune von 1871 nahm seine Ideen auf und auch in den USA wurden einige »Phalansterien« gegründet.
Siehe auch: Mary Wollstonecraft 154–155 ▪ Robert Owen 335

GUISEPPE GARIBALDI
1807–1882

Als zentrale Figur des *Risorgimento,* der italienischen Einigungsbewegung zwischen 1820 und 1870, führte Garibaldi eine Gruppe Guerillakämpfer an, die für ihre roten Hemden berühmt war und Neapel und Sizilien eroberte. Er kämpfte auch in Südamerika und lebte eine Zeitlang in den USA. Seine Heldentaten machten ihn auf beiden Seiten des Atlantiks berühmt, seine Popularität trug zur Einigung Italiens bei. Garibaldi war Republikaner und ein strenger Gegner des Papsttums. Gleichwohl unterstützte er die Errichtung einer Monarchie zum Wohl der italienischen Einigung und half 1861 mit, König Viktor Emanuel II. von Sardinien zu ihrem Oberhaupt zu machen. Rom und der Kirchenstaat wurden 1870 von den italienischen Truppen eingenommen und Teil des Königreichs Italien. Garibaldi unterstützte die Idee einer europäischen Föderation.
Siehe auch: Giuseppe Mazzini 172–173

NASER AD-DIN SHAH
1831–1896

Der Reformer Naser ad-Din Shah kam 1848 als vierter Shah der Kadscharen-Dynastie auf den persischen Thron und regierte Persien auf der Basis europäischer Ideen. Er verbesserte die Infrastruktur des Landes, indem er Postwege sowie das Straßen- und Telegrafennetz ausbaute, Schulen nach westlichem Vorbild eröffnete und eine Politik betrieb, die die Macht des Klerus beschnitt. Zudem regte er den Aufbau eines jüdischen Staates auf persischem Gebiet an und besuchte 1873 und 1878 Europa, wo ihn vor allem das britische Regierungssystem beeindruckte. In späteren Jahren regierte er diktatorisch: Er verfolgte Minderheiten und vergab zum eigenen Vorteil Handelskonzessionen an Europäer. Da man ihn als Sklaven fremder Interessen betrachtete, wurde er bei der sich verstärkenden Nationalbewegung zunehmend unpopulär – und 1896 ermordet.

Siehe auch: Theodor Herzl 208–209 ▪ Mustafa Kemal Atatürk 248–249

OSLWALD SPENGLER
1880–1936

Der deutsche Historiker wurde durch sein Werk *Der Untergang des Abendlandes*, das 1914 fertiggestellt, jedoch erst nach dem Ersten Weltkrieg veröffentlicht wurde, bekannt. Darin entwickelte Spengler seine Theorie vom unvermeidlichen Untergang einer jeden Zivilisation, die er durch den Niedergang Deutschlands in den 1920er-Jahren bestätigt sah. In *Preußentum und Sozialismus* befürwortete er eine nationale Bewegung des autoritären Sozialismus. Dennoch unterstützte er die Nationalsozialisten nicht – er kritisierte offen Hitlers Ideen von der Überlegenheit der arischen Rasse – und warnte vor einem weiteren Weltkrieg, der das Ende der westlichen Zivilisation bedeuten konnte.

Siehe auch: Ibn Khaldun 72–73 ▪ Adolf Hitler 337

RICHARD TAWNEY
1880–1962

Der englische Sozial- und Wirtschaftshistoriker war ein vehementer Kritiker der Habgier in der kapitalistischen Gesellschaft. Neben seiner klassischen Geschichtsanalyse *Religion and the Rise of Capitalism* verfasste er mehrere Werke, in denen er die Idee eines christlichen Sozialismus und das Konzept einer egalitären Gesellschaft entwarf. Er war ein sozialistischer Reformer und kämpfte an der Seite von Sidney und Beatrice Webb für Reformen bei der Bildung und in der Industrie. Er engagierte sich für die Erwachsenenbildung und wurde 1928 Präsident der Workers' Education Association in England.

Siehe auch: Beatrice Webb 210 ▪ Robert Owen 335

HANS KELSEN
1881–1973

Hans Kelsen, der wichtigste österreichische Rechtswissenschaftler des 20. Jahrhunderts, wurde in Prag geboren, 1884 zog seine Familie nach Wien. Dort besuchte er eine städtische Volksschule, danach das eher elitäre Akademische Gymnasium. Es folgte ein Studium der Rechtswissenschaften. Kelsen befasste sich mit Staats- und Völkerrecht sowie Demokratie und Soziologie. Er wirkte an Plänen mit, die der ökonomischen und politischen Stabilisierung Österreichs dienen sollten. Der ideologiekritische Demokrat Kelsen benannte in *Verteidigung der Demokratie* deren Schwächen und schrieb, dass sie die Staatsform sei, die sich am wenigsten gegen ihre Gegner wehre. Es scheine ihr tragisches Schicksal zu sein, dass sie auch ihren ärgsten Feind an ihrer eigenen Brust nähren müsse. Für Kelsen war die Verteidigung vor allem der geistigen Freiheit zentral und er war gegen jede Form der Unterdrückung. Kelsen wird als Begründer der reinen Rechtslehre angesehen und gilt als Vertreter des Rechtspositivismus. Er hat die Staatsverfassung Österreichs mitgestaltet, die 1920 in Kraft trat und bis heute nahezu unverändert blieb.

Siehe auch: Immanuel Kant 126–129 ▪ Karl Marx 188–193

FRANKLIN D. ROOSEVELT
1882–1945

Der 32. Präsident der USA wurde 1932 in der schlimmsten Phase der Weltwirtschaftskrise in sein Amt gewählt und setzte sofort sein Programm des *New Deal* in Kraft. Damit wollte er die Wirtschaft ankurbeln, die Arbeitslosigkeit verringern und die Banken regulieren. Gleichzeitig brachte Roosevelt soziale Bürgerrechtsreformen auf den Weg. Seine Ausweitung sozialer Regierungsprogramme sowie Interventionen in den freien Markt wurden im 20. Jahrhundert maßgebend für liberale Politik in den USA. Nach erfolgreicher Wirtschaftspolitik festigte Roosevelt zu Beginn des zweiten Weltkriegs seine Popularität, indem er den isolationistischen Standpunkt aufgab und zu einer führenden Figur der Weltpolitik wurde.

Siehe auch: Winston Churchill 236–237 ▪ Josef Stalin 240–241

BENITO MUSSOLINI
1883–1945

Als junger Mann ging Mussolini in die Schweiz und wurde dort politischer Journalist und Sozialist. Weil er als glühender Nationalist den Eintritt in den Ersten Weltkrieg befürwortete, wurde er aus der Sozialistischen Partei Italiens ausgeschlossen. Nach seinem Armeedienst wendete er sich von der orthodox-sozialistischen Position für eine proletarische Revolution ab und entwickelte im Gründungsmanifest der Faschistischen Partei 1921 ein eigenes Konzept aus nationalistischen und sozialistischen Ideen. 1922 führte er den »Marsch nach Rom« an, einen Staatsstreich, und machte sich ein Jahr später zum Premierminister einer Regierungskoalition. In kurzer Zeit errang er diktatorische Machtbefugnisse, ließ sich fortan »Il Duce« (der Führer) nennen und trat im Zweiten Weltkrieg an Hitlers Seite. Nach der alliierten Invasion in Italien wurde er verhaftet und von deutschen Fallschirmjägern befreit. Italienische Partisanen griffen ihn erneut auf und richteten ihn 1945 hin.
Siehe auch: Giovanni Gentile 238–239 ▪ Adolf Hitler 337

ADOLF HITLER
1889–1945

Der Österreicher Adolf Hitler zog in jungen Jahren nach Deutschland und wurde ein glühender Nationalist. Nach Wehrdiensten im Ersten Weltkrieg wurde er Mitglied der jungen Arbeiterpartei (der späteren nationalsozialistischen Partei) und 1921 ihr Führer. Nach seinem Putschversuch wurde er 1923 in München verhaftet, im Gefängnis schrieb er *Mein Kampf.* Im Dezember 1924 wurde Hitler entlassen, warb fortan mit seinen Ideen zum deutschem Nationalismus, Rassismus, Antisemitismus und Antikommunismus – und wurde 1933 zum Kanzler gewählt. Er errichtete eine Diktatur, das Dritte Reich, und begann mit der Wiederbewaffnung Deutschlands. Mit der Invasion in Polen 1939 begann der zweite Weltkrieg – in dessen Verlauf Hitler zunächst das Reich weit über Europa ausdehnte, bis er im Jahr 1945 besiegt wurde. Kurz vor seiner Verhaftung durch die Alliierten beging Hitler in Berlin Selbstmord.
Siehe auch: Josef Stalin 240–241 ▪ Benito Mussolini 337

HO CHI MINH
1890–1969

Der vietnamesische Revolutionär ging in Hue (Vietnam) auf ein französisches Gymnasium und arbeitete eine Zeitlang als Lehrer, bevor er in die USA sowie nach London und Paris reiste. Unterwegs schlug er sich mit diversen Jobs durch. In Paris wurde er Kommunist und engagierte sich für die Abschaffung der französischen Kolonialregierung und für die Unabhängigkeit Vietnams. Er verbrachte einige Jahre in der Sowjetunion sowie in China und wurde in Hongkong von den Briten verhaftet. 1941 kehrte er nach Vietnam zurück und führte dort, nun unter dem Namen Ho Chi Minh, die Unabhängigkeitsbewegung an. Im Zweiten Weltkrieg verhinderte er die japanische Besatzung Nordvietnams, indem er 1945 die kommunistische Demokratische Republik Vietnam ausrief und sich zu ihrem Präsidenten und Premierminister ernannte. Bis zu seinem Rücktritt aus gesundheitlichen Gründen 1955 kämpfte er für ein vereintes Vietnam – und starb 1969, noch vor dem Ende des Vietnamkriegs. Ho Chi Minh blieb die Leitfigur der kommunistischen Volksarmee und des Vietcong im Kampf gegen Südvietnam und die von den USA angeführten Truppen.
Siehe auch: Karl Marx 188–193 ▪ Mao Zedong 260–265 ▪ Che Guevara 312–313 ▪ Fidel Castro 338

JOSÉ CARLOS MARIÁTEGUI
1894–1930

Der peruanische Journalist verließ als 14-Jähriger die Schule und arbeitete zunächst für verschiedene Tageszeitungen. 1918 gründete er die linke Zeitung *La Razòn,* 1920 wurde er wegen Unterstützung sozialistischer Kräfte ins Exil gezwungen. Mariátegui reiste durch Europa und lebte eine Zeitlang in Italien, hier traf er unter anderem Gramsci. Für das Erstarken des Faschismus und Mussolinis machte er die Schwäche der Linken verantwortlich. 1923 kehrte er nach Peru zurück und schrieb auf der Grundlage seiner Erfahrungen in Italien über die Situation in seiner Heimat. Er gründete das Magazin *Amauta* und wurde 1928 Mitbegründer der Kommunistischen Partei Perus. In seinen Essays *Revolution und peruanische Wirklichkeit* propagierte er die Rückkehr zum Kollektivismus der indigenen Bevölkerung Perus. Seine Ideen wirkten in Peru auch nach seinem frühen Tod im Jahr 1930 weiter und inspirierten im ausgehenden 20. Jahrhundert unter anderem die Guerillabewegung Sendero Luminoso (»Leuchtender Pfad«).
Siehe auch: Simón Bolívar 162–163 ▪ Karl Marx 188–193 ▪ Antonio Gramsci 259 ▪ Che Guevara 312–313

HERBERT MARCUSE
1898–1979

Marcuse, einer der vielen deutschen Intellektuellen, die in den 1930er-Jahren in die USA emigrierten, studierte Philosophie und arbeitete für das berühmte Frankfurter Institut für Sozialforschung. Den Kontakt hierher hielt er auch nach seiner Emigration 1934 in die USA. In seinen Büchern *Der eindimensionale Mensch* sowie *Eros und Kultur* vertrat er eine marxistische Philosophie, die die menschliche Entfremdung in der modernen Gesellschaft ins Zentrum rückte. Er kritisierte den Sowjetkommunismus, der in seinen Augen dieselben entmenschlichenden Auswirkungen wie der Kapitalismus hatte. Die Studentenbewegung der 1960er- und 1970er-Jahre rezipierte seine Werke und verlieh ihm den Beinamen »Vater der Neuen Linken«.

Siehe auch: Jean-Jacques Rousseau 118–125 ▪ Karl Marx 188–193 ▪ Friedrich Nietzsche 196–199

LÉOPOLD SÉDAR SENGHOR
1906–2001

Der Dichter und Politiker kam in Französisch-Westafrika zur Welt und studierte in Frankreich, wo er später an den Universitäten in Tours und Paris lehrte. Er war ein aktives Mitglied der Résistance gegen die deutsche Besatzung Frankreichs und entwickelte zusammen mit anderen afrikanischen Exilanten wie Aimé Césaire und Léon Damas seit den 1930er-Jahren die *négritude*, ein Konzept zur Anerkennung der positiven Werte der afrikanischen Kultur. Nach dem Zweiten Weltkrieg kehrte Senghor als Universitätsprofessor in seine Heimat zurück und betätigte sich politisch. 1960 wurde er der erste Präsident des unabhängigen Senegal. Er vertrat einen betont afrikanischen Sozialismus, der sich vom Marxismus in vielen anderen postkolonialen Staaten unterschied, und unterhielt starke Beziehungen zum Westen, vor allem zu Frankreich.

Siehe auch: Mahatma Gandhi 220–225 ▪ Marcus Garvey 252 ▪ Martin Luther King 316–321

MIHAILO MARKOVIĆ
1923–2010

Der Philosoph wurde in Belgrad (ehemaliges Jugoslawien, heute Serbien) geboren. Er kämpfte als Partisan im Zweiten Weltkrieg und wurde als Mitglied der Kommunistischen Partei Jugoslawiens ein scharfer Kritiker des Sowjetstalinismus. Nach dem Studium in Belgrad und London gründete er in den 1960er-Jahren die marxistisch-humanistische Praxisgruppe mit, die für Redefreiheit und eine grundlegend marxistische Sozialkritik eintrat. 1986 tat sich Marković als Co-Autor des SANU-Memorandums hervor, in dem erstmals eine serbisch-nationalistische Position formuliert wurde, und unterstützte als Mitglied der Sozialistischen Partei Serbiens (SPS) den serbischen Nationalistenführer Slobodan Milošević.

Siehe auch: Karl Marx 188–193 ▪ Herbert Marcuse 338

JEAN-FRANÇOIS LYOTARD
1924–1998

Der französische Philosoph studierte an der Sorbonne in Paris, war Gründungsmitglied des Collège international de philosophie und eine führende Figur der Postmoderne. Wie viele Sozialisten in den 1950er-Jahren desillusionierten ihn die Exzesse in Stalins Sowjetunion und er wurde Mitglied der Gruppe Socialisme ou barbarie, die den Stalinismus aus marxistischer Perspektive kritisierte. Im Mai 1968 nahm er an den Studenten- und Arbeiterprotesten in Paris teil. 1974 wandte er sich in seinem Buch *Libidinöse Ökonomie* vom Glauben an eine marxistische Revolution ab. Mit diesem und weiteren Werken legte er das Fundament einer postmodernen Analyse des Kapitalismus sowie der Arbeiten Karl Marx' und Sigmund Freuds.

Siehe auch: Karl Marx 188–193 ▪ Herbert Marcuse 338

FIDEL CASTRO
geb. 1926

Castro, eine der Leitfiguren des Antiimperialismus, studierte in Havanna (Kuba) Jura und beteiligte sich 1947 erstmals an Rebellionen gegen rechtsgerichtete Regierungen in Kolumbien und der Dominikanischen Republik. Zusammen mit seinem Bruder Raùl und seinem Freund Che Guevara führte er 1959 die Bewegung, die den Sturz des Diktators Fulgencio Batista in Kuba erreichen wollte. Als Regierungschef der Republik Kuba errichtete er einen marxistisch-leninistischen Einparteienstaat. Trotz Sturz- und Mordversuchen seitens der USA wurde Castro 1976 Staatspräsident. Er verfolgte, um Kuba nicht zu eng an die Sowjetunion zu binden, als Mitglied der Blockfreien Staaten eine Politik des Internationalismus, die während des Kalten Krieges einen antiimperialistischen Mittelweg zwischen Ost und West anstrebte. Nach dem Fall der Sowjetunion wollte er sich mit mit anderen lateinamerikanischen Ländern verbünden und öffnete das

Land für ausländische Investoren. 2008 legte Castro aus gesundheitlichen Gründen sein Amt nieder und übergab seinem Bruder Raùl die Staatsführung.

Siehe auch: Karl Marx 188–193 ▪ Wladimir I. Lenin 226–233 ▪ Che Guevara 312–313

NIKLAS LUHMANN
1927–1998

Der deutsche Soziologe und Gesellschaftstheoretiker Niklas Luhmann studierte Rechtswissenschaften in Freiburg. 1968 wurde er Professor an der Universität Bielefeld, wo er beim Aufbau der ersten soziologischen Fakultät im deutschsprachigen Raum mithalf. Dort lehrte und forschte er bis 1993. Bekannt wurde Luhmann durch seine Systemtheorie, die auf der Gleichsetzung von Gesellschaft mit seinem Begriff der Kommunikation beruht. Die Gesellschaft ist für ihn keine Ansammlung von Menschen, sondern ein operativer geschlossener Prozess sozialer Kommunikation, ein umfassendes soziales System, das alle anderen sozialen Systeme umfasst. Bemängelt wird, dass die Theorie kein normatives Element enthält. Sie, so die Kritik, ginge ins Leere und sage nicht mehr über die Welt, als das, was dank fachwissenschaftlicher Erkenntnisse sowieso über sie bekannt ist oder bekannt sein könnte. Doch genau das ist ein zentraler Gedanke: Die Menschen können als Beobachter der Welt nur das identifizieren und beschreiben, was sie beobachtet haben, und nichts, was darüber hinausgeht. Kurz vor seinem Tod 1998 stellt Luhmann das Buch *Die Politik der Gesellschaft* fertig, das die Ergebnisse seiner langjährigen Forschung zusammenfasst und 2002 erschienen ist. Als einer der Mitbegründer der soziologischen Systemtheorie ist Luhmann eine der herausragenden Persönlichkeiten der Sozialwissenschaften im 20. Jahrhundert.

Siehe auch: Jürgen Habermas 339

JÜRGEN HABERMAS
geb. 1929

Der deutsche Philosoph und Soziologe entwickelte eine Analyse der modernen kapitalistischen Gesellschaft und Demokratie aus einer breit angelegten marxistischen Perspektive. Darin betont er den Rationalismus der marxistischen Analyse, die er als Fortsetzung der Aufklärung versteht. Seine Erfahrungen im Zweiten Weltkrieg und insbesondere während der nachfolgenden Nürnberger Prozesse begründen Habermas' Suche nach einer neuen politischen Philosophie für das Nachkriegsdeutschland. Er studierte am Frankfurter Institut für Sozialforschung und leitete dort später das Seminar für Soziologie. Von 1971 bis 1981 war er in München Co-Direktor des Max-Planck-Instituts zur Erforschung der Lebensbedingungen der wissenschaftlich-technischen Welt. In seinen zahlreichen Schriften, die weltweit rezipiert werden, argumentiert Habermas für einen wahrhaft demokratischen Sozialismus, bisweilen meldet er sich als Kritiker der Postmoderne zu Wort.

Siehe auch: Karl Marx 188–193 ▪ Max Weber 214–215

DAVID GAUTHIER
geb. 1932

Der kanadische Philosoph studierte in Toronto, Harvard und Oxford. Zunächst lehrte er auch in Toronto, bevor er 1980 zur Universität Pittsburgh (USA) wechselte. In seinen Arbeiten zur Moralphilosophie, vor allem zu den politischen Theorien von Hobbes und Rousseau, befasst sich Gauthier mit der Suche nach einer libertären politischen Philosophie auf der Basis einer Moraltheorie der Aufklärung. In seinem bekanntesten Werk *Morals by Agreement* entwickelte er eine Vertragstheorie der Moral, die moderne Theorien der Entscheidungsfindung, etwa der Spieltheorie, mit der Idee des Gesellschaftsvertrags verbindet und das moralische Fundament für politische und ökonomische Entscheidungen untersucht.

Siehe auch: Thomas Hobbes 96–103 ▪ Jean-Jacques Rousseau 118–125

ERNESTO LACLAU
geb. 1935

Der politische Theoretiker engagierte sich unter anderem als Mitglied der Sozialistischen Partei in seiner Heimat Argentinien, bevor er 1969 nach England ging. Er studierte an der Universität in Essex und lehrt dort bis heute als emeritierter Professor für Politische Theorie. Laclau beschreibt sich als Postmarxisten. In seinen Werken verbindet er Elemente der französischen Philosophie Jean-François Lyotards und Jacques Derridas sowie der psychoanalytischen Theorie Jacques Lacans mit einer grundlegend marxistischen Philosophie. Er verwirft den Gedanken des Klassenkampfs und des ökonomischen Determinismus zugunsten einer »radikal pluralistischen Demokratie«.

Siehe auch: Karl Marx 188–193 ▪ Antonio Gramsci 259 ▪ Jean-Francois Lyotard 338

GLOSSAR

Absolutismus Das Prinzip vollständiger und uneingeschränkter Regierungsmacht – auch **Totalitarismus** genannt.

Anarchismus Die unter Umständen gewaltsame Abschaffung des Staates und Errichtung einer Gesellschaft auf der Basis freiwilliger Kooperation.

Apartheid (afrikaans: Rassentrennung) Die Politik der rassischen Diskriminierung, die nach dem Wahlsieg der Nationalen Partei 1948 in Südafrika eingeführt wurde.

Apparatschik Mitglied eines kommunistischen Parteiapparats. Der Begriff wird pejorativ zur Beschreibung eines politischen Fanatikers verwendet.

Aufklärung Intellektuell fortschrittliche Periode im 18. Jahrhundert, in der das religiöse Verständnis der Welt hinterfragt und der Gebrauch der Vernunft entwickelt wurden.

Autokratie Ein Staat unter der uneingeschränkten Macht eines Individuums.

Bolschewiki (russ.: Mehrheitler) Die Fraktion der Sozialdemokratischen Arbeiterpartei (SDAP) in Russland, die nach 1917 die Kommunistische Partei der Sowjetunion bildete.

Bourgeosie Im Marxismus die Klasse der Produktionsmittelbesitzer, deren Mitglieder Einkommen aus Eigentum statt aus Lohnarbeit beziehen.

Demokratie Eine Regierungsform, bei der die Macht vom Volk ausgeht und von gewählten Repräsentanten ausgeübt wird.

Dependenztheorie Sie besagt, dass die reichen Länder der nördlichen Hemisphäre eine neokoloniale Beziehung zu denen der südlichen Hemisphäre geschaffen haben. In ihr sind die weniger entwickelten Länder benachteiligt und abhängig.

Despot Ein Herrscher mit **absoluten** Machtbefugnissen, der seine Macht in tyrannischer Weise missbraucht.

Diktator Ein absoluter Herrscher, vor allem einer, der die vollständige und erzwungene Kontrolle innehat und sie einsetzt, um das Volk zu unterdrücken.

Direkte Demokratie Die tatsächliche Herrschaft des Volkes, bei der Bürger wie einst in Athen über jedes sie betreffende Thema abstimmen.

Dystopie Der negative Entwurf eines dysfunktionalen, dem Individuum jegliche Freiheit raubenden Staates. Siehe **Utopie.**

Egalitarismus Eine Philosophie, die soziale, ökonomische und politische Gleichheit befürwortet.

Elitarismus Der Glaube, eine Gesellschaft werde am besten von einer kleinen Elite regiert.

Extremismus Eine politische Theorie, die eine kompromisslose Politik befürwortet.

Fallrecht Das Rechtsprinzip eines Landes, das nicht auf Gesetzen oder der Verfassung beruht, sondern auf früheren richterlichen Entscheidungen (Präzedenzfälle).

Faschismus Eine nationalistische Ideologie, die eine starke Führung, kollektive Identität und die Anwendung von Gewalt und Krieg zur Durchsetzung von Staatsinteressen kennzeichnet. Der Begriff wurde erstmals auf Mussolinis Regime angewendet und leitet sich vom italienischen Wort *fascio* (Rutenbündel) ab.

Feudalsystem Ein politisches System im Mittelalter, das aus kleineren Einheiten wie Fürsten- und Herzogtümern bestand, in dem der Adel herrschte und die Bauern durch Leibeigenschaft an ihren Herrn gebunden waren.

Föderalismus Ein Regierungssystem, in dem sich eine zentrale Bundesregierung und einzelne Landes- bzw. Provinzregierungen die Macht- und Entscheidungsbefugnisse teilen.

Fundamentalismus Das bedingungslose Festhalten an religiösen Prinzipien.

Gesellschaftsvertrag Ein theoretischer oder tatsächlicher Vertrag zwischen Individuen zur Bildung einer organisierten Gesellschaft oder zwischen Individuen und einem Herrscher bzw. einer Regierung, zur Regelung von Rechten, Pflichten, Befugnissen der Vertragspartner – Theoretiker wie Thomas

Hobbes und John Locke definierten den Gesellschaftsvertrag als Instrument, mit dessen Hilfe Individuen durch einen Staat geschützt und vor dem Rückfall in den **Naturzustand** bewahrt wurden.

Glasnost (russ.: Offenheit) Die Politik Michail Gorbatschows, mit der sich die Regierung der Sowjetunion zur Verantwortlichkeit und Überprüfbarkeit ihrer Entscheidungen verpflichtete.

Gottesgnadentum der Könige Eine Doktrin, die besagt, dass der König durch Gott zur Herrschaft legitimiert ist und keiner irdischen Autorität unterliegt.

Grüne Politik Eine Ideologie, die die Errichtung einer ökologisch nachhaltigen Gesellschaft anstrebt.

Imperialismus Die Politik der Herrschaftsausweitung einer Nation durch direkte Intervention in die Angelegenheiten eines anderen Landes sowie die Eroberung von Gebieten und deren Bevölkerung zwecks Reichsbildung.

Isolationismus Die Politik des Rückzugs aus militärischen Allianzen, internationalen politischen Vereinbarungen und bisweilen Handelsabkommen eines Landes.

Junta Eine Gruppe oder Fraktion, die nach einem Regierungssturz (Putsch) an die Macht kommt.

Kapitalismus Ein ökonomisches System der Marktwirtschaft mit Privateigentum und -investitionen in die Produktion und den Vertrieb eines Landes.

Kleptokratie (aus dem Griech.: Herrschaft der Diebe) Form politischer und staatlicher Korruption, bei der Politiker, Bürokraten und ihre Freunde ihre Macht zu ihrem materiellen Vorteil missbrauchen.

Kollektivismus Eine politische Theorie, die statt privater die kollektive Kontrolle sozialer und ökonomischer Instrumente – vor allem der Produktionsmittel – befürwortet.

Kolonialismus Der Anspruch eines Staates auf die Herrschaft über neue Gebiete, charakterisiert durch ungleiche Machtbeziehungen zwischen Kolonisten, die das Gebiet regieren, und der dort lebenden Bevölkerung.

Kommunismus Eine Ideologie, die die Abschaffung des Privateigentums zugunsten kommunalen Eigentums befürwortet; auf Grundlage des politischen Manifests von Karl Marx und Friedrich Engels aus dem Jahr 1848.

Konfuzianismus Ein auf den Lehren von Konfuzius basierendes System, das Hierarchie und Loyalität betont, aber auch die Entwicklung des Individuums zum Ziel hat.

Konservatismus Eine gegen radikale Veränderungen in der Gesellschaft gerichtete politische Position. Konservative sehen ihre Ziele unter anderem in der Erhaltung ökonomischer Freiheiten, in freiem Unternehmertum und freien Märkten, im Privateigentum sowie in der Privatisierung von Großunternehmen und der Reduzierung staatlicher Einflüsse.

Konstitutionalismus Ein Regierungssystem, das auf einer Verfassung basiert, den niedergeschriebenen fundamentalen Prinzipien und Gesetzen einer Nation.

Legalismus Eine politische Philosophie des **Utilitarismus** aus der Zeit der Streitenden Reiche (5.–3. Jh. v. Chr.) in China, die der Aufrechterhaltung von Gesetz und Ordnung Priorität gab – wenn nötig mit Gewalt.

Liberalismus Eine politische Ideologie, die die Rechte und Freiheiten des Einzelnen betont; Liberale sehen ihre Ziele unter anderem in der Verteidigung eines freien Marktes, der freien Meinungsäußerung sowie der Freiheit der Religionsausübung.

Liberalismus, klassischer Eine Philosophie aus dem 18. Jh., die die Rechte des Individuums über die des Staates stellte und sich gegen den **Absolutismus** und das **Gottesgnadentum der Könige** richtete.

Libertarismus Die Befürwortung der Freiheit und des freien Willens; libertäre Ansichten finden sich im linken wie im rechten politischen Spektrum und beinhalten Aspekte wie Selbstbestimmung, Vernunft und Nichteinmischung des Staates in ökonomische oder persönliche Angelegenheiten.

Linksradikalismus Eine Ideologie der politischen Linken, die Staatsinterventionen, den Ausbau der Sozialfürsorge und eine internationalistische Weltsicht befürwortet. Das Konzept stammt aus Frankreich: Dort saß im 18. Jh. der Teil des Adels, der sich für die Verbesserung der Lage der Bauern einsetzte, links vom König.

Macchiavellisch Eine listige, zynische und opportunistische politische Aktion; der Begriff leitet sich von dem italienischen Theoretiker des 16. Jh. Niccolò Macchiavelli ab.

Maoismus Eine auf Mao Zedongs Lehren zurückgehende Form des **Marxismus-Leninismus**, in der die Bauern anstelle des Proletariats Träger der Revolution sein können.

Marxismus-Leninismus Eine auf den Theorien von Marx und Lenin basierende Ideologie mit dem Ziel, eine internationale kommunistische Gesellschaft zu errichten.

Marxistischer Sozialismus Eine Phase der ökonomischen Entwicklung; in der Theorie Karl Marx' die entscheidende Etappe in der Entwicklung des **Kapitalismus** hin zum **Kommunismus.**

Meritokratie Eine Ideologie, nach der die Amtsträger (Herrscher) aufgrund ihrer Leistung und Fähigkeit statt nach Wohlstand und Geburt ausgewählt werden.

Moralischer Absolutismus Eine Philosophie, der der Gedanke der Moral als absolutem Wegweiser menschlichen Handelns – vor allem mit Blick auf internationale Gesetze – zugrunde liegt.

Multilateralismus Die Kooperation mehrerer Staaten im Rahmen internationaler Beziehungen; Gegensatz: **Unilateralismus.**

Nationalismus Die Loyalität und Hingabe an ein Land und eine politische Ideologie, die den nationalen Interessen Vorrang vor anderen politischen Ziele einräumt.

Naturrecht Das Konzept, nach dem positive, von Menschen geschaffene Gesetze einem höheren, »überpositiven« Recht untergeordnet sind. Ursprünglich definierte Thomas von Aquin das Naturrecht als Reflexion der ewigen Gesetze Gottes, die dem Universum und dem gesunden Menschenverstand zugrunde liegen.

Naturzustand In der Theorie des Gesellschaftsvertrags der hypothetische Zustand des Menschen vor dem Aufbau eines organisierten Gemeinwesens – Jean-Jaques Rousseau zufolge einer der idyllischen Harmonie zwischen Mensch und Natur, nach Thomas Hobbes indes der **dystopische** Zustand des Menschen, der in permanentem Konflikt mit seinen Mitmenschen liegt.

Négritude Eine philosophische Position der Solidarität, die auf einer gemeinsamen schwarzafrikanischen Identität beruht und in den 1930er-Jahren von frankophonen Intellektuellen als Reaktion auf den Rassismus des französischen Kolonialismus entwickelt wurde.

Ökonomischer Strukturalismus Die Theorie, nach der die Weltpolitik auf der Basis ökonomischer Strukturen der Welt erfolgt.

Ökosophie In der **grünen Politik** Arne Næss' Philosophie der Suche nach ökologischer Harmonie und ökologischem Gleichgewicht.

Oligarchie Eine Regierungsform, bei der eine kleine Gruppe zum Wohl eigener Interessen die Macht ausübt – üblicherweise zum Nachteil der Gesamtbevölkerung.

Pazifismus Die Gegnerschaft gegen Krieg und Gewalt als Mittel zur Konfliktlösung, meist aus religiösen oder ethischen Gründen. Den Begriff prägte der französische Friedensaktivist Émile Arnaud (1864–1921).

Perestroika (russ.: Umgestaltung) Politische, verwaltungstechnische und ökonomische Umgestaltung eines Systems oder einer Organisation; Michail Gorbatschow beschrieb mit dem Begriff die Reformen des **kommunistischen** Systems der einstigen Sowjetunion.

Pluralismus Der Glaube an eine Gesellschaft, in der die Mitglieder verschiedener sozialer und ethnischer Gruppen ihre traditionelle Kultur, Religion und ihre jeweiligen Interessen frei zum Ausdruck bringen können.

Plutokratie Eine Regierung, die von den Reichen der Gesellschaft beherrscht oder stark beeinflusst wird.

Progressivismus Die Doktrin des schrittweisen politischen Fortschritts hin zu stetig verbesserten Bedingungen in einer Gesellschaft und einem Staat.

Proletariat Im **Marxismus** die Arbeiter eines Landes, die keine Produktionsmittel besitzen und zum Lebensunterhalt ihre Arbeitskraft verkaufen müssen. Marx glaubte an die Erhebung des Proletariats und den Sturz der **Kapitalisten** sowie daran, damit ein **kommunistisches** System zu errichten, in dem das Proletariat die politische und ökonomische Kontrolle ausüben würde.

Radikalismus Die Befürwortung extremer Mittel zur politischen Veränderung und Erreichung politischer Ziele; der Begriff umfasst zudem Ansichten, die von traditionellen und etablierten Meinungen und Haltungen stark abweichen.

Realpolitik Eine pragmatische, realistische Politik im Gegensatz zu einer an ethischen oder moralischen Zielen orientierten, die

Bürgerfreiheiten unter Umständen vernachlässigt.

Rechtsradikalismus Die Ideologie der politischen Rechten, allgemein eine als konservativ definierte Haltung, die den freien Markt, individuelle Rechte, die strikte Befolgung von Gesetz und Ordnung sowie Nationalismus befürwortet.

Republikanismus Der Glaube an eine Republik als bester Form eines Staates ohne Monarchen, in dem das Volk die Macht durch gewählte Repräsentanten ausübt.

Scharia Das göttliche Gesetz im Islam, das sowohl das religiöse als auch das weltliche Leben eines Muslims regelt. Einige Muslime betrachten die Scharia als einzig legitime Basis für Gesetze.

Souveränität Oberste Macht, wie sie durch einen autonomen Staat oder Herrscher, frei von Einflüssen oder äußerer Kontrolle, ausgeübt wird; der Begriff bezeichnet das Recht einer Nation zur Selbstbestimmung aller internen Angelegenheiten sowie ihrer internationalen Beziehungen zu anderen Ländern.

Sozialdemokratie Eine politische Reformbewegung, die den schrittweisen Übergang vom Kapitalismus zum Sozialismus mit friedlichen, demokratischen Mitteln befürwortet. Typisch sozialdemokratische Grundsätze sind etwa das Recht aller Bürger auf Bildung, Gesundheitsfürsorge, Arbeitsunfallversicherung sowie Gleichbehandlung.

Sozialismus Eine Ideologie und Regierungsform, die Staatseigentum und eine staatliche Regulierung der Industrie sowie die zentrale Kontrolle über die Ressourcen statt entsprechender Regulierung durch den Markt befürwortet.

Syndikalismus Eine Ideologie zu Beginn des 20. Jh., die als Alternative zum Kapitalismus und zum Sozialismus entstand. Der Syndikalismus war vor allem in Frankreich und Spanien populär und propagierte die Übernahme der nationalen Produktionsmittel und den Sturz der Regierung mithilfe eines gewerkschaftlich organisierten Generalstreiks und die Organisation der Produktion durch ein Bündnis lokaler Gewerkschaften.

Theokratie Ein durch die Priesterschaft oder einen verkündeten »lebendigen Gott« beherrschtes und geführtes politisches System; üblicherweise gemäß einer religiösen Doktrin oder göttlichen Intervention.

Theorie des gerechten Krieges Eine militärethische Doktrin des *Jus ad bellum* (lat.: das Recht zum Krieg), die eine ethische und gesetzliche Basis für einen Krieg sowie eine auf dieser Basis vertretbare Kriegsführung einfordert.

Totalitarismus Ein Regime, das die Rechte des Individuums den Interessen des Staates unterordnet – durch die Kontrolle der politischen und ökonomischen Angelegenheiten und mithilfe von Vorschriften für die Haltungen, Werte und Glaubensrichtungen einer Bevölkerung.

Unilateralismus In der Politik der Begriff für einseitig ausgeführte Aktionen innerhalb der Außenpolitik einzelner Länder unter minimaler Konsultation von Partnernationen oder Gegnern; Gegensatz: **Mulitlateralismus.**

J.S. Mill

Utilitarismus Eine von dem englischen Philosophen und Sozialreformer Jeremy Bentham entwickelte Sozialphilosophie, nach der die beste Politik die ist, die einer größtmöglichen Anzahl von Menschen größtmögliche Zufriedenheit bietet.

Utopie Der Entwurf eines idealen, perfekten Ortes; »utopisch« nennt man ein System, das eine ideale Gesellschaft anstrebt. Das dem Begriff zugrunde liegende griechische Wort für »kein Ort« verwendete erstmals Thomas Morus 1516 als Titel für sein literarisches Werk *Utopia.* Siehe **Distopie.**

Vierte Gewalt Mit dem Begriff werden – neben den Gewalten Legislative, Exekutive und Judikative, die seit der **Aufklärung** moderne Demokratien kennzeichnen – die Massenmedien (Presse, Rundfunk, Fernsehen usw.) als »publikative« Gewalt im Staat bzw. in der Gesellschaft bezeichnet.

Volkssouveränität Die Theorie, nach der die Bürger eines Staates die politische Macht innehaben und sie in gleicher Weise tragen und dem Staat, der Regierung und den politischen Führern den Auftrag zur Ausübung dieser Macht erteilen, ohne die letztendliche Souveränität an sie zu übertragen.

Wahlrecht Das Recht, an Wahlen bzw. Referenden teilzunehmen; das universelle Wahlrecht meint das Wahlrecht aller Bürger, unabhängig von Geschlecht, Rasse, gesellschaftlichem Status oder Reichtum, während das Frauenwahlrecht das Recht der Frauen zur Teilnahme an Wahlen auf derselben Basis wie die der Männer bezeichnet.

REGISTER

Fettgedruckte Zahlen beziehen sich auf den Haupteintrag zu einer Person.

D

H

I

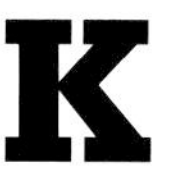

L

M

N

O

P

Q

R

S

T

U

V

W

Z

DANK

Dorling Kindersley und Tall Tree Ltd. danken Sarah Tomley für die inhaltliche Planung, Alison Sturgeon und Gaurav Joshi für die Lektoratsassistenz und Chris Bernstein für das Register.

BILDNACHWEIS

Der Verlag dankt folgenden Personen und Institutionen für die freundliche Genehmigung zum Abdruck ihrer Bilder:

(Abkürzungen: go = ganz oben, o = oben, u = unten, M = Mitte, l = links, r = rechts)

23 Dreamstime.com: Rene Drouyer (gor). **25 Getty Images:** Yann Layma/ The Image Bank (ur). **26 Wikimedia Commons:** http://de.wikipedia.org/w/index.php?title=Datei:Palastexamen-SongDynastie.jpg&filetimestamp=20061104233014 (ul). **27 Getty Images:** Peter Gridley/Photographer's Choice RF (gor). **29 Corbis:** Danny Lehman (Mro). **31 Dreamstime.com:** Ron Sumners (gol). **Getty Images:** Chinese School/The Bridgeman Art Library (ul). **33 Getty Images:** Lintao Zhang/ Getty Images News (Mlo). **37 Getty Images:** G. DAGLI ORTI/De Agostini (ur). **39 Corbis:** Bettmann (ul). **Getty Images:** FPG/Taxi (gor). **41 Wikipedia:** Jastrow(2006)/National Museum of Rome. Inv. 8575 (gor). **42 Corbis:** Aristidis Vafeiadakis/ZUMA Press (ul). **45 Dreamstime.com:** Basphoto (ur). **47 Corbis:** Richard & Gloria Maschmeyer/Design Pics (gor). **49 Getty Images:** Ken Scicluna/AWL Images (Mru). **55 Getty Images:** Sandro Botticelli/ The Bridgeman Art Library (ul); French School/The Bridgeman Art Library (Mr). **57 Getty Images:** Muhannad Fala'ah/Stringer/Getty Images News (gor). **59 Corbis:** Michael S. Yamashita (gor). **61 Dreamstime.com:** Jürgen Schonnop (ul). **Getty Images:** Danita Delimont (gor). **65 Corbis:** Alinari Archives (gor); Heritage Images (ul). **66 Getty Images:** Fabrice Coffrini/AFP (gor). **67 Dreamstime.com:** Newlight (Mro); Paul Prescott (Mlo). **68 Corbis:** Hulton-Deutsch Collection (gol). **69 Corbis:** Wally McNamee (ul). **Wikimedia Commons:** Wilfried Huss/http://en.wikipedia.org/wiki/File:Flag_of_the_United_Nations.svg (gor). **70 Corbis:** Stefano Bianchetti (Mr). **78 Corbis:** (gol). **80 Corbis:** Bettmann (gol). **81 Corbis:** Bettmann (gor). **Getty Images:** James L. Stanfield/National Geographic (ul). **87 Corbis:** Bettmann (ul); Ken Welsh/Design Pics (gor). **89 Getty Images:** French School/The Bridgeman Art Library (ur). **91 Alamy Images:** Prisma Archivo (gor). **Getty Images:** Jürgen Richter/ LOOK (Mlo). **93 Corbis:** Bettmann (Mlo). **Wikimedia Commons:** Jean-Jacques Boissard/ http://en.wikipedia.org/wiki/File:JohannesAlthusius.png (ul). **95 Corbis:** The Gallery Collection (ul). **Dreamstime.com:** Georgios Kollidas (gor). **98 Dreamstime.com:** Georgios Kollidas (ul). **99 Library Of Congress, Washington, D.C.:** http://www.loc.gov/exhibits/world/images/s37.jpg (Mlo). **100 Corbis:** The Print Collector (ul). **102 Corbis:** Bettmann (gol). **Fotolia:** Andreja Donko (ur); Vladimir Melnikov (Mu). **103 Corbis:** Alfredo Dagli Orti/The Art Archive (ul). **106 Getty Images:** Hulton Archive (ul). **107 Corbis:** The Print Collector (ur). **108 Getty Images:** Hulton Archive/Stringer/Hulton Royals Collection (ul). **109 Corbis:** The Gallery Collection (ur). **111 Corbis:** (ul); Rick Maiman/Sygma (Mr). **113 Corbis:** Doug Wilson (Mlu). **Dreamstime.com:** Georgios Kollidas (gor). **121 Corbis:** Alinari Archives (ur). **124 Getty Images:** Time & Life Pictures (ul). **SuperStock:** Peter Willi (gol). **125 Corbis:** Stefano Bianchetti (gol). **127 Getty Images:** The Bridgeman Art Library (ur). **129 Corbis:** Michael Nicholson (ul). **Getty Images:** Mario Tama/Getty Images News (Mr). **131 Getty Images:** James Gillray/The Bridgeman Art Library (Mro). **133 Corbis:** Hulton-Deutsch Collection (gor). **Getty Images:** Imagno/Hulton Archive (gol). **137 The Bridgeman Art Library:** Fitzwilliam Museum, University of Cambridge, UK (ur). **138 Corbis:** Owen Franken (gol). **139 Corbis:** Bettmann (ul). **Getty Images:** Universal Images Group (gor). **141 Getty Images:** Hulton Archive (gor). **143 Corbis:** Bettmann (ul); Lebrecht Music & Arts (Mr). **148 Corbis:** Andrew Holbrooke (ul). **Getty Images:** Mansell/Contributor/Time & Life Pictures (gor). **149 Getty Images:** Apic/ Contributor/Hulton Archive (gor); Peter Macdiarmid/Contributor/Hulton Archive (ul). **151 Corbis:** Bettmann (ur). **153 Corbis:** (ul); Martin Van Lokven/Foto Natura/Minden Pictures (gor). **155 Getty Images:** Fine Art Photographic/Hulton Archive (Mu); John Keenan/The Bridgeman Art Library (gor). **157 Getty Images:** Universal Images Group (gor). **158 Alamy Images:** The Art Gallery Collection (u). **159 Getty Images:** Samuel N. Fox/Archive Photos (Mru). **160 Getty Images:** Hulton Archive/ Hulton Royals Collection (Mro). **163 Corbis:** Sergio Alvarez/Demotix (Mu); Christie's Images (gor). **164 Getty Images:** SuperStock (Mu). **171 Corbis:** Bettmann (ul, or). **173 Corbis:** Bettmann (ul); Alfredo Dagli Orti/The Art Archive (gor). **177 Corbis:** Nazima Kowall (gor). **179 Corbis:** Bodo Marks (ul). **180 Corbis:** Jeremy Horner (Mlu). **181 Corbis:** Bettmann (gor). **185 Corbis:** Hulton-Deutsch Collection (gor). **Dreamstime.com:** Regina Pryanichnikova (Mu). **187 Corbis:** adoc-photos (gor); Bettmann (ul). **192 Corbis:** Swim Ink 2, LLC (gor). **193 Corbis:** Bettmann (gor). **Getty Images:** Time & Life Pictures (Mlu). **194 Corbis:** Philippe Giraud/ Goodlook (Mr). **197 Wikimedia Commons:** F. Hartmann/http://en.wikipedia.org/wiki/ File:Nietzsche187a.jpg (gor). **198 Corbis:** Heidi & Hans-Jürgen Koch/Minden Pictures (ul). **201 Getty Images:** Steve Eason/Stringer/Hulton Archive (Mr); Roger Viollet (ul). **203 Getty Images:** CHRISTOF STACHE/AFP (Mlu); Universal Images Group (gor). **205 Corbis:** Bettmann (Mr, ul). **207 Corbis:** Hulton-Deutsch Collection (Mu). **209 Corbis:** Bettmann (gor). **Getty Images:** Paul Chesley/Stone (Mlu). **211 Getty Images:** Fotosearch/Archive Photos (Mr). **213 Corbis:** Adam Woolfitt (Mlo). **Library Of Congress, Washington, D.C.:** LC-USZ62–5972 (gor). **215 Corbis:** Mark Moffett/Minden Pictures (Mlo). **Getty Images:** German/The Bridgeman Art Library (gor). **223 Corbis:** Hulton-Deutsch Collection (ul); Frederic Soltan/Sygma (Mr). **224 Getty Images:** Hulton Archive/Stringer/ Archive Photos (Mlu). **225 Corbis:** David Osuna/ Demotix (ur). **229 Corbis:** Bettmann (gor); Hulton-Deutsch Collection (ul). **230 Corbis:** (ul). **231 Corbis:** Hulton-Deutsch Collection (gor). **232 Corbis:** Bettmann (ul). **233 Corbis:** Bettmann (gol). **235 Alamy Images:** The Art Archive (ul). **Corbis:** Bettmann (Mlo). **237 Corbis:** Bettmann (Mlo). **Library Of Congress, Washington, D.C.:** LC-USW33–019093-C (ul). **238 Alamy Images:** tci/MARKA (Mu). **241 Corbis:** Bettmann (ul). **Getty Images:** Buyenlarge/Archive Photos (Mo). **243 Getty Images:** Keystone-France/ Gamma-Keystone (ur). **244 Corbis:** Hulton-Deutsch Collection (gol). **245 Corbis:** Underwood & Underwood (ul). **Wikimedia Commons:** The Russian Bolshevik Revolution (free pdf from Archive.org)/http://en.wikipedia.org/wiki/ File:Lev_Trotsky.jpg (gor). **246 Corbis:** (Mro). **249 Corbis:** Bettmann (ul); Tolga Bozoglu/epa (Ml). **251 Corbis:** Bettmann (gor). **Getty Images:**

Alinari Archives/Alinari (Mu). **257 Getty Images:** (ur). **258 Corbis:** Bettmann (Mu). **263 Getty Images:** Imagno/Hulton Archive (Mro). **264 Getty Images:** Hulton Archive/ Archive Photos (gor). **265 Corbis:** Roman Soumar (gor). **Getty Images:** Keystone-France/Gamma-Keystone (ul). **274 Corbis:** Martin Jones; Ecoscene (ul). **275 Corbis:** Wally McNamee (gol). **Getty Images:** Apic/Hulton Archive (ul). **277 Corbis:** (ul). **279 Corbis:** Michel Setboun (Mro). **281 Corbis:** Atlantide Phototravel (gor); Oscar White (ul). **282 Corbis:** Bettmann (Mu). **283 Getty Images:** Apic/Hulton Archive (gor). **286 Corbis:** Hulton-Deutsch Collection (ul). **287 Corbis:** Blue Lantern Studio (ur). **288 Corbis:** Gianni Giansanti/ Sygma (gol). **291 Getty Images:** ERLEND AAS/ AFP (gor). **292 Corbis:** Stapleton Collection (gol). **295 Corbis:** Hulton-Deutsch Collection (Mlu); Stephane Ruet/Sygma (gor). **296 Corbis:** Bettmann (Mr). **302 Dreamstime.com:** Marcio Silva (ul). **303 Getty Images:** AFP/Stringer/AFP (gor); Frederic REGLAIN/Gamma-Rapho (ul). **305 Corbis:** Raymond Darolle/ Europress/Sygma (Mro). **306 Getty Images:** Topical Press Agency/ Hulton Archive (gor). **307 Getty Images:** AFP (ul); Leemage/Universal Images Group (gor). **309 Corbis:** (Mro). **Library Of Congress, Washington, D.C.:** LC-USZ62–115 058 (ul). **311 Corbis:** Bettmann (gor); Wolfgang Flamisch (Mu). **313 Corbis:** epa (Mlo). **Getty Images:** Joseph Scherschel/Time & Life Pictures (gor). **315 Corbis:** Christopher Felver (ul). **Getty Images:** Bloomberg (Mro). **319 Wikimedia Commons:** US Army/ http://en.wikipedia.org/wiki/File:101st_Airborne_at_Little_Rock_Central_High.jpg (ur). **320 Corbis:** Bettmann (gor). **321 Corbis:** Flip Schulke (ul). **Library Of Congress, Washington, D.C.:** LC-USZ62–126 559 (gor). **322 Corbis:** Bettmann (Mu). **325 Corbis:** Najlah Feanny/CORBIS SABA (gor). **Getty Images:** AFP (Mlu). **327 Corbis:** Pascal Deloche/Godong (Mu). **Getty Images:** Martha Holmes/TIME & LIFE Images (gor). **328 Corbis:** Bettmann (Mro).

Alle anderen Bilder © Dorling Kindersley.

Weitere Informationen unter
www.dkimages.co.uk

Nachweis der im Buch verwendeten Zitate:

Der Verlag hat sich bemüht, alle Rechteinhaber ausfindig zu machen. Eventuelle Auslassungen werden wir bei entsprechendem Hinweis gerne in einer späteren Auflage korrigieren.

12: Aristoteles, *Politik*. Übersetzt und hrsg. von O. Gigon, München 1973 **13:** *Alexander Pope's Versuch am Menschen: In vier Briefen an Herrn St. John Lord Bolingbroke*. Aus dem Englischen übersetzt von Johann Jakob Harder, Halle 1772 **23, 26, 27:** Konfuzius, *Lun Yu*. Gespräche. Übersetzt von Richard Wilhelm, Düsseldorf/Köln 1975 **30:** Sunzi, *Die Kunst des Krieges*, München 1988 **38, 39:** Platon, *Politeia/Der Staat*. Nach der Übersetzung der Bücher I-V von Wilhelm Siegmund Teuffel und der Bücher VI-X von Wilhelm Wiegand, in: Platon's Werke. *Zehn Bücher vom Staate*. Stuttgart 1855 **64:** Thomas von Aquinas, *Die deutsche Thomas-Ausgabe. Vollständige, ungekürzte deutsch-lateinische Ausgabe der Summa Theologica*, Gemeinschaftsverlag Kerle-Styria, Band 17A **66:** Cicero, *De Officiis/ Vom pflichtgemäßen Handeln*. Übersetzt von Rainer Nickel, Düsseldorf 2008 **68, Fließtext:** Zitiert nach: Dietmar von der Pfordten, Über Gerechtigkeit und Zweckmäßigkeit bei Thomas von Aquin, in: *Die Ordnung der Freiheit. Festschrift für Christian Starck*, Tübingen 2007 **81:** Niccolò Machiavelli, *Der Fürst*. Neuübers. von Ralf Löffler, RaBaKa Publishing 2007 **89:** Jean Bodin, *Sechs Bücher über den Staat*. Übersetzt und mit Anmerkungen versehen von Bernd Wimmer. Eingeleitet und hrsg. von P. C. Mayer-Tasch, München 1981/86 **93:** Johannes Althusius, *Politik*. Übers. von Heinrich Janssen, Berlin 2003 **98, 101:** Thomas Hobbes, *Leviathan oder Stoff, Form und Gewalt eines kirchlichen und bürgerlichen Staates*. Übers. von Walter Euchner, Berlin 1966 **100, Fließtext:** Thomas Hobbes, *Leviathan*. Hrsg. und eingeleitet von J. P. Mayer, Zürich/Leipzig 1936 **101:** Jean-Jacques Rosseau, *Diskurs über die Ungleichheit*. Übers. von Heinrich Meier, 6. Aufl. Paderborn 2008 **102, 107, 108 Fließtext:** John Locke, *Zwei Abhandlungen ... nebst „Patriarcha" von Sir Robert Filmer*. Deutsch von Hilmar Wilmanns, Halle a.S. 1906 **107:** John Locke, *Zwei Abhandlungen über die Regierung*. Deutsch von H.J. Joffmann, Frankfurt am Main 1967 **111:** Montesquieu, V*om Geist der Gesetze*. Übers. von Kurt Weigand, Stuttgart 1965 **121:** Jean-Jacques Rousseau, *Diskurs über den Ursprung und die Grundlagen der Ungleichheit unter den Menschen*. Kritische Ausgabe des integralen Textes mit sämtlichen Fragmenten und ergänzenden Materialien nach den Originalausgaben und den Handschriften neu ediert, übersetzt und kommentiert von Heinrich Meier. Paderborn, 6. Auflage 2008 **122:** Jean-Jacques Rosseau, *Vom Gesellschaftsvertrag oder Grundsätze des Staatsrechts*. Neu übersetzt von Hans Brockard, Stuttgart 1977 **125:** Jean-Jacques Rosseau, *Emile oder Über die Erziehung*. Übers. von Eleonore Sckommodau, Stuttgart 1963 **128, 129:** Immanuel Kant, Über den Gemeinspruch: Das mag in der Theorie richtig sein, taugt aber nicht für die Praxis, 1793. In: *Werke in zwölf Bänden*. Ed. Wilhelm Weischedel. Band 11, Frankfurt am Main 1977 **133:** Karl Marx, *Das Kapital. Kritik der politischen Ökonomie, Band I: Der Produktionsprozess des Kapitals*, Berlin 1969 **163:** Auguste Comte, *Die positive Philosophie*. Übers. von J. H. von Kirchmann, Band 2, 1884 **177, 178, 179, 180:** *John Stuart Mills Gesammelte Werke, 1. Band: Die Freiheit*. Autorisierte Übersetzung von Dr. Th. Gomperz, Leipzig 1869 **182:** Zitiert nach: Jörg Nagler, *Abraham Lincoln. Amerikas großer Präsident – Eine Biographie*, C.H. Beck, München 2009 **185:** Michail Bakunin, *Gott und der Staat*, Berlin 1995 **198:** Friedrich Nietzsche, *Zur Genealogie der Moral. Eine Streitschrift*, München 1999 **201:** Georges Sorel, Über die Gewalt. Zitiert nach: Walter Adolf Jöhr, *Der Auftrag der Nationalökonomie: Ausgewählte Schriften*. Hg. von Hans Christoph Binswanger. Tübingen 1990 **203:** Eduard Bernstein, *Die Voraussetzungen des Sozialismus und die Aufgaben der Sozialdemokratie*, Reinbek bei Hamburg 1969 **215:** Max Weber, *Gesammelte Aufsätze zur Wissenschaftslehre*. Hg. von Johannes Winckelmann, Tübingen 1985 **229:** W. I. Lenin, *Was tun? Brennende Fragen unserer Bewegung*, Berlin 1946 **231:** W. I. Lenin, *Werke*, Band 26, Berlin 1961 **250:** José Ortega y Gasset, Der Aufstand der Massen. In: *Gesammelte Werke*, Bd. III. Übers. von Helene Weyl, Ulrich Weber, Curt Meyer-Clason, Gerhard Lepiorz, Stuttgart 1978 **255:** Carl Schmitt, *Politische Theologie. Vier Kapitel zur Lehre von der Souveränität*, Berlin, 8. Aufl. 2004 **259:** Antonio Gramsci, *Gefängnishefte, Bd. 6: Philosophie der Praxis*. Übers. von Wolfgang Fritz Haug, Hamburg 1994 **273:** Friedrich von Hayek, *Recht, Gesetzgebung und Freiheit, Band 2: Die Illusion der sozialen Gerechtigkeit*, München 1981 **274:** Friedrich von Hayek, *Der Weg zur Knechtschaft*, München 2007 **288, 289:** Simone de Beauvoir, *Das andere Geschlecht*. Übers. von Grete Osterwald, Reinbek bei Hamburg 1992 **297:** Paulo Freire, *Pädagogik der Unterdrückten. Bildung als Praxis der Freiheit*, Reinbek bei Hamburg 1973 **301, 302:** John Rawls, *Eine Theorie der Gerechtigkeit*. Übers. von Hermann Vetter, Frankfurt am Main 1975 **305, 307:** Frantz Fanon, *Schwarze Haut, weiße Masken*. Übers. von Eva Moldenhauer, Frankfurt 1980 **306:** Frantz Fanon, *Die Verdammten dieser Erde*. Aus dem Französischen von Traugott König, Frankfurt 2008 **310:** Michel Foucault, *Der Wille zum Wissen. Sexualität und Wahrheit I*. Übers. von Ulrich Raulff und Walter Seitter, Frankfurt am Main 1983 **327:** Robert Nozick, *Anarchie, Staat, Utopia*. Übers. Hermann Vetter, München 1976